"十三五"江苏省高等学校重点教材(编号：201

现代房地产金融学

(第二版)

编著 高波

微信扫描　获取课件等资源

南京大学出版社

图书在版编目(CIP)数据

现代房地产金融学 / 高波编著. — 2版. — 南京：
南京大学出版社，2019.9(2022.1重印)
ISBN 978-7-305-08270-2

Ⅰ. ①现… Ⅱ. ①高… Ⅲ. ①房地产金融 Ⅳ.
①F293.33

中国版本图书馆 CIP 数据核字(2019)第 206985 号

出版发行	南京大学出版社
社　　址	南京市汉口路 22 号　　邮　编　210093
出 版 人	金鑫荣
书　　名	现代房地产金融学(第二版)
编　　著	高　波
责任编辑	李素梅　武　坦　　编辑热线　025-83592315
照　　排	南京开卷文化传媒有限公司
印　　刷	南京人文印务有限公司
开　　本	787×1092　1/16　印张 20　字数 525 千
版　　次	2019 年 9 月第 2 版　2022 年 1 月第 2 次印刷
ISBN	978-7-305-08270-2
定　　价	58.00 元

网　　址：http://www.njupco.com
官方微博：http://weibo.com/njupco
官方微信号：njuyuexue
销售咨询热线：(025)83594756

* 版权所有，侵权必究
* 凡购买南大版图书，如有印装质量问题，请与所购
　图书销售部门联系调换

目 录

导　论	1
第一章　房地产金融与房地产制度	**8**
第一节　房地产金融的内涵和功能	8
第二节　房地产制度和房地产制度体系及其功能	11
第三节　典型国家的房地产制度	18
第二章　房地产金融中介和房地产金融市场	**28**
第一节　房地产金融中介的内涵和功能	28
第二节　房地产金融中介体系	31
第三节　典型国家的房地产金融中介体系	34
第四节　中国房地产金融中介体系	41
第五节　房地产金融市场的内涵、功能和运作	44
第三章　房地产金融的基本原理	**47**
第一节　利率理论	47
第二节　资产价值理论	50
第三节　金融杠杆原理	56
第四节　房地产期权理论	58
第五节　房地产投资组合理论	62
第六节　有效市场理论	69
第七节　行为金融理论	71
第八节　房地产投资决策理论	79
第四章　房地产开发贷款	**91**
第一节　房地产开发的概念、主要阶段和过程管理	91
第二节　房地产开发贷款的特点、分类和风险	96

第三节　房地产开发贷款的贷款流程和贷款评估 …………… 98
　　第四节　房地产开发贷款的信贷风险分析 …………………… 103
　　第五节　中国的房地产开发贷款市场分析 …………………… 107

第五章　房地产股权融资　　　　　　　　　　　　　　　115

　　第一节　股权融资的含义和融资方式 ………………………… 115
　　第二节　房地产公司股票发行、配股和增发 ………………… 119
　　第三节　中国房地产公司资产重组 …………………………… 124
　　第四节　中国房地产上市公司股权结构与企业价值 ………… 135

第六章　房地产债券、信托和 PPP 融资　　　　　　　　　141

　　第一节　房地产债券的内涵和功能 …………………………… 141
　　第二节　房地产信托的内涵和功能 …………………………… 144
　　第三节　房地产企业债券融资 ………………………………… 148
　　第四节　房地产信托融资 ……………………………………… 152
　　第五节　房地产 PPP 融资 ……………………………………… 159

第七章　房地产投资信托基金（REITs）　　　　　　　　　166

　　第一节　REITs 的起源及发展沿革 …………………………… 166
　　第二节　REITs 的内涵、职能及优势 ………………………… 171
　　第三节　REITs 的产品特点及运作 …………………………… 174
　　第四节　REITs 的风险分析 …………………………………… 180
　　第五节　典型国家的 REITs 市场 ……………………………… 187

第八章　住房贷款和住房抵押贷款二级市场　　　　　　　197

　　第一节　住房贷款的概念、产品种类及风险 ………………… 197
　　第二节　住房抵押贷款 ………………………………………… 199
　　第三节　住房抵押贷款二级市场 ……………………………… 208
　　第四节　住房抵押贷款证券化 ………………………………… 211
　　第五节　住房公积金 …………………………………………… 218
　　第六节　中国住房抵押贷款与商业银行风险分析 …………… 224

第九章　房地产保险　　　　　　　　　　　　　　　　　237

　　第一节　房地产保险的起源、内涵和功能 …………………… 237
　　第二节　房地产保险的构成要素 ……………………………… 241
　　第三节　房地产保险产品 ……………………………………… 243
　　第四节　房地产保险的运作 …………………………………… 253
　　第五节　典型国家的房地产保险市场 ………………………… 257

第十章　房地产金融风险管理和金融监管　　263

第一节　风险管理的内涵、功能与流程 …………………………… 263

第二节　全球金融危机及其治理案例 ……………………………… 266

第三节　房地产金融市场的风险度量和规避方法 ………………… 270

第四节　房地产金融市场的金融监管 ……………………………… 275

第十一章　金融变量与房地产市场　　287

第一节　金融变量的内涵和构成 …………………………………… 287

第二节　金融变量对房地产市场的冲击—传导机制 ……………… 294

第三节　金融变量对房地产市场冲击的经济效应分析 …………… 302

参考文献　　309

第二版后记　　311

第一版后记　　313

导 论

内容提要
1. 世界上房地产金融的起源及演变。
2. 近代以来,尤其是改革开放以来中国的房地产金融活动。
3. 房地产金融的基本特征。
4. 房地产金融学的定义、研究对象和学科特点。
5. 房地产金融学的主要研究方法。

房地产是一种重要的实物资产和金融资产。房地产金融是金融市场的重要组成部分。房地产是人类生活和生产所依赖的重要物质基础,房地产业是典型的资金密集型产业,资金投入数量大、占用时间长、回收期长,房地产开发、交易和经营等环节都需要大额资金支持,因而迫切需要房地产金融来缓解房地产经济活动中的流动性约束,提高和完善房地产经济运行的效率和秩序。实践表明,一个成熟的房地产市场,必然伴随一个健全的房地产金融市场,房地产金融在房地产经济活动中具有不可替代的独特功能。

一、房地产金融的产生和演变

18世纪中叶的欧洲,伴随着产业革命浪潮,城市化和人口迁移使得人类首次面临严重的大规模住宅短缺,并引发了深刻的社会矛盾。到了19世纪,住宅短缺导致的种种社会经济政治问题更加突出。对此,恩格斯曾在1872年发表的《论住宅问题》一文中做了深刻阐述。[①] 作为缓解居民住房困难的重要手段之一,为居民购房提供融资的房地产金融活动开始产生。从房地产金融发展的历史来看,房地产金融是从土地抵押融资和住房互助或住房储蓄起步的。

1769年,德国建立了第一家土地抵押信用合作社。该合作社由政府强制组成,并受政府的监督和管理。之后,又在土地抵押信用合作社和土地银行的基础上组成了若干联合银行。1775年,世界上首家住房协会在英国伯明翰成立,被视作房地产金融产生的里程碑式的事件。作为一个典型的互助合作组织,住房协会采用会员制,通过吸收会员的存款及其股份的认购资

---

① 恩格斯,《论住宅问题》,载《马克思恩格斯文集》第3卷,人民出版社,2009年,第235—334页。

金,作为给会员用来购房或建房的放贷资金。随着房地产金融机构的产生和发展,房地产金融制度得以建立和逐渐完善。1874年,英国议会颁布了《住房协会法》,明确了住房协会的地位和业务范围,为住房协会向专业性住房金融机构的发展提供了制度支持。由于政府的大力支持,住房协会发展迅速,逐渐形成了自己的卡特尔组织并垄断了英国住房信贷市场。1816年,美国费城、波士顿和纽约等城市成立了互助型的住房储蓄银行,到1826年这类银行已发展到35家,并逐渐发展为抵押贷款银行。1831年,来自英国的移民按照互助原则在美国成立了"牛津节俭会",而到1890年,类似组织几乎遍布美国各州,并在第二次世界大战后更名为储蓄贷款协会。1916年,美国成立了联邦土地银行,主要提供30~40年的长期房地产抵押贷款,抵押贷款成数最高可达0.85。

20世纪以来,世界上发生的几次重大住房危机,促进了全球房地产业的发展,房地产金融业亦随之成长和发展。第一次世界大战(1914—1918)和第二次世界大战(1939—1945),无情地摧毁了人类的家园。1918—1947年期间世界上发生了严重的第一次住房危机。在第一次住房危机期间爆发的第二次世界大战破坏了欧洲约22%的住宅,这一比例在德国高达75%,日本也有约280万套住宅遭受损失。在战后重建的大规模住房需求刺激下,房地产金融活动日趋活跃,世界各国成立了一些专业性的住房金融机构,如美国的联邦住宅贷款银行、西德的互助储蓄信贷社、巴西的国家住房银行、日本的住宅金融公库等为住宅建设、流通环节提供资金支持的金融机构。同时,政策性的住房金融体系也得到快速发展,如新加坡的中央公积金体系、西德的储蓄型住房银行体系、日本住宅金融公库、美国的住房金融政府担保体系等。

20世纪50年代以来,新兴工业化国家开始越来越多地利用房地产金融工具和手段来解决当地居民的住房问题。1955年,新加坡政府建立住房公积金制度,主要以强制储蓄的方式来实施"居者有其屋"计划,并加快了住房建设。

20世纪60年代,住房协会在英国抵押贷款市场的份额已经达到75%~85%,并且伴随着金融自由化的浪潮,住房协会的业务范围正由传统的互助合作性质向商业性质的银行机构转变。英国的房地产金融围绕住房协会逐步发展起来,并诞生了住房金融公司等,同时商业银行也开始从事房地产金融业务。

20世纪70年代,出现了第二次世界性住房危机。房地产金融业的发展,对解决住房危机问题发挥了重要作用。这期间,全球房地产金融体系逐步形成并不断完善。美国借助1929年金融危机之后的金融体系重整机遇,塑造起以联邦国民抵押贷款协会(Federal National Mortgage Association,FNMA,亦称房利美)和联邦住宅贷款抵押公司(Federal Home Loan Mortgage Corporation,FHLMC,亦称房地美)为主、私人抵押贷款机构为辅的联邦住宅贷款银行体系。这种房地产金融框架凸显出政府干预和市场运作相结合的特征。相关房地产金融机构主要包括区域性联邦住宅贷款银行、联邦住宅管理局、退伍军人管理局、房利美和房地美。其中,"两房"的主要目的是购买和出售由联邦住宅管理局和退伍军人管理局担保的抵押贷款,并通过实施资产证券化来推动住宅市场和资本市场的对接。1975年,韩国成立了土地金库,土地金库作为政府对土地及房产进行投资的资金来源之一,是政府对房地产市场实行调节的重要机构。

20世纪80年代后期,发生了第三次住房危机,以发展中国家最为突出。这一时期,经济发展水平较低的发展中国家普遍面临着城市化和人口增长压力导致的住房短缺。相关统计资料显示,20世纪80年代初拉美地区住房短缺3 000万套左右,印度住房短缺2 100万套左右。在发展中国家住房矛盾突出的背景下,1978年联合国正式成立了联合国人类居住中心(UNCHS),

旨在通过实施公正平等、可持续性的政策咨询和技术支持来减少发展中国家的城市贫困现象，推动各国解决中低收入群体的住房困难问题。

中国最早出现的房地产金融活动是由"道契"引发的融资行为。所谓道契，是指外国人在上海永租土地取得的凭证。1844年，一个英国商人在外滩租地13亩，这块土地成为"英册"第一号道契。在当时的时代背景下，由于道契是外国人的房地产权利凭证，不受中国政局动荡的影响，交割手段简便，还可以像金条一样在银行、钱庄等金融市场上抵押、转押和转让，因而道契成为当时上海金融市场上信誉最高、流通性最强的信用工具。道契不再是一张普通的房地产契证，而充当着"万能票据"的角色，时称"只需持有道契，不愁资金无着"。由此看来，早在19世纪，中国已经出现了房地产金融活动的萌芽。

新中国成立前后，中国部分城市已经存在房地产金融活动。但真正意义上的现代房地产金融活动是改革开放以来逐步发展起来的。随着城市住房制度改革的推进，房地产金融活动日趋活跃。1982年，国务院批准常州、沙市、四平、郑州等4个城市作为公有住房补贴出售试点，由中国人民银行对试点城市的居民个人和少数企业单位办理购房建房存贷款业务（该业务在1984年后划入工商银行业务范围）。1987年，中国人民银行颁布了《住宅储蓄和储蓄借款试行办法》，建设银行对需要建房、买房的单位和个人开办了住房储蓄，吸收存款，发放商品房贷款，房地产信贷业务有了一定的发展。1987年10月29日和12月8日，中国人民银行先后批准成立了烟台住房储蓄银行和蚌埠住房储蓄银行等两家股份制专业住房金融机构。1988年，中国房地产金融业务有了新的拓展，一方面，国家规定逐年在计划上安排一块商品住房信贷指标；另一方面，深圳、上海等沿海经济发达地区还发行了房地产债券，有的还试办了房地产抵押贷款等。从此，房地产金融不仅在筹资融资方面发挥着应有的功能，还能为房地产企业和消费者提供相关的服务。1991年，上海借鉴新加坡的经验，率先推进住房公积金制度试点，至1993年年末，全国共有131个地级以上城市建立了住房公积金制度，占地级以上城市总数的60%。公积金募集总额快速扩大，1991年上海市共归集公积金资金4.25亿元，2017年年末缴存总额8 248.83亿元，同比增长15.93%；缴存余额3 578.39亿元，同比增长12.46%。[①] 1998年5月，中国人民银行颁布了《个人住房贷款管理办法》，放宽了个人住房贷款条件，扩大了个人住房贷款范围，使得住房贷款结构从开发贷款为主转向个人住房消费贷款和开发贷款并重，并逐步建立起商业性和政策性并存的房地产金融体系。根据中国人民银行公布的《2017年四季度金融机构贷款投向统计报告》，2017年年末，人民币房地产贷款余额32.2万亿元，同比增长20.9%。其中，个人住房贷款余额21.9万亿元，同比增长22.2%。再从全国住房公积金缴存情况来看，政策性房地产金融发展趋势向好。根据住房和城乡建设部、财政部、中国人民银行联合发布的《全国住房公积金2017年年度报告》显示，2017年我国住房公积金实缴职工13 737.22万人，住房公积金缴存额为18 726.74亿元。2017年年末住房公积金缴存总额12 4845.12亿元，缴存余额51 620.74亿元，累计发放个人住房贷款75 602.83亿元，个人住房贷款余额45 049.78亿元。当前，住房公积金缴存、提取、贷款等资金规模均保持快速增长的势头。随着改革开放的持续深化，商业性和政策性房地产金融深度融合，我国的房地产金融体系将日趋完善。

---

① 上海住房公积金网站，《上海市住房公积金制度执行情况公报》，http://www.shgjj.com/html/gjjxxgkgb/40282.html。

二、房地产金融的基本特征

与一般金融活动相比,房地产金融具有以下特征:① 资金流量数额大。相对于绝大多数普通商品,房地产价值巨大,而且房地产价值在居民或企业的资产中一般占有较高的比重。在房地产开发经营过程中,无论是生产环节还是流通环节或者消费环节,资金流量大。② 资金周转期长。相对于其他商品来说,房地产开发建设周期长,因而资金的投入时间长。而在流通环节,房地产购买者往往因为房地产价值量大而采用按揭贷款方式购房,分期偿还贷款,贷款期限甚至长达 30 年以上。③ 房地产的抵押品特性。与其他抵押性质的借贷行为不同,房地产具有不动产属性,借款人在与债权人确立了抵押契约关系后,仍然是抵押品的合法拥有者,保留对财产的所有权和支配权,而贷款人取得的是财产的平衡产权。平衡产权不赋予贷款人任何权利,如借款者违反还贷约定,贷款人将通过没收抵押品的方式来获取财产的所有权。贷款人仅享有抵押财产的平衡权或收押权,一旦贷款还清,这种权利随之消失。④ 高风险性。与其他金融活动相比,房地产金融活动存在事先无法预料或虽能预料但难以避免的不确定因素,而房地产本身属于流动性较低的金融资产,这将使房地产金融具有较高的风险。

三、房地产金融学的研究对象和学科特点

关于房地产金融学的研究对象,学者们存在不同的看法。有的学者将房地产金融理解为房地产金融市场。有的学者侧重从实务角度认识房地产金融学的研究对象。不同学者从不同侧面揭示了房地产金融学的研究对象,并在各自的研究重点上取得了富有启迪的理论认识。由于现实中的多样化需求,房地产金融学势必会展现出多样化研究范式和研究层次。

根据我们对经济学和金融学研究对象的理解,结合多年来的房地产金融理论研究,认为房地产金融学是研究房地产经济活动中不同参与主体的资产跨期、跨空间和跨行业配置及其决策问题的学问。房地产金融学遵循金融学的基本原理,研究个人、企业以及政府在房地产经济活动中的金融行为,从房地产金融体系、房地产金融市场运行、金融中介和金融工具等层面揭示房地产金融活动的一般规律,构建房地产金融实务的理论基础,实现更强的房地产金融功能。可见,这是一门具有很强综合性和交叉性的应用金融学科。

根据上述对房地产金融学研究对象的界定,我们认为房地产金融学具有以下几个特点:

首先,房地产金融学遵循金融学的基本假设和运用现代金融学的分析方法,以解决房地产经济活动中的资产跨期、跨空间和跨行业配置及其决策问题为目的。房地产金融既具有一般金融活动的特征,又具有房地产的特殊性所带来的房地产金融活动的独特性。一般金融理论对房地产金融活动具有普遍的适用性,但房地产金融活动在定价、交易和风险控制等方面更加复杂,对房地产金融理论和实践问题的探索同样丰富了金融理论。

其次,房地产金融学探讨房地产经济活动中的资产跨期、跨空间和跨行业配置问题,以解决现实问题为导向。尽管房地产金融学也存在一些深奥的理论问题需要研究,房地产金融学对于金融科学也有许多理论上的贡献,但相对而言,这门学科更侧重于解决现实问题,它必须能够有效解决现实中存在的房地产金融问题。因此,它被归属于应用金融学。

第三,房地产金融在金融领域具有重要的地位,房地产金融活动与宏观经济具有高度关联性。房地产业在国民经济中具有非常重要的地位,通常是支柱产业,而房地产金融在整个金融体系中占据重要地位,房地产金融对房地产业和宏观经济具有直接影响。房地产金融市场的

状况决定了金融资产价格的合理性和安全性。由房地产泡沫破灭引发的1997年亚洲金融危机和2007年美国次贷危机,实际上是由于房地产金融市场的不完善导致的。

四、房地产金融学的主要研究方法

房地产金融学作为一门应用金融学,在研究方法上遵循金融学通常所使用的实证分析方法,并在此基础上进行规范分析,归纳法、演绎法等基本方法都适用于房地产金融学研究。同时,房地产金融学是建立在众多学科基础上的,显示了这门学科所采取的研究方法必然是多样化的。虽然在分析某一方面或某一个房地产金融问题上只需要采取一种特定的研究方法,但是要整体研究和把握房地产金融问题,则必须借助多种研究方法。房地产金融学研究通常要使用以下多种研究方法。

1. 标准金融学分析方法

标准金融理论认为人们的决策是建立在理性预期(Rational Expectation)、风险回避(Risk Aversion)、效用最大化以及相机抉择等假设基础之上的,人们在处理风险和收益这一特定关系时符合有效市场假说。对房地产金融问题的研究,同样是建立在这些基本假设之上的,标准金融学的分析方法在房地产金融领域具有广泛的适用性。

2. 行为金融学分析方法

20世纪80年代以来,随着金融市场上各种异常现象的累积以及人们对异常金融现象研究的深入,解释金融市场实际行为的行为金融理论逐渐兴起。行为金融学是金融学、心理学、行为学、社会学等学科相交叉的边缘学科,从而揭示金融市场的非理性行为和决策规律。行为金融学与标准金融学在分析方法上的不同主要体现在行为心理决策分析法和风险度量方法上。行为金融学将人类的一些心理学特性(如人类行为的易感性、认知缺陷、风险偏好的变动、遗憾厌恶、自控缺陷以及理性趋利特性和投资者情绪等价值感受)引入资产定价理论体系中,认为决策者的偏好一般是多方面的、易变的,这种偏好常常只在决策过程中才形成,决策者具有很强的适应性。行为金融学通过对投资者行为心理决策的分析,解释了资产价格反应过度和反应不足、动量效应、季节效应、小公司现象等一些异常现象。行为金融学以马科维茨投资组合理论和资本资产定价模型(CAPM)为基础,构建了行为组合理论和行为资产定价模型(BAPM),形成了独特的分析方法。房地产金融市场的非理性行为是普遍存在的,因而借鉴行为金融学分析方法,将大大深化房地产金融问题的研究。[①]

3. 制度金融学分析方法

2005年,美国经济学家默顿和博迪首次在理论史上明确定义了制度金融学(New Institutional Finance)。[②] 制度金融学认为,金融制度结构不是事先给定的,而是一个长期变迁过程的结晶。默顿和博迪明确指出,一旦引入交易成本,则金融制度结构的重要性就立即凸显出来:有些金融交易由银行体系来完成更有效率,而另外一些金融交易则由金融市场完成成本更低。与主流金融学的研究框架和方法相比,制度金融学更注重经验分析;制度金融学将效率标准和制度选择绩效定位于真实的金融世界。当然,制度金融学的方法论和基本分析工具并未偏离新古典边界。而制度金融学将直接适用于对房地产金融制度的分析。

---

① 威廉·福布斯,《行为金融》,机械工业出版社,2011年。
② 默顿、博迪,《金融体系的设计:金融功能与制度结构的统一》,中译本,载《比较》,2005(17),中信出版社。

4. 产业经济学分析方法

产业经济学流行的研究范式有"结构—行为—绩效"范式等,而且通常采取的模型更侧重于非完全竞争市场和非竞争市场。20世纪70年代以来在产业经济学的研究中芝加哥学派以及当代新产业经济学的研究范式正在兴起,这些研究仍然十分关注寡头垄断市场中的市场结构、公司行为和市场绩效问题,主要考虑到不完全信息和需求条件下行为的发生机制和均衡机制。房地产金融行业归属于房地产业和金融业,产业经济学的分析范式对于房地产金融业的研究是十分可行和有效的。

5. 现代计量经济学分析方法

现代计量经济学的分析方法越来越多地成为经济学和金融学研究的主要分析方法之一,随着房地产金融市场相关数据的不断积累和完善,利用现代计量经济学分析方法可以更好地从定量和实证的角度,探讨房地产金融规律。例如,协整(Co-intergration Models)、向量自回归(Vector Auto-regression Models)和误差修正(Error Correction Models)、脉冲响应(Impluse Funtion)等可以用来研究房地产金融变量与经济变量之间的相互关系。面板协整和动态面板技术用于分析收入水平存在差异、信贷支持存在差异等情况下居民的住房消费行为。通过微观调查数据并运用Logit模型和Probit模型分析不同信贷约束水平下居民的购房以及消费行为决定因素等。

6. 比较分析方法

比较分析法也可称为对比分析法,是指对两种或两种以上性质比较相近的事物做比较,总结归纳出这些事物的异同之处。无论是在社会科学研究中还是在自然科学研究中,比较分析法都有着非常广泛的应用。比较分析法对于深化人们对事物的认识进而为人们的决策提供参考依据具有重要的作用。对于房地产金融制度和金融活动而言,世界上的不同地区和不同时期,由于文化与经济发展水平等方面的差异,形成了各具特色和代表性的经验模式,运用比较分析法,可以比较全面地提炼出各种房地产金融制度的特征,深化对各国房地产金融制度的认识。此外,居民的住房消费选择或企业日常经营都会面对多种不同的融资方式,借助于比较分析法可为居民和企业决策提供科学依据。

7. 案例分析方法

案例分析法是一种由特殊到一般的认识事物的方法,由于符合人们认识事物的习惯,因而在日常生活中人们或多或少都会用到。但是案例分析法成为一种正式的、专业性的认识事物的方法则是由哈佛大学开发完成,被用于培养高级商业管理人才。其特点在于从具体的实践出发,并结合抽象的理论从而提高人们对理论学习和对事物的了解。对于房地产金融而言,利用一些房地产金融市场的现实案例,如了解某一房地产企业发行股票或者债券的全过程,可以加深对房地产企业融资工具和融资模式的理论认识。

五、本书的逻辑框架

关于本书的逻辑框架和叙述线索,主要侧重以下两个原则展开:一是根据金融功能观,重点探讨房地产金融市场运行过程。二是适应绝大多数读者的思维习惯,便于读者学习和理解。所以,本书根据金融功能观,从金融体系的视角,以房地产金融市场运行为主线,按照"房地产金融与房地产制度—房地产金融中介和金融市场—房地产金融基本原理—房地产金融工具—房地产金融风险管理和金融监管—金融变量与房地产市场"这一线索,构建逻辑结构。根据上述逻辑思路,全书除导论外,共分为十一章。

导论、第一章至第三章,是本书的总论。探讨房地产金融的起源及演变,阐述房地产金融学的研究对象和研究方法,介绍房地产制度、房地产金融中介和房地产金融市场,以及房地产金融的政府和准政府组织,梳理房地产金融的基本原理,构建房地产金融市场分析的理论基础。

第四章至第九章,是本书的第二部分。这一部分,围绕房地产金融市场运行,重点讨论房地产金融工具和房地产金融产品。阐述房地产开发贷款、房地产股权融资、房地产债券和房地产信托及PPP融资、房地产投资信托基金、住房贷款和住房抵押贷款二级市场以及房地产保险等房地产金融工具和房地产金融市场的内涵、功能和运作。

第十章、第十一章,微观、宏观结合,探讨房地产金融问题。从房地产金融市场运行的角度,研究房地产风险管理,探讨房地产金融监管问题,分析开放经济条件下金融变量和房地产市场的关系。

※ 本章小结 ※

房地产金融是金融市场的重要组成部分,房地产金融伴随着解决世界性住房危机而产生和发展。房地产金融具有资金流量数额大、资金周转期长、房地产的抵押品特性和高风险性等特征。房地产金融学是研究房地产经济活动中不同参与主体的资产跨期、跨空间和跨行业配置及其决策问题的学问。房地产金融学的主要研究方法包括标准金融学分析方法、行为金融学分析方法、制度金融学分析方法、产业经济学分析方法、现代计量经济学分析方法、比较分析方法、案例分析方法等。

※ 本章思考题 ※

1. 如何理解房地产金融的起源及演变?
2. 试述房地产金融的基本特征。
3. 房地产金融学的研究对象是什么?
4. 房地产金融学的学科特点是什么?
5. 试述房地产金融学的主要研究方法。

课后习题导论

第一章 房地产金融与房地产制度

内容提要
1. 房地产金融的内涵和功能。
2. 功能主义金融观。
3. 房地产制度的内涵和房地产制度体系。
4. 房地产制度的功能。
5. 典型国家的房地产制度。

金融的本质是解决不确定条件下资产的跨期和跨空间配置问题。房地产经济活动需要筹集、融通、结算或清算资金,并提供风险担保或保险,而房地产金融则以房地产的产权或产权人的信誉为信用基础,由金融中介组织在房地产金融市场上提供金融产品和金融服务。房地产金融体系和房地产金融市场的运行,是在一定的房地产制度条件下实现的,房地产金融体系本身亦是房地产制度的重要组成部分。

第一节 房地产金融的内涵和功能

一、金融的内涵

金融是由汉字的"金"和"融"组成的词汇。西方人对 finance 的理解和诠释比较复杂。中文的"金融"与英文的 finance 的内涵和范畴并不一致。19 世纪后半叶"金融"一词在中国逐步定型。金融可界定为,凡是既涉及货币,又涉及信用,以及货币和信用结合为一体的形式生成、运作的所有交易行为的集合。或者把金融界定为,凡是涉及货币供给,银行与非银行信用,以证券交易为操作特征的投资,商业保险,以及以类似形式进行运作的所有交易行为的集合。

二、房地产金融的内涵

如前所述,金融的本质是解决不确定条件下资产的跨期和跨空间配置问题。房地产业存在开发建设周期、投资周期和消费周期长的特点,使得房地产业的参与主体时刻面临着资产跨期配置决策或选择,从而对房地产金融产生了需求和依赖。根据金融的定义,房地产金融可界定为,凡是既涉及货币,又涉及信用,以及货币和信用结合为一体的形式生成、运作的与房地产相关的所有交易行为的集合。或者说,房地产金融是指由金融中介组织实施的,为房地产经济活动筹集、融通、结算或清算资金,并提供风险担保或保险的所有金融活动,它以房地产的产权或产权人的信誉为信用基础,而房地产金融市场和金融工具是载体。依托房地产金融体系,社会富余资金可以直接融资或间接融资方式介入房地产经济活动。

房地产业是指从事房地产投资、开发、建设、经营、租赁、抵押、信托、维修以及装饰、物业管理等经济活动的产业部门,它具有流通与服务两种功能。房地产业是以提供房地产产品和服务为目的的相关企业及其经济活动的集合。现实中,房地产业具有资金需求量大、投资回收期长和资金密集等特点,房地产业的发展离不开房地产金融业的支持,而房地产金融业本身也是房地产业的重要组成部分。美国在1997年推出的北美产业分类体系(NAICS)中房地产业归为金融业,1999年标准普尔与摩根士丹利公司推出的全球行业分类标准(Global Industry Classification Standard, GICS)和全球分类系统(Global Classification System, GCS)中房地产业归为金融业。2016年全球行业分类标准中房地产业仍归属于金融业,2018年则将房地产业从金融业中独立出来,包括股权房地产投资信托(REITs)、房地产管理和开发。房地产本身被普遍看成长期信用的最佳担保品,而且是保全资产价值的重要途径。这是因为:① 房地产的不动产属性和非灭失性,不仅为债权人提供了保存和监管变量,而且为风险敞口后的债务处置提供了保障。② 房地产价值的保值增值性。从长期趋势来看,房地产价值保值增值的稳定特征,使其适合作为长期信用担保品。③ 房地产预期收益稳定和有保障。当面临信用风险时,债权人可以通过处置房地产来获得现金回报。上述特征决定了人们必将借助于房地产抵押等来开展金融活动,并使房地产金融在国民经济和人们日常生活中的地位和作用十分突出。

三、功能主义金融观

房地产金融体系具有一般意义上的金融功能。1993年,罗伯特·C.默顿和兹维·博迪提出了功能主义金融观(Functional Perspective)理论,或称金融功能观。他们认为:① 金融功能比金融机构更加稳定。金融功能随时间和国界变动较少。② 金融机构的形式以功能为指导。金融机构不断创新和竞争最终使金融具有更强的功能和更高的效率。金融功能的本质是在一个不确定的环境中在时间和空间上实现资源有效配置。具体而言,金融体系执行如下六项核心功能:[1]

(1) 跨期、跨空间和跨行业转移资源。金融体系提供了跨期、跨国界以及跨行业转移经济资源的方式。经济状况越复杂,金融体系在提供跨期转移资源的有效途径中所扮演的角色越重要。在全球化金融体系中,金融市场和金融中介的复杂网络使得资源的跨期转移和跨地区转移成为可能,使得稀缺资源被跨期的从相对较低收益的用途转移到提供更高收益用途的创新,提高了效率。

(2) 管理风险。金融体系提供了管理风险的途径。就像资金通过金融体系得到转移一样,风险也通过金融体系进行转移。资金与风险经常被"捆绑"在一起,而且通过金融体系转

---

[1] 兹维·博迪、罗伯特·C.默顿、戴维·L.克利顿,《金融学》第2版,中国人民大学出版社,2010年,第28—36页。

移,资金流动可以刻画风险流动的特征。当然,资金和风险也可能是"不被捆绑"的。在金融世界中,许多金融合同可以在不转移资金的条件下为转移风险服务,大部分保险和担保的情形就是如此。

(3) 清算支付和结算支付。金融体系提供清算支付和结算支付的方式,从而为商品、服务及资产的交换提供便利。金融体系提供有效的支付体系,使得居民户和企业无须在购买过程中浪费时间和资源。作为一种支付手段,从黄金到纸币再到支票、信用卡和电子汇款方式,支付体系的效率也在不断提高。

(4) 归集资源并细分股份。金融体系提供了一项机制,归集资金开办规模巨大且无法拆分的企业,或者将大型企业的股份在众多所有者之间进行细分。在现代经济中,经营一家企业所需要的最小投资额经常超过一个人或一个大家庭的财富。金融体系提供了各种各样的机制,将居民的财富归集或加总为更大数量的资本供企业使用。

(5) 传递信息。金融体系可以提供有助于在不同经济部门中协调分散性决策的价格信息。在现实生活中,许多不参与证券交易的人同样利用证券价格所产生的信息进行其他类型的决策。类似地,资产的市场价格信息也有助于家庭内部的决策。在投资项目选择和融资安排的过程中,资产价格和利率为企业管理者提供了关键信息。

(6) 解决激励问题。金融体系可以提供解决当金融交易的一方拥有另一方不具备的信息或一方是代替另一方做出决策的代理人时产生的激励问题的方法。在金融体系中,激励问题以各种各样的形式出现,包括道德风险、逆向选择和委托代理问题,这三种激励问题可以通过金融体系寻找方法去解决。

四、房地产金融的功能

房地产金融体系在实现上述金融功能的过程中,还具有一些房地产金融的独特功能。房地产金融市场和房地产金融中介的运作,将为房地产业发展提供房地产金融产品和服务,从而为房地产企业提供金融支持,并解决购房者即时支付能力不足的问题,把购房者的购房负担分摊到若干年内,满足居民购房的资金需求,刺激房地产的有效需求。世界上多数国家对居民的购房融资由商业性和政策性两种住房金融体系组成。商业性住房金融体系用来支持较高收入人群实现住房需求,遵循市场竞争原则,以营利为目的,注重住房投资品的特性。政策性住房金融体系旨在解决中低收入人群的住房问题,以非营利为出发点,重在对购房者提供各种帮助,体现出政府福利的特点。两种住房金融体系安排既相对独立,又相互依赖和融合,形成统一的住房金融体系。根据风险偏好的不同,风险偏好程度低的人利用各种金融工具把风险转嫁给厌恶风险程度较低的人,以实现风险的再分配。房地产金融能够利用庞大的机构网络、众多的金融工具,发挥融资、保险等功能,将社会分散、无序的资金集中起来,合理利用到房地产开发经营中,盘活房地产资产,提高资金的使用效率。此外,房地产金融政策对房地产市场具有一定的调节功能,是政府实行房地产市场宏观调控的重要工具。房地产金融市场的信息传递功能,为政府部门分析房地产经济运行情况提供了重要依据,政府据此利用房地产金融政策工具对房地产市场实施宏观调控。

第二节 房地产制度和房地产制度体系及其功能

一、制度的基本内涵

从广义上来说，制度一词几乎涵盖了人类生活的方方面面，一切人与人之间构成的社会关系以及语言、思想和宗教等都可以被归入制度的集合中。但是，对于经济学研究而言，制度的内涵更为集中，它通常被定义为："是一个社会中的游戏规则，更规范地说，制度是为决定人们的相互作用而人为设定的一些制约"。[①] 从制度作为一种行为规则的特征出发，可以列举出一些重要而常见的具体制度，包括：① 用于降低交易费用的制度（如货币、期货市场）。② 用于影响生产要素的所有者之间配置风险的制度（如合约、分成制、合作社、公司、保险、公共社会安全计划）。③ 用于提供职能组织与个人收入流之间的联系的制度（如财产，包括遗产法、资历和劳动者的其他权利）。④ 用于确立公共品和服务的生产与分配的框架的制度（如高速公路、飞机场、学校和农业试验站）。[②] 在众多的制度中，产权毫无疑问是研究者最为关注并得到深入探讨的领域，这显然与产权制度对经济发展和人类福利所具有的重大影响有关。

大多数情况下，制度是联合而不是单个地发挥作用。在现实社会中，众多的制度共同构成了"制度之网"，人们只能在特定的"制度之网"中进行选择和行动。从纵向来看，"制度之网"包括国际规则、国家的宪法、政治制度、经济制度、产权制度、企业管理制度等，尽管个体在行为时并不能够意识到全部的制度，但他总是在这些制度的多重限制之下进行选择。例如，在全球化的条件下，中国的民营企业的竞争策略通常是在国际贸易规则和国家经济政策等多重制度框架内选择。从横向来看，围绕着某一市场或资源配置通常存在着多方面的制度，这些制度往往是相互补充的，但有时也会冲突。例如，房地产开发商的行为通常会考虑到土地制度、金融制度、税收制度及环保制度等的要求，这些制度的具体规则并不完全一致。

制度不仅是一种规则，也是经济发展中不可或缺的重要资源。同时，制度也具有公共产品的特性，制度的复制和学习比技术模仿更为困难，这就导致了制度稀缺性的普遍存在。从制度供给上看，存在着诸多约束条件，如法律法规修改所必需的程序、一定的知识积累、文化传统的限制等；从制度需求上看，相对价格变化和社会问题很容易产生制度创新的压力。这一特殊的制度供求结构进一步强化了制度的稀缺性，在特定时期突出了制度变革的重要作用。

作为人类施加到自己身上的约束，制度包含了正规的和非正规的规则，以及实施的形式和有效性。"正规规则包括政治（及司法）规则、经济规则和合约。这些规则可以做如下排序：从宪法到成文法与普通法，再到明确的细则，最终到确定制约的单个合约；从一般规则到特定的说明书"。[③] 非正规规则主要表现为行为准则、习俗和惯例，它往往来源于历史上流传下来的文化遗产。深入来看，正规规则与非正规规则的差别只是一个程度上的问题，在任何经济中，

[①] 道格拉斯·C. 诺斯，《制度、制度变迁与经济绩效》，上海三联书店，1994年，第3页。
[②] 西奥多·W. 舒尔茨，《制度与人的经济价值的不断提高》，载科斯等著，《财产权利与制度变迁——产权学派与新制度经济学派译文集》，上海三联书店，1994年，第253页。
[③] 道格拉斯·C. 诺斯，《制度、制度变迁与经济绩效》，上海三联书店，1994年，第64页。

正规的和非正规的规则都以不同的方式聚集在一起形成制度的约束,二者相互补充构成了人们的可选择机会。"正规规则能贯彻和增进非正规制约的有效性,它们可能会降低信息、监督和实施成本,因而使得非正规制约成为解决更为复杂交换的可能方式"。[1] 正规规则与非正规规则的并存意味着制度不是一个静态的概念,而是随着专业化水平的不断提高,人类相互依赖关系的强化,不断变化和扩展其所包含的范围。在传统社会,制度主要是非正规规则,如禁忌、习俗、传统道德、宗教信仰和行为准则等;少量的正规规则只是居于从属和次要的地位。在市场经济时代,制度中的正规规则,如宪法、法律和产权安排等,显得越来越重要,非人格化的成文法典成为规范人们合作与竞争关系的依据,非正式规则只起着次要和补充的作用。

在大多数社会中,现存的制度确定和创立了均衡,使得行为者的谈判力量及构成经济交换总体的一系列合约谈判给定,尽管可能有人对现有规则不满意,但由于改变该规则的成本太高,从而没有一个行为者会愿意将资源用于再建立新合约。然而,制度均衡只是事情的一个方面,制度变迁也贯穿于人类历史。制度变迁可以被描述为:"相对价格的变化导致一方或双方去进行一项交易(不管这一交易是政治的还是经济的),设想一方或双方在一个改变了的协议或合约下境况可能会更好,因而将做出对合约进行重新谈判的努力"。[2] 通常而言,制度变迁会为有组织的企业家提高新的获利机会,这又会改变制度变迁的方向。例如,在美国19世纪的土地法变迁史上,特定的存款规则组合的变化(规模、信用条款、价格及准备金要求),获利机会(导致运输、人口、技术和资源的变化)以及联邦政府用于实施的少量资源(尽管它变化很大),都导致个人、集体及组织企图从土地的利用中获利。通常在法律实施的逻辑下逃避法律是一种成功的策略。土地公司、非法占地者、权利俱乐部、木材公司、铁路公司、采矿公司及牧牛协会都会决定美国的土地处置及联邦政府所做出的反应。[3]

二、房地产制度的内涵

制度理论同样可以应用于房地产经济金融活动中,当然,房地产制度既与其他制度具有共同之处,也有自己独特的专有制度规则。具体来说,房地产制度是指围绕着土地资源与房地产产品的开发、交易和分配而确立的关于人们相互作用方式的一系列规则。从根本上来说,房地产制度从属于整个国家和社会的经济体制,要受到一个国家基本经济制度、基本经济政策和经济体制的制约,构成了国家"制度网络"中的一个环节。从内容上来看,房地产制度主要包括了土地产权制度和土地管理制度、房地产开发投资制度、房地产经营制度、住房供应制度、住房分配制度、住房社会保障制度和房地产税收制度、房地产管理制度等多个方面。在一系列的房地产制度中,土地产权制度和住房制度对于资源配置及人们的利益影响最大,是通常需要深入研究的基本制度。由此可见,房地产制度是一个复杂的系统工程,它不仅反映国家、企业(事业)和个人之间以及人们相互之间在房地产问题上的经济利益关系,而且还直接关系到城镇居民、农村居民基本住房需求的满足、社会安定等重大现实问题。可以说,房地产制度为房地产经济运行提供了一个最基本的准则和秩序,决定了房地产业和房地产市场的发育状况。

---

[1] 道格拉斯·C.诺斯,《制度、制度变迁与经济绩效》,上海三联书店,1994年,第63—64页。
[2] 同上引,第115—116页。
[3] 同上引,第118页。

从制度的本质出发,可以发现房地产制度的形成是为了规范人们在房地产经济运行中的相互作用。事实上,围绕着土地资源和房地产产品的利用和配置,各个利益主体都有自己特定的目标和动机,当这些目标和动机发生冲突时,就必须演化或构建出一系列的房地产制度来加以约束和协调。

需要指出的是,仅仅依靠正式的房地产规则并不能够完全解决好房地产金融市场运行和资源配置问题,在实践中,正式的房地产规则还需要与非正式房地产规则相配合。而那些非正式的房地产规则一般由惯例、习俗以及传统文化和信任关系所构成,它们辅助或维护着正式房地产规则的运行。虽然人们努力建立正式而明确的房地产制度,但是在许多环节和事件上还需要非正式房地产规则的配合。

三、房地产制度体系

虽然大多数人对房地产制度的详细情况知之甚少,一旦他们进入房地产市场从事房地产的购买、租售及投资时,就会感受到房地产制度体系的多重约束和限制,他们的行为也因这些制度而有所改变。具体来说,构成房地产制度体系的各类制度主要有以下几种。

1. 房地产法

房地产法是由国家强制力保证执行的房地产方面的行为规范。它是国家从事房地产管理的基本依据,是房地产开发商从事开发经营活动的最高准绳,也是房地产所有者和使用者维护其合法权益的根本保证。

有关房地产立法的历史,可以追溯到19世纪之初的西方国家。1804年,法国公布《法国民法典》,其中有许多不动产方面的内容。1832年,英国国会通过《乔利拉法案》,该法案对解决贫困家庭的住房困难问题做出了具体规定。从发展过程来看,20世纪以前,各国有关房地产的法规主要体现在民法典中,尚无专门的房地产立法,亦即房地产法尚未在民法等基本法的基础上形成一个独立的法律领域。20世纪以来,特别是第二次世界大战后,随着房地产业的迅速发展,各国都加强了对房地产的管理和立法。除民法等基本法中的房地产立法内容以外,各国还颁发了一系列专门的房地产法规,逐渐形成了一整套较为完备的房地产法律体系。

一般而言,作为房地产制度的房地产法主要包括三个层面:一是综合法,是指宪法、民法等对房地产立法具有指导性作用的法规,以及税收法、环境法、婚姻法、继承法等与房地产具有相关性的法规。二是住房法。关于房屋建设、经营管理、房产市场等方面的专门性法规。三是土地法,指关于土地开发、经营管理、地产市场等方面的专门性法规。这些法律涉及范围较广,条文规定较细,制裁措施较严,形成了一套相互联系、彼此配合的法律体系。

2. 房地产政策

房地产政策体系是国家或政府为改善住宅的数量、质量、价格以及所有权和使用权而制定的一整套方针、政策和相关措施,这是一个国家房地产制度的重要组成部分。一国的房地产政策一般包括两个层次,即中央政府的住房政策和地方政府的住房政策。中央政府的房地产政策是带有原则性的基本政策,如英国保守党在1971年发布的白皮书中提出的住房目标为:"价格适合每个家庭支付能力的适宜住房,自有和租赁的公平选择,以及公民承担和接受住房帮助的公平性"。工党在1977年的绿皮书中指出:"传统的为所有家庭提供价格在其支付能力范围内的适宜住房,仍然是我们的基本目标。而地方政府则根据这些基本政策,从各地实际情况出发,制定适合本地区特点的政策"。①

效率性、公平性和社会政治性是房地产政策的三大基石。效率性是指政府对房地产市场所采取的政策能够提高房地产资源的使用效率。公平性则指房地产政策能够在体现社会公平性方面扮演重要角色。从社会政治性角度来看,房地产政策要能够对公共安全的改善、健康和环境的改善、经济利益分配、城市和社区发展等社会政治目标的实现提供坚实支持。在实践方面,房地产政策与经济和社会政策密不可分,如宏观经济稳定、社会福利、公共健康、土地使用、经济发展和地区平衡政策等都会对住房供应和房地产政策产生重大影响。

房地产政策既可以是一般原则和政策目标,亦可以是政府为改善居民居住条件而制定的关于住房的投资、建造、流通、分配和消费等政策体系。例如,住房的供应政策有公共住房政策和私有住房政策;住房的流通政策有数量、质量、价格及其交易政策;住房的分配政策有住房消费占工资中的比重、住房所有权、使用权和租赁政策;住房的社会保障政策有住房补贴和廉租住房政策等。这一系列的政策构成完整的住房政策体系。

从整体上看,房地产政策一般包括四个方面:目标、内容、结构和程序。所谓目标,指的是政策明确指向某个或某些目的,包括房地产政策究竟为谁服务以及如何服务。内容是与其他政策有明确区别的一套原则和行动,即房地产政策由什么组成,范围如何界定以及与其他政策领域的相互影响。结构指的是行动者、机构和其他主体之间的联系共同构成的决定目标、内容及其传达的一整套体系,其焦点是政策制定和实施的机制,如国家与市场的关系、中央政府和地方政府以及其他政策实施机构的关系。程序指房地产政策制定、实施和接受的某种固有过程,即政策制定、实施和成果评价的方式。

3. 房地产管理规定

在房地产经济的运行过程中,要涉及多个层面的管理,这些管理规定也构成了房地产制度的重要内容。一般来说,房地产管理规定第一个层面是房地产企业的内部管理规章制度,这些规章制度通常由企业自己来制定,但在西方有许多企业是由专门的房地产管理公司来承担。第二个层面的管理规定是房地产行业的自律规则,它由房地产协会和专业组织所提供,包括了诸如企业行为准则、质量标准等内容。第三个层面则属于政府对房地产业的行政管理,各级政府通过采取行政命令和指示等形式,按照行政隶属关系来管理房地产经济活动。在上述三个层次的管理规定中,各级政府的行政管理规定对于房地产经济运行的影响最大,同时,对于房地产市场的效率和公平状况产生更多的实质性作用。

在中国,房地产行政管理实行统一领导、分级管理原则,其机构设置与国家政权机构相对应,分中央级和地方级行政管理机构。在国务院统一领导下,各级管理机构既受同级政府的管理,又受上级房地产行政管理机构的业务管理。

具体来看,房地产行政管理规定包括以下几个方面:① 产权产籍管理规定。房地产产权管理规定和产籍管理规定是密切联系、互为依存、互相促进的两项制度。产权管理是产籍管理的基础,没有产权登记、产权调查、产权确定,就不可能有完整的产籍资料;反过来,产籍管理是产权管理的依据,是为产权管理服务的。② 城市规划管理规定。城市规划是指为了实现一定时期内城市的经济和社会发展目标,确定城市规模、性质和发展方向,合理利用城市土地,协调城市空间布局和各项建设的综合布置与具体安排。城市规划管理规定为房地产的经营活动限

---

① Malpass P. Murie A. ,"Housing Policy and Practice. 4th edn", London: Macmillan,1994.

定了范围。③ 城市土地管理规定。城市土地管理是指城市土地在城市的不同经济部门之间、各个不同项目之间的合理配置和使用,主要包括城市土地资源配置管理和城市土地使用管理两个方面。④ 房地产交易管理规定。主要是指对房地产交易的主体、客体、交易方式、程序等加以规范。从房地产管理规定的内容来看,这一层面的制度较为具体翔实,并具有较强的操作性,在实践中对于房地产企业和个体的影响也最直接,是房地产法和房地产政策的落实和执行。

4. 非正式房地产制度规则

房地产法、房地产政策和房地产管理规定都是正式的成文的房地产制度,同时,房地产制度还包括了许多不成文的甚至是约定俗成的非正式房地产制度规则。这些非正式房地产制度的存在主要基于以下几个方面的原因:一是由于一些正式的房地产制度难以完全按照政策规定来执行,因此往往会采取一些变通的或者非正式的方法。例如,在一些城市,对房地产企业的征税就不完全按照实际营业额来执行,而是采取了约定俗成的定额税。二是由于房地产产品特性造成了房地产交易中信息的不完全、不对称,这就必然导致房地产契约无法完全界定房地产产权或者规定所有可能的事项,而是采取了用习俗和惯例来替代的办法。三是在不同的区域文化背景下往往会产生一些独特的非正式房地产制度,这就使得同样的正式房地产制度在不同地区中会表现出一些差异。总之,非正式房地产制度规则在房地产制度体系中扮演着重要的角色,正式房地产制度与非正式房地产制度之间的边界是模糊的,在不同的时期和地区二者之间的关系是有差异的。而房地产制度的变迁,使正式制度与非正式制度的边界也随之变化。

四、土地制度

土地制度是社会经济制度的重要组成部分,也是房地产制度的基础性内容。对于土地制度内涵的理解,学术界有不同的观点。一是认为土地制度就是土地所有制,是人类社会一定发展阶段中土地所有关系的总称。二是认为土地制度是在经济运行过程中所发生的土地经济关系和土地法权关系制度化的总称。土地经济关系表现在人们对土地的所有权、使用权、占有权和处分权等方面,而法权关系则是指土地经济关系在法律上的反映、确认和规范。三是认为土地制度是由土地所有制、土地使用制度、土地流转制度和土地管理制度及其他构成的一项有关土地的社会经济制度。四是从广义上认为土地制度包括有关土地问题的一切制度,如土地利用方面的土地开发制度、规划制度等,土地所有和使用方面的土地分配制度、承包制度、租赁制度、地租和地价制度等,土地管理方面的地籍制度和征用制度等。

从制度是行为规则这一内涵出发,综合上述关于土地制度的界定,可以认为土地制度应当包含产权制度、管理制度、利用制度等方面能够影响到土地资源配置的所有规则。当然,在土地制度中,土地产权制度是基础的、重要的制度。因为,土地产权清晰是土地市场体制运行的基础,是决定土地收益的根本条件。虽然土地产权束包含了较多的内容,但是土地所有制和土地使用制是两个核心内容。一般而言,土地所有制决定土地使用制。土地使用制及其具体形式必须与土地所有制相适应,它不仅是土地所有制的反映和体现,而且也是实现和巩固土地所有制的一种形式和手段。

土地所有制是由特定的社会政治经济制度决定的对土地要素的占有形式,而土地所有权则是这种占有形式在法律上的表现和要求。土地所有制是对土地所有权的抽象,而所有权则是对所有制的具体化。同样,土地使用制度是关于土地使用权界定和转移等过程中所发生的人与人之间经济关系的规则。土地使用制也是土地制度中的重要内容之一,是土地制度中最活跃的成分。土地使用权是土地使用制在法律和经济上的具体表现形式。在土地所有权可以自由交易的经济里,人们为了取得特定土地的使用权,可以通过购买土地所有权的办法实现。在土地所有权和使用权分离的情况下,可以将土地使用权作为独立的交易对象来实现。而相关土地管理制度是对土地所有权和土地使用权进行必要的管理、监督和调控,提高土地资源配置效率,适应社会经济发展的需要。

五、住房制度

住房制度是一个国家或地区关于住房的开发、投资、分配、消费、交易、价格和管理等方面的法律、法规、政策及非正式规则等调整人与自然、人与人关系,并约束人们行为的规则集。西方国家的住房制度在城市和农村是统一的,一般实行城乡统一的住房制度。在中国农村农民的住房,大多靠自筹资金在宅基地上建设住房来解决。住房制度是一个复杂的系统工程,它不仅反映国家、企业(事业)和个人之间以及人们相互之间在住房问题上的经济利益关系,而且还直接关系到居民基本住房需求的满足、社会的安定等重大社会问题。由此,各国都高度重视居民的住房问题,在住房的规划设计、投资建造、分配办法、经营管理以及住房社会保障等方面,都制定了相应的住房政策目标和解决住房问题的方式方法,形成一套完备的制度;并且制定了一系列住宅法规,如多种多样的《住宅法》和《物权法》等,以维护城乡居民的居住权,保护居民的房产权,规范住宅市场的运行秩序。

住房制度的内容通常要受到政治经济等多方面条件的制约,但国家特定时期的住房问题却是决定住房制度演变的主要因素。对特定住房问题的关注,直接导致了住房制度的变迁,这一点具体反映在各国不同时期的房地产法及房地产政策内容变化上。

在20世纪90年代之前,部分原计划经济国家选择了计划配置、实物分配、行政性管理的住房制度。其基本特点是:采取国家(政府)和单位统包住房建设投资,对职工实行实物福利分房,低租金使用(近乎无偿使用),实施行政性住房管理。中国原有的住房制度,基本上是照搬了这种模式。随着苏联的解体、东欧的演变,计划经济国家的市场化改革,这种住房制度已失去了基础,逐步退出历史舞台。

当前,世界大多数国家选择的住房制度是市场化配置、货币化分配、社会化管理与公共住房相结合的住房制度。其基本特点是:主要通过市场机制调节住房的生产、分配、交换、消费,决定住房资源的配置、分配与使用。住房投资建设由开发商自主进行。住房消费包含在职工工资之中,其比重一般占工资的25%~30%左右。住房分配通过市场交换进行,职工以其收入自由选择购买或租房入住。私人住宅一般占60%左右。住房管理与政府和单位分离,由物业公司进行社会化、专业化管理。政府的作用主要体现在调控住房市场和对低收入者提供基本的社会住房保障。在实践中,这一住房制度表现出有一定差异的多种具体制度。

六、房地产制度的功能

制度的功能不仅重要而且作用于经济、政治和社会生活的多个方面。即使仅从经济视角出发,也可以总结出制度的若干重要功能。房地产制度在房地产经济活动中发挥了制度的主要功能。

首先,房地产制度通过向人们提供一个日常生活的结构来减少不确定性。制度具备的一项独特功能是塑造人们的思维与行为方式,提供并在某种程度上创造和扩散信息,创造较稳定的社会秩序,从而可以有效降低不确定性和风险。在人类社会中,信息的不完全和风险的普遍存在迫使人们构建一系列的制度。在经济发展过程中,个人的习惯性行为逐渐形成制度化的惯例,依靠这些制度的信息功能,人们能够有效地处理提供给当事人的信息,减少日常行为中所包含的计算量。正如奈特所说:一个人只有在所有其他人的行为是可预测的,并且他能够正确地预测的时候,才能在任何规模的集团中理性地选择或计划。

在房地产经济中,获得一个稳定的市场结构和可预期的发展趋势是重要的。只有在一个稳定的和可预测的房地产市场上,开发商才会提供合意的房地产产品,消费者和投资者才愿意从事回报期长的房地产买卖,也才能够提高劳动效率和资金使用效率。一般来说,政府提供"房地产制度产品",有利于促进房地产市场的稳定,在不破坏市场机制效率的前提下实现房地产资源的有效利用和配置。

其次,房地产制度决定了经济活动中交易费用的高低。交易费用包括一切不直接发生在物质生产过程中的费用,可以看作是一系列的制度费用,其中包括信息费用、谈判费用、起草和实施合约的费用、界定和实施产权的费用、监督管理的费用和改变制度安排的费用等。"交易费用反映了构成一个经济的或在一个更大范围内的社会中整个制度(包括正规的和非正规的)的复杂性。这一完整结构最终勾勒了在个人合约水平上的交易费用"。[①] 科斯认为,交易费用是市场的运行费用。阿罗对交易费用概念做了一般化,指出:"交易费用是经济制度的运行费用"。需要指出的是,制度本身并不意味着交易费用的降低,各种不同制度通常规定了不同水平的交易费用,正如诺斯所指出的,整个市场是一个制度的混合物,其中有些使效率增加,而有些则使效率降低。在房地产市场上,消费者和厂商的交易费用都很高,而相关的房地产制度则能够减少这两方面的费用。例如,在美国现代住宅财产的转化过程中,"制度决定了交换的成本有多大。构成资源的成本必须既能衡量交换的法律与物质属性,而且还要能衡量检察与实施协议的成本,并反映对交换形式的衡量与实施不完全程度的一个不确定性贴现。不确定贴现的量将受关于住房条件的不对称信息(出售者是知道的)这类具体合约要素以及购买者的货币条件(购买者是知道的)的影响,它还受阻止犯罪的有效性这类共同体层次因素及价格水平的稳定性这类宏观因素的影响"。[②]

第三,房地产制度影响着资源的配置和利用状况。市场和政府是资源配置的两种主导方式,而制度则决定了这两种主导方式的资源配置的效率。人们在房地产资源配置的决策中不仅需要权衡由经济条件所决定的生产费用,而且还需要测算由房地产制度确定的交易费用。当交易费用很高时,原来有利可图的生产决策或消费决策会受到影响,一些土地资源和房产资源的投向或投量也将由此而改变。同时,房地产制度也影响着社会利用资源的态度和结果。在特定的制度条件下,制度能够促使人们节约,即让一个或更多的"经济人"在增进自身福利时而不使其他人的福利减少;或让"经济人"在他们的预算约束下达到更高的目标水平。但是,在相反的制度条件下,也会导致资源浪费现象的普遍出现。

第四,房地产制度具有规定收入分配及再分配的功能。制度从方方面面影响了人们的收

---

① 道格拉斯·C.诺斯,《制度、制度变迁与经济绩效》,上海三联书店,1994年,第91页。
② 同上引,第85页。

入分配,在计划经济的制度体系下和在市场经济的制度体系下,人们的收入分配决定方式截然不同。具体来说,劳动者与经济组织之间的合约通常是在国家的多个政治、经济制度影响之下形成的,合约的不同也就决定了收入分配的差异。在社会的再分配过程中,政府的各项财税制度取代企业内部合约发挥了重要作用,直接改变了人们的财产状况。事实上,政府的土地制度、金融制度、住房制度和产业政策等会在一定程度上改变或调整人们的收入水平。例如,经济适用房和廉租住房制度的建立,充分体现了政府增加低收入家庭福利的意愿,同时,对房价和房租的管制也会影响到业主和租赁双方等多方面的收入状况。

正如科斯所指出的,我们每个人都生活在一种经济制度当中。交易费用依赖于一国的制度,如法律制度、政治制度、社会制度以及教育文化等诸方面的制度。交易费用越低,制度的生产效率就越高,制度决定着经济绩效。这意味着,房地产制度创造了秩序,减少了人们生产和生活的不确定性;房地产制度规定了交易费用的高低,从而影响资源配置与收入分配。正因为如此,人们非常重视房地产制度的完善和创新,也力求实现有效率的房地产制度安排。理论研究表明,有效率的房地产制度一般具有以下一些特征:一是生产要素的占有有利于劳动力的充分利用,有利于生产要素的有机结合。二是产权清晰,权利、责任和利益相统一,既提供一种有效的激励结构,也具有完善的约束规则。三是房地产制度能够拓展人类选择的空间,而这种选择的前提是获得充分的信息和可持续利用的资源。四是房地产产品的分配与个人的劳动及其他要素支出相适应。具备了这些特征,就能更好地实现房地产制度的功能。

第三节 典型国家的房地产制度

一、美国的房地产制度

美国是发达国家中房地产制度较为完善的国家,属于自由市场型房地产制度的典型代表。20世纪30年代以前,在自由市场经济理论的支配下,美国政府主要依靠市场手段解决房地产问题。30年代的经济大萧条,为了经济复苏和解决住房问题,促使美国政府全面介入房地产市场,把住宅建设作为拉动国民经济的支柱。"二战"结束后,由于战争等原因造成严重的住房短缺,美国联邦政府奉行"私人力量为主,政府努力为辅"的政策,采用各种优惠政策大力扶持房地产业发展,增加房地产供给。20世纪70年代,全球范围内出现的经济增长停滞和通货膨胀并存现象,亦对美国经济产生重创。在此背景下,1974年美国通过了《住房和社区发展法案》,标志着美国政府不再直接参与兴建公共住房,而是持续推进房地产财税体制、房地产金融领域的改革,美国房地产制度更趋健全。

1. 土地制度

在美国,三种土地所有制形式并存,而以土地私人所有制为主体。在美国的全部国土中,私人所有土地占国土面积的58%;联邦政府所有的土地占32%;地方(州)政府所有的土地占10%左右。美国土地所有制下的土地所有权是一种比较完备的所有权。无论何种土地为私人还是各级政府所有,其所有者都拥有该土地的地上及地下矿藏的所有权。同时,美国的土地所有权还具有可分割性,即土地所有者可以将其土地的地下所有权或地上所有权单独出售。这一点在世界上是比较独特的。就土地的使用制度而言,美国实行土地有偿使用制。全部私人所有土地以及国有土地和公有土地,无论是使用权还是所有权均可以依法上市自由交易。与土地所有权的可分割性相对应,美国的土地使用权具有可分割性,即土地所有者可以把其拥有的土地的地下权或地上权的某一项单独出租,或将二者同时分别租给不同的使用者。进入20世纪后,美国的土地私有产权保护得到进一步强化,私有产权者拥有对土地的控制权、使用权、销售权、租赁权、赠与权和继承权等。

美国实施严格的分区制土地管理制度,即按照土地的特征、结构及特殊用途对区域加以分类,将土地划分为不同的区(块),在各区(块)内实施不同的土地使用规划。分区制管理大致包括:一是对土地的使用用途进行规划;二是对建筑物的高度、规模、面积及容积率等进行限制;三是对建筑物的设计风格、外观等方面进行限制。尽管美国严格遵守土地私有制度,但任何土地开发和用途转换都必须经过土地分区制规划体系的认可。

在美国,所有土地的产权流转都必须遵循自由、开放、公开、公平、公正的原则,通过土地交易市场完成。除公益性、国家战略性建设项目用地外,在其他所有土地交易活动中,政府没有优先购买权,而是与其他竞买者一起平等地参与竞买活动。在政府有优先购买权交易活动中,政府有关部门做出政策性引导,履行公开竞买的所有程序,防止政府直接干预和操纵交易活动。1791年,《美国权利法案》第五次修正案明确规定:"没有合理的补偿,私有财产不能被征收作为公共用途。"从法律层面明确美国的征地工作是一种政府行为,且征地的用途必须是公共用途,征收土地必须给予土地所有权人合理的补偿。在具体征收工作中,必须严格遵循论证、公告、听证、补偿、安置、联合审核确定等一系列程序。

2. 房地产交易制度

美国实行房地产预售制度。在美国,无论房屋是否开工都允许预售,在房地产预售的各个环节,美国政府实行严格的监管,如预售资金专款专用等,详尽披露预售房信息,各环节的风险分担使得预售的风险大大地降低。而且,美国所有的开发商在销售房屋之前均需要向州有关部门递交企划书,只有在企划书获得批准以后开发商才能正式开始房屋销售,企划书具有严格法律效力,约定的内容不能随意变更。据统计,1963—2007年美国新房销售预售比例(包括开工前售出和建造期售出)一直保持在50%~75%左右的水平。此后,由于次贷危机的爆发导致美国房地产预售比例有所下降。

为打击投机性房地产投资,稳住房地产价格,美国对房地产出售获利要征收资本利得税,特别是对不超过1年的短期投资利得要计入当年应税所得。对于个人来说,短期投资的资本利得税率适用于一般所得税累进税率;长期投资的资本利得税率(超过1年的投资)通常为20%。2003年长期投资的资本利得税被降到15%,对于归入最低和次低所得税缴纳的人群,资本利得税为5%。2011年所有被调降的资本利得税率重新恢复到2003年以前的水平。

3. 房地产金融制度

美国的房地产金融体系由房地产金融一级市场及二级市场构成。其中,房地产金融一级市场的行为主体,包括贷款购房人、抵押贷款发放机构和一级市场保险机构,主要负责商业银行、储贷协会、互助储蓄银行等金融机构与购房人签订抵押贷款借款合同,金融机构发放住房抵押贷款,购房人按约定逐期还本付息。二级市场的行为主体,主要包括抵押贷款发放机构、政府支持企业(房利美、房地美、吉利美等)、担保机构和投资者,其运作机制实际上就是住房抵押贷款证券化的过程,并通过住房抵押贷款证券化分散贷款发放机构的信用风险和市场风险,提高房地产金融一级市场的流动性。美国政府十分重视房地产金融市场风险的监管,专门设立了联邦住房金融委员会和联邦住房企业监管办公室,分别独立负责对一级市场和二级市场进行监管。

4. 房地产财税制度

美国房地产税是以房地产核定价值作为计税依据,属于沽定价值税种。在房地产保有环节,房主每年都需要缴纳房地产税,但各州税率不一,一般为房地产市值的0.6%~3%不等。同时,实行普惠制税收政策。一是为鼓励居民购房,通常对第一套和第二套住房给予一定额度的抵押贷款利息免税,第一套住房免缴不动产税,出售住房的部分收益免交联邦资本所得税;二是对拥有自己住房的家庭,还可以减免所得税和财产税;三是对出租屋的家庭实行税收减免政策。

5. 住房保障制度

20世纪70年代以前,美国政府主要通过补贴住房供应者,以期达到增加住房供给,缓解住房紧张的局面。由于20世纪60年代末美国大规模的公共住房建设受挫,使当局意识到单纯增加公共住房建设力度,既不符合美国联邦财政的实际,亦不可能从根本上解决低收入家庭的住房问题。20世纪70年代中期,美国暂停了公共住房建设,随之住房保障政策亦发生较大调整,即由补贴住房供应者转变为向住房需求者提供补贴,这些补贴主要包括房租优惠券、房租援助计划、税收返还、减免政策等。进入21世纪之后,美国政府进一步扩大了住房保障的范围,对住房的补贴不仅关注低收入阶层,而且逐步扩展到中高收入阶层,提出了惠及全民的"美国梦首期付款计划",并通过政策性抵押贷款担保、住房选择优惠券、住房税收减免及"美国梦首期付款计划"等政策鼓励高收入者购买自己的住房,提高和改善居民住房质量。

二、德国的房地产制度

经过两个世纪的不断探索和发展,德国已形成以"高福利"著称的福利性住房制度,广为世界各国所借鉴和参考。德国的房地产制度有自己的特点。

1. 土地制度

按照联邦《基本法》《民法大典》《土地交易法》等法律的规定,在德国土地买卖是自由的,不管是国家还是个人(含外国人)均可按各自的意愿进行土地买卖,但不能影响公共利益。如影响公共利益,地方政府有权行使优先购买权,甚至强行征购。《基本法》《民法大典》还规定了土地交易的多样性,即宪法保护居民的土地私有权(含建筑物所有权),私人土地所有者在进行交易时,不仅可进行土地产权交易,还可以就附属在地产上的一些特殊权利(如建筑物等)进行交易。《联邦建设法》《土地登记条例》就交易程序、估价方法、户籍登记程序做出了详细的规定,确保交易的规范性,不按此规定执行,将得不到法律的保护。

在德国,建设规划中的地产买卖,必须服从规划的具体规定,如不能满足这一点,政府可行使优先购买权回购建设用地。在回购过程中,若地产所有权持有者要价远高于市场价或者不愿卖给政府时,政府可依法按市场价格予以强行征购。其中,市场价格的确定由地产估价委员会定出。

2. 房地产交易制度

德国对房价、房租实施"指导价"。按照德国《联邦建设法》的规定,房地产估价由各地独立设立的房地产公共评估委员会组织开展,房地产交易和租赁的标准价格由当地评估委员会做出。评估委员会提供的指导价有较强的法律效力,所有的房地产交易均有义务参照执行,维持房价在合理的范围内波动,拒不执行者要受到处罚,甚至承担刑事责任。

由于德国政府对房地产业实施科学调控与严格管理,使房价涨幅保持平稳,房价涨幅远低于居民平均收入增长幅度。据统计,1975—2011年,德国新建住房名义价格指数累计上涨90%,若扣除通货膨胀因素,实际价格下跌10.2%,实际房价收入比指数下跌了53%(见图1-1)。[①]

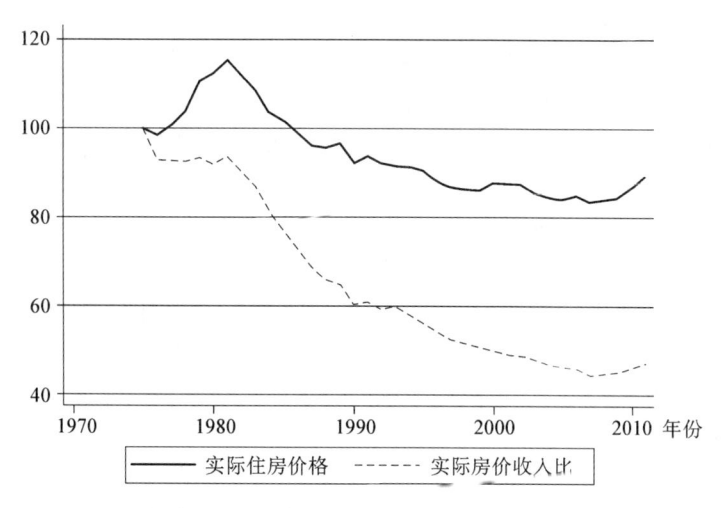

注:取1975年为基期100。

图1-1　1975—2011年德国实际住房价格与实际房价收入比

3. 房地产金融制度

德国的房地产金融体系主要由综合性银行、抵押贷款银行和住房储蓄银行组成。综合性银行提供房地产抵押贷款和以浮动利率为主,抵押贷款银行提供固定利率的中期和长期抵押贷款,专门的住房储蓄银行实行地区化运营、封闭式管理、先存后贷、固定的低利率供应、政府对参与者有奖。德国的住房储蓄银行体系实行封闭式运营,一是住房储蓄银行专营住房储蓄业务,其他银行不能承办此类业务;二是住房储蓄银行无须缴纳存款准备金,只需在同业系统保有3%的风险基金,但是缴存的住房储蓄只能用于购房或建住房贷款;三是储户必须先储蓄,当达到一定的储蓄额时才能获得贷款的资格;四是运行独立于资本市场,实行低息政策;五是政府通过税收减免、补助和储蓄奖励等措施鼓励居民参加住房储蓄。从诞生之日起,德国的住房储蓄银行就兼具商业性和政策性双重性质。

4. 房地产财税制度

根据《房产税法》和《不动产交易税法》的规定,德国不仅在房地产保有环节征税,而且亦在流转环节课税。在房地产保有环节征收房地产税(比例税),征税比例约为房地产市场价值或年租值的0.98%~2.84%,平均税率为1.90%。双方在进行不动产交易时,须以成交价为征税基础,按3.5%~6.5%的税率征缴不动产交易税,各联邦州略有不同。此外,还需按照成交价的0.8%~1%和0.3%~0.5%分别缴纳公证费(含律师费)和土地注册登记费。

按照《联邦土地税法》和《德国资产评估法》的规定,德国对不同类型的土地占有者实行差异化的税收政策。具体而言,对农林生产用地占有者征收土地税率A,计税价值为农林生产用地的产出价值;对非农林用地征收土地税率B,计税价值为非农林用地的市场价值。此外,法

[①] 陈洪波、蔡喜洋,《德国住房价格影响因素研究》,载《金融评论》,2013(1)。

律还规定,公园、公共墓地、当局公共土地及建筑物、联邦铁路、教堂、医院、科研和教育机构及军用设施和市政公司等享受土地税收豁免权。

德国政府将房地产视为重要的刚性需求与民生需求,鼓励居民自建和购买住宅:一是对居民自有的第一套住宅不征收房产税,只对房基地征收土地税;二是建房费用可在最初使用住宅的12年内折旧50%,后来又改为在最初8年内折旧40%,降低了房主的应纳税收入;三是申请建房的贷款可从应纳税的收入中扣除;四是免征10年地产税,并在购买房地产时免征地产转移税;五是在税收优惠方面,除了对购买和自建住宅的居民予以所得税特别扣除外,自1990年起德国对居民购建的自有自用住宅,推行新的土地税优惠政策,即对于标准的四口之家,税收优惠的面积为独户住宅在156平方米、双户住宅240平方米以下。

对房地产遗产或馈赠征收高额的遗产税或赠予税。在德国,当发生房地产遗产或馈赠时,政府将以继承人或受赠人所得财产价额扣除与之直接相关的项目费用(债务、丧葬费用等)后的净额为课税对象,依据遗产继承人与被继承人或赠与人与被赠与人之间关系的亲疏程度,采取不同的全额累进税率予以征收,最高税率达70%。

5. 住房保障制度

在德国,政府除了通过联邦政府、州、行政区政府的住房建设基金直接出资建造公共福利住房,或由联邦政府通过税收减免和优惠政策,鼓励房屋投资商或私人参与公共福利住房的建设和出租两种途径增加公共福利住房供给,并以成本租金租给低收入家庭居住外,实施严格的房租管制和租户权益保护。德国政府先后颁布实施了《住房租赁法》《住房解约法》《租房法》,为房屋租赁人和业主之间的合同签订、房租管制确立了法律框架,这些法律具有强烈的租赁人权益导向,更多地强调对承租人的解约保护。此外,德国还成立了租客协会,负责住房承租者权益的保护。

三、日本的房地产制度

日本属于人口和经济大国,国民对于住房消费的重视程度以及储蓄与投资在经济增长中的作用明显高于欧美国家。回溯历史,日本的住房制度改革大致经历了住房卫生政策时代(1868—1920)、住房公共政策时代(1921—1945)、住房社会政策时代(1946—1980)和住房政策完善时代(1981—   )几个阶段。经过不断的探索和发展,日本房地产制度日趋完善。

1. 土地制度

日本全国土地都属私有,解决住房问题首先要取得土地,因而住房问题等于土地问题。住宅用地来源主要有公共供给和民间供给两种,但取得土地的方式则是灵活多样的,如地方政府实行类似土地银行的做法购置大片住房建设用地,又如住房都市整备公团用等价交换制度、特借制度、借受制度、民赁制度等四种制度妥善处理国家与地主的关系,使土地转化为国民住房用地。

2. 房地产交易制度

为了遏制房地产投资投机性需求扩张和地价、房价过快上涨,日本政府通过灵活掌控公共供给,保持市场房源的相对充足。大力发展交通基础设施,扩大普通居民便捷活动范围,间接增加了土地供应和房地产供应。采用税收调节、住宅用途严格限转、重视住宅的维修养护和管理、严格控制外籍人士购房等措施,抑制地价、房价过快上涨。

3. 房地产金融制度

第二次世界大战后,为解决房地产业的资金短缺问题,日本政府建立了完善的房地产金融制度。日本的房地产金融体系以政府经营的住宅贷款机构为主体,如住宅金融公库等专门的房地产金融机构,与城市银行、区域银行和住宅贷款公司等民间金融机构相结合,形成了独特的政府专营房地产金融机构与私人经营性的房地产金融机构互为补充的混合型模式。1950年,依据《住宅金融公库法》,由政府全额注资成立住宅金融公库,是为特殊法人,专门为政府、企业和个人建房购房提供长期、低利率贷款的公营公司。其目的是建立一个永久性的、特殊的公营住宅金融机构,通过政府的财政投融资体制,将更多的低成本长期资金引入与民生相关的住宅领域,即"为满足广大国民健康、文明的生活,建房购房的资金需求,向那些难以从商业银行获得信贷的开发企业和个人提供资金支持",以弥补民间融资长期资金不足和来源不稳定的缺陷。住宅金融公库是政策性房地产金融机构,其社会政策色彩甚为浓厚,盈利色彩较为淡薄。公营性的房地产金融机构还有日本住房贷款合作社(JHLC),向居民提供低息贷款资助其建设、购买和维修住房,以实现政府解决社会住房问题的目标。除了政府成立的房地产金融机构外,还存在住宅金融专业公司等专门从事住宅信贷和房地产信贷的民间信用机构,以及为中低收入群体提供住房贷款的日本银行等兼营房地产抵押贷款的金融机构。此外,日本房地产金融体系还包括住房公团、邮政局、劳动金库、商业银行等。大藏省(现财务省)还通过邮政储蓄、保健年金和国民年金筹集资金,投向公团、公库住房,给予1%～2%的贴息。住房公团和住房金融支持机构还在政府的担保下发行住房债券。

4. **房地产财税制度**

以政府财政拨款和投资性贷款方式施行财政补贴,并运用税收手段鼓励住宅建设。日本政府的财政补贴分为两种,一种是政府财政拨款,另一种是政府的财政投资性贷款。财政拨款一方面用于低收入家庭的租房、购房补贴,另一方面用于资助公营住宅建设。政府的财政投资性贷款,一方面是对住宅都市整合公团住房建设的投资贷款,另一方面是将资金贷给住宅金融公库(对住宅金融支援机构仅起补充的作用),再由后者用于建设公共住房和向低收入者发放住房贷款。除了建立有效的社会保障性住宅供给体系外,日本政府还运用税收手段鼓励住宅建设。《住宅取得促进税制》中规定,利用住宅贷款自购、自建住宅的居民,在5年内可以从每年的所得税中扣除当年年底的住宅贷款剩余额的1%。此外,日本政府对财产登记税、不动产所得税、城市建设税实行了减免,并且规定,住房资金中的赠款部分可以免交赠与税。

日本形成了针对房地产保有和流转环节的较为均衡的税收体系。目前,正在征收的主要有三个税种:保有环节的固定资产税、城市规划税,流转环节的不动产取得税。固定资产税实行宽税基、低税率原则,征税范围为日本全部市町村征收,以土地、房屋和折旧资产为纳税客体,纳税人为土地、房屋和折旧资产的所有人,计税依据为房地产的评估价值,每三年重新评估一次,标准税率为房地产评估价值的1.4%。城市规划税原则上对于拥有城市规划区域的市町村中位于市街区域的土地及房屋征收,纳税依据和纳税人与固定资产税相同,税率由地方政府自行制定,但不得高于0.3%。不动产取得税的纳税人为土地或者房屋的取得者,计税依据为不动产的评估价值,实行标准税率为4%的比例税率。不动产取得税对居住用途的住房和小面积的住房给予税收减免,原则上对于住房面积在本地平均住房、土地面积以下的予以免税。

5. **住房保障制度**

日本中等以上收入家庭住房的取得主要是在市场上实现的,民间的房地产公司是供应主体,中等偏下以及低收入家庭则由政府分别提供不同的资助获取住房,主要包括廉租房制度和低价出售住房制度。廉租房主要有公营住宅、特定优良租赁住宅、老年人优良租赁住宅等几种方式。公营住宅主要为日本地方公共团体通过自主建房、收购租赁民间住宅而向低收入人群提供的廉租房。特定优良租赁住宅由民间建设、地方公共团体购买后租赁给中等收入者,地方公共团体负责管理。老年人优良租赁住宅由地方住宅公团直接建设或由民间建设,地方住宅公社或社会福利法人购买后租给老年人,地方住宅公团、住宅公社或福利法人负责管理。为进一步改善居民居住环境,1955年日本在《公营住宅法》的基础上制定颁布了《住宅公团法》,由国家出资成立住宅公团,在大城市及其周边修建住宅,进行城区改造,公团住房不同于公营住宅以地方公共机构为主体面向低收入人群,其实质是国家出资建房或平整土地,面向中等收入群体进行出售或租赁。日本公营住宅体系在解决低收入家庭住房问题上发挥了重要作用,其运作的核心在于一切建立在公营住宅法的基础上,合理界定受益对象的收入标准、制定多档次房租水平,以及国家对公营住宅保持相对稳定的资金投入。

四、巴西的房地产制度

20世纪以来,巴西经历了快速的工业化和城市化过程,取得了傲人的成绩。与此相伴随,巴西的房地产制度经过系列改革,取得了显著的成效。

1. 土地制度

巴西土地丰厚肥沃,人均可耕地30亩。林地面积540万平方公里,占巴西国土面积的64%。巴西同其他西方资本主义国家一样,土地分为公有和私有两类。公有土地又分为联邦、州和市三级所有。私人占有分为本国人和外国人私人所有两类。政府土地加上无主土地,共占巴西土地总面积的30%,剩余70%为私人所有。值得注意的是,巴西60%的广大农村土地掌握在不到3%的大地主手中,土地私有的高集中率,不但导致农村发展停滞,而且导致了严重的农村社会冲突。由于土地权属的不规范,在许多巴西城市,规范土地所有权以及改善现有的非正规居住区成为住房政策的基本目标,这大大增加了政府和开发商获取土地的难度。在圣保罗市,地方政府在低收入住房项目的征地中投入了大量的精力和金钱。这种不规范的土地市场常常会导致政府腐败。此外,住房建设作为一个地方规划问题,地方政府在数据收集、分析和建议的规划过程中应该被优先考虑。然而在巴西地方政府几乎不参与整个城市的开发规划,尽管1998年的"地方计划"建立了一个地方政府参与规划的制度,但从那以后再也没有这样的政策出台。地方政府参与不足扩大了社会排斥,特别是在获得土地和生产低成本住房方面。

2. 房地产交易制度

地产主有权自由买卖土地,国家只在特殊情况下才对私人土地进行干预,或进行有偿的征收。土地审批仅出现在外国人购买巴西土地和开发利用土地影响巴西生态环境的情况下。其他的土地交易和流转,大都靠市场运行,自由买卖。在城市,1979年以前,土地的经营一般由不动产公司负责,包括土地的买卖,政府一般不加以干涉;在农村,除部分联邦、州和市属国家公有土地外,其他土地基本上属于私人所有,可以进行自由买卖,政府不进行干预。巴西宪法规定,联邦政府拥有的土地可以转移给私人,但每一块不能超过2500公顷,如超过需经国会批准。住房等房地产交易实行市场自由买卖,房价由市场确定。政府对房地产市场实行适当干预。

3. 房地产金融制度

在巴西的金融市场发展过程中,由于私人部门的规模以及信心被证明是有限的,国家在非流动资产、高风险的住房以及房地产市场和金融、资本市场之间搭建桥梁,这意味着资产回收期和周转时间较短。金融系统既没有通过私人利基市场(Niche-markets),也没有通过国家支持住房融资和住房交付系统真正为低收入家庭提供支持。低收入住房融资计划(如"我的家园,我的生活")的初步结果不佳,因为它与土地和住房市场的更多结构性改革相联系,金融部门作用在住房市场的发挥受到限制。① 自 20 世纪 40 年代以来,作为国家发展战略的一部分,巴西开始尝试住房金融,但由于没有稳定的抵押贷款融资市场,即使住宅和房地产融资在巴西"实际"经济中的渗透率在上升,与国际标准相比也仍然相对较小。

4. **房地产财税制度**

在巴西,财产税被定义为城市土地和建筑物的年度税(IPTU)。巴西财产税的基本原则是由国家财政法典(CTN)规定的,但该法典只定义税基的组成部分,税务责任以及税基的一般豁免。关于财产税的其他规定在地方政府一级确定。根据法典,税务估价的基础是每个房地产的市场价值,完全由地方当局来负责。税收对象包括所有物业:空置土地、住宅和非住宅财产。这样一来,在巴西不同地方当局的税基和房地产税税率有很大差异。除了以上年度税以外,不动产还有其他税收,如由中央政府管理的不动产转让税(ITBI)和农村土地税(ITR)。此外,从租赁房地产中获得的收入也是缴税对象。② 在巴西所有地方当局财产税的一般豁免是非常普通的。它们包括以下内容:用于政府目的的物业、用于国防和基础设施目的物业、用于非营利政治组织的物业、用于非营利的公共或社会利益的财产、公共学校和用于文化和科学目的的财产、国家公园和保护区、用于保健服务(如医院)、宗教和慈善的财产等。虽然巴西制定了一套极为细致的财税体系,但是由于中央政府和地产的大量收入都被转移到市政当局补充了税收的收入,地方当局对收税本身并不感兴趣。因此,在巴西,地方政府的税收努力程度极低,对转移支付依赖较高,纳税人常常支付较轻的财产税。

5. **住房保障制度**

巴西对低收入者进行住房保障主要通过两种方式,第一种方式即进行贫民窟的改造,对于被拆除房屋的人群提供住房免费使用或只收取一定的租金;第二种方式通过为中低收入家庭提供住房补贴或是住房信贷补贴,低价卖房的形式来保障低收入者需求。地方政府负责对申请保障住房的家庭进行登记和管理的工作,并免费提供建房用地,与建筑商签署承建保障住房的合同等。巴西政府根据申请者的收入情况,提供不同的优惠措施,帮助低收入者买房。巴西偏向于从供给端来解决住房短缺问题。从 20 世纪 40 年代开始,国家开始了租金管制,限制租房部门的利益。同时,对私营部门给予多样化的开发补贴和优惠,降低开发商开发成本使其有利可图,从而加入住房市场。虽然此举大大增加了住房供给,但住房定价市场化、不断缩小的住房市场不断将中低收入人群推向城市中心外围,以至于贫民窟不断蔓延。促进私人部门住房市场供应的政策依赖的是廉价的土地和对住房成本的严格控制,从而导致城市扩张和大量高维护成本的低质量住房。此外,地方政府的介入加大了中央政府政策的执行成本和力度,这也是中央政府政策常常难见效果的一个重要原因。虽然巴西也有针对需求端的住房补贴计划,如政府开发的 MCMV(Minha Casa Minha Vida)大规模补贴计划,但却受到众多质疑,认为该计划是为了繁荣建筑业而不是为了贫困者修建住房。③

---

① Klink J, Denaldi, Rosana, "On financialization and state spatial fixes in Brazil. A geographical and historical interpretation of the housing program My House My Life", *Habitat International*, 2014, 44(44): 220-226.

② McCluskey, W., "The Property Tax System in Brazil", Property Tax: An International Comparative Review, Ashgate, 1999, Chapter 13, 266-282.

③ Murray C, Clapham, D., "Housing policies in Latin America: Overview of the Four Largest Economies", *European Journal of Housing Policy*, 2015, 15(3): 347-364.

五、中国的房地产制度

新中国成立以来,中国房地产制度经历了长期演化的过程,奠定了与社会主义市场经济体制相适应的房地产制度。迄今中国城乡二元结构特征明显,在房地产制度上亦表现出显著的二元特征。

1. 土地制度

中国实行土地公有制。2004年修正的《中华人民共和国宪法》对中国的土地所有制做出了明确规定:"城市的土地属于国家所有。""农村和城市郊区的土地,除由法律规定属于国家所有的以外,属于集体所有;宅基地和自留地、自留山,也属于集体所有。"

在农村,实行农地所有权、承包权和经营权"三权分置",农地承包经营权流转市场不断发展。农村居民的宅基地实行宅基地所有权、资格权和使用权"三权分置"。在城市,实行土地批租和土地租赁,土地一级市场实行招标、拍卖等市场交易方式,土地二级市场运行有序。国家支持建立城乡统一的建设用地市场,在符合规划和用途管制前提下,允许农村集体经营性建设用地出让、租赁、入股,实行与国有土地同等入市、同权同价。随着改革的深化,中国城乡分割的二元土地制度将逐步走向统一。

2. 房地产交易制度

中国房地产市场上,增量市场实行房地产预售制度,项目建设达到一定的进度,开发商即可开始销售。存量房地产市场上,实行房地产自由交易、市场定价,房地产中介机构在房地产买卖、租赁活动中十分活跃。政府实行对房地产市场的适当干预,限制房地产投机行为,抑制地价、房价的非理性上涨。

3. 房地产金融制度

改革开放以来,中国逐步形成了以商业银行为主体,住房储蓄银行和住房公积金管理中心等为补充的房地产金融体系。在中国的房地产金融市场上,房地产抵押贷款一级市场规模大、发展快,房地产信托和债券市场规模不断扩大,房地产企业的股权融资受到严格限制,房地产金融市场发展滞后于房地产市场的发展,不能满足社会需求。专业住房信贷银行——中德住房储蓄银行,2004年由中国建设银行和德国施威比豪尔住房储蓄银行共同投资成立,总部设在天津。2011年12月8日中德住房储蓄银行重庆分行开业。20世纪90年代初,中国政府借鉴新加坡的经验,建立了住房公积金制度。住房公积金制度承担了政策性住房金融的功能。

4. 房地产财税制度

土地财政是中国现阶段房地产财税体制的一个重要经济现象。土地财政具有不可持续性,必须向房地产税收财政转型。中国的房地产税制是税制体系中较为复杂的一个行业税收体系,它几乎涉及了中国税制结构体系中的所有税类。按照课税对象,货劳税包括增值税,所得税包括企业所得税和个人所得税,财产行为税等包括土地增值税、耕地占用税、房产税、契税、印花税、城市维护建设税等,以及相关费用有教育费附加等。涉及房地产保有环节的税种主要有房产税和城镇土地使用税。房地产税制体系构成中存在着税种重叠、税基狭窄、税租费混杂等问题。房地产税制存在房地产税制目标不明确、税种设置不合理、计税依据不符合国际惯例、税收收入增长弹性差、房地产开发流转环节税负过重以及房地产税权分布结构存在缺陷等不足。[①] 未来中国改革和完善房地产财税制度的重点是建立现代房地产税收制度。

---

① 高波,《我国城市住房制度改革研究:变迁、绩效与创新》,经济科学出版社,2017年,第215—216页。

5. 住房保障制度

中国的住房保障,覆盖城市所有常住人口,主要面向城市一部分住房困难的中低收入家庭,对于农村居民,还未实行住房保障。中国城市居民的住房保障,采用实物保障和货币保障相结合的住房保障方式。实物保障,是以政府提供住房实物的方式,实行住房保障。对于符合相应条件的城市居民,政府提供租赁性保障住房或购置性保障住房。租赁性保障住房主要是廉租房和公共租赁房,购置性保障住房主要是经济适用房和限价商品房。城市各类棚户区改造,通常采用住房实物补偿和货币补偿相结合的方式。货币保障,是向符合条件的城市居民,按时按标准发放住房货币补贴,居民在住房市场上自行解决居住问题。中国的城市住房保障,由政府主导、市场参与、动态演进。

※ 本章小结 ※

金融的本质是解决不确定条件下资产的跨期和跨空间配置问题。房地产金融是指由金融中介组织实施的,为房地产经济活动筹集、融通、结算或清算资金,并提供风险担保或保险的所有金融活动,它以房地产的产权或产权人的信誉为信用基础,而房地产金融市场和金融工具是载体。房地产金融活动是在一定的制度框架下实施的。制度是一系列的行为规则。土地制度是社会经济制度的重要组成部分,也是房地产制度的基础性内容。住房制度是一个复杂的系统工程,它不仅反映国家、企业(事业)和个人之间以及人们相互之间在住房问题上的经济利益关系,而且还直接关系到居民基本住房需求的满足、社会的安定等重大社会问题。制度的功能不仅重要而且作用于经济、政治和社会生活的方方面面。房地产制度的功能包括:一是通过向人们提供一个日常生活的结构来减少不确定性;二是房地产制度决定了经济活动中交易费用的高低;三是房地产制度影响着资源的配置和利用状况;四是房地产制度具有规定收入分配及再分配的功能。

世界上,不同国家的房地产制度存在一定的差异。从美国、德国、日本、巴西和中国来看,各国在土地制度、房地产交易制度、房地产金融制度、房地产财税制度和住房保障方面,均有各自的特点。

※ 本章思考题 ※

1. 试述房地产金融的内涵和功能。
2. 功能主义金融观的主要观点是什么?
3. 试述房地产制度的内涵和功能。
4. 试对典型国家的房地产制度进行比较分析。
5. 中国的房地产制度与西方国家相比,有何异同?

课后习题一

第二章　房地产金融中介和房地产金融市场

内容提要

1. 房地产金融中介的内涵与功能。
2. 房地产金融中介体系。
3. 典型国家的房地产金融中介体系。
4. 中国房地产金融中介体系及其演变。
5. 房地产金融市场的内涵、功能和运作。

房地产金融中介是有组织的房地产金融市场的主要参与者,借助于房地产金融市场向客户提供金融产品和服务。房地产金融市场作为房地产及相关资源或资产跨期、跨空间和跨行业配置的机制,是房地产金融活动的重要载体。房地产金融体系主要由房地产金融中介和房地产金融市场组成,而房地产金融功能则由房地产金融中介和房地产金融市场的运作来实现。

第一节　房地产金融中介的内涵和功能

一、金融中介的内涵

关于金融中介(Financial Intermediary, Financial Intermediation)的内涵,至今学界仍有争论。格利和肖(Gurley & Shaw)[1][2]、本斯顿·乔治(Benston George)[3]、法玛(Fama)[4]指出金融中介(银行、共同基金、保险公司等)是对金融契约和证券进行转化的机构。金融中介既从最终贷款人手

---

[1] Gurley, J. G. & Shaw, E. S., "Financial Intermediaries and the Saving Investment Process", *Journal of Finance*, 1956, Vol. 11, No. 2, pp. 257–276.

[2] Gurley J. G. & Shaw E. S., "Money in A Theory of Finance", The Brookings Institution, Washington DC., 1960.

[3] Bensten George, "A Transaction Cost Approach to the Theory of Financial Intermediation", *Journal of Finance*, 1976, Vol. 31, No. 2, pp. 215–231.

[4] Fama E. F., "Banking in the Theory of Finance", *Journal of Monetary Economics*, 1980, Vol. 6, No. 1, pp. 39–58.

中借钱,又贷放给最终借款人,既拥有对借款人的债权,也向贷款人发行债权,从而成为金融活动中的一方当事人。费里克斯和罗切特(Freixas & Rochet)[①]认为金融中介是从事金融合同和证券买卖活动的专业经济部门。博迪、默顿和克利顿[②]提出金融中介是指在金融市场上向客户提供金融产品和服务的企业。金融中介所提供的金融产品和服务,是那些交易双方难以直接进行交易以获取的支票账户、抵押贷款、基金、保险合同等。现实中,金融中介是储蓄——投资转化过程的基础性的制度安排。

二、房地产金融中介的内涵

房地产金融中介,是指从事各种房地产金融活动的组织或机构,向客户提供房地产金融产品和服务,实现房地产资金从供给者向需求者之间的有效转移,此外,还包含了为房地产资金融通提供直接服务和配套服务的其他金融组织。基于市场级别的不同,房地产金融机构可分为房地产金融一级机构和二级机构。房地产金融一级机构是指为房地产的生产、经营和消费提供资金融通或提供担保、保险等金融产品和服务的中介机构。房地产金融二级机构是指在二级市场上为房地产抵押贷款证券化提供产品和服务的金融中介,如购买住房抵押贷款组合、为抵押贷款证券的发行提供担保、发行住房抵押贷款证券等的机构。

三、房地产金融中介的功能

房地产金融中介在房地产金融市场上发挥着重要作用,主要存在以下功能。

1. 减少不确定性

房地产金融市场上未来存在不确定性,这种跨期交易结果的不确定性可分为个人不确定性和社会不确定性。当面向个人的不确定性不断累积和加总,则表现为社会不确定性。一旦出现个人不确定性或社会不确定性,个人并不能减少这种不确定性。理论和实践表明,房地产金融中介可以有效降低这种不确定性。

戴蒙德和迪布维格(Diamond & Dybvig)[③]研究了在个人面临消费不确定性时银行类中介的作用:银行负债执行的是平滑消费波动的功能,而不是执行交易媒介的功能。银行为家庭提供了这样一种保险手段,它能防范影响消费需求的意外流动性冲击。戴蒙德—迪布维格模型(以下简称DD模型)假定消费者的期望消费与获得投资收益的路径不一致,消费者的消费需求是随机的。除非消费者可以通过中介在一定程度上分散随机消费带来的冲击,否则为了满足这些随机消费需求会使得消费者提前结束投资。基于这样的假设,DD模型认为在一个消费者(投资者)面对独立流动性冲击的经济中,市场不能为防范流动性冲击提供完全保险,因而不会导致有效的资源配置,此时金融中介提供的存款合同可改进市场配置。实际上,金融中介为消费者(投资者)提供了一种风险保障。一方面,可以避免投资机会中固有的风险;另一方面,可以避免消费需求中固有的风险。

---

① Freixas X. & Rochet J. C.,"Microeconomics of Banking",Masachusetts Institution of Technology,1997.
② 兹维·博迪、罗伯特·C.默顿、戴维·L.克利顿,《金融学》第2版,中国人民大学出版社,2010年,第65页。
③ Diamond D W, Dybvig P H. Bank Runs, "Bank Runs, Deposit Insurance and Liquidity", *Journal of Political Economy*,1983,Vol. 91, No. 3, pp. 401-419.

艾伦和盖尔(Allen & Gale)[1]考虑了金融中介的不同的平滑功能,将金融中介的平滑功能引入迭代模型中,形成平滑跨代风险转移模型。金融中介提供了一种跨期平滑作用的制度机制,即金融中介持有所有资产,为每一代人提供存款合约。在积累了大量储备之后,金融中介为每一代人的存款提供独立于真实红利实现情况的不变收益,最大限度地减小了由于跨代风险所带来的不确定性冲击。

2. 降低交易成本

所谓交易成本是指当交易行为发生时,随同产生的信息搜寻、条件谈判与交易实施等各项成本。在房地产金融市场上,金融中介可以节约交易成本,利用借贷两方面规模经济的好处。[2] 金融中介降低交易成本的主要方法是利用技术上的规模经济和范围经济。若存在与任何金融资产交易相关的固定交易成本,那么,和直接融资情况下借贷双方一对一的交易相比,金融中介的交易可以利用规模经济降低交易成本。在金融市场上,当交易量增加时,一项交易的总成本增加得很少。金融中介的优势是能将搜寻投资机会的成本分散于众多投资者之中,因为在不存在金融中介的场合,每个投资者都要独立支付一笔搜寻成本,而金融中介则可以在不同投资项目之中进行广泛的搜寻。[3] 而且,一旦找到了一个好的投资机会,还可以与其他投资者一同分享。

3. 解决信息非对称问题

20世纪70年代,金融经济学家们提出金融中介具有解决信息非对称问题的功能。在房地产金融市场上,信息非对称是十分普遍的现象。所谓信息非对称是指交易的一方对交易的另一方不充分了解的现象。例如,对于一笔贷款的潜在收益和风险,最终借款者通常比最终贷款者了解得更多一些。在信息非对称的条件下,将导致资源配置不当,减弱市场效率,并产生逆向选择和道德风险问题,进而引发金融市场失灵。在很多情况下,市场机制本身并不能解决信息非对称问题,只能借助于其他的一些机制或机构来解决,而金融中介是解决金融市场信息非对称问题的重要机构。

逆向选择是指买卖双方在信息非对称的情况下,拥有信息优势的一方,在交易中总是趋向于做出尽可能地有利于自己而不利于别人的选择,致使差的商品总是将好的商品驱逐出市场。二手车市场和保险市场是典型的逆向选择案例。逆向选择导致市场价格不能真实地反映供求关系,导致市场资源配置的低效率。一般在商品市场上卖者关于产品的质量、保险市场上投保人关于自身的情况等等都有可能产生逆向选择问题。为了克服房地产金融市场的逆向选择,金融中介在经营活动中生产和销售信息,在发行证券和对证券组合投资中成为知情者,从而有效地解决信息生产的可信度和剽窃问题,促使房地产金融市场资源配置效率的提高。

道德风险是指双方在信息非对称的情况下,人们享有自己行为的收益,而将成本转嫁给他人,造成他人损失的可能性。道德风险不仅使得处于信息劣势的一方受到损失,而且会破坏原有的市场均衡,导致资源配置效率下降。在信息非对称的情况下,如果由大量的小贷款人直接

---

[1] Allen, Franklin & Douglas Gale,1997,"Financial Market, Intermediaries and Intertemporal Smoothing",*Journal of Political Economy*, Vol. 105, No. 2, pp. 523-546.

[2] Gurley J. G. & Shaw E. S.,"Money in A Theory of Finance", The Brookings Institution, Washington DC.,1960.

[3] Chan, Y.,"On the Positive Role of Financial Intermediation in Allocation of Venture Capital in a Market with Imperfect Information", *Journal of Finance*,1983,Vol. 38, No. 5, pp. 1543-1568.

监督借款人,监督成本将很高,而且会产生"搭便车"问题。由于企业要在银行开户,银行可以直接得知企业重要的信息,通过观察企业的存款和取款来评定其金融状况。[①] 银行等金融中介,利用自身的信息优势,对借款人进行有效监督,大大节约了存款人的监督成本,防止了道德风险的发生。

4. 风险管理

金融中介通过在不同市场参与者之间分配风险,具有以最低成本有效地分配风险的功能。金融中介通过动态交易战略创造大量的合成资产,业务日渐集中于风险的交易和各种金融合约风险的捆绑和拆分。20 世纪 70 年代以来,金融市场的蓬勃发展,并没有使人们对金融中介的依赖程度降低,个人参与金融市场的方式急剧转向通过各种金融中介进行。在这样的外部条件下,风险管理已经成为银行和其他金融中介的主要职能。随着银行新业务的拓展和衍生金融工具的出现,这一职能大大加强了。依靠在信息生成和处理上的专业化以及分散个体信贷和期间风险,金融中介能够吸收风险。近 20 年来,金融市场的发展对银行业形成冲击,由于金融市场给投资者提供了比银行利息高得多的回报,因而使资金从银行流入金融市场。因此,银行等金融中介绕开分业经营的限制,开拓新业务,进入新市场,进行金融创新,推出新的金融产品,向"全能银行"转变,不断增强风险管理的能力。

第二节 房地产金融中介体系

与高度发达的房地产业和金融业相适应,西方国家构建了一个庞大的房地产金融中介体系。房地产金融中介包括的范围极广,种类繁多,形式各异,涉及中央银行、商业银行和大量非银行金融机构。中央银行是一国最高的货币金融管理机构,制定和执行货币政策,对国民经济进行宏观调控,对金融机构乃至金融业进行监督管理,在金融体系中居于主导地位。商业银行是以高度管制为特色的商业机构,从事吸收公众、企业及机构的存款、发放贷款、票据贴现及中间业务等。在西方发达国家,商业银行发放各类房地产贷款,是房地产金融中介体系的骨干力量。本节重点介绍西方发达国家独具特色的各种房地产金融中介,使读者对西方国家庞杂的房地产金融中介体系有一个大致的了解。

一、住房储蓄银行

1921 年,德国出现第一家住房储蓄银行。住房储蓄银行(Home Savings and Loan Bank)是依据政府特定的法律设立的专门从事个人住房抵押信贷服务、具有独立法人地位的金融中介。住房储蓄银行主要有五大特点:① 先存后贷,即住房储蓄客户必须要先存款、满足规定条件方可取得贷款。② 低存低贷,客户存入住房储蓄银行的存款利率低于现行定期存款利率,但贷款利率则更大幅度低于现行个人住房贷款利率。③ 固定利率,一旦住房储蓄合同签订,客户的存、贷利率便固定下来,不受市场利率波动的影响。④ 灵活方便,参与、办理住房储蓄的手续简便,住房储蓄贷款可以和其他个人住房贷款组合使用,并且住房储蓄合同还可以根据

---

① Irena Grosfeld & JF Nivet, "Firm's heterogeneity in transition: Evidence from a Polish panel data set", working paper number 47., 1997.

客户的要求进行变更、分析、合并或转让。⑤ 消费有奖,即只要客户将其住房储蓄和住房贷款用于住房消费就可以获得一定数额的奖励。住房储蓄银行的性质和最终目标与商业银行没有根本差别。但是其经营方针和经营方法不同于商业银行。住房储蓄银行的存款主要用于长期投资,资金来源主要靠存款,贷款的对象主要是存款用户,而不像商业银行那样面向全社会贷款。

住房储蓄银行在西方国家具有不同的称谓,有的甚至不以银行称之。比如美国的互助储蓄银行和储蓄信贷协会,英国的国民储蓄银行和信托储蓄银行,德国的住房储蓄银行和住宅信贷协会等。

二、抵押银行

抵押银行是不动产抵押银行(Mortgage Bank)的简称,是专门经营以土地、房屋及其他不动产为抵押的长期贷款的专业银行。它有公营、私营和公私合营三种形式。抵押银行不是存储型中介机构,它们不接受储蓄存款,也不具有储蓄机构和商业银行那样的业务职能。它的资金主要来源于发行不动产抵押证券,也可通过短期票据贴现和发行债券来筹集资金。与商业银行相比,它们更为专业化,经营活动通常只限于为专门从事房地产交易的当事人提供中介服务。抵押银行的主要经营活动是发放以土地为抵押的长期贷款,或者以住宅和收益性房地产为抵押的长期贷款及服务性工作。

法国的房地产信贷银行,德国的私人抵押银行和公营抵押银行等,均属此类。此外,这类银行也收受股票、债券和黄金等作为贷款的抵押品。

三、住宅信用合作社和住宅合作社

住宅信用合作社是指由个人集资联合组成,以互助解决住房问题为主要宗旨的合作金融组织。住宅信用合作社以简便的手续和较低的利率,向社员提供住房信贷服务,帮助经济力量薄弱的社员解决资金困难。住宅信用合作社资金来源于社员缴纳的股金和存款,以及非社员的存款。住宅信用合作社主要发放短期生产贷款和住房抵押贷款。

住宅信用合作社是西方国家普遍存在的一种互助合作性质的金融中介组织,比较典型的有英国的住房互助协会、德国的住宅信贷协会和住宅互助储金信贷社。住宅互助储金信贷社是一种民间住宅金融机构,凡入社居民,只有当储蓄额达到所需贷款额的40%~50%时,才有资格获得所需贷款。

在西方国家房地产金融市场上,住宅合作社是一种具有较强代表性的民间自治组织。住宅合作社是指社员出于共同的居住需求而自愿联合起来成立的互助合作组织,是合作社属性与住宅属性的结合,目的在于为社员提供住宅服务。在国际范围内住宅合作社已成为居民获得住宅的重要手段之一,基本特点为:民间性、非营利性、民主自愿性、合作互利性。比较典型的有德国的住宅合作社和北欧国家的住宅合作社。

1. 德国的住宅合作社

德国的住宅合作社是民间自治团体,成立住宅合作社必须经政府有关部门审查批准。政府部门有权对住宅合作社的住宅建设、使用维修以及财务等方面事项进行监督、检查等。住宅合作社的最高权力机构是社员代表大会及其选出来的监理会。由监理会选出的主席团正、副主席全权负责。住宅合作社的资金来源:一是社员入股所缴纳的股金;二是政府的贴息贷款;

三是社会捐助。住宅合作社的房地产归住宅合作社集体所有,不能转让使用权和所有权,住宅合作社房产的房租是住宅合作社的运行经费。

2. 瑞典、挪威等北欧国家的住宅合作社

(1) 瑞典的住宅合作社。

瑞典住宅合作社的管理委员会是民主机构,由住宅合作社的社员组成,每个社员都有投票权。由每年的社员大会选举社员组成执委会,一般由 5 人组成。执委会负责日常工作并做出某些决定,如增加房屋的物业管理费等。住宅合作社在法律上是非营利的合作住房组织,向社员收取的房价不含利润但包含一定的合作社发展费用,社员入住后日常的运行维护费用根据需要和实际发生额来确定收缴标准。

住宅合作社的资金来源主要有三个方面:一是社员入社所缴的股金,以及每年缴纳的会费;二是社员的储蓄存款;三是以住宅合作社的住宅作为抵押从金融机构获得的贷款。住宅合作社可向政府部门申请补贴,向金融机构申请的贷款用于建房,由政府提供一定贴息,当年贴息为 10%,每年按 0.25% 递减,20~25 年还完。

(2) 挪威的住宅合作社。

1851 年,挪威成立了第一个住宅合作社。挪威的大部分住宅合作社是在"二战"以后成立的。NBBL 住宅合作社联盟是挪威最大的住房组织,有 106 个城市合作住宅建筑协会以及 3 884 个住宅合作社,总共拥有 23 万套住宅。1960 年,挪威议会通过了《合作住宅建筑联合会法》,从而从法律上协调和明确了住宅合作社的权力、作用,促进了住宅合作社的发展,保证了政府对住房补贴政策的推行。20 世纪 80 年代,随着政府开始引入市场机制,住宅合作社走向市场,根据消费者的需求兴建住房。住宅合作社社员新购住宅的产权关系是一种股权关系。社员购房以后,除了要支付建房投资资金,还要每月支付房租。

四、住房公积金

公积金制度是一种强制性、政府管理的退休储蓄计划,是政府通过强制储蓄帮助居民积累购买住房的资金,类似于美国社会保障制度。新加坡是推行中央公积金(Central Provident Fund Board,CPF)的典型国家,其中央公积金制度建立于 1955 年,当时新加坡仍为英国殖民地,人民生活困苦,尤其是居住条件太差,失去工作能力的人无法获得社会保障。政府为了逐步改善这种局面,同时又避免承担财政责任,于是立法建立了这种强制性的储蓄保障模式。1965 年新加坡独立后,继承了这一制度模式,旨在为雇员退休后或不再继续工作时提供一定的经济保障。经过多年的发展和完善,新加坡公积金制度涵盖范围已由养老逐步扩展到医疗、教育、住房、保险、投资等社会生活的各个方面。实践经验表明,中央公积金制度使得新加坡获得了推动国民经济持续健康发展所需的资本,控制通货膨胀以及实现了资源的优化配置。

中国的住房公积金制度在参考新加坡的基础上有一些变化。它是一种以强制储蓄、自愿储蓄、专项债券和担保为特征的政策性住房金融。[1]

五、养老基金

养老基金(Pensions Review)是一种用于支付退休金的基金,是社会保障基金的一部分。

---

[1] 高波,《我国城市住房制度改革研究:变迁、绩效与创新》,经济科学出版社,2017 年,第 237—243 页。

养老基金通过发行基金股份或受益凭证,募集社会上的养老保险资金,委托专业基金管理机构用于产业投资、证券投资或其他项目的投资,以实现保值增值的目的。从实质上说,养老基金是一种由个人在工作期间逐步出资积累起来作为退休之后收入来源的基金。在西方发达国家中,主要是美国和英国的养老基金涉足房地产业。20世纪80年代以来,养老基金的发行者、经营者和咨询顾问考虑到房地产投资在高通货膨胀时期的潜在高回报率及其潜在的资产组合的分散化收益,养老基金逐渐增加了房地产投资活动。房地产业为适合养老基金的特点及需要,也推出了许多创新的投资安排和投资工具。养老基金对房地产的投资活动主要有三种:抵押贷款、混合债务和股本投资。抵押贷款投资包括对各种商业房地产的固定利率贷款。此外,养老基金也投资于一些VA担保或FHA保险的单户或多户住宅抵押贷款以及由政府国民抵押贷款协会(GNMA)所发放的抵押贷款支持证券。多数养老基金也投资于由抵押贷款、可调整利率抵押贷款和可转换抵押贷款组成的混合债务。

六、保险公司

西方国家保险业十分发达,保险公司(Insurance Company)是各国最重要的非银行类金融中介。根据保险种类,保险公司主要分为人寿保险公司、财产保险公司、火灾及意外保险公司、存款保险公司等。在房地产金融市场上,涉及房地产业务的保险公司主要为人寿保险公司。人寿保险公司的主要资金来源是参加保险的个人或企业缴纳的保险费,资金来源具有较高的稳定性。人寿保险公司的投资包括政府债券、公司债券、优先股和普通股、房地产抵押贷款,以及房地产股权。除商业房地产抵押贷款之外,人寿保险公司还拥有大量的商业房地产。这类房地产可分为两种类型:一是直接的房地产投资;二是因取消赎回权而持有的房地产(REO)及经营用的公司办公建筑。

七、投资公司

投资公司把多个储户的资金集合起来并用于投资组合中。许多公司只投资于股票,其中一些专攻成长股、收益股或某些行业的公司股票。一些名为房地产投资信托(REITs)的投资公司,专门进行房地产或房地产抵押贷款投资。其他公司投资于抵押贷款类的证券,如政府国民抵押贷款协会(GNMA)的债券。[①]

第三节 典型国家的房地产金融中介体系

一、英国的房地产金融中介

英国房地产金融中介,主要是建筑协会和银行。1775年,第一个建筑协会在伯明翰建立。英国建筑协会(Building Societies,BS)是自助性的民间金融机构,在抵押市场上占有垄断地位,它提供的房地产抵押贷款净额占市场份额超过三分之二。该协会对其会员(顾客)负责,会员通过投票权来影响协会的事务。最初的建筑协会是一些人自发地组织在一起共同出资来修

---

① 特伦斯·M.克劳瑞特、G.斯泰西·西蒙斯,《房地产金融:原理与实践》第5版,中国人民大学出版社,2012年,第9页。

建自己的住房。到了19世纪中叶,建筑协会从这种最原始的形态发展为金融机构。它们开始从那些暂时不需要购买住房的人那里借钱,从而加速购房款的积累。1836年,颁布了第一部《建筑协会法》,1874年有了一部完整的法律,建筑协会成为永久性的房地产金融中介,并统治了英国住房金融市场。

建筑协会的功能主要是吸收协会会员存款,并向不同社会群体提供购买住房的抵押资金,80%资金用于房地产抵押长期贷款。建筑协会通过吸收个人存款、留存利润、在货币市场上举债以及发行股票债券进行融资。股东的投资和会员的存款加总占建筑协会融资总额的90%以上,其中有70%左右资金来源于发行的股票。协会会员的存款虽然比股票收益要低,但这是建筑协会资金的重要来源。1991年,建筑协会吸收的个人储蓄占英国储蓄总量的比例达71%。

二、德国的房地产金融中介

德国及其他欧洲福利国家实行的是市场社会保障性住房制度。其特点是以市场配置住房资源为主体,实施比较广泛的社会保障。德国的住房金融体系是典型的银行主导型,主要由私营银行、合作银行和国营银行共同构成。从事住房信贷业务的主要有住宅互助储金信贷社、储蓄银行和抵押银行,它们拥有住房信贷总额的65%。但是住宅互助储金信贷社和抵押银行大都不是独立的机构,而是商业银行或储蓄银行的附属机构。

德国住房保障体系发展几经演变,于1862年建立的独具特色的住宅合作社是德国战后初期向社员提供住房服务的主要组织形式,这也是德国成为欧洲最大的住房租赁市场以及房价长期相对稳定的重要因素。

当前,德国的住宅合作社拥有约210万栋住房,为500万左右德国人提供居住,占出租房的9%。与之相匹配的是其住宅互助储金信贷社。凡加入该社的成员需先储蓄后贷款,当储蓄额占贷款额的比重达到40%~50%,方能贷款。德国住宅合作社具有独特的储蓄—信贷机制,社内的储蓄和贷款的利率不受外部资本市场利率影响,而是采取长期稳定的低存低贷固定利率。同时,德国政府对中低收入住房贷款者,根据储蓄额实行一定的奖励。由于合作社资金来源直接,减少了中间环节,可以降低住房成本,因而能够向社会提供价格低廉的住房。与此同时,德国政府也为住宅合作社发放无息建房贷款,额度通常占建房费用的60%~70%,有时高达90%,期限一般为20年左右。

储蓄银行是由政府建立的国营银行,主要业务是吸收个人存款,向购房、建房的个人发放住房抵押贷款,同时还向低收入者提供住房抵押贷款,由于储蓄银行是公营银行,债务全部由政府负担,信贷具有安全性的特点,因而在居民中信誉很高,保护和激发了居民的储蓄欲望。这就为房地产业提供了雄厚的资金保证。储蓄银行占据了全国住房抵押贷款市场约30%的份额。

抵押银行是专门经营利率固定的中期和长期抵押贷款的金融机构,包含公营和私营,其发放中长期贷款资金来源主要有两个方面:一是发行抵押贷款债券,银行用接受的抵押财产作发行债券的担保;二是发行市政公债,以当地城市政府的债权作为金融担保。抵押贷款债券的安全系数和收益率都较高,可随时在证券市场转让或出售,因而颇具吸引力,成为德国个人和机构的投资方式之一。此外,抵押银行在提供住房资金、解决低收入家庭和移民的住房问题方面起着重要的作用。长期稳定的资金来源是抵押银行占据住房金融市场重要地位的保证。

三、美国的房地产金融中介

美国的房地产金融体系中,住房金融体系独具特色。如图2-1所示,由住房金融一级市场、二级市场和住房保险市场等构成的住房金融市场体系,与商业银行、储蓄机构、抵押银行、以及联邦住宅管理局、退伍军人事务部、联邦国民抵押贷款协会、联邦住宅贷款抵押公司和政府国民抵押贷款协会等房地产金融中介,形成了美国的住房金融体系。此处重点介绍美国有政府背景的几个房地产金融中介。

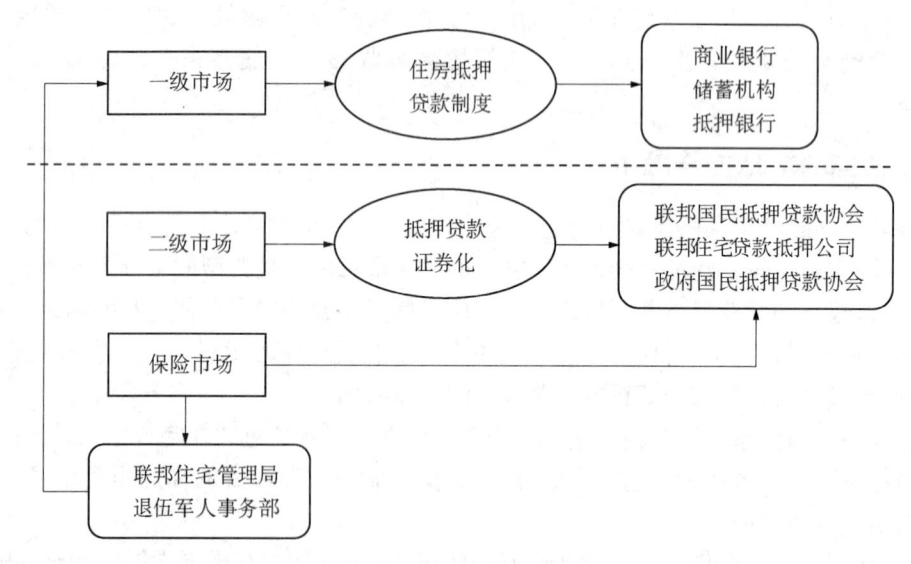

图2-1 美国住房金融体系

1. 联邦住宅管理局

1934年,罗斯福总统颁布《国民住宅法》,成立了联邦住宅管理局(Federal Housing Authority,FHA),是美国大萧条时期为经济复苏推行的新政产物之一。最初是为了在20世纪30年代的大萧条中稳定住房业,而长期策略是为了使美国中低收入的家庭买得起房,这个策略为美国房地产业的发展起到了至关重要的历史作用。联邦住宅管理局为中低收入家庭提供购房贷款信用保险,凡联邦住宅管理局保险的抵押贷款,由联邦住宅管理局承担因借款人无力偿还或房屋贬值造成损失的全部责任。所以,对抵押权人来说,联邦住宅管理局保险的抵押贷款基本上是没有坏账风险的。

2. 退伍军人事务部

1989年,成立了美国退伍军人事务部(United States Department of Veterans Affairs,VA),它的前身是1930年成立的退伍军人管理局,是为美国退伍军人及家属购买住房提供融资担保和保险服务的内阁部门。美国退伍军人事务部为服务对象提供伤残赔偿金、养老金、教育、住房贷款、人寿保险、职业康复、遗属福利、医疗福利和安葬等权益及服务。退伍军人事务部主要负责制定政策并组织落实。总部设有3个职能局:医疗局,负责退伍军人的医疗服务工作;福利局,负责给退伍军人发放伤残补偿和退休金、进行教育培训资助管理、提供住房贷款担保、提供人身保险;公墓局,负责管理国家公墓及退伍军人的丧葬事务。每位军人退伍后,都可以向政府申请住房贷款,国家可为每人提供6万美元的住房贷款担保,保额为24万美元。这笔钱可以保证买到普通中等住房。如果是在战争中伤残的人员，政府还额外支付4.8万美元，用于修建残疾人专用设施。

3. 联邦国民抵押贷款协会（房利美）

1938年2月10日，根据《国民住宅法》联邦住宅管理局受到特许成立了联邦国民抵押贷款协会（Federal National Mortgage Association，FNMA，房利美）。房利美协助扩大提供低成本房贷资金和担保，以便通过创造一个二级市场来提高房地产抵押贷款的流动性，为贷款者提供稳定的抵押贷款资金流。房利美被授权购买联邦住宅管理局已经被保险了的住房抵押贷款，从而补充房地产可借贷资金的供给。1968年，美国国会通过的房利美私有化法案，授权房利美发行以住房抵押贷款为基础的证券。联邦政府在市场上售出了其持有的房利美股票，房利美成为一家由私人拥有的、在联邦政府注册的股份公司，股票在纽约证券交易所挂牌上市。

房利美是美国住房业的一个重要组成部分，在美国二级抵押贷款市场运作，确保住房抵押贷款银行和其他贷款机构有充足的资金以低利率出借给住房购买者。房利美虽然不直接为房屋购买者提供贷款，但是通过购买各种贷款机构（这些机构直接为房屋购买者提供贷款）的房屋抵押贷款来为房贷资金提供支持。与房利美有业务往来的贷款机构是初级抵押贷款市场的组成部分。初级市场贷款者包括抵押贷款公司、存贷机构、商业银行、信用合作社以及国家和地方的住房信贷机构。这些贷款者在二级市场卖出抵押贷款。二级市场投资者包括房利美、各种养老基金、保险公司、证券经销商以及其他金融机构。

房利美的主要业务包括抵押贷款投资组合、单人家庭担保、住宅和社区开发等。1938年，房利美开始从事抵押贷款投资业务，通过向国内和全球的投资者出售债券来筹集资本，用这些资金从贷款机构和公开市场上购买抵押贷款资产，并持有这些抵押贷款，作为投资组合中的一部分，帮助贷款者补充贷款资金。1981年，房利美开始从事贷款担保业务。1990年开始，房利美一直是美国最大的抵押贷款担保证券机构发行者。房利美协助贷款机构将抵押贷款打包成抵押贷款担保证券，并对这些证券的信用质量提供担保。这增强了证券的可销售性，使贷款机构更容易出售其抵押贷款，补充贷款资金。房利美还为贷款机构对公寓大楼和其他出租住宅的开发提供融资支持，尤其是经济适用出租住宅。

4. 联邦住宅贷款抵押公司（房地美）

1970年，美国国会特许批准成立美国联邦住宅贷款抵押公司（Federal Home Loan Mortgage Corporation，FHLMC，房地美），是第二大的美国政府赞助企业，是一个针对储贷机构（S&L）的二级市场机构，它的宗旨是向提供住房贷款的金融机构提供稳定的融资，商业规模仅次于房利美。房地美从银行和其他放贷机构购买抵押贷款，并向它们提供用于发放新贷款的资金。它的主要业务是在美国住房抵押贷款二级市场收购贷款，并通过向投资者发行机构债券或证券化的抵押债券，以较低成本融资。1988年，对房地美实现私营化。依据《1992年联邦住宅企业金融安全和健全法》，房地美向中低收入家庭和特定地区提供信贷服务。

2008年7月，受美国次贷危机的影响，美国房地产抵押贷款巨头房利美、房地美（下称两房）身陷700亿美元亏损困境。2008年，美国房地产市场的崩盘曾致"两房"一度濒临破产，两家公司股价出现坠崖般的下落。2007年7月至2008年9月，房利美股价在从65美元跌至不到1.5美元，1年间房地美股价从60美元跌到1.7美元。为避免金融市场受到更大冲击，美国政府于 2008 年 9 月 7 日宣布接管了濒临破产的房利美及房地美。美国政府先后注资近 1 900 亿美元对这两家抵押贷款融资巨头提供救助。2010 年,由于股价长期低于 1 美元,"两房"被迫从纽交所退市,转到场外电子柜台交易市场(OTCBB)交易。"两房"被接管后,由新成立的联邦住宅金融局(Federal Housing Finance Agency)管理,在接管期间撤换首席执行官,取消"两房"普通股及优先股的一切派息,并将每月全部获利以股息形式上缴给美国财政部。同时,财政部无限度提高"两房"贷款信用额度,必要时购入"两房"股票。2013 年 5 月,美国政府在两家机构的持股比例均为 79.9%。"两房"被接管后,其财务状况渐趋好转。2011 年,房利美净亏 169 亿美元,但 2012 年第一季度逆转持续数年的亏损局面,实现盈利,净收入 27 亿美元。2010 年,房地美净亏 140 亿美元,2011 年降低到 53 亿美元。2013 年第一季度,房利美和房地美的业绩显著改善,盈利大幅增加。其中,房利美首季利润创历史新高,收入达到 580 亿美元,实现税前净利润 81 亿美元,并实现连续五个季度盈利。房地美则实现盈利 46 亿美元,较 2012 年同期增加 7 倍,创下历史第二高的季度盈利水平,并实现连续 6 个季度盈利。截至 2019 年 7 月 18 日,房利美股价收盘于 2.52 美元,总市值 29.23 亿美元;房地美股价收盘于 2.40 美元,总市值 15.67 亿美元(见图 2-2、图 2-3)。

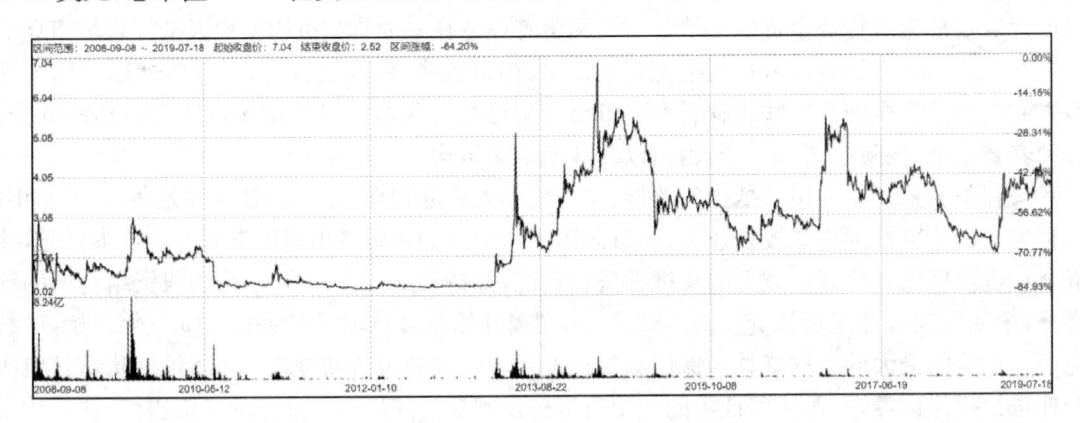

资料来源:https://xueqiu.com/S/FNMA。

图 2-2 房利美(FNMA)股价走势图

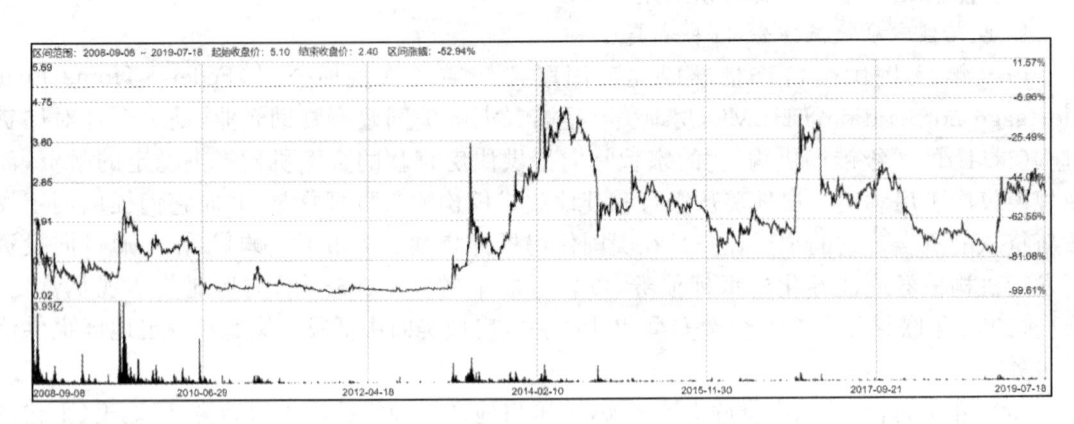

资料来源:https://xueqiu.com/S/FMCC。

图 2-3 房地美(FMCC)股价走势图

5. 政府国民抵押贷款协会（吉利美）

1968年，美国政府将联邦国民抵押贷款协会分拆为房利美和政府国民抵押贷款协会。政府国民抵押贷款协会（Government National Mortgage Association，GNMA，吉利美），作为住宅和城市发展部附属的政府机构，其信用完全由美国政府担保。1970年以来，抵押证券市场发生了许多惊人的变化，以抵押作为担保的转手证券首次由美国政府国民抵押贷款协会引入。这些源于不同家庭抵押品的转手票据根据类别汇聚起来，基于这种集合而成的债券就是吉利美转手证券。这种证券的持有人获得由抵押票据所带来的本金和利息的支付。

四、日本的房地产金融中介

1. 住宅金融支援机构

住宅金融支援机构（Japan Housing Finance Agency，JHF）成立于2007年4月1日，前身是住宅金融公库（Government Housing Loan Corporation，GHLC）。住宅金融公库是于1950年日本政府依据《住宅金融公库法》，由政府全额注资成立，作为特殊法人，是专门从事政策性住宅金融服务的公营公司。在日本的政策性金融机构中，住宅金融公库的融资规模最大。住宅金融公库的资本金100%来自政府注资，而营运资金主要来源于：① 财政投融资体制贷款；② 中央政府给予的息差补贴；③ 以公营特殊法人名义发行的特殊债券；④ 回收的借贷资金等。住宅金融公库的业务范围主要包括：① 为个人建房购房提供金融服务；② 为公营住房的开发和住宅整备公团进行住房和城市基础设施建设提供资金支持；③ 为民间企业开发租赁性住房提供长期低息资金支持；④ 为旧城改造、城市重建提供金融支持等。住宅金融公库通过向那些难以从商业银行获得信贷的开发企业和个人提供资金支持，满足了居民建房购房的资金需求，弥补了民间融资长期资金不足和来源不稳定的缺陷。

20世纪90年代日本泡沫经济破灭后，伴随着金融自由化和房地产价格的下跌，日本民间商业金融机构逐渐加入中低收入家庭的住房建设中。2007年住宅金融公库被改组为住宅金融支援机构，截止至2017年财政年度，日本政府全额出资7 014.75亿日元。2018年拥有896名职员，其运营的业务范围包括对金融机构的住宅贷款提供支持。具体职责是收购私人金融机构住房贷款资产进行证券化，在资本市场上发行房贷支持债券，为住房金融市场提供稳定的资金来源，为政策贷款和证券化提供信用保证担保，同时，还为提高社会福利和稳定生活做出贡献。

2. 住宅金融专业公司

住宅金融专业公司（下称住专）是指日本住宅金融专门会社、住宅借贷服务、住总、综合住金、第一住宅金融、地银生保住宅借贷、日本住宅借贷等7家专门从事房地产贷款的融资公司。1971年3月，以三和银行为首联合了三井、神户、协和、拓银等银行共同设立了第一家住宅金融专门会社。此后，日本相继出现了其他住专。住专本身不吸收存款，资金主要来自其他金融机构的拆借资金，最初启动资金为股东银行的借款。

五、新加坡的房地产金融中介

新加坡的中央公积金体系是颇具特色的住房金融体系，而住宅发展局和中央公积金局等金融中介在新加坡住房金融体系运作中发挥了独特作用（见图2-4）。

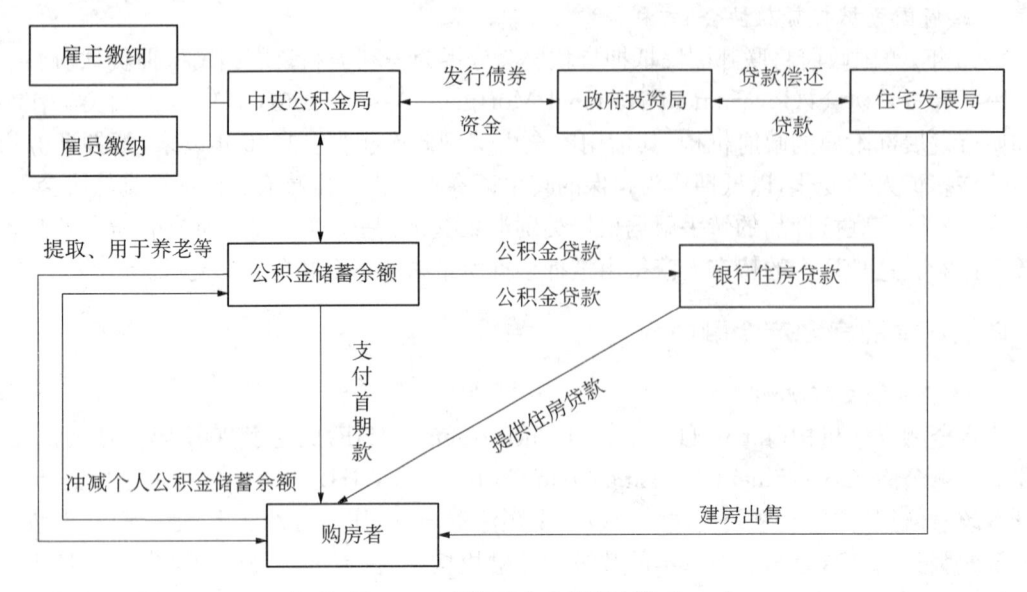

图 2-4 新加坡中央公积金体系

1. 住宅发展局

1960年2月1日,新加坡成立了住宅发展局(Housing Development Board,HDB)。住宅发展局的前身是1927年英国殖民政府成立的改良信托局,1959年该局被解散。1964年,住宅发展局推出"居者有其屋"计划:国家免费提供土地,由住宅发展局统一规划建设"组屋"。住宅发展局是一个法定的权力机构,担负的主要任务有:① 拟定和执行政府关于住宅建设方面的相关提议、规划和工程计划;② 管理所有属于住宅发展局的土地、房屋、建筑物或其他产业;③ 开展有利于住宅发展局执行本职工作的调查研究工作;④ 按照国家规定的利息向符合条件的居民提供购房贷款;⑤ 负责住宅发展局在执行职务方面一切其他相关事务。

2. 中央公积金局

1953年,为了改善居民的居住条件,并提供人人享有的社会保障,新加坡颁布了《中央公积金法》,公积金法令规定了一个强制性储蓄的制度,使职工在退休后或不能再工作时享有经济上的保障。1955年,中央公积金局(CPF)成立,按照《中央公积金法》的规定中央公积金局负责公积金的归集管理和保值工作。公积金局设理事会,领导层由政府、雇主、工会三方各派二名代表组成,由一位主席和一位副主席领导。公积金局的职责是管理全体会员的存款,保证存款增值,指导会员投资。公积金局全体工作人员的工资和办公行政开支,既不是政府财政拨款,也不是会员的存款,而是自给的。政府审计部门有权对公积金局的账目进行审计,总统也有权直接查核公积金账户。经过多年的实践和不断完善,公积金由开始时的养老储蓄逐步演变成一种完善的社会保障制度,它不但顾及公积金会员的退休、住房及医疗保健等方面的需求,同时也通过保险计划给会员及其家人提供经济上的保障。

1965年新加坡独立以后,在公积金的范围和用途等方面有了进一步发展和完善,从中央公积金局成立之初到2016年年底,建立公积金账户的人数由18万人增加到380万人。[①] 1968

[①] 新加坡中央公积金局,《2016年度报告》,https://www.cpf.gov.sg/Assets/Common/Documents/ViewAnnualReport2016inPDF.pdf。

年,中央住房公积金局开始推行公共组屋计划,允许委员利用公积金存款购买组屋,解决居住问题。之后,中央公积金制度逐步发展演变成为一个综合性的涵盖养老、住房、医疗等内容的制度,并根据各个时期的具体情况,制定了一些规定或补充办法逐步完善扩大公积金的使用范围,以适应社会和个人的需要。

公积金由雇主和雇员共同缴纳。国家对公积金不征税,并为公积金的支付提供担保。公积金的缴费率由隶属劳工部的全国工资理事会提出建议,经政府同意后实行。工资理事会一般建议在经济形势好、工资增长时,提高缴费率;在经济衰退、企业困难时,降低缴费率。公积金局每月收缴的公积金经过计算记入每个会员的个人账户中。会员的个人账户分为三个:相当于工资30%的部分为普通账户,用于购房、保险、投资、教育等;6%为保健储蓄账户,用于支付住院医疗费用和获批准的重病医疗保险;4%为特别账户,只限于养老、退休相关金融产品和特殊情况下的紧急支付,一般在退休前不能动用。当年满55岁时,公积金局将为其开设一个退休账户,用于提供每月退休入息。[①] 会员在保健储蓄账户、特别账户和退休账户中的存款每年可获得高达5%的利率,在普通账户存款中可获得高达3.5%的利率。从1955年以来,公积金利率一直略高于通货膨胀率,从而保证了公积金不贬值,并略有增加。公积金利率根据不同账户类型分别进行调整。普通账户利率是基于12个月定期存款利率的80%和本地主要银行储蓄利率的20%权重计算,每年最低为2.5%,每季度进行一次审核。2016年的普通账户利率为每年2.5%。特别和保健储蓄账户的储蓄投资于新加坡政府特别债券,其利率与10年期新加坡政府债券的12个月平均收益率加上1%或4%(以较高者为准),按季度调整。2016年的特别和保健储蓄账户利率为每年4%。在2016年,退休账户资金投资于新加坡政府特别债券,其获得的固定息票率等于10年期新加坡政府债券的12个月平均收益率加上2016年计算的1%,或当前每年4%的最低利率(以较高者为准),退休账户资金赚取的利率是这些新加坡政府特别债券的整个投资组合的加权平均利率,每年1月进行调整,以考虑新发行的新加坡政府特别债券所需支付的票面利率。2016年的退休账户利率为每年4%。[②]

第四节 中国房地产金融中介体系

中国房地产金融伴随着房地产业的兴起而成长,房地产金融中介形成了以中国人民银行为领导,以中国建设银行、中国工商银行、中国银行、中国农业银行的房地产信贷部为主体,其他商业银行房地产信贷部和地方性住房储蓄银行为辅助,信托投资公司、保险公司、住房公积金管理中心等为补充的房地产金融中介体系。此外,金融资产管理公司、信用社、财务公司、金融租赁公司、投资基金管理公司等非银行金融机构和视作金融机构的典当行等也从事房地产金融业务。中国人民银行在国务院的领导下依法独立执行货币政策。中国人民银行对房地产金融中介的监管主要体现在使用货币政策工具对金融系统的货币供应量进行调控,对房地产抵押贷款的贷

[①] 新加坡中央公积金局,https://www.cpf.gov.sg/Assets/Common/Documents/RetirementPlanningBooklet_Chinese.pdf.

[②] 新加坡中央公积金局,《2016年度报告》,https://www.cpf.gov.sg/Assets/Common/Documents/ViewAnnualReport2016inPDF.pdf.

利率进行调节,并通过窗口指导对商业银行的房地产贷款行为进行劝告和指导。中国房地产金融市场上,商业银行占据主导地位,而专业性的房地产金融中介发展不充分。

一、商业银行

商业银行在中国房地产金融市场上十分活跃。这些银行主要包括中国建设银行、中国工商银行、中国银行和中国农业银行等四大国有股份制商业银行,以及全国性或区域性股份制商业银行,如交通银行、招商银行、中信实业银行、光大银行、华夏银行、中国民生银行、中国投资银行、上海浦东发展银行、广东发展银行、兴业银行等。此外,还包括具有典型区域辐射能力和鲜明个性的商业银行,如上海银行、北京银行、浙商银行、徽商银行等,以及遍布全国主要大中城市的城市商业银行。近年来,伴随着银行体制改革的深化,我国农村商业银行和一些民营银行,亦得到了较快的发展。中国商业银行体系中还包括合资银行、外资银行等,这些合资和外资银行也可在其业务经营范围内从事房地产金融业务,如提供购买外销商品房的抵押贷款、住房储蓄与住房贷款等。

中国商业银行主要承担房地产存贷款和结算业务,并积极从事与房地产有关的咨询、房地产保险代理等业务。商业银行的房地产金融业务主要有:① 办理房地产开发经营企业、房地产管理部门的流动资金贷款与存款业务。② 办理企事业单位和个人购买商品房抵押贷款业务。③ 办理居民住房储蓄存款和住房贷款业务。④ 受托办理城镇住房基金存款、企事业单位住房基金存款和个人住房基金存款(含住房公积金存款)。⑤ 受托对缴纳公积金的职工发放购、建、大修自住住房抵押贷款,对实行房改的单位购买、建造职工住房发放抵押贷款。⑥ 对合作建房、集资建房提供贷款。⑦ 办理住房建设债券存款、合作建房存款、集资建房存款。⑧ 办理企事业单位以房地产为抵押的其他各类贷款。⑨ 办理房地产业务的银行结算工作。⑩ 对房地产贷款尤其是个人住房抵押贷款实施证券化。

二、住房储蓄银行

住房储蓄银行主要是筹集和融通住房建设和消费资金,以及开展住房结算业务,是专业性的住房金融机构。1987年10月29日,中国第一家住房储蓄银行——烟台住房储蓄银行正式批准成立,12月1日正式对外营业。1987年12月8日蚌埠住房储蓄银行批准成立,1988年5月正式对外营业。2004年,中德住房储蓄银行开始正式营业。中德住房储蓄银行的合资中方是中国建设银行股份有限公司,它在国内外具有重大影响、拥有广泛的客户群体及市场资源、综合竞争实力雄厚的大型股份制商业银行。合资外方是德国施威比豪尔住房储蓄银行股份公司,它是欧洲最大、最成功的住房储蓄专业银行,设在欧洲其他国家的合资银行均在所在国住房金融市场上占有领先地位。中德住房储蓄银行总部设在天津,在重庆设有分行。中德住房储蓄银行具有"先存后贷,利率固定,专款专用,封闭运作"的特点。

三、信托投资公司

信托投资公司是以受托人身份经营信托投资业务的金融机构。中国房地产金融市场上的信托投资公司主要有两类:一种是由商业银行投资建立的信托投资公司,如中国工商银行信托投资公司、中银信托投资公司、华宝信托投资有限公司、中海信托投资有限责任公司等;另一种是由国家或各省、直辖市、自治区人民政府为促进本地区经济繁荣、加强与海内外技术合作而设立的信托投资业务机构,如中国国际信托投资公司、上海国际信托投资有限公司、中国农村信托投资公司等。信托投资公司的业务范围较广,与房地产有关的业务主要有受托经营房地产资金信托业务、房地产财产的信托业务和房地产投资基金;作为投资基金或者基金管理公司的发起人,从事房地产投资基金业务,经营房地产企业资产的重组、购并及项目融资、公司理财、财务顾问、中介业务,受托经营房地产企业债券等债券的承销业务等。此外,信托投资公司也办理金融租赁、房地产租赁以及提供各种金融和资信咨询等业务。

四、证券公司

证券公司是指依照《公司法》和《证券法》的规定设立的并经国务院证券监督管理机构审查批准而成立的专门经营证券业务,具有独立法人地位的有限责任公司或者股份有限公司。根据中国证券业协会发布统计数据显示,截至2018年底,中国拥有的证券公司包括中信证券股份有限公司、海通证券股份有限公司、广发证券股份有限公司、招商证券股份有限公司等131家证券公司。[①] 它们承担着房地产证券的承销、房地产投资基金管理、房地产股票上市公司的改制辅导等工作。

五、住房公积金管理中心

中国住房公积金管理中心是在借鉴新加坡经验基础上建立起来的,是中国城镇住房制度改革的产物。1991年,上海市率先建立住房公积金管理中心。1994年11月23日,财政部、国务院住房制度改革领导小组、中国人民银行联合下发了《建立住房公积金制度的暂行规定》,促使各地逐步建立住房公积金管理中心。我国国务院1999年颁布了《住房公积金管理条例》,2002年和2019年做了修订。新修订的《住房公积金管理条例》明确规定,住房公积金是指国家机关、国有企业、城镇集体企业、外商投资企业、城镇私营企业及其他城镇企业、事业单位、民办非企业单位、社会团体及其在职职工缴存的长期住房储金。

根据《住房公积金管理条例》,中国实行住房公积金管理委员会对住房公积金进行决策、住房公积金管理中心运作、银行专户存储、财政监督的管理模式。各省、直辖市和自治区人民政府所在地的市以及其他设区的市(地、州、盟),设立住房公积金管理中心,作为住房公积金管理的决策机构。国务院建设行政主管部门会同国务院财政部门、中国人民银行拟定住房公积金政策,并监督执行。省、市、自治区人民政府建设行政主管部门会同同级财政部门以及中国人民银行分支机构,负责本行政区域内住房公积金管理法规、政策执行情况的监督。住房公积金的存、贷利率由中国人民银行提出,经征求国务院建设行政主管部门的意见后,报国务院批准。

六、保险公司

保险公司,是指经中国保险监督管理委员会批准设立,并依法登记注册的商业保险公司,包括直接保险公司和再保险公司。从事房地产保险业务的保险公司主要包括中国人民保险公司、中国人寿保险公司等,以及全国性股份制保险公司,如中国太平洋财产保险股份有限公司、华泰财产保险股份有限公司、中国平安保险股份有限公司、新华人寿保险公司、泰康人寿保险股份有限公司和中国太平洋人寿保险公司等,还有区域性股份制保险公司,如天安保险股份有限公司、大众保险股份有限公司、华安财产保险股份有限公司等。这些保险公司是中国房地产

---

① 中国证券业协会官网,http://www.sac.net.cn/hysj/zqgsjysj/201901/t20190125_137694.html.

金融市场上保险业务的主要经营者,从事房屋财产保险、建筑工程保险、住宅综合保险、房屋质量与责任保险、住房抵押贷款还款保证保险和住房抵押贷款人寿保险等。

第五节 房地产金融市场的内涵、功能和运作

一、金融市场

金融市场(Financial Markets)是指,在这样的一个市场上,投资者获得对最终借款人的直接权利主张,通常采用债务或权益的形式。[①] 金融市场上包括了所有的融资活动,是实现资金融通、办理各种票据和进行有价证券交易活动的场所。金融市场的构成十分复杂,它是由许多不同的市场组成的一个庞大体系,既可以是一个固定有形的场所,也可以是网络等无形的交易场所。根据金融市场上交易工具的期限,可将金融市场简单划分为货币市场和资本市场两大类。货币市场是交易期限在1年以内的短期金融交易市场,是典型的以机构投资人(Institutional Investor)为主的融资市场,按金融产品的不同可划分为票据贴现市场、银行间拆借市场、短期债券市场、大额存单市场、回购市场等。资本市场是交易期限在1年以上的长期金融交易市场,是政府、企业、个人筹措长期资金的市场,包括长期借贷市场(一般是银行对个人提供消费信贷)和长期证券市场(主要是股票市场和长期债券市场)。[②]

二、房地产金融市场

房地产金融市场是金融市场的重要组成部分。房地产金融市场包括所有的房地产融资活动,是指房地产金融资产交易和与房地产相关的金融资产交易的场所,以及房地产金融资产交易过程中发生的各种关系。房地产金融市场的交易活动包括房地产存款、房地产开发贷款、房地产抵押贷款、房地产有价证券的发行和转让、房地产信托以及房地产保险等。

三、房地产金融工具

在经济运行过程中,资金的融通需要借助一定的载体,这个载体正是金融工具,或称金融资产、金融产品。金融工具是金融市场交易的对象。金融工具具备流通、转让、被人接受的特性,具有两个重要功能,一是促成资金和资源的重新分配,二是在资金和资源的重新分配过程中分散或转移风险,发挥融资和避险的作用。金融工具是在信用基础上产生或发行的可流通凭证,是资金的贷者与借者之间融通余缺的书面证明,也是证明产权、债权债务的契约文书,最基本的要素为支付的金额与支付的条件。金融工具的形式包括股票、债券、票据、借款合同、抵押契约、可转让存款单,等等。金融工具的价值是由它给所有者带来未来收入的多少和可能程度决定的。金融工具种类的多寡及创新速度的快慢,是一国经济及金融发达程度的重要标志。

---

① 史蒂文·N.杜尔劳夫、劳伦斯·E.布卢姆,《新帕尔格雷夫经济学大辞典》(第3卷)第2版,经济科学出版社,2016年,第327页。

② 黄达、张杰,《金融学》第4版,中国人民大学出版社,2017年,第193页。

房地产金融工具是指在房地产金融市场上交易的各种金融凭证。房地产金融工具可分为直接金融工具和间接金融工具。直接金融工具包括房地产信托基金、房地产抵押债券、房地产企业和房地产金融中介所发行的股票、债券等,这类金融工具可直接在房地产金融市场上进行交易。间接金融工具是指由银行和非银行等房地产金融中介办理或签发的房地产存款、贷款、票据和保险单等。

四、房地产金融市场的功能

房地产金融市场在组织房地产金融资产、金融产品或金融工具交易的过程中,发挥着多种功能。

第一,资源配置功能。促使资金在资金盈余部门与资金短缺部门的调剂,或将资金从效率低的部门转移到效率高的部门,合理引导房地产市场资金的流向和流动,从而实现资源的有效配置。

第二,实现风险分散和风险转移。通过金融资产的交易,资产所有者使风险分散或者转移到别处或在此处消失。房地产金融市场提供了套期保值、组合投资的条件和机会,资产所有者可以利用各种金融工具,通过对冲交易、套期保值交易等方式将市场风险由厌恶风险的人群转嫁给偏好风险人群,从而实现风险的再分配,达到对冲风险、分散风险、转移风险和规避风险的目的。

第三,价格发现功能。资金是按照金融资产的价格或收益率在不同部门之间流动的,房地产金融市场上大量金融资产的频繁交易,确定出不同金融资产的价格及内在价值。这种价格信号对房地产金融市场的资源配置具有重要作用。

第四,提供和增强流动性。房地产金融市场提供了金融资产所有者进行资产交易的机会和条件,创造了金融资产的流动性。房地产金融市场上金融中介以住房储蓄存款、债券等形式将房地产领域的闲散货币资金集中起来,作为房地产开发、经营和购房者的资金来源,化解房地产开发和购房资金短缺所带来的问题,并为资金供应者的闲置资金找到出路。

第五,降低交易成本。随着房地产金融市场的交易组织、交易规则和管理制度逐步完善,专业的房地产金融机构和咨询机构等金融中介,将为房地产等金融资产的交易提供便利,降低金融资产交易的交易成本,包括搜寻成本和信息成本。搜寻成本是为了寻找合适的交易对象所发生的成本。信息成本是对金融资产的价值进行评估而产生的成本。

五、房地产金融市场的运作流程

房地产金融市场的交易是在市场参与者之间进行的。为了分析房地产金融市场的运作流程,需要对房地产金融市场的参与主体进行简要的界定。房地产金融市场的参与主体一般包括资金供给方、资金需求方和金融中介。资金供给方是最终投资者,资金需求方是最终筹资者。最终投资者和最终筹资者可以是家庭、企业、政府部门和国外机构等。房地产金融中介是指专门从事房地产金融活动的机构或组织。房地产金融市场交易的对象是金融资产、金融产品或金融工具。按照房地产金融市场中资金供求双方发生关系的渠道,可将房地产金融市场融资方式分为直接融资和间接融资两种。① 直接融资是资金直接在最终投资者和最终筹资者之间发生转移,如房地产企业或房地产金融中介所发行的股票、债券等,采用直接金融工具。② 间接融资是指资金通过金融中介实现在最终投资者和最终筹资者之间的转移,如银行存款贷款发生的融资活动,采用间接融资工具。

房地产金融市场资金在市场参与者之间的转移过程描述,如图 2-5 所示。

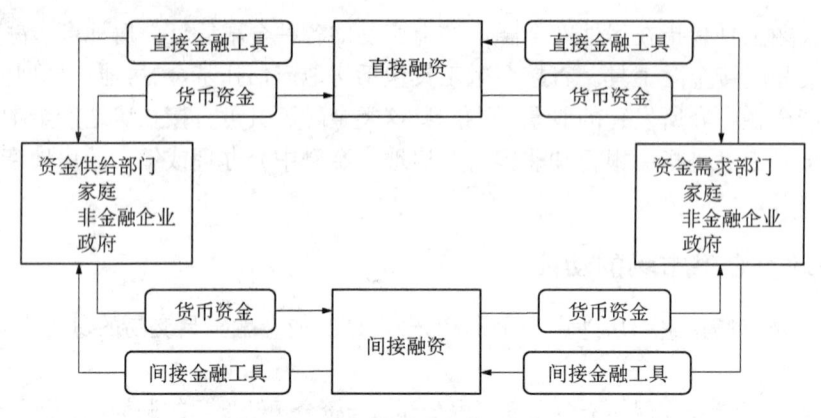

图 2-5 房地产金融市场的运作流程

※ 本章小结 ※

　　房地产金融中介在房地产金融市场上发挥着重要作用，房地产金融中介包括的范围极广，种类繁多，形式各异，涉及中央银行、商业银行和大量非银行金融机构。英国典型的房地产金融中介是建筑协会。德国住房金融体系中从事住房信贷业务的主要有住宅互助储金信贷社、储蓄银行和抵押银行，它们拥有住房信贷总额的65%左右。住宅互助储金信贷社和抵押银行大都不是独立的机构，而是商业银行或储蓄银行的附属机构。美国的商业银行、储蓄机构、抵押银行，以及联邦住宅管理局、退伍军人事务部、联邦国民抵押贷款协会、联邦住宅贷款抵押公司和政府国民抵押贷款协会等构成了美国的房地产金融中介体系。日本的房地产金融中介主要是住宅金融支援机构和住宅金融专业公司。新加坡的房地产金融中介主要是住宅发展局和中央公积金局。在中国房地产金融市场上，商业银行占据主导地位，其他专业性的房地产金融中介，诸如住房储蓄银行、信托投资公司、证券公司、保险公司和住房公积金等发展不充分。

　　房地产金融市场包括所有的房地产融资活动，是指房地产金融资产交易和与房地产相关的金融资产交易的场所，以及房地产金融资产交易过程中发生的各种关系。房地产金融市场的交易活动包括房地产存款、房地产开发贷款、房地产抵押贷款、房地产有价证券的发行和转让、房地产信托以及房地产保险等。房地产金融市场具有资源配置、实现风险分散和风险转移、价格发现、提供和增强流动性、降低交易成本的功能。

※ 本章思考题 ※

1. 试述房地产金融中介的内涵和功能。
2. 试述美国的房地产金融中介体系。
3. 试述日本住宅金融支援机构和新加坡中央公积金局的性质及资金来源。
4. 中国的房地产金融中介与西方国家相比，有何异同？
5. 试述房地产金融市场的内涵、功能和运作流程。

第三章 房地产金融的基本原理

内容提要

1. 利率理论。
2. DCF 模型、一价定律与 MM 理论。
3. 金融杠杆的作用机制以及利率对杠杆作用的影响。
4. 房地产期权及其在房地产投资决策中的应用。
5. 马科维茨的投资组合理论及其在房地产市场上的应用。
6. 理性预期与房地产有效市场假说。
7. 行为金融理论以及在房地产市场上的应用。
8. 房地产投资决策理论。

房地产业与金融业存在天然的联系,金融业是房地产业发展的依托,房地产业为金融业发展提供了广阔的空间。金融学作为一门研究人们在不确定的环境中如何进行资源的时间、空间配置的学科,长期积累而成的金融学原理,对于房地产业和房地产市场的研究具有重要的理论和应用价值。将金融学原理运用到对房地产金融市场的分析,旨在揭示房地产金融的基本规律,从而有效实现房地产金融功能,充分满足人们对房地产的消费偏好和投资意愿。

第一节 利率理论

一、古典利率理论

凯恩斯 1936 年在其《就业利息和货币通论》(以下简称《通论》)中指出,[1]古典学派的利率理论是哺育人们的一种经济思想,然而把它准确陈述出来却是困难的,要在现代古典学派的权威著作中找到明确的论述也是困难的。古典利率理论的代表性著作,主要有洛克(John Locke)1691 年发表的《论减低利息和提高货币价值的影响》、休谟(David Hume)1752 年发表

---

[1] [英]凯恩斯,《就业利息和货币通论》,商务印书馆,1963 年。

的《论利息》、维克塞尔(Knut Wicksell) 1898 年发表的《利息与价格》、费雪(Ivring Fisher) 1906 年发表的《资本和收入的性质》和 1907 年发表的《利息理论》,等等。按照凯恩斯的阐述,古典利率理论把利率看作是使投资与储蓄意愿二者趋于均衡之因素。

萨伊(Baptiste Say)认为,利率是使用一个有价值物品所付的价格或租金,是借贷货币的风险报酬。利率的上升并不单纯由资本的短缺决定,还与资本的用途增多有关。资本的用途越多,对资本的使用越有利,因此资本需求就越大,利率就越高。穆勒(Struart Mill)认为,利率取决于贷款的需求与供给。利率是使贷款的需求与贷款的供给相等的一种比率。这一比率使某些人愿按此比率借入的数额与某些人愿按此比率贷出的数额恰好相等。穆勒指出,利率与流通中的货币的数量或价值没有必然的联系。因为,作为媒介的货币数量无论大小,只会影响价格,而不会影响利率。当通货贬值时,也无从影响利率。因为,通货贬值确实使货币对商品的购买力下降,但却没有使其对货币的购买力下降。马歇尔(Marshall)的利率理论则是对古典利率理论的综合。马歇尔的利率理论与其将心理因素作为分析的重要基础有关,他将影响人类行为的心理动机分为"追求满足"和"避免牺牲"两类。马歇尔认为,利率是储蓄的报酬或称之为等待的报酬。

"利率理论之父"费雪的利率理论又称时间偏好与投资机会说,他认为利息产生于物品与将来物品交换的贴水,它是由主观因素与客观因素决定的。主观因素,就是社会公众对现在物品的时间偏好,让渡现在物品,就必须取得报酬即利息;客观因素,就是投资机会,企业家总是选择最好的投资机会,在利润率大于利率时进行投资。他还提出了现实利率与名义利率。他在《利息理论》中首次给利率理论奠定一个完整的分析架构。费雪利率理论有三大支柱:其一,费雪利率理论是一个"非货币"利率理论,即利率的存在和决定与经济体系是否引入货币没有关系。非货币利率理论亦称为真实货币理论或真实利率理论。一旦货币引入经济体系,即有货币利率理论或名义利率理论。其二,费雪利率理论基于代际均衡理念。他从代际均衡和最优角度,对投资和消费皆给以重新定义。投资是消费的代际权衡,消费亦可看作是投资的代际权衡。费雪的代际最优行为决策和代际一般均衡模型里,时间是最关键变量,收入流则是最重要概念。我们只有从代际权衡和均衡角度,从代际的跨期决策和时间成本的角度,才能够很好地理解利率的本质。其三,费雪首次对利率决定提供一个明确的供求分析架构。社会里总有人愿意和有耐心推迟消费,将资源转借他人投资或消费,获得收入流,以便未来享受更高水平的消费;社会上也总有一些人总能看到未来的投资机会,愿意借他人资源放手一搏。有耐心推迟消费之人,则是资源供应者;有雄心放手一搏之人,则是资源需求方。供需之均衡就是利率均衡点,资源的均衡价格就是利率。反过来说,放弃当前消费希图未来更高消费之人,是未来收入流的需求方;追逐投资机会放手一搏之人,则是未来收入流的供给方。收入流之供给和收入流之需求必然达成均衡,收入流之均衡价格则是利率之倒数,自然亦决定了利率。[①]

二、凯恩斯主义利率理论

20 世纪 30 年代,"凯恩斯革命"的重要成果是提出了"货币化生产"的概念。货币的利率似乎在设定就业水平的限度中扮演了一个相当特殊的角色,因为它设定了一个若要创造

[①] [美] 欧文·费雪,《利息理论》,商务印书馆,2013 年。

出新的就业,资本资产的边际效率就必须达到的标准。凯恩斯对利率理论做出的最重要贡献,是将利率理论引入宏观经济的分析中,坚信政府干预能够利用利率杠杆调控与影响宏观经济的走势。凯恩斯强调,中央银行所要求的利率,即再贴现率,可以看作是不兑换的通货及中央银行体系中的关键。同时,凯恩斯认为,利率是一种货币现象,从而开启了利率理论的"货币分析"。

凯恩斯的利率理论常被称为"外生货币"的流动性偏好利率理论,他认为利率由对某一既定数量的货币与其他可替代金融资产(债券)存量的需求决定,而这一需求反过来又取决于各种"流动性偏好"。决定利率的另一个因素是货币数量,它与"流动性偏好"一起决定利率的水平,其公式是:$M = L(r)$,其中,M 为货币量,L 为流动性偏好,r 为利率。其中,"流动性偏好"是一种"潜在的力量或函数关系的倾向,而这一潜在力量或函数关系的倾向可以决定在利息率为既定数值时的公众想要持有的货币数量"。

从凯恩斯《通论》的出版到货币主义出现期间,大部分国家的中央银行通过制定利率实施其货币政策。1959年英国著名的《拉德克里夫报告》是主张控制利率应该作为货币政策工具的最具影响力的表述之一。1979—1982年的"货币主义实验"失败之后,工业化国家的中央银行又转向通过货币市场来实现短期利率的目标,以此执行其货币政策,具有代表性的是美联储实际制定利率所采用的"泰勒规则"。

三、货币学派利率理论

根据货币学派的观点,利率与货币供求的关系并非如凯恩斯学派所认为的那样,货币增加使利率下降、货币减少使利率上升的观点只是在短期分析中是正确的,但在长期分析中并不如此。弗里德曼(Milton Friedman)认为,货币供给的变动所产生的影响主要是通过人们资产组合的调整,并通过人们货币支出的变动来实现的。

弗里德曼把货币作为人们持有资产的一种形式,因为人们的货币需求是相对稳定的,所以当货币供给发生变动时,由于流动性效应,在货币供给增加的初期,通过人们对持有的货币余额的调整而使利率下降,从而刺激投资的增加。货币学派在分析货币供给变动影响时,考虑的资产范围比凯恩斯学派要大得多。凯恩斯学派仅将注意力集中在小范围的资产和市场利率上,这一市场利率只是全部有关的利率系列中的一小部分。而货币学派认为,资产还包括耐用的和半耐用的消费品、建筑物及其他不动产。因此,货币不仅与债券及其他金融资产存在替代关系,而且还与实物资产存在替代关系。

弗里德曼认为,货币供给的变动在短期内影响物价和产出,但从长期来看,货币供给的变动却只能影响物价水平。随着货币供给的增加,利率将出现同步上升现象,这被称为收入价格效应。根据货币学派的观点,在名义货币余额一定时,物价水平的变动将引起实际货币余额的相应变动。从长期来看,随着物价水平的变动,人们将根据物价变动情况重新调整他们的资产组合,以便使持有的实际货币余额与其意愿持有的实际货币余额保持相等,这样,调整的结果使在短期内变动的实际量值又恢复到原来的水平。而利率的回升是由于货币需求的增加所引起的。在收入和价格变动的作用下,人们持有的货币余额减少就会通过缩减支出、增加收入以使自己持有的实际货币余额恢复到意愿持有的水平,这样,利率回升,投资减少,增加的货币供给就完全为物价水平的上升所吸收,对实际收入和利率水平并无影响。关于货币供给变动对利率的影响,弗里德曼认为还存在价格预期效应。如果存在通货膨胀的预期,那么利率就会迅速上升,并且会超过原有的水平。在这种情况下,价格的上涨和通货膨胀就形成合力而将推动利率的进一步上扬。所以从长期来看,不断上升的利率总是和货币供给的大幅增加联系在一起的。

四、利率结构理论

前面介绍的利率理论所要研究的,是利率水平的整体走势及决定或影响这种走势的主要因素。在这些理论中,暗含如下假设:整个经济中只有唯一的一种利率。而实际上,市场上的利率种类是多样的,各种不同种类和期限的债券,其利率往往各不相同。因此,有必要研究各种债券利率之间的关系,即利率的结构。利率结构理论在传统的利率决定因素上进一步探讨了风险、流动性等因素对利率的影响,为目前多样化的金融产品提供了定价和风险管理的依据。在利率结构理论中,利率的期限结构理论不仅有着重要的理论意义,而且还有着重要的现实解释力。因此,从20世纪80年代至今,关于利率期限结构的理论层出不穷,并被广泛地应用于金融产品的定价模型及市场价格的预测等方面。

传统利率结构理论主要有市场预期理论、市场分割理论、流动性偏好理论。市场预期理论是在市场预期影响期限结构形状的基础上发展而来的。根据该理论,利率的期限结构完全取决于对未来利率的市场预期,长期债券利率等于人们预期在长期债券期限内将出现的短期利率的平均数。所以,预期理论对期限不同的利率存在差异的解释是因为人们对短期利率有着不同的预期。

市场分割理论认为,长期债券市场与短期债券市场两者是彼此分割的,债券利率期限结构不取决于预期,而取决于长期债券市场各自的供求状况。该理论指出了金融市场的独立性和不完全性对利率期限结构的影响。但否认预期和流动性偏好对利率期限结构的影响是不正确的,它不能解释期限不同的债券收益率倾向于一起变动的经验事实,其有效性也得不到充分的论证。

流动性偏好理论认为风险和预期是影响债券利率期限结构的两大因素,因为经济活动具有不确定性,对未来短期利率是不能完全预期的。到期期限越长,利率变动的可能性越大,利率风险就越大。投资者为了减少风险,偏好于流动性较好的短期债券。而对于流动性相对较差的长期债券,投资者要求给予流动性报酬。流动性偏好理论被认为是市场预期理论和市场分割理论的融合和折中。

第二节 资产价值理论

资产价值是指消息灵通的投资者在自由且存在竞争的市场上必须为这个资产支付的价格。经济理论和常识均提出下述金融决策的规则:选择最大化当前价值的投资。[①] 资产价值的确定,一般运用公平价值法,将资产在未来持续经营的情况下所产生的预期收益,即资产给拥有者提供的持续的现金流量,按照一定的折现率折算成现值。而在房地产市场,房地产的所有者更关心的是房地产的未来价值。从本质上讲,这两者并无差异,一项资产能够带来的折现

---

① 兹维·博迪等,《金融学》第2版,中国人民大学出版社,2010年,第216页。

现金流越多,其未来价值就越大,反之亦然。

一、DCF 模型

DCF 模型(Discounted Cash Flow Model)即折现现金流模型,属于绝对估值法,这是最严谨的对资产估值的方法,原则上适用于任何类型的资产。任何类型的资产价值都可以看成其未来收益按照一定的折现率折现的价值之和,正是基于这样的理论基础,DCF 模型将资产在未来所能产生的自由现金流(通常要预测 15~30 年)根据合理的利率折现,得到该项资产在目前的价值。将预期现金流量、时间和风险作为基础,构建一个 DCF 模型。

$$PV = \sum_{i=1}^{n} \frac{CF_i}{(1+r)^i} \tag{3.1}$$

在这个模型中,PV 表示资产的现值,CF 表示某阶段的现金流量,r 代表利率,$i=1,2,\cdots,n$ 代表现金流的期数,CF_i 即第 i 期的现金流量。这个模型表明资产价值由这种资产带来的持续的现金流决定。在房地产市场上,这种资产包括土地和建筑物的产权、房地产的抵押贷款、抵押贷款债券、房地产购买期权、房地产信托基金和房地产有限公司的股份等。

这个模型有 4 个变量:资产的现值、现金流量、现金流发生的时间点或者时间段,以及利率。给定其中的 3 个变量,可以通过模型计算出另外 1 个变量。在房地产金融的实践过程中,不同情况下这 4 个变量的决定因素也不同。

(1) 现金流。为什么在 DCF 模型中关注的是税后现金流而不是资产净收益呢?净收益是评价资本盈利能力的重要指标,但由于会计政策的不同选择,使得净收益水平发生差异,因而以净收益来评价资产的运营状况将导致失真。而资本的运转是以现金流为中心运行的,获得必要数量的现金流是投资的前提,也是投资者、债权人据以决策的最基本事项。相对资产净收益来说,现金流量具有很强的综合性。资产能够带来的现金流入与流出在数量上的差别,反映了资产的盈利水平;现金流入与流出在时间上的差别,又可反映该资产的资金占用水平,现金流入与流出时间分布越不均衡,投资过程中的资金占用量越大。对现金流入与流出数量和时间两方面的差异综合起来考察,可将资产运行的综合评价建立在更加全面可比的基础上。此外,这也是资产投资者的需要,投资者在投资决策时,关心的是现金的获得以及投资的保障,他们的期望是增加资产未来的现金流量。

(2) 时间。现金流量的时间原则阐述了这样的一个观点,给定其他的变量不变的情况下,资产产生现金流越快,资产的现值就越大。因为产生现金流的速度越快,资产所有者将更快地用于追加投资或者减少付息贷款,而增加资产所有者的财富。根据 DCF 模型,得到现金流的时间越长,折现因素 $[(1+r)^i]$ 的值越大,资产的现值越小。

(3) 风险。风险指的是未来现金流的不确定性,如果未来现金流持续存在的可能性是 100%,那么则不存在风险。人们之所以如此关注风险,是因为在 DCF 模型中风险决定了利率水平的大小,金融市场的一个最基本的规则是投资的风险越大,预期的回报越高。而在房地产市场上,迄今为止并没有一个方法能够给出某个房地产项目投资的风险所对应的利率水平,因此一个独立的房地产项目的系统风险不能简单地通过市场来决定。例如,与房地产权益相关的投资获得的利率水平将比与房地产债务相关的投资获得的利率水平要高,因为在扣除了运营成本和可能产生的亏损后,债权人最先得到本金和利息。

如前文所述,在房地产市场上,人们更加关注的是资产在 n 年期末的未来价值,某资产能够提供的现金流越多,未来价值就越大。因此,为了更好地考察房地产市场上未来价值、现值、利率和时期数值之间的相关关系,我们将 DCF 模型进行等价变换,针对房地产市场的特点定义这样一组变量:PV 代表房地产项目的初始投资额,r 代表市场利率,n 代表房地产项目的持有时间,FV 代表房地产项目 n 年期末的价值,这样可以得到:

$$PV = \frac{FV}{(1+r)^n} \tag{3.2}$$

在这个模型中,给定任意三个变量,可以得到第四个变量,同时给予这项变量指定投资决策的规则。比如净现值规则、未来价值规则、收益率决策规则和"偿付"时间规则。下面用一个例子来说明这些投资决策的规则。假定有一宗房地产预计 5 年后售价 100 万元,而同期的银行利率为 8%,现在房主以 75 万元的价格出售这宗房地产,那么这个投资项目是否值得投资?

1. 净现值规则

净现值是所有未来现金流入的现值和未来现金流出的现值之间的差额。净现值规则是指项目的净现值为正,选择本项目;项目的净现值为负,则拒绝本项目。在房地产的投资决策中这个规则在各种情况下都可以得到应用。也就是说,正确地使用净现值规则永远不会做出错误的选择。所以,净现值规则是非常明确的,接受未来现金流的现值超过初始投资的项目。

一般而言,针对投资的净现值计算,我们使用的是资本的机会成本,也就是以市场进行资本化的利率(Market Capitalization Rate)作为利率。资本的机会成本是指如果不把资本投入正在评价的项目,而投资于其他项目所赚取的利率回报。在这个例子中投资于这宗房地产的资本的机会成本是如果把这笔资金存入银行可以得到的利率回报。

这个例子使用了三个变量——未来价值、利率和时期数值,计算第四个变量——现值。而后将计算出来的现值与这宗房地产的初始投资进行比较。根据式(3.2),可以得到:

$$PV = \frac{100}{1.08^5} = 68.06(万元)$$

将 68.06 万元与初始投资的 75 万元进行比较,发现这项投资的净现值是负的,可见投资这宗房地产是不值得的,因为投资这宗房地产投资者的当前财富将会减少大约 7 万元。

2. 未来价值规则

未来价值规则是指项目未来价值大于在次优选择中所获得的未来价值,可投资本项目。或者说,如果一项投资的收益大于资本的机会成本,那么选择本项目。需要注意的是,在实践中,没有一项决策规则可以像净现值规则那样在任何场合都能适用,未来价值规则并没有经常被使用的原因是许多场合无法计算投资的未来价值。

在上面的例子中考虑投资的次优选择是将 75 万元在 8% 的利率水平上全部投资于银行储蓄。那么投资于这宗房地产的未来价值是否拥有比将资金存入银行所获得的未来价值更多呢?使用式(3.2)进行计算得到:

$$FV = 75 \times 1.05^5 = 110.20(万元)$$

很明显,该数值显示投资于银行储蓄的未来价值大于投资这宗房地产所获得的100万元的未来价值,可见投资这宗房地产是一个较差的选择。

3. 收益率决策规则

收益率决策规则是指如果一项投资的到期收益率高于内部收益率,则选择本项目。内部收益率是使未来现金流入的现值等于现金流现值的折现率。换句话说,内部收益率恰好是净现值为零的利率。因此,如果净现值为零时的利率高于资本的机会成本,那么本投资的净现值必然是正的。当投资者可以在相互替代的投资之间进行选择的时候,选择拥有最高净现值的投资。

继续使用上面的例子,如果将75万元投资于这宗房地产,5年后可以得到100万元,那么年利率回报是多少?根据式(3.2),可以得到:

$$75 = \frac{100}{(1+r)^5}$$

$$r = \left(\frac{100}{75}\right)^{\frac{1}{5}} - 1 = 5.92\%$$

本投资的到期收益率为5.92%。将到期收益率与存入银行而赚取的8%年利率进行对比,显然,将资金存入银行的状况会更好。

4. 偿付时间价值规则

偿付时间价值规则是指在获得同等未来价值的前提下选择拥有最短偿付时间的投资。也就是说,选择在最短时间内满足投资回报目标的投资项目。需要注意的是,这个规则仅适合在特殊场合应用,对于一般的投资决策而言,偿付时间价值规则并不是一个放之四海而皆准的规则。在更多的时候我们应该坚持将净现值规则作为普适的决策规则。

如果以75万元的价格购进这宗房地产,并期望在5年后以100万元将其售出。假设资本存入银行的机会成本是8%,那么得到同等未来价值需要多少年?根据式(3.2),可以得到:

$$75 = \frac{100}{1.08^n}$$

计算得到 n 为3.74年。这意味着如果将资金存入银行,按照8%的利率计算,75万元增长到100万元只需要3.74年。所以,将资金存入银行比投资这宗房地产得到同等的未来价值而言需要的时间更短。

二、一价定律与MM理论

所谓一价定律即绝对购买力平价定理,最早出现于全球汇率市场上,如果抽象掉所有摩擦,那么当用同一货币对某一给定商品进行报价时,该商品的价格在所有地点都相同。[①] 对于金融市场而言,在竞争性条件下,如果两项资产是等同的,那么它们将倾向于拥有相同的市场价格。在房地产市场上,两宗存在差别的房地产不可能在所有方面都完全相同,要找到一宗与对其进行估价的房地产类似的资产(交易案例),逐一分析影响这两宗房地产价值的因素差异,

---

① 史蒂文·N. 杜尔劳夫、劳伦斯·E. 布卢姆,《新帕尔格雷夫经济学大辞典》(第6卷)第2版,经济科学出版社,2016年,第683—696页。

据此得到评估价格。例如,假设某人拥有一套住宅,并准备近期出售以换取资金,此时,他的邻居刚刚以 105 万元的价格出售了类似的一套住宅。那么他不会考虑这套住宅能带来怎样的现金流,而直接将这套住宅挂牌价定为 105 万元左右。在上述房地产估值过程中应用的正是一价定律。在他打算出售这套住宅的时候,估计将获得 105 万元的收益,因为邻居一套类似的住宅刚刚以这一价格出售。当然,类似的住宅并不是完全相同,因为这两套住宅所在的位置是有区别的,最终的成交价还可能受到多种因素的影响。但是,这里的关键点在于,即使房地产市场不能依靠套利的力量强制实行一价定律,投资者依然可以依赖一价定律的逻辑对资产价值进行评估。

在房地产市场上,房地产价值由房地产风险决定而与资本结构无关,因为套利行为可以避免完全替代物在同一市场上出现不同的售价。在这里,完全替代物是指两个或两个以上具有相同风险而只有资本结构不同的资产。虽然房地产市场上这样的完全替代物几乎没有,但是投资者依然可以根据这一逻辑对资产进行评估并选择。美国经济学家弗兰科·莫迪利安尼(Franco Modigliani)和默顿·米勒(Merton Miller)阐述了这样一种思想,当资产风险相同而只有资本结构不同时,资本结构与资产价值无关,即著名的 MM 理论。[①]

MM 理论做如下假设:资产风险是可衡量的,有相同风险的资产处于同一风险等级;现在和将来的投资者对资产未来的息税前利润(EBIT)估计完全相同,即投资者对资产未来收益和取得这些收益所面临的风险的预期是一致的;证券市场是完善的,没有交易成本;投资者可以同等利率获得借款;无论借债多少,负债均无风险,故负债利率为无风险利率;投资者预期的息税前利润(EBIT)不变,从而所有现金流量都是年金。根据上述假设,当资产的债务比率由 0 增加到 100% 时,资本总成本及总价值不会发生任何变动,即资产价值与是否负债无关,不存在最佳资本结构问题。

(1) 资本结构与资本总成本和资产价值无关。如果不考虑资产所得税和破产风险,且资本市场充分发育并有效运行,则资本结构与资本总成本和资产价值无关。或者说,资本结构的变动,不会影响加权平均的资金总成本,也不会影响到资产的市场价值。这是因为,尽管负债资金成本低,但随着负债比率的上升,投资者会要求较高的收益率,因而资产的股权资金成本也会上升,也就是说,由于负债增加所降低的资金成本,被股权资金成本的上升所抵消,更多的负债无助于降低资本总成本。

(2) 资本结构与资产的股票价格无关。MM 理论认为,对股票上市资产而言,在完善的资本市场条件下,资本向高收益资产自由地流动,最终会使不同资本结构的资产价值相等。例如,A 资产没有负债时,财务风险较低,投资收益率也较高,而 B 资产负债较多,财务风险较大,股价也较低,那么 B 资产的股东可能会出售股票,转而购买 A 资产的股票,以追求较高的投资回报,短期内看这种追求高收益的资本流动会造成 A 资产股价上涨、B 资产股价下跌,但从长期来看,当投资者发现以较高的股价投资 A 资产的收益还不及投资 B 资产的收益时,情况却会相反,从而导致 A 资产股票价格下跌而 B 资产股票价格上升。因此,MM 理论认为,资产的资本结构与资产的股票价格无关。

(3) 如果筹资决策与投资决策分离,那么资产的股利政策与资产价值无关。MM 理论认

[①] Modigliani F, Miller M., "The Cost of Capital, Corporation Finance and the Theory of Investment", *American Economic Review*, 1958, 48(3), 261-297.

为,资产价值完全由资产的获利能力或投资组合决定,股息与保留盈余之间的分配比例不影响资产价值,因为股息支付虽能暂时提高股票市价,但资产必须为此而扩大筹资,这样会使企业资金成本提高和财务风险上升,从而引起股价下跌,两者将会相互抵消。因此,股息政策仅能反映现期收入与未来期望收入的关系,本身并不能决定股票价格或资产价值。

MM 理论模型的发展大致经历了 3 个阶段,即无税模型、公司税模型和米勒模型,下面我们对这三个模型进行简要的介绍。

(1) 无税模型,这也是最初的 MM 模型。该模型有两个基本命题。命题一:负债经营企业的价值等同于无负债企业的价值。公式为:$V_l = V_u$,V_l 表示负债企业的价值,V_u 表示无负债经营企业的价值。当公司增加债务时,剩余权益的风险变大,权益资本的成本也随之增大,与低成本的债务带来的利益相抵消,因此,公司的价值不受资本结构影响。命题二:负债企业的权益资本成本等于处于同一风险等级的无负债企业的权益资本成本再加上与其财务风险相联系的溢价,而风险溢价的多寡则视负债融资程度而定。公式为:

$$K_l = K_u + RP = K_u + (K_u - K_b)(B/S) \tag{3.3}$$

式中,K_l——负债企业的股本成本;

K_u——无负债企业的股本成本;

K_b——债务的成本;

RP——风险报酬;

B——债务的价值;

S——权益的价值。

(2) 公司税模型。该模型同样有两个基本命题。命题一:无负债公司的价值等于公司税后企业的现金流量除以公司权益资本成本,负债经营公司的价值等于同类风险的无负债公司的价值加上减税收益。公式为:$V_l = V_u + TB$,T 是公司税率。命题一意味着,考虑了公司所得税后,负债经营时的公司价值要高于未负债经营时的公司价值,且负债越多,公司的价值越高;当企业负债达到 100% 时,公司的价值达到最大。命题二:负债经营公司的权益资本成本等于同类风险的无负债公司的权益资本成本加上风险报酬,风险报酬则取决于公司的资本结构和所得税率。公式为:

$$K_s = K_u + (K_u - K_b)(1 - T)(B/S) \tag{3.4}$$

命题二表示在考虑了公司所得税后,尽管权益资本成本还会随着负债程度的提高而上升,不过其上升幅度低于不考虑公司所得税时上升的幅度。此特性加上负债节税的利益,产生了命题一的结果;企业使用的负债越多,它的加权平均资本成本就越低,企业的价值就越高。

(3) 米勒模型。米勒提出了一个把公司所得税和个人所得税都包括在内的模型来估计负债杠杆对企业价值的影响,即所谓的"米勒模型"。[①] 公式为:

$$V_l = V_u + [1 - (1 - TC)(1 - TS)/(1 - TD)] \times B \tag{3.5}$$

式中,TC——公司所得税率;

TS——股票收入的个人所得税率;

---

① Miller M.,"Debt and Taxes",*Journal of Finance*,1977,32(2),261-275.

TD——利息收入的个人所得税率。

米勒模型的结果表明,MM 公司税模型高估了企业负债的好处,因为个人所得税在某种程度上抵消了企业利息支付的节税利益,降低了负债企业的价值。不过,同公司税模型相似,米勒模型的结论是100%负债时企业市场价值达到最大。

第三节　金融杠杆原理

一、金融杠杆的作用机制

简单地说,金融杠杆是一个放大器。使用这个放大器,可以放大投资的结果,无论最终的结果是收益还是损失,都会以一个固定的比例增加或减少。所以,在使用这个工具之前必须仔细分析投资项目中的收益预期和可能遭遇的风险。使用该工具时,必须关注现金流支出可能会增大,如果资金链一旦断裂,即使最后的结果可能是巨大收益,投资者也将提前出局。

所谓杠杆原理是指以相对较小的资金来获取购置物业所需的大笔贷款。获得购房贷款的借款人投资了小部分资金作为首付款,然后再借入首付款与总购房价格的差额,从而使首付款发挥杠杆作用。杠杆原理实际上是利用借贷资本补充自身资金的不足,以完成更大规模的投资。由于房地产价值量大,在房地产购置过程中人们大多利用银行等金融中介发挥杠杆作用。

为了更形象地说明杠杆作用的过程,假设房地产全部投资为 T,它等于借贷资金 M 与自有资金 E 之和。房地产总收益率记为 R,抵押贷款利率记为 r,自有资金的收益率记为 Y。自有资金收益率可以由以下公式得到:

$$Y = \frac{T \times R - M \times r}{E} \tag{3.6}$$

假设一宗房地产价值 100 万元,年净收益为 12 万元,则资产总收益率为 12%。如果购买这宗房地产可以取得 70% 的银行贷款,且利率为 10%,每年应还贷款利息为 7 万元;购房人首付款 30 万元,则每年购房者净收益为 50 000 元(=120 000-70 000)。购房人投资的收益率可写成:

$$自有资金收益率 = \frac{投资者净收益}{自有资金(首付款)} = \frac{50\ 000}{300\ 000} = 16.67\%$$

投资者自有资金收益率为 16.67%,高于资产总收益率 12%。将式(3.6)进行变化,得到资产收益的组成:

$$12\% = (0.7 \times 10\%) + (0.3 \times 16.67\%)$$

通过以上计算可以看出资产总收益率是借贷资金、自有资金收益依其占资产份额的加权平均值。在资产总收益率 12% 中借贷资金的收益贡献为 7%,而自有资金的贡献为 5%。可见,利用他人资金为自己的投资服务,可以使自己的资金获得更大的回报。

二、借贷利率对杠杆作用的影响

利用杠杆原理可以扩大投资规模,使更大的投资成为可能。杠杆原理的作用机制在于以较低的利率进行融资,投入收益较高的投资项目,从而获得杠杆效应。关于这一点,可以通过自有资本的收益率的公式进行进一步讨论。将式(3.6)进行等价变化得到:

$$Y = R + \frac{M}{E}(R-r) \tag{3.7}$$

在式(3.6)中考虑自有资金收益率 Y 和房地产总收益率 R 的关系,当自有资金收益率小于房地产总收益率时[反映在(3.7)式中,$R<r$],说明投资者在使用杠杆的过程中不仅没有扩大其收益反而使自己的收益缩水,此时不如仅使用自有资金直接进行投资,杠杆作用为负。当自有资金收益率大于房地产总收益率时[反映在(3.7)式中,$R>r$],说明投资者在使用杠杆的过程中扩大了自己的收益,杠杆原理起到了正向的作用。可见,杠杆原理发挥正向作用的先决条件是房地产投资带来的收益率 R 大于融资资本的利率 r。当自有资本收益率等于房地产总收益率时[反映在(3.7)式中,$R=r$],投资者在使用杠杆的过程中没有得到任何额外收益,杠杆原理对自有资本收益率的作用为中性。

在上面的例子中,考虑在社会条件稳定的情况下,无论借贷与否、借贷比例高低,资产收益率将保持固定,即为 12%。由于借贷利率的不同,杠杆原理可以从正、负和中性三个方面作用于自有资本收益率。

假设有一宗房地产以 100 万元售出,一年后又以 112 万元转让,这一投资的内部收益率为 12%。假设分别按 10%、12% 和 14% 三种利率获得 75% 的贷款,借款额为 75 万元。不同的借贷利率对权益收益率的影响如表 3-1 所示。

表 3-1 不同借款利率对权益收益率的影响

贷款方案	A	B	C
利率(%)	10	12	14
购入价(元)	1 000 000	1 000 000	1 000 000
贷款数量(元)	750 000	750 000	750 000
1年后售价(元)	1 120 000	1 120 000	1 120 000
1年的本息和(元)	825 000	840 000	855 000
权益收益率(%)	18.0	12.0	6.0
杠杆作用	正	中	负

先看贷款方案 A。这宗房地产价值为 100 万元,贷款 75 万元,首付款 25 万元,年净收益为 12 万元,贷款利息为 10%,则资产收益率为 12%,权益收益率为 18%。较低的贷款利率给自有资金带来了更大收益,使权益收益率提高。在贷款利率低于资产收益率的情况下,会产生正的杠杆作用,使权益收益率提高。提高的幅度是资产收益率与贷款利率之差乘以借贷资金与自有资金的倍数,计算结果为 6%,即权益收益率比资产收益率提高 6%,而达到 18%。

贷款方案 B 诠释了中性杠杆作用。如果借贷利率变为 12%,资产收益率保持在 12%,其他因素保持不变,则贷款利息上升为 90 000 元,权益收益下降为 30 000 元,权益收益率为 12%。由此可见,借贷利率等于资产收益率,权益收益率等于资产收益率,借贷资金对权益收益率没有影响,杠杆作用为中性。

贷款方案 C 是一种负的杠杆作用。假设其他条件保持不变,而贷款利率提高至 14%,贷款利息上升为 105 000 元,权益收益降为 15 000 元,权益收益率降为 6%,远小于资产收益率水平。由此可见,当贷款利率高于资产收益率时,贷款会降低权益收益率;贷款比例越高,权益收益率降低幅度越大。

第四节 房地产期权理论

一、期权定价理论的内涵

期权定价理论是 20 世纪经济学领域最伟大的发现之一。期权分欧式期权和美式期权。欧式看涨(看跌)期权是一种赋予所有者在指定时间(到期日)以指定价格(执行价格)购买(出卖)一定数量的金融资产或实际资产的权力的证券。美式期权则规定其所有者不仅在到期日而且在到期日之前都可执行该期权。假如期权在到期日或到期日之前没有执行,它便失效并变得分文不值。[①] 期权合同是派生证券的典型,即这种证券的价值取决于其他证券或资产的价值。例如,对某种股票的买方期权赋予所有者按规定价格购买一定数量该种股票的权利。很明显,这种权利的价值取决于对期权起作用的那种股票的价格。由此引申出关于期权价格定价的一系列理论,被称为期权定价理论。1973 年,布莱克(Fischer Black)和斯科尔斯(Myron Scholes)在一篇经典论文中提出了期权的定价理论。[②] 之后,默顿等人的研究使之得到了很大的发展和完善,期权定价理论逐步由金融领域进入房地产投资领域。

布莱克-斯科尔斯期权定价模型建立在市场上不存在套利机会的原则基础上。考克斯、罗斯和鲁宾斯坦的下列简单模型能用来表述隐含在布莱克-斯科尔斯模型中的原则。[③] 假设在一个时间段内,股票价格只能以两种形式中的一种形式变化。从现有水平 S,股票价格能上升到 HS 或下降到 LS。用 $C(S,n)$ 表示股票价格为 S 并且期权到期之前有 n "步"价格变化的股票看涨期权价值。考虑一份短期看涨期权和 N 份长期股票的资产组合。这种资产组合的现值为 $NS-C(S,n)$。经过一个时间段,这种资产组合的价值为 $NHS-C(HS,n-1)$ 或 $NLS-C(LS,n-1)$。假设 N 被选定,则最后的两个量是相等的,即:

$$N = \frac{C(HS,n-1) - C(LS,n-1)}{(H-L)S} \tag{3.8}$$

一个时间段后的资产组合价值是:

[①] 史蒂文·N.杜尔劳夫、劳伦斯·E.布卢姆,《新帕尔格雷夫经济学大辞典》(第 6 卷)第 2 版,经济科学出版社,2016 年,第 197—203 页。

[②] Black F, Scholes M., "The Pricing of Options and Corporate Liabilities", *Journal of Political Economy*, 1973, 81(3): 637-654.

[③] Cox J C, Ross S A, Rubinstein M., "Option pricing: A simplified approach", *Journal of Financial Economics*, 1979, 7(3): 229-263.

$$\frac{KC(HS,n-1)-HC(LS,n-1)}{(H-L)} \tag{3.9}$$

为避免套利机会,资产组合的现值应等于以(1+R)贴现的值。R 是股票价格只做一次变动的时间段内的无风险利率,即:

$$C(S,n)=\frac{1}{(1+R)}\left[\frac{1+R-K}{(H-L)}C(HS,n-1)+\frac{H-1-R}{(H-K)}C(KS,n-1)\right] \tag{3.10}$$

这一等式表明了第 n"步"看涨期权价值与 n-1"步"看涨期权价值的关系,在到期时,执行价格为 X 的看涨期权价值是 $C(S,0)=\max(S-X,0)$。因为函数形式已知,故式(3.10)能用来推导不同股票价格在一期的看涨期权价值。给定这些值,式(3.10)又能推导出二期看涨期权价值。任何一期的看涨期权价值均可用式(3.10)递推计算出来。第 n"步"看涨期权的导出公式为:

$$C(S,n)=(1+R)^{-n}\sum_{i=1}^{n}\frac{n!}{i!(n-i)!}q^{i}(1-q)^{n-i}(SH^{i}K^{n-i}-X) \tag{3.11}$$

式中,$q=(1+R-K)/(H-K)$;

i—— 满足 $SH^{i}K^{n-i}\geqslant X$ 的最小整数。

布莱克和斯科尔斯在模型推导过程中,没有假定股票价格遵循二项步进过程,他们用的是几何或对数布朗运动过程。几何布朗运动可被构造这类二项过程的极限,即当单位时间内步数趋于无穷,同时步幅 h-1 和 k-1 趋于 0 时的极限。将这些极限代入式(3.10)便得出了布莱克-斯科尔斯的偏微分方程:

$$\frac{1}{2}\sigma^{2}S^{2}C_{ss}+VSC_{s}+C_{n}-VC=0 \tag{3.12}$$

式中,V——无风险资产的连续复合利率;

σ^2——单位时间股票价格对数变化的方差;

C 的下标表示偏微分。

把这些极限代入式(3.11)便得出布莱克-斯科尔斯看涨期权定价公式:

$$C=S\cdot O\left[\frac{\ln(S/X)+(V+\frac{1}{2}e^{2})\overline{f}}{e\overline{f}}\right]-e^{-Vf}X\cdot O\left[\frac{\ln(S/X)+(V-\frac{1}{2}e^{2})\overline{f}}{e\overline{f}}\right] \tag{3.13}$$

式中,O( )——标准积分正态分布函数;

$f=T-t$——距到期的时间差。

布莱克-斯科尔斯模型的推导建立在 6 个假设基础上。① 期权的基础资产为一有风险的资产,可以被自由地买进和卖出,没有交易成本和税收。② 无风险收益率是常量。③ 在期权到期日前,基础资产无任何收益支出。④ 基础资产价格的变动符合几何布朗运动。⑤ 交易市场是连续开放的。⑥ 期权是欧式期权。这 6 个假设条件使布莱克-斯科尔斯模型建立在与真实市场相差较大的"理想市场"基础上。近 20 多年来,经济学家们试图在"放松"这些假设条件情况下,寻求更贴近实际市场的期权定价模型,取得了许多优秀成果,极大地丰富和发展了期权定价理论。比如默顿推广了考虑股利和随机利率的模型[1];考克斯、罗斯[2]和默顿[3]采用了交错随机过程;布莱克和斯科尔斯研究了欧式看跌期权;考克斯和罗斯[4]以及默顿[5]考虑了股票价格公式展开中不具有连续样本路径时的期权问题;英格索尔[6]和斯科尔斯[7]考虑到资本收益和股利的不同税率效果;鲁宾斯坦[8]和布伦南[9]引入了有代表性的投资者效用函数,得到了关于离散时间交易的布莱克-斯科尔斯方程解。

1977年,迈尔斯(Stewart Myers)提出房地产期权的概念,他是最早运用期权定价理论指导投资者投资决策的学者。他强调房地产期权是分析未来决策如何增加价值的一种方法,或研究在将来可以相机而动的这种灵活性能有多大价值的一种方法。[10]

二、房地产期权的特征

房地产期权具有三个典型的特征:不可逆性、不确定性和时间的选择性。不可逆性是指房地产期权的持有者的投资是部分或全部不可逆的,换句话说,投资的初始成本至少部分是沉没的。如果当房地产期权的持有者改变主意时,或者业务不能成功营运时,不能完全收回投资的初始成本。不确定性是指投资的未来回报是不确定的,这种不确定性与房地产期权有着密切的相关性,是房地产期权价值来源的一部分,在传统的净现值法中,波动性越高意味着贴现率越高和净现值越低。但是,在房地产期权方法中,由于存在不对称收益,使得波动性越高房地产期权价值越高。时间的选择性是指在房地产投资中,能给予期权的持有者一个最佳时间的选择,这就是说,期权的持有者在投资时机上有一定的回旋余地,他们可以推迟行动以获得有关未来的更多信息。通常,期权的持有者选择的自由度越高,投资选择的价值就越大。以上三个特征之间的相互作用,决定了房地产期权持有者投资的最优决策,这种相互作用正是房地产期权的核心。

三、房地产期权方法在房地产投资决策中的应用

房地产期权方法在以下几个方面可应用于房地产投资决策:

(1) 柔性期权。所谓柔性期权,是指当项目的外部决策环境发生变化时,决策者拥有可以改变或调整原先初始选择的权利。传统的净现值法认为某项目一旦做出决策,经营者就只能

---

[1] Merton R C., "An Intertemporal Capital Asset Pricing Model", *Econometrica*, 1973, 41(5): 867-887.
[2] Cox J C, Ross S A., "The Valuation of Options for Alternative Stochastic Processes", *Journal of Financial Economics*, 1976, 3(1-2): 145-166.
[3] Merton R C., "Theory of Rational Option Pricing", *Bell Journal of Economics*, 1973, 4(1): 141-183.
[4] Cox J C, Ross S A., "A Survey of Some New Results in Financial Option Pricing Theory", *Journal of Finance*, 1976, 31(2): 383-402.
[5] Merton R C., "Option Pricing When Underlying Stock Returns are Discontinuous", *Journal of Financial Economics*, 1976, 3(1-2): 125-144.
[6] Ingersoll J., "A Theoretical and Empirical Investigation of the Dual Purpose Funds: An Application of Contingent-claims Analysis", *Journal of Financial Economics*, 1976, 3(1-2): 83-123.
[7] Scholes M., "Taxes and the Pricing of Options", *Journal of Finance*, 1976, 31(2): 319-332.
[8] Rubinstein M., "The Valuation of Uncertain Income Streams and the Pricing of Options", *Bell Journal of Economics*, 1976, 7(2): 407-425.
[9] Brennan M J., "The Pricing of Contingent Claims in Discrete Time Models", *Journal of Finance*, 1979, 34(1): 53-68.
[10] Myers S C., "Interactions of Corporate Financing and Investment Decisions—Implications for Capital Budgeting: Reply", *Journal of Finance*, 1977, 32(1): 218-220.

被动地根据项目事先选择的方案不加改变地进行到底。然而,由于房地产市场具有变化、不确定和相互竞争的特征,并且市场效率较低甚至是无效率的,因此决策者可以主观能动地去适应市场无法预料的变化,对项目的投资决策做出相应的调整。房地产投资决策者持有的柔性期权,可以使决策者抓住房地产市场的有利机会,也可以在房地产市场萧条的情况下尽量减少损失。用房地产期权定价方法定量研究房地产的投资柔性期权,房地产投资机会和房地产项目的价值可以划分为两部分:一部分是不考虑柔性期权时投资机会和项目的价值,这正好是原来的净现值;另一部分是柔性期权的价值。因此,投资机会的价值可以写成:投资机会的价值=净现值+经营柔性期权的价值。

(2)等待期权。所谓等待期权是指选择等待延缓投资的权利。在不确定的条件下,立即投资可能会获得收益,也可能会由于投资收益的不确定性使投资无法收回。当然,暂时不投资也可能会损失一些价值。传统净现值法认为判断一项投资项目是否可行,看在某一时点上项目净现值是否大于零,净现值大于零则执行项目,否则拒绝项目。净现值法只对是否投资进行决策,而没有考虑项目投资时机的选择问题。但是,在环境不确定的情况下,等待是有价值的,传统的净现值法完全忽视了这部分等待的价值,因此不能把握最佳的投资时机。

在市场条件不确定的情况下,对土地和房地产开发时,房地产商往往需要将立即开发和等待开发的选择进行比较,这种选择比较说明投资者拥有一种等待期权。房地产项目的开发投资具有可延迟性,一方面,延迟投资可以保留未来投资获利的机会;另一方面,延迟投资可以规避风险,使决策者有更多的时间和信息来检验自身对市场环境变化的预期以及提供不利环境下规避重大损失的机会。当项目的不确定信息进一步明确后,再决定投资与否,这时许多信息的不确定性会随时间推延而最终消除,因此投资时机选择不同,决策时得到的信息支撑不同,项目的风险和收益会发生变化。国外一些学者应用等待投资型期权方法解决了闲置土地的开发问题。梯特曼(Sheridan Titman)指出开发土地的价值应当包含两个部分:立即开发的价值——执行价值和延迟开发而等待最佳使用的期权价值——等待价值,他认为即使目前不动产市场情况不错,延迟开发土地也是有价值的。将等待投资期权方法应用到房地产开发企业的投资决策中,能够很好地帮助决策者确定最佳房地产开发投资时机,获得最大投资收益。[①]

(3)成长型期权。成长型期权是决定是否开发一些成长型项目的权利,即本阶段投入可能产生下一个阶段的收益成长的权利。成长型项目与一般项目具有很大的差别,它并不注重现在或者短期内的经济效益,而相对注重项目长远的利益和长足的发展。传统的净现值法忽视了房地产项目收益的成长,强调净现值大于零,或者是最低的报酬率、内部收益率是不是达到了要求,以此作为准则,投资的间接价值无法量化。实际上并非所有的房地产投资短期内都能够获利,有一些房地产投资项目并不是为了获得现阶段的财务收益,更多的是着眼于房地产企业的长远发展和项目的黄金时期,使房地产企业能够获得未来成长的机会,或者占有更多的市场份额,这些是实现房地产企业战略目标的重要组成部分。对大多数房地产企业而言,未来的发展机会可能比眼前的收益更有价值。因此,对一般项目投资而言,房地产企业在投资过程中,如果项目正向发展,赢利的可能性大;如果项目逆向发展,净现值为负数,便不执行投资。但是,当房地产企业面对一个战略性的投资项目,虽然该项目的现时投资净现值为负数,却不会马上排除。因为未来项目的发展也许会有利于企业,它给企业未来继续投资提供一种决策

---

① Titman S., "Urban Land Prices Under Uncertainty", *American Economic Review*, 1985, 75(3): 505-514.

的弹性。例如,房地产企业采用分期开发模式进行项目开发,尽管开发首期一般很难产生效益,投入很可能与收益持平甚至大于收益,但是前期投资项目对后期投资项目的收益有较大的影响作用。房地产期权观点认为,它可能产生成长型期权,因而可以对成长型期权进行估价,得到更大的投资价值。

第五节 房地产投资组合理论

一、马科维茨投资组合理论及其拓展

投资组合理论有狭义和广义之分。狭义的投资组合理论指的是马科维茨投资组合理论。而广义的投资组合理论除了经典的投资组合理论以及各种替代的投资组合理论外,还包括由资本资产定价模型和证券市场有效理论构成的资本市场理论。

1952年,美国经济学家马科维茨(Harry Markowitz)首次提出投资组合理论(Portfolio Theory),并进行了系统、深入和卓有成效的研究。[1] 投资组合理论包含两个重要内容:均值—方差分析方法和投资组合有效边界模型。投资组合理论研究理性投资者如何选择优化投资组合。所谓理性投资者,是指投资者在给定期望风险水平下对期望收益最大化,或者在给定期望收益水平下对期望风险最小化。

1. 马科维茨投资组合理论

人们进行投资,本质上是在不确定性的收益和风险中进行选择。投资组合理论用均值—方差来刻画这两个关键因素。均值是指投资组合的期望收益率,它是单个投资标的期望收益率的加权平均,权重为相应的投资比例。方差是指投资组合的收益率的方差。把收益率的标准差称为波动率,刻画投资组合的风险。

马科维茨投资组合理论做如下假定:① 投资者是风险规避的,追求期望效用最大化。② 投资者根据收益率的期望值与方差来选择投资组合。③ 所有投资者处于同一单期投资期。马科维茨提出了以期望收益及其方差(E,σ^2)确定有效投资组合。以期望收益 E 来衡量投资收益,以收益的方差 σ^2 表示投资风险。

资产组合的总收益用各个资产预期收益的加权平均值表示,组合资产的风险用收益的方差或标准差表示。构建马科维茨投资组合模型:

$$\min \sigma^2(r_p) = \sum_{i=1}^{n} \sum_{j=1}^{n} w_i w_j \text{cov}(r_i, r_j) \tag{3.14}$$

$$\text{s.t. } E(r_p) = \sum_{i=1}^{n} w_i r_i \tag{3.15}$$

式中,r_p——组合收益;

r_i、r_j——第 i 种、第 j 种的资产收益;

w_i、w_j——资产 i 和资产 j 在组合中的权重;

---

[1] Markowitz, Harry M., "Portfolio Selection", *Journal of Finance*, 1952, 7(1), 77-91.

$\sigma^2(r_p)$——组合收益的方差即组合的总体风险；

$\text{cov}(r_i,r_j)$——两种资产之间的协方差。其中，$\text{cov}(r_i,r_j)$ 为资产 i 与资产 j 收益的相关系数，$i \neq j$。

从经济学角度分析，投资组合理论认为投资者预先确定一个期望收益率，然后通过确定投资组合中每种资产的权重，使总体投资风险最小。所以，在不同的期望收益水平下，得到相应的使方差最小的资产组合解，即构成了最小方差组合，这就是通常所说的有效组合。

有效组合的期望收益率和相应的最小方差之间所形成的曲线，是有效组合投资的前沿。投资者根据自身的收益目标和风险偏好，在有效组合前沿上选择最优的投资组合方案。如图 3-1 所示，比较 A、B、C 三个投资组合，在相同 E 值的情况下，A 组合的 σ^2 值小于 C 组合，所以 A 组合要优于 C 组合，同理，在相同 σ^2 值的情况下，A 组合的 E 值大于 B 组合，所以 A 组合要优于 B 组合。根据马科维茨模型，构建投资组合的合理目标，是在给定的风险水平下形成具有最高收益率的投资组合，即有效投资组合。此外，马科维茨模型为实现最有效目标投资组合提供了最优化的过程，这种最优化的过程被广泛地应用于保险投资组合管理中。

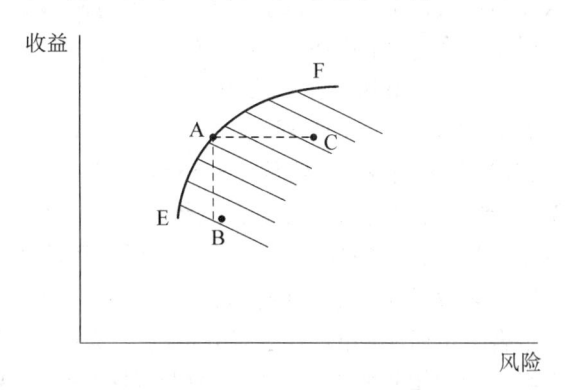

图 3-1 有效投资组合边界

2. 马科维茨投资组合理论的拓展

(1) 资本市场线。鉴于马科维茨投资组合理论计算繁杂之不足，斯坦福大学教授夏普 (William Sharpe) 设想以牺牲评价精度来简化有效投资组合的运算，提出了通过分析股票收益与股市指数收益之间存在的函数关系来确定有效的投资组合。进一步地，夏普又以均衡市场假定下的资本市场线 (Capital Market Line, CML) 为基准，用投资组合的总风险（即标准差）去除投资组合的风险溢价，来反映这种投资组合每单位总风险所带来的收益，从而导出了著名的"资本资产定价"投资组合模型 (CAPM)。[①] 夏普的 CAPM 模型涉及的参数少，这大大减少了需要统计的数据，避免了繁杂的数学运算，因而具有较大实际应用价值。但夏普的投资组合理论仍存在以下几点不足：一是在 CAPM 模型中隐含存在投资收益呈正态分布且这种分布在各个时期是稳定的假设，显然现实状况难以满足这个假设条件。二是导出的 CAPM 模型过于简单化。下文对资本市场线的推导做进一步说明。假定风险组合基金已经构成，期望收益为 R_m，方差为 σ_m，无风险资产的收益为 R_f，方差为 0。W 为风险组合基金的投资比例，$1-W$ 为无风险投资比例，则组合的期望收益 R_p 为：

$$R_p = WR_m + (1-W)R_f \tag{3.16}$$

组合的标准差为：

$$\sigma_p = W\sigma_m \tag{3.17}$$

---

① Sharpe W F., "Capital Asset Prices: A Theory of Market Equilibrium under Conditions of Risk", *Journal of Finance*, 1964, 19(9), 425-442.

由式(3.17)得到 W 的表达式,将其代入式(3.16)可得:

$$R_p = \frac{\sigma_p}{\sigma_m}R_m + \left(1 - \frac{\sigma_p}{\sigma_m}\right)R_f = R_f + \frac{(R_m - R_f)}{\sigma_m}\sigma_p \tag{3.18}$$

式(3.18)即为考虑了无风险投资得到的资本市场线的表达式。

图 3-2 中 R_f 为市场无风险收益率;R_p 与 σ_p 为加入无风险资产后的组合的期望收益与风险;R_m 与 σ_m 为风险组合基金的期望收益与风险。

(2) 证券市场线。在夏普的资本资产定价投资组合理论启发下,詹森(Michael Jensen)提出以 CAPM 中的证券市场线(Security Market Line,SML)为基准来分析投资组合的绩效(用 JP 表示)。[①] 詹森的投资组合理论亦是通过测度系统风险来评价投资组合收益率。詹森的投资组合分析与夏普的投资组合分析所不同的是,詹森分析的投资绩效等于投资组合的期望收益率减去用 CAPM 对投资组合收益率定价的结果之后的差额,它反映的是在同样系统风险下期望收益率与按 CAPM 定价的理论收益率之差额。詹森是以证券市场线(SML)为基准,而夏普是以资本市场线(CML)为基准,以马科维茨模型中的收益率波动的标准差为依据。因此,一般情况下二者对同一投资组合绩效的评价结果是不同的。如果投资组合的非系统风险不能完全剔除,那么夏普的评价优于詹森的评价,夏普理论中所采用的风险则更接近人们对风险概念的直观理解。

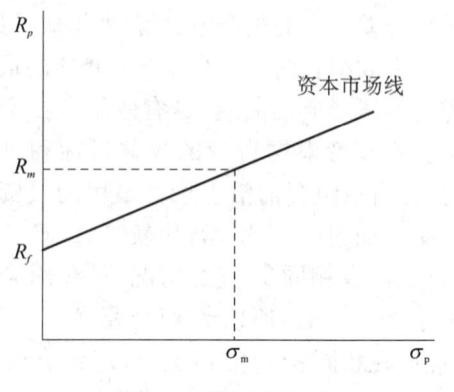

图 3-2 资本市场线

下文是对证券市场线的推导。考虑持有权重 W 证券 i 和权重 $(1-W)$ 的风险组合基金 m 构成的一个新的资产组合,组合计算公式为式(3.19)和式(3.20):

$$R_p = WR_i + (1-W)R_m \tag{3.19}$$

$$\sigma_p = \sqrt{W^2\sigma_i^2 + (1-W)^2\sigma_m^2 + 2W(1-W)\sigma_{im}} \tag{3.20}$$

由式(3.19)和式(3.20)可得:

$$dR_p/dW \Big|_{W=0} = R_i - R_m \tag{3.21}$$

$$d\sigma_p/dW \Big|_{W=0} = [W\sigma_i^2 + (W-1)\sigma_m^2 + (1-2W)\sigma_{im}]/\sigma_p \Big|_{W=0} = (\sigma_{im} - \sigma_m^2)/\sigma_m \tag{3.22}$$

将式(3.21)和式(3.22)进一步结合可以得到:

$$dR_p/d\sigma_p \Big|_{W=0} = (dR_p/dW)/(d\sigma_p/dW) \Big|_{W=0} = (R_i - R_m)\sigma_m/(\sigma_{im} - \sigma_m^2) \tag{3.23}$$

该斜率与资本市场线斜率相等,所以:

[①] Jensen M C., "Risk, the Pricing of Capital Assets, and the Evaluation of Investment Portfolio", *Journal of Business*, 1969, 42(2), 167-247.

$$(R_i - R_m)\sigma_m/(\sigma_{im} - \sigma_m^2) = (R_m - R_f)/\sigma_m \tag{3.24}$$

进而求得证券市场线的表达式：

$$R_i = R_f + (R_m - R_f)\sigma_{im}/\sigma_m^2 = R_f + \beta_i(R_m - R_f) \tag{3.25}$$

图 3-3 中 R_f 为市场无风险收益率；R_i、β_{im} 为加入无风险资产后的组合的期望收益和 β 系数；R_m 为风险组合基金的期望收益，由式(3.24)可知风险组合基金的 β 系数为 1，因为此时协方差 σ_{im} 正好等于 σ_m^2。

(3) 套利定价理论。罗斯(Ross S. A.)提出可用套利定价指标来评价投资组合的绩效。以此为基础，罗斯构建了具有广泛应用价值的套利定价投资组合理论模型 APT(Arbitrage Pricing Theory)。[①]
APT 作为分析投资组合的一种替代性的均衡模型，其独到之处表现在：一方面，极大地减少了参数估计的工作量，避免了繁杂的数学计算；另一方面，只要

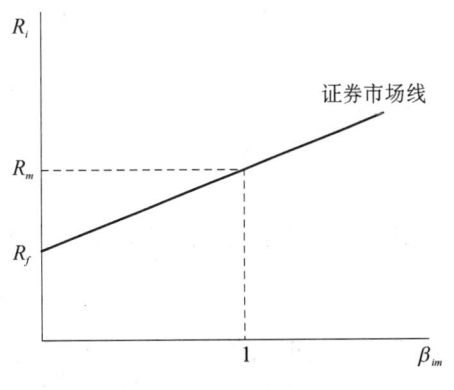

图 3-3 证券市场线

求假定投资者对于高水平财富的偏好大于低水平财富的偏好，并依据收益率选择风险资产组合。因此，APT 的假设条件要比夏普的 CAPM 更为宽松，在投资组合决策分析方面有着广阔的应用前景。但是，APT 模型也有很多不足之处，如模型中影响投资收益的一个重要的因素是市场影响力，但是关于哪些因素还应包括进来以补充综合的市场影响力，或者当模型中没有出现综合市场因素时，应用哪些因素来替代它，在 APT 模型中没有更确切的说明。

套利定价理论认为，证券收益是跟某些因素相关的。为此，在具体介绍套利定价理论之前，我们先得了解因素模型(Factor Models)。因素模型认为各种证券的收益率均受某个或某几个共同因素影响。各种证券收益率之所以相关主要是因为他们都会对这些共同的因素起反应。因素模型是要找出这些因素并确定证券收益率对这些因素变动的敏感度。因素模型包括单因素 APT 模型、两因素 APT 模型和多因素 APT 模型。套利组合是一个重要概念。根据套利定价理论，在不增加风险的情况下，投资者将利用组建套利组合的机会来增加其现有投资组合的预期收益率。那么，什么是套利组合呢？根据套利的定义，套利组合要满足三个条件。

条件 1，套利组合要求投资者不追加资金，即套利组合属于自融资组合。如果我们用 x_i 表示投资者持有证券 i 金额比例的变化(从而也代表证券 i 在套利组合中的权重，注意 x_i 可正可负)，则该条件可以表示为：

$$x_1 + x_2 + x_3 + \cdots + x_n = 0 \tag{3.26}$$

条件 2，套利组合对任何因素的敏感度为零，即套利组合没有因素风险。证券组合对某个因素的敏感度等于该组合中各种证券对该因素敏感度的加权平均数，因此在单因素模型下该条件可表达为：

$$b_1x_1 + b_2x_2 + \cdots + b_nx_n = 0 \tag{3.27}$$

---

① Ross S A., "The Arbitrage Theory of Capital Asset Pricing", *Journal of Economic Theory*, 1976, 13(3): 341-360.

在双因素模型下,条件 2 表达式为:

$$b_{11}x_1 + b_{12}x_2 + \cdots + b_{1n}x_n = 0 \quad (3.28)$$

$$b_{21}x_1 + b_{22}x_2 + \cdots + b_{2n}x_n = 0 \quad (3.29)$$

在多因素模型下,条件 2 表达式为:

$$b_{11}x_1 + b_{12}x_2 + \cdots + b_{1n}x_n = 0 \quad (3.30)$$

$$\cdots$$

$$b_{k1}x_1 + b_{k2}x_2 + \cdots + b_{kn}x_n = 0 \quad (3.31)$$

条件 3,套利组合的预期收益率大于零,即:

$$x_1 r_1 + x_2 r_2 + \cdots + x_n r_n > 0 \quad (3.32)$$

下面开始正式介绍因素 APT 模型。首先是单因素 APT 模型的定价公式。投资者套利活动的目标是使其套利组合预期收益率最大化。而套利组合的预期收益率为:

$$r_p = x_1 r_1 + x_2 r_2 + \cdots + x_n r_n \quad (3.33)$$

但套利活动要受到条件 1 和条件 2 的约束。根据拉格朗日定理,我们可建立如下函数:

$$\text{Max } L = (x_1 r_1 + x_2 r_2 + \cdots + x_n r_n) - \lambda_0 (x_1 + x_2 + \cdots + x_n) - \lambda_1 (b_1 x_1 + b_2 x_2 + \cdots + b_n x_n) \quad (3.34)$$

L 取最大值的一价条件是上式对 x_i 和 λ 的偏导等于零,即:

$$\partial L/\partial x_1 = r_1 - \lambda_0 - \lambda_1 b_1 = 0 \quad (3.35)$$

$$\cdots$$

$$\partial L/\partial x_n = r_n - \lambda_0 - \lambda_1 b_n = 0 \quad (3.36)$$

$$\partial L/\partial \lambda_0 = x_1 + x_2 + \cdots + x_n = 0 \quad (3.37)$$

$$\partial L/\partial \lambda_1 = b_1 x_1 + b_2 x_2 + \cdots + b_n x_n = 0 \quad (3.38)$$

由此,我们可以得到在均衡状态下 r 和 b_i 的关系:

$$r_i = \lambda_0 + \lambda_1 b_i \quad (3.39)$$

式(3.39)是单因素模型 APT 定价公式,其中 λ_0 和 λ_1 是常数。从上式可以看出 r_i 和 b_i 必须保持线性关系。否则,投资者就可以通过套利活动来提高投资组合的预期收益率。如何理解式中的 λ_0 和 λ_1?我们知道,无风险资产的收益率等于无风险利率,即 $r_i = r_f$,且该结论适用于所有证券包括无风险证券,而无风险证券的因素敏感度 $b_i = 0$,因此我们有 $r_i = r_f = \lambda_0$。

$$r_i = r_f + \lambda_1 b_i \quad (3.40)$$

为了理解 λ_1 的含义,考虑一个纯因素组合 p^*,其因素敏感度 b_{p^*} 等于 1,代入上式,则有:

$$\lambda_1 = r_{p^*} - r_f \quad (3.41)$$

由此可见,λ_1代表因素风险报酬,即拥有单位因素敏感度的组合超过无风险利率部分的预期收益率。为表达方便,令$\delta_1 = r_{p^*}$,即δ_1表示单位因素敏感度组合的预期收益率,则有:

$$r_i = r_f + (\delta_1 - r_f)b_i \tag{3.42}$$

下面介绍两因素 APT 模型的定价公式。用同样的方法可以求出两因素模型中的 APT 资产定价公式:

$$r_i = \lambda_0 + \lambda_1 b_{i1} + \lambda_2 b_{i2} \tag{3.43}$$

同理,考虑无风险证券和两个充分多样化的组合,一个组合对第一种因素的敏感度等于 1,对第二种因素的敏感度等于 0,其预期收益率为δ_1;另一个组合对第一种因素的敏感度等于 0,对第二种因素的敏感度等于 1,其预期收益率为δ_2。则有:

$$r_i = r_f + (\delta_1 - r_f)b_{i1} + (\delta_2 - r_f)b_{i2} \tag{3.44}$$

最后,介绍多因素 APT 模型的定价公式。在多因素模型下,APT 资产定价公式为:

$$r_i = \lambda_0 + \lambda_1 b_{i1} + \lambda_2 b_{i2} + \cdots + \lambda_k b_{ik} \tag{3.45}$$

如果用δ_j表示对第j种因素的敏感度为 1,而对其他因素的敏感度为 0 的证券组合的预期收益率,可以得到:

$$r_i = r_f + (\delta_1 - r_f)b_{i1} + (\delta_2 - r_f)b_{i2} + \cdots + (\delta_k - r_f)b_{ik} \tag{3.46}$$

式(3.46)说明,一种证券的预期收益率等于无风险利率加上k个因素风险报酬。

二、投资组合理论在房地产市场中的应用

1991 年,杜本(Dubben Nigel)和塞斯(Sayce Sarah)将投资组合理论引入了房地产投资领域,全面论述了房地产投资的风险、收益与投资组合管理,促使投资组合理论应用于房地产领域。[①] 房地产投资组合依据投资环境、消费层次、实际用途、物业形态和流动形式等,对房地产市场进行细分,通过分析各类房地产投资的风险与收益的关系,评价和选择两个或多个相关性不强的产品或经营方式进行开发投资。

在一个较为完善的房地产市场上,房地产投资绩效的评估通常用平均数来衡量投资的收益,用标准差来衡量投资的总风险,用相关系数来衡量各项投资间的关系,而β作为不可分散风险的度量来测定房地产投资与房地产投资组合的系统风险。

假定有一位投资者面临着这样的一个投资组合:设有n种与房地产相关的投资项目,第i种房地产投资项目的预期收益率为$E(R_i)$,实际收益率为R_i,第i种房地产投资的投资风险$\sigma_i^2 = [R_i - E(R_i)]^2$,第$i$种房地产的投资比例为$w_i$,所以有$\sum_{i=1}^{n} w_i = 1$。

房地产投资组合的总体预期收益率可以定义为组合中各种房地产投资项目期望收益率的加权平均,令房地产投资组合的总体预期收益率目标函数为:

$$E(R_p) = \sum_{i=1}^{n} E(R_i) w_i \tag{3.47}$$

---

① Dubben N, Sayce S., "Property Portfolio Management: An Introduction", *Routledge*, 1991.

令 ρ_{ij} 为第 i 种投资与第 j 种房地产投资收益之间的相关系数。房地产投资的总体投资风险目标函数为：

$$\sigma^2 = \sum_{i=1}^{n}\sum_{j=1}^{n}\text{cov}_{ij} = \sum_{i=1}^{n}\sigma_i^2 w_i^2 + \sum_{i=1}^{n}\sum_{j=1}^{n}w_i w_j \rho_{ij}\sigma_i\sigma_j \ (i \neq j) \tag{3.48}$$

根据不同的信息条件，房地产投资组合的目标有以下三个：

（1）在一定的预期收益水平下，通过房地产投资组合策略使投资者承担最小的投资风险。假定某房地产投资者设定房地产投资的总体预期收益率不低于 R_0，以此为基础构建一个房地产投资组合最优决策模型，目标函数为：

$$\min \sigma^2 = \sum_{i=1}^{n}\sigma_i^2 w_i^2 + \sum_{i=1}^{n}\sum_{j=1}^{n}w_i w_j \rho_{ij}\sigma_i\sigma_j \ (i \neq j) \tag{3.49}$$

约束条件为：

a. $\quad E(R_p) = \sum_{i=1}^{n} E(R_i) w_i \geqslant R_0 \tag{3.50}$

b. $\quad \sum_{i=1}^{n} w_i = 1 \tag{3.51}$

c. $\quad w_j \geqslant 0 \tag{3.52}$

根据这一模型，运用拉格朗日函数求解出在预期收益率既定的情况下，风险最小化的投资组合，即 w_i。

（2）在一定的风险水平下，通过房地产投资组合，使投资者最大化预期收益。假定某房地产投资者首先确定最大的可承担风险，令其为 S_p，在此基础上，投资者追求房地产投资的预期收益最大化，即目标函数为：

$$\max E(R_p) = \max \sum_{i=1}^{n} E(R_i) w_i \tag{3.53}$$

约束条件为：

a. $\quad \sigma^2 = \sum_{i=1}^{n}\sigma_i^2 w_i^2 + \sum_{i=1}^{n}\sum_{j=1}^{n}w_i w_j \rho_{ij}\sigma_i\sigma_j \leqslant S_p \ (i \neq j) \tag{3.54}$

b. $\quad \sum_{i=1}^{n} w_i = 1 \tag{3.55}$

c. $\quad w_i \geqslant 0 \tag{3.56}$

根据上述模型，求解出在一定的风险水平下投资者获得最大预期收益的投资组合。

（3）在预期收益和风险都无法确定的情况下，通过房地产投资组合理论使投资者获得的预期收益和所承担的风险都达到最优水平。此时可以在考虑预期收益最大化和风险最小化的基础上构建一个房地产投资组合多目标规划模型。

目标函数为：

$$\max E(R_p) = \max \sum_{i=1}^{n} E(R_i) w_i \tag{3.57}$$

$$\min \sigma^2 = \sum_{i=1}^{n} \sigma^2 w_i^2 + \sum_{i=1}^{n}\sum_{j=1}^{n} w_i w_j \rho_{ij}\sigma_i\sigma_j (i \neq j) \tag{3.58}$$

约束条件为：

a.
$$\sum_{i=1}^{n} w_i = 1 \tag{3.59}$$

b.
$$w_i \geqslant 0 \tag{3.60}$$

针对这样的房地产投资组合多目标规划模型，可以运用功效系数法对其进行求解，得出满足条件的投资组合集。

第六节 有效市场理论

一、有效市场的定义及其类型

1965年，法玛(Eugene Fama)第一次提到了有效市场(Efficient Market)的概念：有效市场是指在这个市场中，存在着大量理性的、追求利益最大化的投资者，他们积极参与竞争，每一个人都试图预测单个股票未来的市场价格，每一个人都能轻易获得当前的重要信息。[1] 在一个有效市场上，众多精明投资者之间的竞争导致这样一种状况：在任何时候，单个股票的市场价格都反映了已经发生的和尚未发生但市场预期会发生的事情。这种有效市场假说(Efficient Market Hypothesis)，是指若资本市场在证券价格形成中充分而准确地反映了全部相关信息，则称其为有效率。简言之，金融市场的预期等于基于所有可得信息的最优预测。虽然金融学家将其理论命名为有效市场假说，但事实上有效市场假说只是理性预期在金融市场上的应用。[2]

根据《新帕尔格雷夫经济学大辞典》的解释，市场越有效，该市场产生的价格变化序列的随机性越强；在最有效的市场中，价格变化是完全随机和不可预测的。受盈利机会的驱动，大量投资者会充分利用他们所拥有的即使是最小的信息优势，投资者在这一过程中将他们所掌握的信息融入市场价格，并快速消除了最初激励他们进行交易的盈利机会。如果这种情况在瞬间发生(这必须发生在市场"无摩擦"且不存在交易成本的理想环境中)，那么价格一定能够完全反映所有可得信息。[3] 市场效率类型又被分为弱式有效市场、半强式有效市场和强式有效市场。

1. 弱式有效市场

在弱式有效市场条件下，市场上参加交易的所有投资者均掌握了某一特定投资品的历史(自上市以来)价格变动情况及这些变动所反映的全部信息。也就是说，所有投资者所掌握的历史信息是一样的。所有投资者对这些信息的集体判断形成了这一特定投资品的价格。市场价格已充分反映出所有历史的证券价格信息，包括股票的成交价、成交量，卖空金额、融资金额等。这一价格所包含的是所有的历史信息，称之为"昨天的价格"。但是，昨天的价格既不能用来说明今天的价格，也不能用来预测明天的价格。通过对证券价格的长期跟踪分析，人们用

---

[1] Fama E., "Random Walks in Stock Market Prices", *Financial Analysts Journal*, 1965, 21(5), 55−59.
[2] 弗雷德里克·S. 米什金，《货币金融学》第11版，中国人民大学出版社，2016年，第126页。
[3] 史蒂文·N. 杜尔劳夫、劳伦斯·E. 布卢姆，《新帕尔格雷夫经济学大辞典》(第2卷)第2版，经济科学出版社，2016年，第692—703页。

"随机行走过程"(Random Walk Process)这一理论来形容某一特定投资品的未来价格与过去价格的关系。在随机行走过程中,投资品价格连续的各次变动在统计链上是相互独立的,或者可以说,其序列相关系数为零。这就好像一群在空地上散步的人没有计划、没有目的地走来走去,使人完全没有办法预测其规律一样。过去的价格完全无法被用来预测未来的价格变化,研究股价历史完全无法给人带来赢利的机会。所以,如果弱式有效市场假说成立,则股票价格的技术分析将失去作用,基本面分析还可能帮助投资者获得超额利润。

2. 半强式有效市场

在半强式有效市场中,市场上所有参加交易的投资者所拥有的有关某一上市公司的所有公开信息都是一样的。这些信息是投资公众明显感兴趣的信息,如关于公司业务损益的财务报告,分红、送配股的决定,会计调账,新闻媒介对公司的评价,以及中央银行政策的变动等。证券价格反映了所有公开信息所包含的价值,也就是说,证券价格的形成反映了所有投资者对所有公开信息的集体判断。仅仅以公开资料为基础的分析将不能提供任何帮助,因为针对当前已公开的资料信息,目前的价格是合适的,未来的价格变化与当前已知的公开信息毫无关系,其变化纯粹依赖于明天新的公开信息。对于那些只依赖于已公开信息的人来说,明天才公开的信息,他今天是一无所知的,所以不借助未公开的资料,对于明天的价格,他的最好的预测值是今天的价格。在这个市场中,基于公开资料的基础分析毫无用处。所以,如果半强式有效假说成立,则在市场中技术分析和基本面分析都失去作用,内幕消息可能获得超额利润。

3. 强式有效市场

在强式有效市场形态下,市场上所有参加交易的投资者都掌握了有关某一上市公司的业绩及其内在价值的所有信息,无论信息公开与否。也就是说,所有投资者,无论是否特权群体,所掌握的信息都是一样的,证券价格反映了所有这些信息所包含的价值。如果市场是强式有效的,人们获取内部资料并按照它行动,这时任何新信息(包括公开的和内部的)将迅速在证券市场上得到反映。所以在这种市场中,任何企图寻找内部资料来打击市场的做法都是不明智的。在这种强式有效市场假设下,任何专业投资者的边际资产市场价值为零,因为没有任何资料来源和加工方式能够稳定地增加收益。所以,在强式有效市场中,没有任何方法能帮助投资者获得超额利润,即使基金和有内幕消息者也一样。而在市场仅达到弱式有效状态时,资产管理者则是积极进取的,会在选择资产和买卖时机上下工夫,努力寻找价格偏离价值的资产。

投资者在确定投资组合时,假设证券市场和房地产市场是充分有效的,所有市场参与者都能同等地得到充分的投资信息,包括投资收益和风险的变动及其影响因素,不考虑交易费用。如果市场是强式有效的,投资组合的管理者将采取消极保守型的态度,以求获得市场的平均收益率水平,因为区别将来某段时期的有利和无利的投资不可能以现阶段已知的这些投资的任何特征为依据,进而做出投资组合调整。因此,在强式有效市场上,管理者一般模拟某一种主要的市场指数进行投资。

二、房地产有效市场分析

根据有效市场的定义,房地产有效市场是指房地产价格反映了房地产市场上所有可得信息。根据第二节的分析,从资产角度考虑,在房地产市场上人们持有房地产是希望获得 n 年期

末的未来价值,持有房地产的回报率可以写成:

$$R = \frac{FV - PV}{PV} \tag{3.61}$$

式中,R——n 年期末的回报率;

FV——房地产项目 n 年期末的未来价格;

PV——房地产项目期初的价格。

在期初对房地产回报率的预期,将影响到投资决策。在式(3.61)中,期初的房地产项目初始价格 PV 是已知的,不确定的是 n 年期末的价格。如果 n 年期末房地产项目的预期价格为 FV^e,那么预期的回报率可以写成:

$$R^e = \frac{FV^e - PV}{PV} \tag{3.62}$$

根据有效市场假定,对未来价格的预期等于基于所有现有可得信息所做的最优预测,也就是说,市场对未来价格的预期是合乎理性的。下式成立:

$$FV^e = FV^{of} \tag{3.63}$$

式中,FV^{of}——n 年期末利用所有可得信息对房地产项目的最优预测价格。

也就是说,房地产项目的预期回报率等于对房地产回报率的最优预测。

$$R^e = R^{of} \tag{3.64}$$

但是,在房地产市场上,式(3.64)的 R^e 和 R^{of} 是未知的,无法单独通过理性预期公式说明房地产市场的信息。根据房地产市场的运行规律,房地产项目预期回报率总是有向均衡回报率运动的趋势,而在均衡回报率水平上,需求与供给相互匹配,此时的预期回报率等于均衡回报率,即:

$$R^e = R^* \tag{3.65}$$

在式(3.65)中将 R^e 替换为 R^*,得到房地产有效市场描述定价行为的公式:

$$R^{of} = R^* \tag{3.66}$$

式(3.66)说明,房地产价格反映了房地产市场的所有可得信息,是根据所有可得信息对房地产项目回报率所做出的最优预测,等于房地产项目的均衡回报率。尽管在房地产市场竞购的是房地产这种不可移动的商品,但是这并不影响房地产有效市场房地产价格是对所有可得信息的反映,因为资本是可以流动的,并且是追逐最大利益的。

第七节　行为金融理论

一、行为金融的内涵

行为金融理论,根据人们在投资决策过程中认知、感情、态度等心理特征,解释金融市场的实际行为和异常现象。席勒指出,行为金融是从人们决策时的实际心理特征入手研究投资者的决策行为,决策模型建立在人们心理因素的假设之上。[1] 奚恺元(Hsee,2000)认为,行为金融是将行为科学、心理学和认知科学的成果运用到金融市场,它的主要研究方法是,基于心理学实验结果,提出投资者决策时的心理特征假设,研究投资者的实际投资决策行为。[2] 富勒(Russell Fuller)认为,行为金融学是将心理学和决策科学与古典经济学、金融学相融合的科学,试图解释金融市场的异常现象,研究投资者如何在判断中发生系统性错误。[3] 经济学家对于人类非理性行为的关注,由来已久。1936年,凯恩斯在其所著的《通论》中最早提出动物精神一词,指人类的非经济动机和非理性行为。阿克洛夫和席勒探讨了动物精神如何影响宏观经济运行。"动物精神"这一术语在古拉丁文和中世纪拉丁文中被写成 spiritus animalis,其中 animal 一词的意思是"和心智有关的"或"有活力的",它指的是一种基本的精神力量和生命力。在现代经济学中,是指导致经济动荡不安和反复无常的元素,它还用来描述人类与模糊性或不确定性之间的关系。[4] 2002年,诺贝尔经济学奖颁给了行为金融学领域前景理论(Prospect Theory)的奠基人卡尼曼(Kahneman),表明行为金融学已被西方主流经济学所高度重视,激励着越来越多的学者关注这一领域的进展。2013年,行为金融学领域的代表性人物席勒荣获诺贝尔经济学奖,席勒的突出贡献正是将行为金融学理论应用到房地产市场的研究。行为金融原理对房地产市场和房地产金融市场,具有广泛的适用性。

二、预期

预期是人们对于不确定因素(如未来资产价格、通货膨胀和税率)的看法或意见,是对未来经济变量做出一种估计。预期包括适应性预期和理性预期。如果人们根据过去的行为和信息来形成他们的预期,则称为适应性预期(Adaptive Expectations)。以价格预期为例,模型:

$$P_t^E = P_{t-1}^E + \beta(P_{t-1}^A - P_{t-1}^E) \tag{3.67}$$

式中,P_t^E——t 期的预期价格;

P_{t-1}^A——$t-1$ 期的实际价格;

P_{t-1}^E——$t-1$ 期的预期价格;

β——适应系数或修正因子,其取值范围为(0,1),它决定了预期对过去的预期误差进行修正的速度,这种预期就是适应性预期。

如果预期没有系统性偏差,并包含了所有可获得的信息,则称为理性预期(Rational Expectations)。仍以价格预期为例,根据理性预期,在 $t-1$ 期预期的价格水平为:

$$P_t^E = E(P_t \mid I_{t-1}) \tag{3.68}$$

式中,P_t^E——在 $t-1$ 期预期的 t 期的价格水平;

I_{t-1}——在 $t-1$ 期所获的所有信息集合;

---

[1] Shiller R J., "Expanding the Scope of Individual Risk Management: Moral Hazard and Other Behavioral Considerations", *Cowles Foundation Discussion Papers*, 1997, No. 1145.

[2] Hsee, "Behavioral Decision", Lecture held In CEIBS On Dec. 2000,13.

[3] Fuller R J., "Behavioral Finance and the Sources of Alpha", *Journal of Pension Plan Investing*, 2000,2(3),1-21.

[4] 乔治·阿克洛夫、罗伯特·席勒,《动物精神》第3版,中信出版社,2016年,第5页。

$E(P_t \mid I_{t-1})$——t 期的价格水平在 $t-1$ 期的信息集合条件下的数学期望。

理性预期下的预期价格水平取决于 $t-1$ 期所得到的信息集合 I_{t-1}。定义预期误差为：

$$\varepsilon = P_t^A - P_t^E = P_t^A - E(P_t \mid I_{t-1}) \tag{3.69}$$

根据理性预期的假设，$E(\varepsilon)=0$，则又有 $P_t^E = P_t^A$，即理性预期 P_t^E 是实际价格 P_t^A 的无偏估计，同时，预期已充分利用了信息集所提供的信息，过去的预期误差对预期将不能提供任何有用的信息。

预期是影响房地产市场运行和房价波动的重要因素。在房地产市场中，消费者的预期包括个人及家庭对未来收入、通货膨胀和房价的预期。在适应性预期下，人们根据过去的房地产价格推断未来的房地产价格，房价一旦上涨，这一因素会推动房价继续上涨。在理性预期下，人们根据获得的所有信息判断房价的走势，当前的房价包含了未来的预知信息。从消费者对房价的预期来看，惠顿(Wheaton)、[①]博科夫和古德曼(Berkovec and Goodman)[②]发现人们对房价的预期是房价和房地产销售量的重要影响因素。克莱顿(Clayton)构建了理性预期模型，指出由于理性预期的存在，房价可能短期偏离基本面。[③] 凯斯和席勒(Case and Shiller, 2003)认为人们对未来房价增长形成不现实的预期，导致房价泡沫的产生。[④]

三、过度自信

过度自信(Over confidence)是投资者倾向于高估成功概率而低估失败概率的心理偏差。[⑤] 1986 年，罗尔(Richard Roll)提出自负假说，指出由于经理过分自信，所以在评估并购机会时会犯过于乐观的错误。[⑥] 奥登(Terrance Odean)提出的模型，对过度自信如何影响交易的一个主要结论是投资者交易过多地相信自己的私人价值信号，却没能意识到他们同类的交易者私人信号的预测价值。[⑦] 因此，他们对自己战胜市场的能力很自信。① 当价格接受的投资者过度自信的时候，交易量增加。② 过度自信的交易者过多交易，由此导致价格惯性，把价格推向投资者私人信号所暗示的方向。③ 交易者的过度自信减少了他们从交易中获得的效用。④ 过度自信导致更大的流动性，因为更多的投资者愿意交易。⑤ 过度自信的内部人或者"智钱"，通过散布公司真正价值是多少的内部消息，增加价格的情报内容。[⑧] 在奈特不确定环境下，个人投资者和房地产公司会在乐观预期中形成过度自信，导致房地产交易扩大，并高估房

[①] Wheaton W., "Vacancy, Search, and Prices in a Housing Market Matching Model", *Journal of Political Economy*, 1990, 98(6), 1270-1292.

[②] Berkovec J, Goodman J., "Turnover as a Measure of Demand for Existing Homes", *Real Estate Economics*, 1996, 24(4), 421-440.

[③] Clayton J., "Rational Expectations, Market Fundamentals and Housing Price Volatility", *Real Estate Economics*, 1996, 24(4), 441-470.

[④] Case K E, Shiller R., "Is There a Bubble in the Housing Market", *Brookings Papers on Economic Activity*, 2003, 34(2), 299-362.

[⑤] Malmendier U, Tate G., "Who Makes Acquisitions? CEO Overconfidence and the Markets Reaction", *Journal of Financial Economics*, 2008, 89(1), 20-43.

[⑥] Roll R., "The Hubris Hypothesis of Corporate Takeovers", *Journal of Business*, 1986, 59(2), 197-216.

[⑦] Odean T., "Volatility, Price and Profit When All Traders are Above Average", *Journal of Finance*, 1998, 53(6), 1887-934.

[⑧] 威廉·福布斯，《行为金融》，机械工业出版社，2011 年，第 137 页。

地产投资价值。

下面我们就根据奥登的思想,具体地分析过度自信对金融市场的影响。假定经济中有 N 个投资者,并有 5 个时期:0、1、2、3、4。市场上仅存在两种资产:一是无风险资产,其收益率为 0;二是风险资产,它在 4 期的支付为 v,并且 v 服从 $N(v^a, h_v^{-1})$ 分布。投资者 i 是价格的接受者,他在 0 期的财富为 f_{0i} 单位无风险资产和 x_{0i} 单位风险资产($\sum_{i=1}^{N} x_{0i} = Nx^a$,$x^a$ 为一正的常数),投资者 i 仅在 1、2、3 期交易,并且他在 t 期对无风险资产和风险资产的需求分别为 f_{ti}、x_{ti}。风险资产在 t 期的价格为 p_t,因此他在 t 期的财富 $w_i = f_{ti} + p_t x_{ti}$。投资者 i 在 4 期获得风险资产的支付并且消费,此时 $w_4 = f_{3i} + v x_{3i}$。

在 0 期和 1 期,没有任何关于风险资产支付的信息,而在 2 期、3 期投资者 i 进行交易之前,他都会收到 $M(M < N)$ 条私人信息中的某一条私人信息 y_{ti},$y_{ti} = v + \varepsilon_{tm}$,其中 ε_{tm} 服从 $N(0, h_\varepsilon^{-1})$ 分布。并且每一条信息都会被相同数量的投资者收到。另外还假定,本节中的随机变量 ε_{tm} 与 v 都是定义在概率空间 (Ω, F, P) 上相互独立的随机变量。我们还令 $Y_t^a = \sum_{i=1}^{N} y_{ti}/N = \sum_{i=1}^{M} y_{tm}/M$,为 t 期的平均信息。这样,每一个投资者都知道有 $N/M-1$ 个其他投资者收到与之相同的两条信息。假定所有投资者仅对自己所收到信息质量的理解上存在过度自信,即认为自己所收到两条信息的质量为 κh_ε,$\kappa \geq 1$。而对其他人所收到信息的质量及 v 的分布并不存在认知偏差。令 Φ_{ti} 为投资者 i 在 t 期的信息集,那么。$\Phi_{1i} = \{\ \}$,$\Phi_{2i} = \{y_{2i}, p_2\}^T$,$\Phi_{3i} = \{y_{2i}, y_{3i}, p_2, p_3\}^T$。假定投资者 i 具有绝对风险规避系数为 α 的效用函数:$U(w_{ti}) = -\exp(-\alpha w_{ti})$,并且投资者 i 是短时的,他仅仅关注下一期的最优化问题。这样,在时期 1、2、3,投资者 i 的最优化问题是:

$$\max_{x_{ti}} E[U(w_{ti}) \mid \Phi_{ti}] \tag{3.70}$$
$$\text{s. t.} \quad p_t x_{ti} + f_{ti} \leq p_t x_{t-1i} + f_{t-1i}$$

为了简单起见,我们只求解线性均衡,即投资者在每一期都认为风险资产的价格市场中平均信息的线性函数:

$$p_3 = \alpha_{31} + \alpha_{32} Y_2^a + \alpha_{31} Y_3^a \tag{3.71}$$

$$p_2 = \alpha_{21} + \alpha_{22} Y_2^a \tag{3.72}$$

这样在均衡时我们可以得到:

$$\alpha_{31} = \frac{h_v v^a - a x^a}{h_v + 2(\kappa + M - 1)h_\varepsilon} \tag{3.73}$$

$$\alpha_{32} = \alpha_{33} = \frac{(\kappa + M - 1)h_\varepsilon}{h_v + 2(\kappa + M - 1)h_\varepsilon} \tag{3.74}$$

$$\alpha_{21} = \alpha_{31} + (\alpha_{32} + \alpha_{33})v^a - \alpha x^a Var_b(p_3 \mid \Phi_2) + \frac{v^a(\alpha_{33}(1+M-\kappa)h_\varepsilon + (h_v + (\kappa+M-1)h_\varepsilon))}{h_v + (\kappa+M-1)h_\varepsilon} \tag{3.75}$$

$$\alpha_{22} = \frac{(\kappa + M - 1)h_\varepsilon}{h_v + (\kappa + M - 1)h_\varepsilon} \tag{3.76}$$

由于在1期所有投资者的信息集都是一样的,因此投资者完全同质,此时他们的需求应完全相同,由于市场上风险资产总供给为Nx^a,所以$x_{1i}=x^a$。另外,我们还可以根据上式求出投资者i在2期和3期对风险资产的需求x_{2i}、x_{3i}。

由于我们已经知道1、2、3期均衡时投资者i对风险资产的需求,因此我们就可以分别求出2期、3期的市场上总的预期交易量。下面我们仅给出2期市场上总的预期交易量:

$$V_2 = \sqrt{\frac{2(M-1)h}{M\pi}} \times \frac{(\kappa-1)\kappa M^2(h_v+2(\kappa+M-1)h_\varepsilon)}{\alpha(\kappa+M-1)((1-\kappa+\kappa M)h_v+((\kappa-1)^2(M-1)+2\kappa M^2)h_\varepsilon)} \tag{3.77}$$

将上式对过度自信程度求偏导发现,当$M \geqslant 2$和$\kappa > 1$时,求出的偏导结果大于0。因此,如果市场上的私人信息至少为2条时,在投资者是价格接受者的情形下,总的市场预期交易量随着投资者过度自信程度的增加而增加。对期总的预期交易量的分析也可以得到类似的结果。另外,我们还可以探讨过度自信对风险资产波动性的影响,我们仅就3期风险资产价格p_3进行分析,此时:

$$Var_a(p_3) = \frac{2h_\varepsilon(\kappa+M-1)^2(h_v+2h_\varepsilon M)}{h_v M(h_v+2h_\varepsilon(\kappa+M-1)^2)^2} \tag{3.78}$$

经过对过度自信程度求偏导后发现,偏导结果大于0,因此,在投资者是价格接受者的情形下,风险资产价格波动性随着投资者的过度自信程度增加而增加。

我们还可以探讨过度自信对市场效率的影响。大多数研究用风险资产价格质量也就是风险资产价格的信息含量来表示市场效率。奥登用$Var_a(v-p_i)$来度量风险资产价格的质量,该值越大,说明价格质量越差,下面同样给出对p_3进行分析的结果:

$$Var_a(v-p_3) = \frac{Mh_v+2h_\varepsilon((\kappa-1)^2-2M+2\kappa M+M^2)}{M(h_v+2h_\varepsilon(\kappa+M-1))^2} \tag{3.79}$$

用市场效率对过度自信程度求偏导后发现,结果大于0,所以在投资者是价格接受者的情形下,风险资产价格质量随着投资者的过度自信程度增加而下降。

四、前景理论

卡尼曼和特沃斯基(Kahneman and Tversky)在马科维茨的投资组合理论基础上构造了前景理论(Prospect Theory)。[1] 前景理论认为,个体进行决策实际上是对期望(Prospect)的选择,期望是各种风险结果,期望选择所遵循的是特殊的心理过程与规律,而不是期望效用理论所假设的各种公理。前景理论一个很重要的方面是对财富的损失和收益的认知常常是不对称的,和收益相比,人们对损失的感受更加敏感。

卡尼曼和特沃斯基认为,前景理论中期望价值是由"价值函数"(Value Function)和"决策权重"(Decision Weight)共同决定的。即:

---

[1] Kahneman D, Tversky A., "Prospect Theory: An analysis of Decision Making under Risk", *Econometrica*, 1979, 47(2), 263-291.

$$V = \sum_{i=1}^{n} w(p_i) v(x_i) \tag{3.80}$$

式(3.80)中，$w(p_i)$是决策权重，由概率评价的单调增函数表示，$v(x_i)$是决策者主观感受所形成的价值，即价值函数，由下式的指数函数形式表示：

$$v(x_i) = \begin{cases} x^\alpha, & x \geqslant 0 \\ -\lambda(-x)^\beta, & x < 0 \end{cases} \tag{3.81}$$

参数 α、β 分别表示受益和损失区域价值幂函数的凹凸程度，$\alpha < 1$、$\beta < 1$ 表示敏感性递减。λ 系数用来表示损失区域比收益区域更陡的特征。$\lambda > 1$ 表示损失厌恶。

房地产市场在繁荣时期房价上涨带给人们收益的心理感受，并产生财富效应。相反，房地产市场萧条时期的房价下跌，带给人们损失的心理感受。$\lambda > 1$，房价下跌一个单位带来的效用损失大于上涨一个单位带来的效用增加。因此，在不同状态下人们对市场的反应存在差异，导致市场波动的非对称性。

五、动量效应和反转效应

动量效应亦称惯性效应（Momentum Effect），是指资产价格在较短时间内延续原有趋势，形成与外部信息或环境变化的内在制衡能力，引发市场失效。[1] 动量效应和反转效应产生的根源在于市场对信息的反应速度。当投资者对信息没有充分反应时，信息逐步在市场价格中得到体现，并在短期内沿着初始方向变动，产生动量效应；而当市场受到外部信息冲击时，引发市场对未来预期的过度乐观或过度悲观，并带来资产价格向相反方向的变动，产生反转效应。相较于传统金融学理论，行为金融学理论对动量效应和反转效应的解释更加合理，这主要是因为行为金融学理论的第一个大前提就是投资者是有限理性人，有限理性人常常存在心理认知偏差。比如，① 过度自信。人们在决策中总是过于相信自己的判断决策能力，忽视情况变化而导致决策失误。② 厌恶损失。它是指人们对于遭受损失的痛苦远比获得收益的快乐更敏感。③ 锚定效应。锚定效应是指人们在对某人某事做出决策时，易受第一印象或者第一信息支配，人们在接受决策时，会不自觉地给予最初信息过多的关注。这些心理的认知偏差影响了投资者的决策行为，从而使股票市场对某种趋势反应过度或者反应不足，并最终导致动量效应和反转效应。反应不足与反应过度正是解释这个股票效应出现如此详细的内在理论。这些理论解释模型主要有 BSV 模型、DHS 模型以及 HS 模型等。

BSV 模型认为人们进行投资决策时存在两种错误范式：其一是选择性偏差（Representative Bias），即投资者过分重视近期数据的变化模式，而对产生这些数据的总体特征重视不够，这种偏差导致股价对收益变化的反应不足（Under-reaction）。另一种是保守性偏差（Conservation），投资者不能及时根据变化了的情况修正自己的预测模型，导致股价过度反应（Over-reaction）。[2] BSV 模型是从这两种偏差出发，解释投资者决策模型如何导致证券的市场价格变化偏离效率市场假说的。

---

[1] Titman S., "Returns to Buying Winners and Selling Losers: Implications for Stock Market Efficiency", *Journal of Finance*, 1993, 48(1), 65–91.

[2] Barberis N, Shleifer A, Vishny R., "A Model of Investor Sentiment", *Journal of Financial Economics*, 1998, 49(3), 309–343.

DHS模型将投资者分为有信息和无信息两类。无信息的投资者不存在判断偏差,有信息的投资者存在着过度自信和有偏的自我归因(Self-contribution)。过度自信导致投资者夸大自己对股票价值判断的准确性;有偏的自我归因则使他们低估关于股票价值的公开信号。随着公共信息最终战胜行为偏差,对个人信息的过度反应和对公共信息的反应不足,就会导致股票回报的短期连续性和长期反转。[①]

HS模型(Hong and Stein),又称统一理论模型(Unified Theory Model)。[②] 该模型区别于BSV和DHS模型之处在于:它把研究重点放在不同作用者的作用机制上,而不是作用者的认知偏差方面。该模型把作用者分为"观察消息者"和"动量交易者"两类。观察消息者根据获得的关于未来价值的信息进行预测,其局限是完全不依赖于当前或过去的价格;"动量交易者"则完全依赖于过去的价格变化,其局限是他们的预测必须是过去价格历史的简单函数,在上述假设下,该模型将反应不足和过度反应统一归结为关于基本价值信息的逐渐扩散,而不包括其他的对投资者情感刺激和流动性交易的需要。模型认为最初由于"观察消息者"对私人信息反应不足的倾向,使得"动量交易者"力图通过套期策略来利用这一点,而这样做的结果恰好走向了另一个极端——过度反应。

赢家组合和输家组合理论是利用动量效应和反转效应进行投资决策的经典模型,其核心思想是通过一定的方法从股票市场中筛选出具有动量或反转效应的股票。即购买前一段表现好的股票,卖出表现差的股票,或者是买入过去表现差的股票,卖出过去表现好的股票。[③]

首先,计算形成期内所有股票的累计收益率,并排序,选择最高的前10名,定义为"赢家组合",最低的10名定义为"输家组合",接着进入持有期。形成期是指股票形成赢家组合或输家组合的观察期;持有期是指赢家组合或输家组合的股票持有的期限,期末计算股票的超额收益率,也可以称作检验期。用P和Q分别表示形成期和持有期的个数。

第二步,计算持有期内,赢家组合的N个股票的平均累计超额收益率W_CAR,输家组合的超额收益率L_CAR,投资组合的超额收益率AD。

$$W\_CAR_t = \left(\sum_{i=1}^{N} CAR_{e,i,t}\right)/N \tag{3.82}$$

$$L\_CAR_t = \left(\sum_{i=1}^{N} CAR_{l,i,t}\right)/N \tag{3.83}$$

$$AD_t = W\_CAR_t - L\_CAR_t \tag{3.84}$$

式中,$CAR_{e,i,t}$——赢家组合的第i个股票在持有期时间内的累计超额收益率。

第三步,计算每个策略的样本数量n,求取每个策略赢家组合、输家组合、投资组合的总平均超额收益(W_CAR_t、L_CAR_t、GAD_t)。

[①] Daniel K, Hirshleifer D, Subrahmanyam A., "Investor Psychology and Security Market Under and Overreactions", *Journal of Finance*, 1998, 53(6), 1839-1885.

[②] Hong H, Stein J C., "A Unified Theory of Underreaction, Momentum Trading, and Overreaction in Asset Markets", *Journal of Finance*, 1999, 54(6): 2143-2184.

[③] Jegadeesh N, Titman S., "Profitability of Momentum Strategies: An Evaluation of Alternative Explanations", *Journal of Finance*, 2001, 56(2): 699-720.

$$W\_CAR_t = (\sum_{i=1}^{N} ACAR_{e,i,t})/N \tag{3.85}$$

$$L\_CAR_t = (\sum_{i=1}^{N} ACAR_{l,i,t})/N \tag{3.86}$$

$$GAD_t = W\_CAR_t - L\_CAR_t \tag{3.87}$$

第四步,构建 T 检验,判断动量效应。原假设为 $H_0:L\_CAR_t - W\_CAR_t \leqslant 0$,代表输家组合的总平均超常收益,显著低于赢家组合的总平均超常收益。t 统计量形式为:

$$t = (L\_CAR - W\_CAR)/\sqrt{2S_t^2 \times (1/N)} \tag{3.88}$$

$$S_t^2 = (\sum_{k=1}^{N}(L\_CAR_t - \overline{L\_CAR})^2 + \sum_{k=1}^{N}(W\_CAR_t - \overline{W\_CAR})^2)/2 \tag{3.89}$$

式中,S_t^2——L_CAR_t 与 W_CAR_t 两者方差的平均数。

第五步,判断。如果假设通过,那么说明存在动量效应;否则,存在反转效应。

六、羊群效应

羊群行为(Herd Behavioral)是一种典型的非理性表现,是指投资者在信息不确定环境下,行为受其他投资者的影响并模仿他人决策,表现为过度依赖外部市场情绪而忽略了内在信息本身。对此,比赫昌达尼等(Sushil Bikhchandani)通过信息追随(Information Cascade)模型进行了行为描述。[1] 按照信息追随理论,个体决策形成依赖其他个体的行动(Action),即便他人行动存在错误,个体依然会选择跟随并忽略了自身客观的私人信息(Private Information)。在这一决策规则下,形成"向上"追随(Up Cascade)、"向下"追随(Down Cascade)和"无"追随的概率分别为:

$$p_{up} = \frac{1-(p-p^2)^{n/2}}{2} \tag{3.90}$$

$$p_{down} = \frac{1-(p-p^2)^{n/2}}{2} \tag{3.91}$$

$$p_{no} = (p-p^2)^{n/2} \tag{3.92}$$

同时,上述行动最终正确的概率分别为:

$$p'_{up} = \frac{p(p+1)[1-(p-p^2)^{n/2}]}{2(1-p+p^2)} \tag{3.93}$$

$$p'_{down} = \frac{(p-2)(p-1)[1-(p-p^2)^{n/2}]}{2(1-p+p^2)} \tag{3.94}$$

$$p'_{no} = (p-p^2)^{n/2} \tag{3.95}$$

以上概率模型中,p 反映了市场的客观情况概率,n 代表市场参与个体数量。该模型的主

---

[1] Bikhchandani S, Hirshleifer D, Welch I., "A Theory of Fads, Fashion, Custom, and Cultural Change as Informational Cascades", *Journal of Political Economy*, 1992, 100(5), 992-1026.

要结论为:当 $n \to$ 无穷大时, $p'_{no} \to 0$, 信息追随必然发生; p 越高, 说明个体对客观市场的私人信息把握越精确, 正确行动的概率越大。

在房地产市场上, 无论是个人还是企业, 均容易出现信息跟随并引发羊群行为。以中国土地拍卖为例, 在企业竞拍环节出现多轮竞价, 大大推高了土地价格, "地王"层出不穷。这是房地产企业在土地收储过程中典型的羊群行为。

第八节 房地产投资决策理论

一、房地产投资决策的内涵及决策方法

所谓房地产投资决策, 是指对拟开发房地产项目或置业投资项目的必要性和可行性进行技术经济分析, 对可以达到投资目标的不同方案进行比较和评价, 并做出判断, 选择某一方案的过程。

房地产空间位置的固定性特征, 意味着一旦做出房地产投资决策并付诸实施, 将很难随意移动和变更。房地产开发建设周期长, 占用资金量大, 一旦开工建设不能随意中断, 力求缩短工期, 在最佳时机投入市场。房地产投资的总量水平、结构状况、空间布局和时间安排十分复杂, 直接影响城市建设和经济发展, 决定人们的生活质量。房地产投资规模在国民经济投资规模中占有较大比重, 必须与社会经济发展相适应。因此, 务必十分重视房地产投资决策, 不断提高房地产投资决策的科学水平。

房地产开发由于开发周期长、投入资金量大、产品位置固定等特点, 因而是高风险的行业之一。在房地产投资决策过程中, 运用科学的定性和定量分析方法, 在投资项目的收益性、风险性和流动性之间做出权衡, 把握项目的风险和不确定因素的一般规律, 以降低风险、提高投资收益和流动性。不确定性分析, 是指深度分析投资项目可能的不确定因素对经济指标的影响, 从而推断项目可能承担的风险, 进一步确认投资项目在财务、经济上的可靠性。房地产投资决策方法较多, 如肯定当量法、决策树法、盈亏平衡分析法、敏感性分析法、概率分析法、实物期权分析法和灰色系统理论关联度分析法, 等等。本节重点介绍盈亏平衡分析法、敏感性分析法和概率分析法。

二、房地产投资决策的指标

1. 投资利润率

投资利润率是指项目达到设计生产能力后的一个正常生产年份的年利润总额与项目总投资的比率。对生产期内各年的利润总额变化幅度较大的项目, 应计算生产期年平均利润总额与项目总投资的比率。其计算公式为:

$$投资利润率 = \frac{项目年利润总额或年平均利润总额}{项目总投资} \times 100\% \tag{3.96}$$

项目投资利润率越高, 表明项目经济效益越好。在利用投资利润率进行评估时, 要确定一个利润标准, 当投资方案的投资利润率高于此标准时则接受该投资方案。如果要从多个可接受的互斥方案中进行选择, 宜选择投资利润率最高的方案。投资利润率对于评估一个寿命期

较短的项目方案的投资经济效果是有用的指标;当项目不具备综合分析所需的详细资料时,或在制定项目方案的早期阶段和研究过程中,对项目进行初步评估是一个有实用意义的指标。该指标特别适用于工艺简单而生产情况变化不大的项目方案的选择和项目投资经济效果的最终评价。由于这一指标没有考虑资金的时间价值,净利润是会计上通用的概念,与现金流量有较大差异,因而投资利润率并不能真正反映投资报酬的高低。

2. 投资回收期

投资者通常期望所投入的资金能够在较短的时间内足额收回。用于衡量投资项目初始投资回收速度的评估指标被称为投资回收期,它是指以项目的净收益抵偿全部初始投资所需要的时间。投资回收期一般以年表示,从建设开始年算起,其表达式为:

$$\sum_{t=0}^{P_t}(CI-CO)_t = 0 \tag{3.97}$$

式中,P_t——投资回收期;

CI——现金流入量;

CO——现金流出量;

$(CI-CO)_t$——t 年的净现金流量。

投资回收期可根据现金流量表中累计净现金流量计算求得。其计算公式为:

$$P_t = \begin{bmatrix}累计净现金流量开始\\出现正值的年分数\end{bmatrix} - 1 + \begin{bmatrix}上年累计净现金流量的绝对值\\当年净现金流量\end{bmatrix} \tag{3.98}$$

求出的投资回收期 P_t 与行业的基准投资回收期 P_c 比较,当 $P_t \leqslant P_c$ 时,表明项目投资能在规定的时间内收回,经济效果好。

3. 净现值

净现值是指房地产开发项目在投资活动有效期内的净现金流量,按预先规定的贴现率或基准收益率,折算到房地产开发项目开始的基准年的代数和。用净现值评估房地产开发项目投资效益的方法,称之为净现值法。其计算公式为:

$$NPV = \sum_{t=0}^{n}(CI-CO)_t(1+i_c)^{-t} \tag{3.99}$$

式中,NPV——净现值;

n——房地产开发项目投资活动有效期;

i_c——贴现率或基准收益率。

利用净现值法评估投资项目时,若 $NPV \geqslant 0$,表示房地产开发项目方案的收益率等于或超过基准收益率或贴现率所预定的投资收益水平;若 $NPV < 0$,表示项目投资方案的收益率达不到基准收益率或贴现率预定的投资收益水平。所以,只有 $NPV \geqslant 0$,该方案在经济上才是可取的。

4. 内部收益率

所谓内部收益率(IRR),是指方案计算期内可以使各年现金流量的净现值累计等于 0 的贴现率。根据等值的概念,也可以认为内部收益率是指在投资方案寿命期内使现金流量的净年值为 0 的贴现率。所以,内部收益率是使投资方案各年现金流入量的总现值与各年现金流出量的总现值相等的贴现率。为了与资本的利率 i 加以区别,可以用 r 表示投资方案的内部收益率。其计算公式如下：

$$NPV = \sum_{t=0}^{n}(CI-CO)_t(1+r)^{-t} = 0 \tag{3.100}$$

用净现值等于 0 求内部收益率时，可以将净现值 NPV 看作关于 r 的一元高次幂函数。先假定一个值，如果求得的 NPV 为正，这说明 r 值假定得太小，应再假定一个较大的值计算净现值；若求得的净现值为负，则应减小 r 值以使净现值接近于 0。当两次假定的值使净现值由正变负或由负变正时，则在两者之间必定存在着使净现值等于 0 的 r 值，该值即为欲求的该投资方案的内部收益率。内部收益率的几何意义如图 3-4 所示。

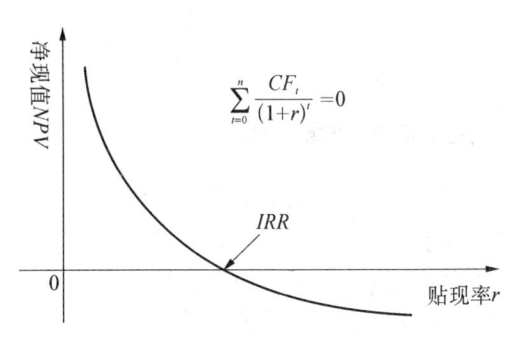

图 3-4 内部收益率的几何解释

在对投资方案评估时，将求出的全部投资或自有资金的内部收益率与行业的基准收益率或设定的贴现率（i_c）比较，当 $IRR \geqslant i_c$ 时，说明投资方案盈利能力已满足最低要求，该方案是可以接受的。下面具体介绍内部收益率的几种计算方法：

（1）试算法。

由图 3-4 可以看出，随着贴现率的不断增加，净现值越来越小，当贴现率增加到某一数值时，净现值为 0。此时的贴现率即为内部收益率。此后随着贴现率的继续增加，净现值变为负值。利用这个特点，可以通过试算，求出内部收益率。

（2）插值法。

插值法是利用两个直角三角形相似，对应边成比例的特点，求投资项目的内部收益率的近似解。其计算步骤如下：

首先，通过试算得到两个贴现率 r_1 和 r_2，使之满足：

$$NPV_1 = \sum_{t=0}^{n} CF_t (1+r_1)^{-t} > 0 \tag{3.101}$$

$$NPV_2 = \sum_{t=0}^{n} CF_t (1+r_2)^{-t} < 0 \tag{3.102}$$

其次，利用下述公式求近似的内部收益率：

$$IRR \approx r_1 + (r_2 - r_1) \times \frac{NPV_1}{|NPV_1| + |NPV_2|} \tag{3.103}$$

（3）查表法。

直接查阅相关经济类书籍的附表所列系数，求出内部收益率。

5. 动态投资回收期

动态投资回收期是考虑了资金时间价值的回收期。假设初始投资额为 C，每期期末的净现金流量分别为 $R_1, R_2, \cdots, R_n$，则动态投资回收期即为满足下式的 N 值。

$$\sum_{t=1}^{N-1} R_t (1+i_c)^{-t} < C \leqslant \sum_{t=1}^{N} R_t (1+i_c)^{-t} \tag{3.104}$$

如果 $R_1=R_2=\cdots=R_n$，则动态投资回收期可由下式求得：

$$R\sum_{t=1}^{N-1} (1+i_c)^{-t} < C \leqslant R\sum_{t=1}^{N} (1+i_c)^{-t} \tag{3.105}$$

三、盈亏平衡分析

盈亏平衡分析又称为保本分析或损益临界分析，是通过项目盈亏平衡点(BEP)来分析项目成本与收益的平衡关系的一种方法，主要用来考察项目适应市场变化的能力以及考察项目的抗风险能力。在对房地产开发经营项目进行经济效益评价过程中，商品房面积、成本、利润三者之间存在这样一个关系，即：

销售利润＝产品销售收入－总投资额－税金
产品销售收入＝销售面积×单位建筑面积价格
总投资额＝变动成本＋固定成本

由上述关系式可知，销售收入和总投资额是销售面积的函数。当它们呈线性函数关系时，则认为它们之间的盈亏平衡属线性盈亏平衡关系；反之，为非线性盈亏平衡关系。在实际操作过程中，线性盈亏平衡分析方法是基本的分析方法。如图 3-5 所示，横坐标表示开发的建筑面积或销售面积，纵坐标表示销售收入和总投资额，销售收入和成本的两条直线交于 BEP 点，表明当开发的建筑面积达到一定数量时，销售收入和成本相等，利润为零，交点 BEP 称为盈亏平衡点或保本点。BEP 点将销售收入和成本的两条直线所夹的范围分为盈与亏两个区。如开发的建筑面积大于此点，则开发项目能获利；反之，则开发项目亏损。因此，盈亏平衡点越低，开发项目盈利的机会越大，亏损的风险越小，盈亏平衡点表达了开发项目最小的开发建筑面积。下文我们重点对该方法进行介绍。

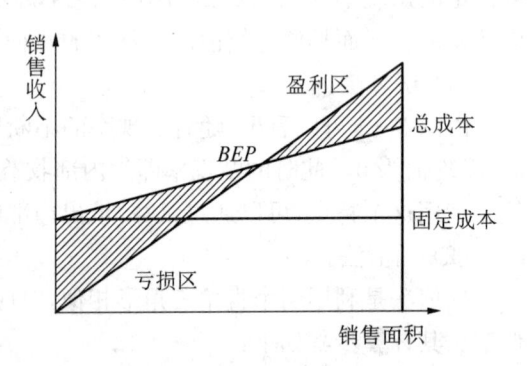

图 3-5 盈亏平衡分析

线性盈亏平衡分析的假设条件：销售收入和成本为产量的线性函数；产量等于销售量，当年生产的产品当年销售出去；产量变化，单位变动成本不变，总成本费用是产量的线性函数；产量变化，产品售价不变，销售收入是销售量的线性函数；在所分析的产量范围内，总固定成本保持不变；按单一产品计算，当生产多种产品时，应换算为单一产品。

用产量或销售量表示的盈亏平衡点 $BEP(Q)$：

$$BEP(Q) = C_f/(P-V-T) \tag{3.106}$$

式中，Q——销售量；

C_f——销售利润；

P——单位建筑面积销售价格；

V——单位建筑面积销售成本；

T——单位建筑面积税金。

用产品单价表示的盈亏平衡点 $BEP(P)$：

$$BEP(P) = C_f/Q + V + T \qquad (3.107)$$

用生产能力利用率表示的盈亏平衡点 $BEP(\%)$：

$$BEP(\%) = BEP(Q)/Q = C_f/[(P-V-T) \times Q] \qquad (3.108)$$

用销售额表示的盈亏平衡点 $BEP(B)$：

$$BEP(B) = PC_f/(P-V-T) \qquad (3.109)$$

用单位产品变动成本表示的盈亏平衡点 $BEP(B)$：

$$BEP(B) = P - T - C_f/Q \qquad (3.110)$$

四、敏感性分析

敏感性分析亦称灵敏度分析，是研究当一些不确定的变量（如价格、成本、投资、工期等）发生变化时，而导致房地产项目的经济效益指标（如净现值、内部收益率等）发生变动的灵敏程度。如果主要变量的变化幅度很小，而对项目的经济效益指标却影响很大，则认为该项目对变量的不确定性是敏感的，这种项目方案称为敏感性方案。通过敏感性分析，可了解当经济评价所需变量为不同值时，项目的获利性将怎样变化，据此来鉴别诸多不确定性因素中影响房地产项目获利性最敏感的变量，从而对它需特别小心地进行估测，设法尽量减小误差，以确保项目在经济上的可行性和获利预测的准确性。

敏感性分析的主要功能有以下四点：一是通过敏感性分析研究相关因素的变动对项目经济效果评价指标的影响程度，即所引起的经济效果评价指标的变动幅度。二是通过敏感性分析找出影响项目经济效果的敏感性因素，并进一步测算与之有关的预测或估算数据可能产生的不确定性。三是通过敏感性分析和对不同的项目方案的某关键因素敏感程度的对比，可区别不同项目方案对某关键因素的敏感性大小，以便选取对关键因素敏感性小的方案，减小开发项目的风险性。四是通过敏感性分析可找出项目方案的最好与最坏的经济效果的变化范围，使决策者全面了解项目投资方案可能出现的经济效益变动情况，以便通过深入分析可能采取的某些有效控制措施来选取最现实的项目方案或寻找替代方案，达到减少或避免不利因素的影响，改善和提高项目的投资效果，为最后确定有效可行的投资方案提供可靠的决策依据。

敏感性分析的主要步骤：第一步，确定需进行敏感性分析的经济效益指标。房地产投资项目的敏感性分析可选用净现值、内部收益率和投资回收期等经济指标。第二步，选择影响项目经济效益指标变化的主要变量。在实际工作中，没有必要对全部变量进行敏感性分析，而是将敏感性分析限制在一些对项目的获利性影响最大的主要变量上。所谓主要变量，是指它们的参数值对项目影响大，预期的理想值上下波动幅度较大。这些因素在可能变动的范围内的变动结果对收益的影响比较强烈。或者这些因素发生变动的可能性较大，并且其变动将很有可能对项目造成不利的影响。如果项目的获利性对某一变量值的变动反应迟钝，则可认为项目的该变量值的不确定性是不敏感的。第三步，计算不确定性因素对分析指标的影响程度。① 对某特定因素设定变动数量或幅度,在其他因素固定不变的条件下,计算评价指标的变动结果。② 对每一因素的每一变动重复以上计算,并将计算结果做成表或图形,这样便得到了用于显示评价指标对因素变动敏感程度的数据资料。第四步,找出敏感性因素。那些有较小变化便会较大地影响评价指标的因素,可以确定为该项目的敏感因素。第五步,根据分析结果,确定项目方案。

案例:某开发公司计划投资1亿元开发写字楼,建设期5年,项目寿命周期30年,项目投资收益率不低于10%,正常情况下该项目的投资及收入、支出,如表3-2所示。

表3-2 投资方案收入、支出正常情况　　　　　　　　　　　　　单位:万元

年 份 ①	项目投资额 ②	营业收入 ③	营业成本 ④	净现金流量 ⑤=③-②-④	10%贴现系数 ⑥	净现值 ⑦=⑤×⑥
1	1 000			−1 000	0.909 1	−909.10
2	2 000			−2 000	0.824 6	−1 652.80
3	3 000	800	80	−2 280	0.751 3	−1 712.96
4	2 000	900	80	−1 180	0.683 0	−805.94
5	2 000	1 000	90	−1 090	0.620 9	−676.78
6		1 000	85	915	0.564 5	516.52
7		1 200	100	1 100	0.513 2	564.52
8~30		1 500	105	1 395	4.558 2	6 358.69
合 计	10 000	39 400	2 850	26 550	—	1 685.74

下文对该项目的内部收益率、净现值进行敏感性分析。

第一步,计算正常情况下投资项目的净现值和内部收益率。根据表3-2计算可知,净现值(NPV)=1 685.74万元,运用线性插值法确定内部收益率(IRR),已知公式 $IRR = i_1 + NPV_1 \div (NPV_1 - NPV_2) \times (i_2 - i_1)$,当$i=12\%$时,$NPV=344.7$万元,当$i=13\%$时,$NPV=-152.76$万元,所以,$IRR = 12\% + 344.7 \div [344.7 - (-152.76)] \times (13\% - 12\%) = 12.69\%$。

第二步,选择影响项目经济效益指标变化的主要变量。这里选取项目投资额、项目建设周期、营业成本、价格。

第三步,计算不确定性因素对分析指标的影响程度。假设该项目投资额增加10%,即增加1 000万元,由于该项目的建设期为5年,这1 000万元增加到不同的年份对净现值和内部收益率将有不同的影响。假设第一年增加1 000万元,如表3-3所示。

表3-3 增加投资敏感性分析　　　　　　　　　　　　　　　　　单位:万元

年 份 ①	项目投资额 ②	营业收入 ③	营业成本 ④	净现金流量 ⑤=③-②-④	10%贴现系数 ⑥	净现值 ⑦=⑤×⑥
1	2 000			−2 000	0.909 1	−1 818.20
2	2 000			−2 000	0.824 6	−1 652.80
3	3 000	800	80	−2 280	0.751 3	−1 712.96
4	2 000	900	80	−1 180	0.683 0	−805.94

续 表

年 份	项目投资额	营业收入	营业成本	净现金流量	10%贴现系数	净现值
5	2 000	1 000	90	−1 090	0.620 9	−676.78
6		1 000	85	915	0.564 5	516.52
7		1 200	100	1 100	0.513 2	564.52
8~30		1 500	105	1 395	4.558 2	6 358.69
合 计	11 000	39 400	2 850	25 550	—	776.64

根据表 3-3，$NPV=776.64$ 万元，当 $i=10\%$ 时，$NPV=776.64$ 万元，当 $i=11\%$ 时，$NPV=57.02$ 万元，所以，$IRR=10\%+776.64\div[776.64-57.02]\times(11\%-10\%)=11.10\%$。

项目建设周期延长 1 年的敏感性分析。项目建设周期延长 1 年，总投资的分布将发生变化，6 年建设期的投资分布如表 3-4 所示。

表 3-4 项目建设周期延长 1 年敏感性分析　　　　单位：万元

年 份	项目投资额	营业收入	营业成本	净现金流量	10%贴现系数	净现值
①	②	③	④	⑤=③−②−④	⑥	⑦=⑤×⑥
1	1 000			−1 000	0.909 1	−909.10
2	2 000			−2 000	0.824 6	−1 652.80
3	3 000	800	80	−2 280	0.751 3	−1 712.96
4	2 000	900	80	−1 180	0.683 0	−805.94
5	1 500	1 000	90	−590	0.620 9	−366.33
6	500	1 000	85	415	0.564 5	234.27
7		1 200	100	1 100	0.513 2	564.52
8~30		1 500	105	1 395	4.558 2	6 358.69
合 计	10 000	39 400	2 850	26 550	—	1 713.94

根据表 3-4，$NPV=1\,713.94$ 万元，当 $i=12\%$ 时，$NPV=383.58$ 万元；当 $i=13\%$ 时，$NPV=-121.55$ 万元，所以，$IRR=12\%+383.58\div[383.58-(-121.55)]\times(13\%-12\%)=12.76\%$。

项目营业成本增加 10% 的敏感性分析。正常情况下，项目营业成本为 2 850 万元，增加 10% 后增加到 3 135 万元，假设增加的 285 万元营业成本分布为：第 3 年增加 200 万元、第 4 年增加 85 万元，则营业成本变动后，该项目的投资收支情况如表 3-5 所示。

表 3-5 营业成本增加 10% 的敏感性分析　　　　单位：万元

年 份	项目投资额	营业收入	营业成本	净现金流量	10%贴现系数	净现值
①	②	③	④	⑤=③−②−④	⑥	⑦=⑤×⑥
1	1 000			−1 000	0.909 1	−909.10
2	2 000			−2 000	0.824 6	−1 649.2

续表

年 份	项目投资额	营业收入	营业成本	净现金流量	10%贴现系数	净现值
3	3 000	800	280	−2 480	0.751 3	−1 863.22
4	2 000	900	165	−1 265	0.683 0	−864.00
5	2 000	1 000	90	−1 090	0.620 9	−676.78
6		1 000	85	915	0.564 5	516.52
7		1 200	100	1 100	0.513 2	564.52
8～30		1 500	105	1 395	4.558 2	6 358.69
合 计	10 000	39 400	3 135	26 265	—	1 477.43

根据表3-5，$NPV=1\ 477.43$万元，$i=12\%$时，$NPV=156.81$万元；当$i=13\%$时，$NPV=-343.52$万元，所以，$IRR=12\%+156.81\div[156.81-(-343.52)]\times(13\%-12\%)=12.31\%$。

价格下降造成营业收入减少5%的敏感性分析。营业收入减少5%，则变为37 430万元，假设共计减少的1 970万元分布为：第3年减少700万元、第4年减少800万元、第5年减少470万元，如表3-6所示。

表3-6 营业收入减少5%敏感性分析　　　　　　单位：万元

年 份 ①	项目投资额 ②	营业收入 ③	营业成本 ④	净现金流量 ⑤=③−②−④	10%贴现系数 ⑥	净现值 ⑦=⑤×⑥
1	1 000			−1 000	0.909 1	−909.10
2	2 000			−2 000	0.824 6	−1 652.80
3	3 000	100	80	−2 980	0.751 3	−2 238.87
4	2 000	100	80	−1 980	0.683 0	−1 352.34
5	2 000	530	90	−1 560	0.620 9	−968.60
6		1 000	85	915	0.564 5	516.52
7		1 200	100	1 100	0.513 2	564.52
8～30		1 500	105	1 395	4.558 2	6 358.69
合 计	10 000	37 430	2 850	24 580	—	321.61

根据表3-6，$NPV=326.61$万元，当$i=11\%$时，$NPV=-359.82$万元；所以，$IRR=10\%+326.61\div[326.61-(-359.82)]\times(11\%-10\%)=10.47\%$。

第四步，找出敏感性因素。将以上敏感性分析的结果列表（见3-7），可看出各个因素的变动对项目收益的影响，即敏感程度是不同的。按照由低到高顺序排列为：项目建设周期延长1年、营业成本增加10%、投资额增加10%、营业收入减少5%。对敏感性因素在项目开发过程中应严格管理和控制，以保证投资项目取得预期经济效果。最后，做出投资决策，决定投资该项目。

表 3-7 敏感性分析结果　　　　　　　　　　　　　　　　　　单位:万元

对项目收益的敏感性影响因素变动情况	内部收益率	内部收益率与正常情况的差异	净现值	净现值与正常情况的差异
正常情况	12.69	0	1 685.74	0
投资额增加 10%	11.10	−1.51	776.64	−909.1
建设周期延长 1 年	12.76	−0.07	1 713.94	28.20
营业成本增加 10%	12.31	−0.38	1 685.74	−208.30
营业收入减少 5%	10.47	−2.22	321.61	−1 364.10

以上敏感性分析对于项目分析中不确定因素的处理是一种简便易行的具有实用价值的方法,但具有局限性,如对各种因素变动的可能性程度,主要依靠分析人员凭借主观经验来分析判断,难免存在片面性,而且在分析某一因素的变动时,是假定其他因素不变为前提的,这种假设条件在实际投资活动中是很难实现的,因为各种因素的变动都存在着相关性。

敏感性分析通过研究相关因素的不确定性对项目方案获利的影响,揭示出确保项目获利而需要在管理上严加注视的临界区。在实践中,敏感性分析还存在一些局限性:① 不能定量地表示出各相关因素不确定性的数量值。② 不能揭示在悲观与乐观的值中究竟哪一个能有较大的出现概率。③ 不能显示投资者所承担的风险,而只能分析单个不确定因素的变化对项目经济效果评价指标的影响。④ 不能对多个不确定性因素进行综合分析。

五、概率分析

概率分析是一种同时考虑事件的发生概率及其影响程度,用期望指标来估价风险程度,以进行效益评定的分析方法。事件发生的概率,实质上是事件发生可能性大小的一种度量。在风险分析中,不仅不确定因素发生的变化幅度会影响经济指标的波动,而且这些不确定因素发生变化的概率同样也会影响经济指标的变化。各因素变动的概率不同,意味着项目承受风险的程度不同。如两个具有相同敏感程度的因素,一个发生变动的可能性很高(概率大),另一个发生变动的可能性很小(概率小),则投资者对前者更为关注。概率分析是通过经济评价指标的期望值来判断项目的风险和效益,期望值即数学期望,是指同时考虑经济指标取值大小及取值概率的一种度量。它等于项目考虑了风险因素变动后的经济指标与其发生概率之积的代数和。概率分析对敏感性分析起到一种重要的补充作用。

概率分析的步骤是:① 据市场调查资料选择作为随机变量的风险因素,并具体分析该随机变量的各种可能取值。② 建立评价指标与风险因素间的函数关系,计算在风险因素各种取值情况下的评价指标值。③ 由历史统计资料确定风险因素各种取值的发生概率。④ 计算项目经济指标的期望值。⑤ 对计算结果进行综合性的评价与判断,研究各种风险因素作用下项目投资评价指标的变化,做出考虑风险因素的投资决策。

案例:某房地产开发商正在考虑从两个投资方案中选出一个较好的方案来。两个投资方案的支出都是 10 000 万元。评价方案必须找出它们的预期利润,假设两种方案是在不同经济形势下的预期利润(见表 3-8)。

表 3-8 不同情景下两种方案的预期利润

经济情况	预期利润(万元)	
	方案 A	方案 B
衰退	4 000	0
正常	5 000	5 000
繁荣	6 000	10 000

如表 3-9 所示,经济预测的结果显示,未来时期发生衰退的机会是 0.2,经济正常的机会是 0.6,出现繁荣的机会是 0.2。再把这些概率与表 3-8 中三种情况下的预期利润结合起来,可得出下面两个方案的概率分布表(见表 3-9),并算出它们的预期利润即期望值。计算公式如下:

$$E(\pi_i) = \sum_{i=1}^{n} \pi_i P_i \qquad (3.111)$$

式中,π_i——与第 i 个结果相联系的利润水平;

P_i——第 i 个结果发生的概率;

n——可能结果或自然状态的数目;

$E(\pi_i)$——预期利润。

方案 A 和 B 的预期利润分别为:

$E(\pi_A) = 4\,000 \times 0.2 + 5\,000 \times 0.6 + 6\,000 \times 0.2 = 5\,000(万元)$

$E(\pi_B) = 0 \times 0.2 + 5\,000 \times 0.6 + 10\,000 \times 0.2 = 5\,000(万元)$

表 3-9 不同概率的预测结果

	经济情况(1)	预测概率(2)	预测结果(万元)(3)	(2)×(3)=(4)(万元)
方案 A	衰退	0.2	4 000	800
	正常	0.6	5 000	3 000
	繁荣	0.2	6 000	1 200
	合计	1.0	15 000	5 000
方案 B	衰退	0.2	0	0
	正常	0.6	5 000	3 000
	繁荣	0.2	10 000	2 000
	合计	1.0	15 000	5 000

从表 3-9 中可看出,方案 A 的可能结果变动范围从 4 000 万元到 6 000 万元,期望值为 5 000 万元。方案 B 的期望值也是 5 000 万元,但变动范围从 0 到 10 000 万元。方案 A

比方案 B 的变动范围小,即方案 A 比方案 B 的风险小。期望值可以表示在多次重复的情况下估计一项决策长期的平均效果,从长远的观点看,这种平均效果是一种在充分考虑客观情况发生变化的基础上所能达到的数值。因此,它能适量地反映项目的不确定性和风险程度。

※ 本章小结 ※

房地产业与金融业存在天然的联系,金融业是房地产业发展的依托,房地产业为金融业发展提供了广阔的空间。古典学派的利率理论内容丰富,不同学者形成了不同的观点。萨伊认为,利率是使用一个有价值物品所付的价格或租金,是借贷货币的风险报酬。穆勒认为,利率取决于贷款的需求与供给,利率是使贷款的需求与贷款的供给相等的一种比率。马歇尔则认为利率是储蓄的报酬或称之为等待的报酬。"利率理论之父"费雪的利率理论又称为时间偏好与投资机会说,他认为利率产生于物品与将来物品交换的贴水,它是由主观因素与客观因素决定的。凯恩斯学派的利率理论认为利率由对某一既定数量的货币与其他可替代金融资产存量的需求决定,而这一需求反过来又取决于各种"流动性偏好"。货币学派的利率理论认为利率与货币供求的关系并非如凯恩斯学派所认为的那样,货币增加使利率下降、货币减少使利率上升的观点只是在短期分析中是正确的,在长期分析中,不断上升的利率总是和货币供给的大幅增加联系在一起的。利率结构理论则在传统的利率决定因素上进一步探讨了风险、流动性等因素对利率的影响,为多样化的金融产品提供了定价和风险管理的依据。

资产价值的确定是进行投资的重要前提。DCF 模型按照一定的利率,将资产在未来所能产生的自由现金流折现,得到资产现值。一价定律意味着,通过找到与所评估资产类似的资产,逐一分析影响这两种资产价值的因素差异,从而得到评估资产价值。MM 理论表明资产价值由资产风险决定而与资本结构无关,因为套利行为可以避免完全替代物在同一市场上出现不同的价格,所以投资者可以根据此逻辑对资产进行评估并选择。

金融杠杆可以放大投资的结果,无论最终的结果是收益还是损失,都会以一个固定的比例增加或减少。金融杠杆实际上是利用借贷资本补充自身资金的不足,以完成更大规模的投资。

期权定价理论是分析未来决策如何增加价值的一种方法,是指导投资者进行投资决策的重要理论。房地产期权方法在房地产投资决策中的应用主要体现在柔性期权、等待期权和成长型期权三个方面。

投资组合理论研究理性投资者如何选择优化投资组合。马科维茨投资组合理论用均值—方差来刻画投资不确定性的收益和风险。鉴于马科维茨投资组合理论计算繁杂的缺点,后期研究主要通过简化模型的方式对投资组合理论进行拓展,其中,代表性的拓展是夏普的以资本市场线为基准的资本资产定价模型、詹森的以证券市场线为基准的资本资产定价模型和罗斯的套利定价投资组合理论模型。

有效市场理论和行为金融理论则是对投资组合理论的批判与拓展。有效市场是指资本市场在证券价格形成中充分而准确地反映了全部相关信息。市场效率类型分为弱式有效市场、半强式有效市场和强式有效市场。行为金融理论根据人们在投资决策过程中认知、感情、态度等心理特征,解释金融市场的实际行为和异常现象。预期是人们对于不确定因素的看法或意见,是对未来经济变量做出一种估计。过度自信、前景理论、动量效应和反转效应、羊群行为等理论均对人们的非理性行为做出了解释。

　　房地产开发是最具风险的行业之一。房地产开发企业必须善于运用盈亏平衡分析、敏感性分析和概率分析等不确定性分析方法,提高房地产开发决策的科学性。盈亏平衡分析是通过项目盈亏平衡点来分析项目成本与收益的平衡关系的一种方法,考察项目适应市场变化的能力以及抗风险能力。敏感性分析是研究一些不确定的变量发生变化导致房地产项目的经济效益指标发生变动的灵敏程度。概率分析是使用概率方法研究房地产项目不确定因素对项目经济评价指标的影响程度。

※ 本章思考题 ※

1. 古典利率理论、凯恩斯主义利率理论与货币主义利率理论有什么区别?
2. 为什么净现值规则是房地产市场投资决策的普适规则?
3. MM 理论的主要内容是什么?
4. 柔性期权、等待期权和成长性期权有什么区别和联系?
5. 马科维茨投资组合理论的局限在什么地方?
6. 三种类型的有效市场的投资组合选择有什么区别?
7. 试用行为金融理论分析房地产市场的特殊表现。
8. 盈亏平衡分析和敏感性分析的主要功能有哪些?

课后习题三

第四章　房地产开发贷款

内容提要

1. 房地产开发的相关概念。
2. 房地产开发贷款的特点、分类和风险。
3. 房地产开发贷款的贷款流程和贷款评估。
4. 房地产开发贷款信贷风险的管理和防范。
5. 中国房地产开发贷款市场分析。

房地产开发是人们根据社会经济需求，持续不断地重新配置或更新环境及建筑的一种活动。房地产开发是一种十分复杂且具有创造性的活动，它不仅是一种经济技术活动，更是一种艺术。房地产开发需要大量的资金投入，是资金密集型行业，房地产开发的资金来源广阔，但对于房地产企业来说，房地产开发贷款是十分重要的资金来源。

第一节　房地产开发的概念、主要阶段和过程管理

一、房地产开发的概念

1. 房地产开发及房地产开发企业

根据《中华人民共和国城市房地产管理法》，房地产开发是指在依据本法取得国有土地使用权的土地上进行基础设施、房屋建设的行为。2018年3月19日，国务院发布了《城市房地产开发经营管理条例（2018修正）》，对房地产开发经营进行了进一步修订，房地产开发经营是指房地产开发企业在城市规划区内国有土地上进行基础设施建设、房屋建设，并转让房地产开发项目或者销售、出租商品房的行为。

按照《中华人民共和国城市房地产管理法》，房地产开发企业是指以营利为目的，从事房地产开发和经营的企业。实际上，根据房地产经济主体的差异和经营对象的不同，房地产企业有狭义和广义之分。狭义房地产企业是指从事房地产开发和建设活动的经济实体。狭义房地产企业的经营活动，是根据城市建设的总体规划和经济、社会发展计划的要求，以土地开发和房屋建设为对象，选择一定区域内的建设用地，按照使用性质，有计划、有

步骤地进行的房地产开发和建设。广义房地产企业是指具体从事房地产开发、经营和服务活动的经济实体。广义房地产企业的经营活动是指集合土地、资本、人力、物力、企业家等生产要素,创造利润,承担风险,不仅从事房地产开发活动,还从事房屋买卖、物业管理、租赁、房地产抵押以及房屋信托、交换、维修、装饰,乃至房地产信息、咨询、管理服务,而且包括土地使用权的出让、转让等经济活动。

房地产开发企业开发经营的过程,又是一个不断提供服务的过程。房地产开发企业提供的服务可以分为两大类:一类是生产服务,是指与房屋开发有关的服务,如投资决策、结构设计、小区规划等;另一类是销售服务,是指与房地产销售有关的服务,如允许分期付款、使用说明、质量保证、维修承诺、现场参观、允许试住、合同条款的完善与公平、代办产权证或贷款等手续。两类服务尽管内容存在差异,但是服务对象是共同的,这就是置业者。同时这两类服务又是互为影响的。将服务融入生产中,这样不仅为业主提供高品质的房地产产品,而且也为优质销售服务创造了良好环境。

2. 房地产开发的主要参与者

房地产开发具有涉及部门多、投资大、周期长、高风险等特点,因此房地产开发过程中有众多参与者。

(1) 原土地所有者。土地是城市建设及房地产开发的前提和首要条件。如果不能合法获得土地使用权,房地产开发将陷入无"立足之地"的窘境,因此房地产开发者需要通过原土地所有者协商或者通过政府划拨、招标、拍卖和挂牌等方式取得土地使用权和开发经营权。

(2) 房地产开发企业。房地产开发项目全程都需要房地产开发企业的参与。房地产开发企业是房地产开发项目的运作和责任主体。

(3) 投资商。投资商是指房地产开发项目的投资者。投资商和房地产开发企业可以是同一主体,也可能不是。尤其当房地产开发企业在从事较大项目的开发时可能会因为资金等问题力不从心,需要寻求合伙人为开发项目投资。

(4) 金融机构。金融机构是指为房地产开发企业提供资金支持和为消费者提供抵押贷款的金融企业。金融机构与投资商不同,投资商要参与项目的开发管理,分担风险,获得利润。而金融机构为房地产企业和消费者提供资金支持主要是为了获得利息,并不参与开发管理以及不承担开发项目风险。

(5) 设计单位。设计单位为项目提供设计方案、各类报批图和施工图。设计单位需要将开发商的设想转化为图纸和技术说明,主要承担开发用地的规划设计方案、建筑设计、建筑施工合同管理等工作。同投资商一样,设计单位可以和房地产开发企业是同一主体,也可以是不同主体。

(6) 建筑承包商。这里泛指建筑施工单位。房地产开发企业不一定有自己的建筑施工单位,因此需要将项目的建筑施工工程发包给一家或者多家有一定资质的建筑承包商。建筑承包商还可以将工程的一部分分包给有相应资质的分承包商。

(7) 材料供应商。材料供应商主要指房地产开发过程中直接和间接材料供应商。

(8) 监理单位。监理单位主要指建筑质量监督管理站和监理公司,其主要职责是保证工程建设的工期、质量,进行工程建设合同管理,协调各单位之间的工作关系,参与竣工验收等。

(9) 专业顾问公司。专业顾问公司包括律师事务所、投资顾问公司、房地产经纪公司和房地产评估公司等,分别解决房地产开发过程中的法律问题、可行性研究和公司经营管理问题、销售问题和土地及房地产价格评估等问题。

（10）政府及事业单位。这里泛指与房地产开发有关的政府各部门、事业单位等。房地产开发过程中的项目立项、土地取得、规划和建筑设计、建筑施工、销售等活动都可能和政府的有关规划、建筑管理、环境、产权户籍管理、文物管理部门，甚至消费者保护协会等部门发生关系。

二、房地产开发的主要阶段

房地产开发贷款是为房地产开发的各个环节提供充足的资金保障，而房地产开发的各个阶段存在不同的资金需求和收益实现。房地产开发一般分四个阶段。

1. 项目投资决策分析阶段

项目投资决策分析是房地产开发过程中关键的一项工作，这个阶段通过一系列的市场调查和研究分析，为房地产开发企业选择房地产开发项目提供科学依据。这一阶段主要是进行房地产项目选择和项目可行性研究。这个阶段的工作内容包括确定开发项目的性质、规模、投资额、资金来源、资源供给、市场调查和判断，并进行财务评价、社会经济评价、风险分析、技术可行性分析等。

项目选择是指房地产开发商根据各个渠道获得的多种信息和公司的实际情况，对房地产开发项目的类型、选址、筹资等形成一个初步设想，进一步做市场分析，并与城市规划部门、土地管理部门及其他建造商、投资商进行广泛沟通，设计出一个目标项目方案。项目的可行性研究是在项目选址之后，对该项目进一步做市场研究、财务评价及经济社会评价等，对项目的预期收益水平做出估算，作为项目开发方案选择或是否放弃项目的依据。

2. 前期准备工作阶段

这个阶段主要工作是获取土地使用权、落实资金和项目的规划设计。获取土地使用权的途径，包括通过招标、拍卖和挂牌等土地使用权出让的方式，或土地使用权转让的方式等。资金融通是保证房地产开发活动顺利进行的重要条件，项目落实以后，开发商要尽快实施筹资计划，通过一些合理有效的筹资方式落实资金。规划设计是将项目的可行性研究的成果和项目定位落实到具体地块上的重要过程，是项目开发建设所遵守的依据和准则。在项目规划设计过程中，根据容积率、建筑密度、人口密度等规划指标合理安排用地，保证项目实施后达到预定的经济、社会及生态效益，充分实现项目功能。

3. 项目建设施工阶段

这个阶段是将房地产开发过程中涉及的人力、材料、机械设备、资金等资源聚集在特定的空间与时点上，将项目建设计划付诸实施的活动。这一阶段的主要工作内容包括落实承发包、施工组织、建设监理、市政和公建配套等。

由于一个开发项目涉及多个工程，包括主体建筑、配套工程、基础设施等，如何确保各个工程互相协调建设，需要对总体建设工程进行统一的组织管理。为了使工程按计划、保质量地完成，开发商往往要通过招标的办法择优选取若干个不同性质的承包商，以签订正式承包合同形式来确保工程施工。在项目施工过程中，项目进度的快慢、质量的稳定性、投资成本的增减等存在着较大的可变性。开发商需要聘用专业的监理人员，对施工的进度、质量、成本进行严格的控制，并随时了解工程进度，及时解决出现的一些问题。项目主体建筑施工完成后，必须抓紧做好与项目有关的市政、公建设施的配套建设。

4. 房地产项目租售、竣工验收和交付使用阶段

这个阶段是全面考核建设成果的最终环节,包括房地产售租、竣工验收、交付使用和物业管理等工作内容。房地产租售是房地产开发商通过出租或销售房地产,回收投资资金、实现赢利的重要环节。一个房地产项目租售的成败决定着开发商的利益实现。对于开发商持有的物业或统一经营的物业,必须精心做好租赁工作,这关系到长期收益的实现。房地产销售分为预售和现房销售两个阶段,预售即通常所说的期房销售,是指开发商在建设工程竣工之前进行的销售,现房销售是指开发商在竣工验收合格后进行的销售。由于预售可以提前回收资金,目前开发商大多采用此种销售方式。竣工验收工作是由开发商组织设计部门、建设单位、使用者、质量监督部门及其他相关的管理部门,按照被批准的设计文件所规定的内容和国家规定的验收标准进行综合检查。经验收合格的工程方可办理交付使用手续,进入使用管理。在房地产项目交付使用以后,物业管理十分重要,以保证入住者方便、安全地使用物业及配套设施,为其提供一系列服务,并通过维护、修缮等工作来提高物业的使用寿命及价值。

三、房地产开发项目的过程管理

1. 房地产开发项目规划设计管理

房地产开发项目的规划设计是根据开发基地的具体情况和开发设想,综合协调城市规划行政主管部门、各有关部门以及配套单位的意见和要求,根据政策法规、基地开发可行性研究和市场调查资料,在经济效益、社会效益和环境效益统一的前提下,拟订基地开发的规划设计要求,然后进行设计招标,选出最优同时又是比较经济现代的房地产规划设计方案,并在进一步优化后付诸实施。规划设计的质量、经济性是否符合市场需求,直接关系到基地开发的成败,因此规划设计工作是房地产开发的龙头。房地产开发项目地段的优势提供了良好的投资基础,但是,不一定就能带来良好的投资效果。随着房地产法规的不断完善,市场竞争日趋激烈,购房者日趋理性,工程成本和财务费用不断上涨,商品建筑的使用功能、环境质量及其经济性、合理性,很大程度上取决于规划设计的水平,而且还会直接影响商品房的销售。

房地产开发项目规划设计包括建筑规划设计、道路规划和绿化规划三个方面。其中建筑规划设计又具体分为以下几点:① 建筑类型的选择。房地产项目建筑类型直接影响工作、生活,同时也是决定建设投资、城市用地及城市面貌的重要因素。因此,建筑类型的选择要在满足城市规划要求的同时,综合考虑项目自身的技术经济条件,决定具体的建筑物类型。② 建筑布局。在房地产项目规划中,应使住宅布局合理。为保证每户都能获得规定的日照时间和日照质量,要求条形住宅纵向外墙之间保持一定距离,即为日照间距。建筑容积率是居住区规划设计方案中主要的技术经济指标之一。通常情况下,规划建设用地面积乘以建筑容积率等于规划建设用地范围内的总建筑面积。容积率高,说明居住区用地内房子建得多,人口密度大。一般说来,居住区内的楼层越高,容积率也越高。③ 配套公建。居住区内配套公建合理配置是衡量居住区质量的重要标准之一。比如,稍大的居住小区应设有小学。此外,菜场、食品店、小型超市等与居民日常生活密切相关的配套公建的服务半径一般不要超过150米。④ 环境小品。居住区环境小品主要包括建筑小品、装饰小品、公用设施小品和游憩设施小品等。房地产项目道路是城市道路系统的组成部分,不仅要满足房地产项目内部的功能要求,而且要与项目周围城市道路系统相一致。房地产项目道路内部功能必须包括以下几个方面:一是满足居民日常生活方面的交通活动需要;二是方便市政公用车辆的通行;三是满足货运需要。房地产项目

绿化规划应根据功能和使用要求,采取重点与一般、集中与分散、点线面相结合的原则进行布置,形成系统并与周围的城市绿化相协调。合理选种和配置绿化品种,做到花草结合,常绿树与落叶树结合,力求四季常青,以提高居住环境的质量。同时要充分利用自然地形和现状条件,尽可能利用劣地、坡地、洼地等不利建设的用地作为绿化用地,化不利因素为有利因素。

2. 房地产开发项目招投标管理

房地产开发项目施工的招标,指开发商(或开发商委托的招标代理机构)以工程建设标底为尺度(或以其他的符合国家法律法规的条件为尺度),择优选择承包商(建筑商)并与之签订合同的过程。房地产开发项目施工的投标,指承包商(建筑商)为了承揽开发商的工程项目,以投标报价的方式,争取获得工程项目施工权利并与开发商签订施工合同的过程。房地产开发项目的招投标可以分为公开招投标、邀请招投标和协商招投标 3 类。房地产开发项目招投标要遵循公开、公平、公正以及最低标价 4 项原则。

房地产开发项目开标要在招标文件确定的提交投标文件截止时间的同一时间公开进行,开标地点为招标文件中事先确定的地点。开标由招标人主持,邀请所有投标人参加。开标时,由投标人或其推选的代表检查投标文件的密封情况,也可以由招标人委托的公证机构检查并公证,经确认无误后,由工作人员当众拆封,宣读截止时间前收到的所有投标人名称、投标价格和投标文件的其他主要内容。评标是由招标人依法组建的评标委员会开展的活动。评标委员会由招标人或其委托的招标代理机构熟悉相关业务的代表以及有关技术、经济等方面的专家组成。评标委员会根据招标文件规定的评标标准和方法,对投标文件进行系统的评审和比较,招标文件中没有规定的标准和方法不得作为评标的依据。评标和定标要在投标有效期结束日后一定的时间内(我国规定为 30 个工作日)完成。评标委员会完成评标以后,向招标人提出书面评标报告,并抄送有关行政监督部门。评标委员会推荐中标候选人 1～3 个并标明排列顺序。中标人确定以后,招标人向中标人发出中标通知书,同时通知未中标人。中标通知书具有法律约束力,招标人应当与中标人按照招标文件和中标人的投标文件订立书面合同,双方不得再行订立背离合同实质性内容的其他协议。不过,当评标委员会经过评审认为所有投标都不符合招标文件要求时,可以否决所有的投标。

3. 房地产开发项目工程质量管理

建设工程质量管理是指建设工程在准备和实施过程中,对市场调查、设计、采购物资、加工订货、施工、试验和检验、安装和试运转、竣工验收、用后服务等一系列环节中的作业技术活动的检查和监督,使建设工程在性能、寿命、安全性、可靠性和经济性等方面都达到一定标准的活动。质量管理贯穿工程建设的始终,是整个建设工程的重要组成部分,开发商必须确保所有参与方按时按质完成他们的工作,同时确保成本被仔细而持续地监控。

工程质量管理的重点是在设计和施工阶段对各种技术的有效控制和加工订货的监督。一般可分为三个环节:一是对影响质量的各种技术和活动要求制订计划和程序;二是要按计划和程序实施,并在实施过程中进行连续检验和评定;三是对不符合计划和程序的情况进行处置,并及时采取纠正措施等。

建设工程质量管理主要包括以下三个方面内容:① 对原材料的管理。对项目工程使用的每种原材料,都要审查其生产厂家的有关数据资料,并通过试验决定能否在该工程上使用。施工单位不得自作主张使用任何一种原材料。② 对混凝土浇灌的试验管理。工程的任何部门浇灌混凝土都必须根据规范严格检查。未经认可,施工单位不得自行浇灌混凝土,否则即使炸掉,也不要留下质量隐患,并且不付工程款。③ 对施工程序的管理。在施工过程中,管理方按施工方事先的报告逐项检查,不合格的施工立即下令停工,并进行整改。全部施工完成后,管理方还必须进行严格检查。

4. 房地产开发项目成本控制

房地产开发项目成本控制是房地产开发项目管理的重要组成部分,是开发商对所开发项目投资的有效控制。在投资决策阶段、规划设计阶段、方案设计阶段、招投标阶段、施工建设阶段,等等,都必须把项目投资控制在预定的限额以内,在保证开发项目顺利实施的情况下,力求提高开发中人力、物力、财力的使用效率,并努力实现经济效益、社会效益和环境效益的统一。房地产项目成本控制贯穿于整个房地产开发实施过程,包括建设过程及销售过程的所有费用。这就必须充分考虑到成本目标、进度目标、质量目标的统一,反复协调工作,力求优化实现各目标之间的平衡。同时,为了控制好整个房地产项目的成本支出,必须从每个成本支出的时间段开始,从项目工程的每个分部工程开始,循序渐进地进行控制。成本控制周期不宜太长,以近期控制为主,努力实现控制的准确性。由于房地产开发项目建设是一个周期长、投资大的生产、实施过程,不确定性较大,所以,必须根据情况变化进行动态控制。

第二节 房地产开发贷款的特点、分类和风险

一、房地产开发贷款的特点

中国银行业监督管理委员会 2004 年 9 月 2 日发布《商业银行房地产贷款风险管理指引》,对房地产贷款和房地产开发贷款做了明确定义:房地产贷款是指与房地产开发、经营、消费活动有关的贷款。房地产贷款按照其用途可分为房地产开发贷款、土地储备贷款、个人住房贷款和商业用房贷款。房地产开发贷款是指贷款人向借款人发放的用于住房开发、商业用房开发、房地产土地开发和配套设施建设的贷款。[①] 房地产开发贷款是保证房地产开发企业资金正常周转,从数量和时间上保证房地产开发企业和房地产开发项目对资金的要求,为房地产开发企业提供产品、实现价值提供资金保障。房地产开发贷款由房地产开发企业以间接融资方式,将银行等金融机构吸收的资金运用到房地产开发项目。房地产开发贷款属于生产性贷款,具有以下特点:

首先,房地产开发贷款面临较大的风险。房地产开发贷款客户集中,单笔贷款数量大,一旦发生风险,损失大。房地产开发贷款属于生产性贷款,因而容易受到来自宏观经济政策变动、区域经济波动、项目选择和开发商资质等诸多因素的影响,上述因素变化容易引发房地产开发贷款风险。因此,银行必须及时掌握多方面的信息,随时监测相关信息的变化,分析这些变化对房地产开发贷款的偿还可能产生的影响,并采取相应的对策,有效降低房地产开发贷款风险。

其次,房地产开发贷款还贷资金来源取决于房地产项目销售业绩。房地产开发项目往往由投资者组建项目公司开发与销售,这类公司贷款实际上类似于项目贷款,因为在发放贷款时看不到经营业绩,贷款的归还完全取决于项目是否开发成功,项目的销售回款是还本付息的来源。因此,银行必须注意贷后风险的管理,随时跟踪项目销售情况、资金回笼情况等贷后信息

---

① 中国银监会,《商业银行房地产贷款风险管理指引》(银监发〔2004〕57 号),2004 年。

的变化,以保障贷款的安全回收。

最后,房地产开发贷款抵押担保的第二还款保障度较低。房地产开发贷款一般是以开发项目的土地使用权及在建工程作为抵押,随着开发项目逐步销售出去,原抵押物价值必然降低。而且由于土地使用权及在建工程价格波动大,房地产开发贷款第二还款保障度较低。银行必须注意抵押担保的有效性,在办理房地产开发贷款时,应当全面了解开发商的实力,考察抵押担保是否合法,是否足值等条件,增强第二还款能力,保障贷款安全。

二、房地产开发贷款的分类

从不同的角度可以将房地产开发贷款分成不同的类型。按照贷款保证方式,房地产开发贷款可以分为信用贷款和担保贷款。信用贷款是指无须抵押,全凭借款人信誉而发放的贷款。担保贷款又可分为保证贷款、抵押贷款和质押贷款。保证贷款是由第三人作为担保人而发放的贷款。抵押贷款是以房产或地产作为还款的物质保证。质押贷款则是以汇票、支票或股票等权利做质押。房地产抵押贷款一般需要到有关部门进行抵押登记,并对抵押品进行评估,因而房地产抵押贷款的筹资费用相对较高,但由于存在抵押品而使银行的贷款风险大大降低,银行往往更愿意选择这种融资方式放款。在中国房地产开发的实际运作中,大多数企业都采用房地产抵押贷款来进行融资。

按照贷款用途的不同,房地产开发贷款分为房地产开发企业流动资金贷款和房地产开发项目贷款。房地产开发经营企业流动资金贷款,是指银行向房地产开发经营企业发放的用于土地和商品房开发及经营活动所需的生产性流动资金贷款,是房地产开发企业因资金周转所需申请的贷款,不与具体项目相联系。这种贷款的对象包括土地开发公司、房屋开发公司、房地产开发公司和房地产开发经营公司。贷款利率与一般工商企业流动资金贷款利率相同,贷款期限较短。一般地说,房地产开发经营企业流动资金贷款的数额极其有限,很难真正满足房地产开发的巨额资金需求。房地产开发项目贷款,是指银行对特定房地产开发项目所发放的生产性流动资金贷款,该项贷款主要以工程项目或楼盘为贷款对象。这项贷款具有以下特点:① 开发企业只能将贷款用于规定的开发项目,专款专用,不能自行结转到其他开发项目中使用。② 贷款额度按照房地产开发项目的建设工期和投资额一次核定,一个开发项目只能得到一次房地产开发项目贷款。该项贷款数额有限,利率相对较低,还贷资金来源是房地产开发项目的销售收入。房地产开发项目贷款有以下几种类型:① 住房开发贷款,是指银行向房地产开发企业发放的用于开发建造向市场销售住房的贷款。② 商业用房开发贷款,是指银行向房地产开发企业发放的用于开发建造向市场销售,主要用于商业经营项目开发的贷款。③ 土地开发贷款,是指银行向房地产开发企业发放的用于土地开发的贷款。

三、房地产开发贷款的风险

房地产开发贷款风险是指商业银行对房地产企业发放房地产开发贷款后,由于各种不确定性因素而导致的投入本金和预期收益的损失或减少。即由于借款人违约的不确定性造成银行房地产开发贷款损失的可能性。商业银行房地产开发贷款风险包括政策风险、市场风险、经营风险、财务风险、完工风险、抵押物评估风险和贷款保证风险等。

1. 政策风险

政策风险是指由于国家或地方政府有关房地产业的各种政策、法律、法规的变化给投资者或贷款者带来损失的可能性。房地产投资受到多种政策因素的影响和制约，如产业政策、投资政策、土地政策、财税政策、金融政策和住房政策等，这些政策的变化将对房地产开发投资的收益目标产生巨大影响，从而对房地产开发投资者或贷款者带来风险。

2. 市场风险

市场风险是指由于房地产市场变化给房地产开发贷款带来的收益不确定性。房地产市场受到宏观经济和房地产供求等多种因素的影响，房地产市场走势的变化，直接对房地产开发项目的投资收益产生影响，因而投资者和银行需要及时分析房地产市场的供求状况和演变趋势，对房地产周期波动做出预判，并采取相应的对策，尽可能降低房地产市场风险。

3. 经营风险

经营风险是指由于房地产开发投资经营决策的失误，造成实际经营收益偏离期望值，以致难以归还贷款的可能性。如果房地产开发企业经营决策失误或经营不善，房地产开发项目出现滞销或房地产经营收益减少，将不能及时偿还银行贷款或出现坏账。

4. 财务风险

财务风险是指由于房地产企业运用财务杠杆，过度使用债务融资而导致现金流不足以偿还负债的可能性。由于房地产开发项目投资额较大，建设周期和投资回收期长，房地产开发企业的自有资金通常不足以满足投资所需，部分投资资金需要通过银行贷款来满足，因而高负债是房地产开发企业的普遍特征，如果房地产企业的现金流不畅，资金链偏紧甚至断裂，这往往会引发财务风险。

5. 完工风险

完工风险是指房地产开发项目在开发过程中，由于不可抗力和不可控因素等导致的房地产开发项目不能按期完工而带来损失的可能性。例如，政府批文不能如期取得，发生自然灾害使工程不能正常进行等。

6. 抵押物评估风险

抵押物评估风险是指银行由于在发放贷款之前对抵押物的评估不当，所造成损失的可能性。资产抵押是防范开发贷款风险的重要手段，因而准确地评估抵押资产的价值至关重要。

7. 贷款保证风险

贷款保证风险是指发放贷款时对保证人的错误判断所造成的贷款难以归还的可能性。对担保企业担保能力的评价，往往只是根据该担保人为借款人做担保之前的财务报表数据及其他相关指标测算，而在房地产企业较长时期的贷款期间，银行并不能时刻关注担保企业是否具备担保能力，从而采取相应的有效措施。当担保企业的经营状况出现较大变化时，将引发贷款保证风险。

第三节 房地产开发贷款的贷款流程和贷款评估

一、房地产开发贷款的流程

办理房地产开发贷款，主要包括以下6项内容。

1. 确定房地产开发贷款的借款主体

房地产开发贷款的借款主体必须是经国家房地产业主管部门批准设立,在工商行政管理机关注册登记,取得企业法人营业执照并通过年检,取得行业主管部门核发的房地产开发企业资质等级证书的房地产开发企业,并且具有贷款卡,在银行开立基本账户或一般账户。首先,开发商的房地产开发项目要与其资质等级相符,项目开发手续文件齐全、完整、真实、有效,应取得土地使用权证、建设用地规划许可证、建设工程规划许可证、开(施)工许可证,按规定缴纳土地出让金。其次,开发项目的实际功能与规划用途相符,能有效满足当地房地产市场需求,有良好的市场租售前景。第三,项目的工程预算、施工计划符合国家和当地政府的有关规定,工程预算总投资能满足项目完工前由于通货膨胀及不可预见等因素追加预算的需要。最后,项目资本金应达到项目预算总投资的35%以上,并在银行贷款到位之前投入项目建设。

2. 准备申请开发贷款资料

房地产开发商(借款方)需要向商业银行(贷款方)提交公司和项目的相关材料。公司的相关资料,包括借款人营业执照、法人代码证书、税务登记证;借款人验资报告和公司章程及有关合同;房地产开发主管部门颁发并通过年检的借款人资质等级证书;借款人贷款证(卡)和资信证明材料;经会计(审计)事务所或有关部门核准的借款人近三年财务报告及最近一个月的财务报表。成立不足三年的企业应提交自成立以来的年度审计报告和近期财务报表;法定代表人证明和签字样本。贷款由被委托人办理的需提供企业法定代表人授权委托书;企业董事会成员和主要负责人、财务负责人名单和签字样本;借款人董事会或相应决策机构关于同意借款的决议;经有关部门批准的项目立项批文和项目可行性研究报告等。

除了提供以上贷款所需的有关公司的基本材料外,还需要提交有关贷款项目的材料,包括国有土地出让(转让)合同、土地出让金缴纳凭证及《国有土地使用证》和项目《建设用地规划许可证》《建设工程规划许可证》《建筑工程施工许可证》。优质客户申请项目贷款时上述"四证"暂时不全(含批准开发面积不全)的,应提供"四证"落实计划,保证贷款发放前取得齐全的项目开发批件;其他非优质客户申请项目贷款时,应提供齐全的"四证"。项目已开始预售的,还需提供合法完整的《预销售许可证》、项目所在地总平面图、规划设计方案、投资概(预)算书、施工进度和资金运用表、七通一平的落实资料,项目资本金来源及落实的资料;采取担保贷款方式的,应根据有关规定提供保证人、抵押物有关资料;以房地产设定抵押权的,应提供抵押物保险单或同意投保的承诺函;以划拨方式取得的国有土地使用权设定抵押的,还要提供土地管理部门批准设定抵押的证明、项目监理单位资质证明和以往工作业绩材料,联合开发的合同、协议。

3. 办理房地产开发贷款的担保与保险

申请房地产开发贷款的借款方,通常在签订借款合同之前提供贷款方认可的财产抵(质)押或第三方不可撤销的连带责任担保。

借贷双方商议采取质押方式的,出质方和质权方必须签订书面质押合同。凡《中华人民共和国担保法》规定需要办理登记的,应当办理登记手续;贷款方认为需要公证的,借款方(或质押人)应当办理公证手续。用于抵(质)押的财产,需要估价的可以由贷款行进行评估,也可委托贷款方认可的资产评估机构进行评估。抵押贷款金额不得超过抵(质)押物价的70%;以土地使用权作抵押的,抵押合同有效期限应长于贷款期限,确定抵押期限时应以土地使用权出让合同的使用年限减去已经使用年限后的剩余年限为限。抵(质)押期间,借款方未经贷款方同意,不得转移、变卖或再次抵(质)押已被抵(质)押的财产,对质押的有价证券如发生遗失,未经质押权人核实同意,不得以任何理由挂失。房地产开发贷款抵(质)押物品的评估登记费和借款合同公证费均由借款方负担;贷款方可以向借款方一次性收取质押和保管物品的保管费。

借贷双方商定采取保证方式的,借款方应提供贷款方认可的第三方保证人。第三方保证人提供的保证为不可撤销的承担连带责任的全额有效担保。借款方、保证人和贷款方之间应签订保证合同。借款方和保证人发生隶属关系、性质、名称、地址等变更时,应提前30天通知贷款方,并与贷款方重新签订借款合同修正文本和贷款保证合同文本。

申请开发贷款的借款方,应在借款合同签订前按贷款方指定的保险种类到保险公司办理保险。保险期限不得短于借款期限,投保金额不得低于贷款本息金额,保险单不得有任何有损贷款方权益的限制条件,并应当明确贷款方为该保险的第一受益人。办理保险所需的一切费用由借款方负担。在保险期间,保险单交由贷款方执管。在保险有效期内,借款方不得以任何理由中断或撤销保险。如保险中断,贷款方有权代为投保,一切费用由借款方负担。

4. 审查和审批房地产开发贷款

贷款审查是贷款审查部门根据贷款"三性"原则和贷款投向政策,对贷款调查部门提供的资料进行核实,评价贷款风险,复测贷款风险度,提出贷款决策建议,供贷款决策人参考。

贷款审查的主要内容包括:① 审查调查部门提供的数据、资料是否完整。② 根据国家产业政策、贷款原则审查贷款投向是否符合规定。③ 审查贷款项目是否需要评估,有无评估报告,是否超权限评估,评估报告是否已批准,项目情况是否可行。④ 审查贷款用途是否合法合理,贷款金额能否满足项目的需要,利率是否在规定的上下限范围内,借款人的还款能力,是否有可靠的还款来源。⑤ 审查贷款期限。房地产开发项目贷款最长期限为3年,建筑业短期贷款最长不超过1年。⑥ 审查担保的合法性、合规性、可靠性。其中质押贷款需要审查包括存单、国库券等有价证券的价值。抵押贷款需要审查包括房地产、营运车辆的价值。保证贷款的审查内容包括保证人必须是具有代替借款人清偿债务能力的法人、其他组织或者公民,《担保法》规定国家机关、学校、医院等公益事业单位、无企业法人授权的分支机构不能做保证人;核实保证人保证意见的真实性、合法性,如股份有限公司要有董事会决议;审查保证人的保证能力。⑦ 复算贷款风险度、贷款资产风险度。计算公式为:贷款项目综合风险度=贷款方式风险系数×[企业信用等级系数×(1−Y)+项目风险等级系数×Y]。其中,Y=项目投资总额÷(企业有形净资产+项目投资总额)。贷款资产风险度=(正常贷款金额×项目贷款风险度×1.0+逾期贷款金额×项目贷款风险度×1.3+呆滞贷款金额×项目贷款风险度×1.8+呆账贷款金额×项目贷款风险度×2.5)÷贷款总额。⑧ 审查该笔贷款发放后,企业贷款总余额有无超过该企业贷款最高限额,授信额有无超过单个企业贷款占全行贷款总额最高比例10%。⑨ 按照授权授信管理办法,确定该笔贷款的最终审批人。

房地产开发贷款的审批要根据贷款审批权限及项目评估权限办理。贷款签批人在授权范围内签批贷款,并决定贷款种类、金额、期限、利率、方式。贷款经批准后,由调查部门发放贷款手续。审查或审批人不同意贷款的,要说明理由,有关资料退还给贷款调查部门,并由贷款调查部门通知企业。

5. 发放房地产开发贷款

经审批符合规定的开发贷款,信贷员通知借款人、担保人正式签订贷款合同、保证合同或抵押(质押)合同,并按规定办妥有关公证、抵押登记、保险等手续。借款人取得贷款之前应为项目办理有效的建筑工程保险,以房地产作为抵押品的在偿清全部贷款本息之前,应逐年按不低于贷款金额的投保金额办理房地产意外灾害保险,且投保期至少要长于借款期。保险合同上要明确贷款人为保险的第一受益人,保险单正本由贷款行保管。

若属抵押(质押)担保方式,借款人应将抵押物(质押物)权属及其有关登记证明文件、保险单等交贷款人收押保管,并由贷款人出具收条给借款人。借款人需使用由贷款人收押的证明文件或资料,办理相关的销售手续时需出具借条,待手续办理完毕即还贷款人。若属于住房开发项目贷款,有条件的贷款行应在发放项目贷款前与借款人就该贷款项目销售后的"一揽子"个人住房抵押贷款业务签订抵押贷款业务合作协议。

6. 对房地产开发贷款的贷后管理

贷款人应对借款人执行借款合同情况及借款人的经营情况进行调查和检查,掌握借款人资信方面的重大变化和影响借款偿还的情况。借款人应按借款合同的规定按时足额偿还贷款本息。贷款人在短期贷款到期1个星期之前、中长期贷款到期1个月之前,应当向借款人发送还本付息通知单。借款人应当及时筹备资金,按时还本付息。贷款人对逾期的贷款要及时发出催收通知单,做好逾期贷款本息的催收工作。借款人对不能按借款合同约定期限归还的贷款,应当按规定加罚利息,对不能归还或不能落实还本付息事宜的,应当督促归还或者依法起诉。借款人提前归还贷款,应当与贷款人协商。

二、房地产开发贷款的评估

一旦银行对某个房地产项目发放了开发贷款,信贷资金将与项目建设联系在一起,银行对信贷资金由直接支配变为间接管理,这意味着银行的信贷资金处在了一定的风险状态。因此,做好房地产开发贷款的评估工作,加强对房地产开发贷款的管理,对于合理有效地利用信贷资金,更好地服务于房地产开发和建设,提高房地产开发贷款的质量,防范开发贷款风险,具有十分重要的意义。

房地产开发贷款评估,是指银行或其他有关部门在项目可行性研究的基础上,从贷款人的角度,根据贷款收益性、安全性和流动性的要求,运用定量和定性分析相结合的方法,在房地产开发贷款决策前期工作中,对借款人和拟开发项目的盈利水平、偿债能力、建设条件、市场环境及各种不确定因素所做的系统全面的评估,对开发项目进行客观、公正的经济技术论证,并提出贷与不贷、贷多贷少的意见。房地产开发贷款评估的结论将成为银行贷款决策的重要依据,因此,房地产开发贷款评估既是贷前调查的重要环节,也是贷款的决策过程。

房地产开发贷款评估的内容包括借款人评价、建设项目条件评价、市场评估、投资估算和筹资评估、项目财务评价、贷款风险分析、项目总评价与评估报告的编写等七个方面。

1. 借款人评价

(1) 调查借款人的基本情况。主要是公司组织形式、产权构成、注册资本、经济实力、经营管理机制、业务范围、资质等级、完成项目建设的能力及公司具备的优势与特长等。

(2) 调查法定代表人及领导层成员的经历、业绩、信誉、品德和能力,评价其经营管理水平。

(3) 核查公司财务管理和经济核算制度是否健全,特别是通过分析前3年及上个月的财务报表,估测其经营能力、盈利状况及还本付息能力,尤其对资产负债率、流动比率、速动比率等指标达不到规定条件的要进行分析说明,并了解其在贷款行和其他行的结算存款及贷款信用状况等。

（4）了解借款人与贷款行的业务合作诚意及程度，如存款结算、中间业务的代理、项目按揭及售房款的回笼情况等。

2. 建设项目条件评价

建设项目条件包括项目建设必要性、项目建设内容、规划和建设方案、项目建设条件、设计单位资质、施工组织、环境保护等。

3. 市场评估

市场评估内容包括市场总体情况分析，市场需求分析，开发产品的主要特点及市场定位，市场的竞争力分析。关注在本项目建设经营期内，周边同类竞争项目的开发量及对本项目销售的影响。

4. 投资估算和筹资评估

主要涉及三项工作。首先，估算项目总投资。项目总投资包括土地费用、前期工程费、房屋开发费、管理费用、销售费用、财务费用、不可预见费、其他费用和税费。其次，对投资估算评价、投资来源及筹资评价和项目投资计划评价。最后，根据投资估算、投资来源及分年度投资计划，编制"项目投资来源及支出预测表"。

5. 项目财务评价

（1）财务效益预测。根据市场评估预测的分年度销售计划和销售价格预测年销售现金收入，计算各年销售收入。根据国家和地方现行的财税制度及房地产企业会计的有关规定，按比例结转开发成本到经营成本，计算经营税金及附加、销售费用、管理费用、财务费用、所得税等，编制"项目损益及利润分配预测表"。

（2）项目财务现金流量分析。根据项目投资来源与支出、销售收入计划以及损益预测等情况，编制"项目财务现金流量表"，计算项目内部收益率、投资回收期、财务净现值等指标。

（3）资金来源与运用分析。编制项目计算期内"资金来源与运用表"，确定各年可还款资金来源。

（4）项目偿债能力评估。根据可还贷资金来源和还款方式，编制"项目借款偿还预测表"。按合同规定还款的，计算各年偿债保证比和综合偿债保证比；没有预定的，按最大能力还款预测项目借款偿还期。

（5）项目敏感性分析。计算分析建造成本、建设周期、销售价格和销售量的变动对项目内部收益率、偿还期和偿债保证比的影响程度，确定敏感因素。计算盈亏临界状态时的项目产品租售价格和租售量。

6. 贷款风险分析

（1）定量分析与定性分析。测算贷款风险度，填制"项目贷款风险度测算表"。综合分析借款人在落实建设条件、资金筹措、销售价格、其他开发产品积压、汇率、管理体制和经济政策等方面所面临的风险，分析这些风险因素出现的可能及对贷款的影响程度，提出相应避险措施。

（2）贷款担保评价。对借款人提出的贷款担保方式进行初步调查，评价其可行性。

7. 项目总评价与评估报告的编写

（1）总体要求：编写评估报告应实事求是，客观公正。报告要求有事实、有数据、有分析、有结论，分析要突出重点，文字要简明扼要，条理清楚。

（2）格式要求：封面以"贷款评估报告"为标题，并注明借款人名称、项目名称、评估组织单位和时间。正文一般包括概要、借款人评价、项目建设条件评价、市场评估、投资估算与筹资评价、偿债能力评价和贷款分析等几部分。

(3) 评估报告附表主要包括评估主要结论报告表、投资来源及支出预测表、项目损益及利润分配预测表、项目财务现金流量表、资金来源与运用表、项目借款偿还预测表、项目贷款风险度测算表、借款人损益及利润分配预测表、借款人资产负债预测表、借款人现金流量预测表、借款人长期负债偿还预测表。

第四节 房地产开发贷款的信贷风险分析

加强对房地产开发贷款风险的分析,并从商业银行角度有针对性地提出风险防范措施,将有助于金融业的良性发展,从而维护金融体系的运行安全。通过对房地产开发贷款风险的有效控制,可以提高房地产开发贷款质量,降低商业银行房地产开发贷款的成本,使房地产开发企业更加合理有效地利用信贷资金,更好地服务于房地产项目开发和建设,从而推动房地产业的健康发展。

一、房地产开发贷款信贷风险相关理论

对房地产金融风险的理论分析,比较具有代表性的理论是金融不稳定假说、金融资产价格波动论和信息经济学的解释。

1. 金融不稳定假说

美国经济学家海曼·P. 明斯基提出的金融不稳定假说(Financial Instability Hypothesis),开创了金融脆弱性理论研究的先河。[1] 明斯基强调投资在经济中的角色,强调金融在经济中的核心作用,认为经济的不稳定集中体现在金融的不稳定上。金融不稳定假说认为,以商业银行为代表的信用创造机构和借款人相关的特征使金融体系具有天然的内在不稳定性,即不稳定性是现代金融制度的基本特征。明斯基将金融危机很大程度上归于经济的周期性波动,但其潜在和更重要的内涵在于表明金融危机是与金融自身内在的特征紧紧相关的,即金融的内在不稳定性使得金融本身也是金融危机产生的一个重要原因。明斯基承认银行脆弱、银行危机和经济周期发展的内生性,银行和经济运行的周期变化是市场经济的自我调节,认为政府干预不能从根本上消除银行脆弱性。这一理论可以较好地解释20世纪30年代美国、80年代末90年代初日本的情况,以及1997年东南亚金融危机中受害最深的泰国的情况。2007年8月美国发生的次贷危机被贴上了"明斯基时刻"的标签,随之而至的金融体系崩溃和深度的经济衰退亦被认为是对明斯基关于资本主义经济危机"金融不稳定假说"的确认。

金融不稳定假说的第一定理,是经济在一些融资机制下是稳定的,在一些融资机制内是不稳定的。金融不稳定假说的第二定理,是经过一个长时间的繁荣,经济会从有助于稳定系统的金融关系转向有助于不稳定系统的金融关系。金融不稳定假说是一个资本主义经济的模型,这一假说主张历史商业周期被资本主义经济的内在动力,以及旨在令经济在合理的范围内运

---

[1] Hyman P. Minsky, "1991: Recession or Depression?", Hyman P. Minsky Archive. Paper 206, 1991, http://digitalcommons.bard.edu/hm_archive/206.

行的干预及监管制度而复杂化了。金融不稳定假说是一个关于债务对系统行为影响的理论,而且考虑到了债务成立的方式。与传统的货币数量理论相反,金融不稳定假说将银行业务视为寻求利润的行为。

明斯基认为政府对经济的干预是必要的。明斯基提出了"大政府"(Big Government)和"大银行"(Big Bank)的概念。明斯基认为政府赤字在经济收缩期可以起到维持利润的作用,使得经济避免陷入萧条。明斯基所说的"大银行",实际上是指中央银行,是中央银行作为最后贷款人的干预行动,以及这一行动对阻止金融陷入不稳定所起的重要作用。

2. 金融资产价格波动论

金融资产价格的内在波动是造成金融风险、引发金融危机的重要原因。提出这一理论的经济学家认为,过度投机会造成股票和房地产价格的动荡起伏。正如凯恩斯所描绘的"乐队车效应"(Bandwagon Effect):当经济繁荣推动股价和房价上升,投资人开始涌向金融资产的"乐队车",使得股票和房地产价格上升得更快,以至于达到完全无法用经济基本面来解释的水平。由于脱离了经济基本面,市场预期最终将发生逆转,导致股市和房地产市场崩溃。该理论强调市场集体行为的非理性导致过度投机对资产价格波动的影响。

3. 信息经济学的解释

信息经济学是研究在非对称信息情况下,当事人之间如何制定合同(契约)及对当事人行为进行规范的问题。借助于信息经济学,能够从微观行为的角度更深刻地认识金融风险。金融机构对房地产开发企业的信用等级评估,其实质是基于信息经济学对金融风险的解释。信息经济学代表人物苏格兰经济学家詹姆斯·莫里斯认为,不对称信息是金融风险产生的主要原因。不对称信息是指当事人都有一些只有自己知道的私人信息,由于社会分工和专业化的存在,从事交易活动的双方对交易对象以及环境状态的认识是很难相同的,因而信息不对称是现实经济活动中的普遍现象。不对称信息大致可以分为两类:一类是外生的信息,它是先天的、先定的,不是由当事人的行为造成的,一般出现在合同签订之前;第二类信息是内生的,取决于行为人本身,它出现在签订合同之后。第一类信息将导致逆向选择,第二类信息将产生道德风险。这两种情况若在金融市场上出现,将降低市场机制的运行效率,影响资本的有效配置,造成金融风险。

二、房地产开发贷款信贷风险管理

20世纪70年代以前,信用风险的度量主要是依靠各种财务报表提供的静态数据以及宏观经济的各项指标进行相对主观的评价。20世纪80年代以后,由于全球债务危机的影响,国际银行业普遍开始注重信用风险的防范和管理。1988年巴塞尔银行监管委员会制定了《关于统一国际银行资本衡量和资本标准的协议》(即巴塞尔协议),提出了信用风险的管理方式。在此基础上,银行业形成了传统的信用风险管理方法,即专家系统法、信用评级法和信用评分法。

(1) 最为常见的专家系统法是5C法,即对借款人的品格(Character)、资本(Capital)、偿付能力(Capacity)、抵押品(Collateral)和周期形势(Cycle Conditions)进行综合分析和评估。专家系统法,依靠具有专门知识的信贷专家凭借经验、专业技能、主观判断进行决策,因而主观色彩比较浓厚。

(2) 信用评级法也叫OCC法,是由美国货币监理署(OCC)开发的,美国的监管者和银行家采用这一方法评估贷款损失准备金的充分性。OCC 最早将贷款分为 5 级：正常贷款、关注贷款、次级贷款、可疑贷款和损失贷款。

（3）信用评分方法的基本思想是事先确定某些决定违约概率的关键因素，将它们加权平均计算得出一数量化的评级分数。这一数值既可以按照字面意义解释为违约概率，也可以当作一种分类方法，把潜在的借款人进行分组归类。

上述传统方法主要依赖于主观分析或定性分析，也被称为"银行家专家系统"（Banker Expert System）。

1968 年，纽约大学阿特曼（Altman）教授提出了 Z 值信用评分模型，对信用风险进行量化研究。该模型选取一组最能反映借款人财务状况和还本付息能力的指标，运用线性函数建立模型，提出对企业进行分类判别的线性判别式。作为信用风险的第一个量化模型，Z 值信用评分模型是开创性的，但是在权重的确定中人为因素很大，往往出现很大的偏差，1977 年该模型经修正和扩展为第二代 ZETA 信用风险模型（ZETA Credit Risk Model），使上述问题得到了一定程度的解决。20 世纪 80 年代以来，较为简单的现代模型和更为复杂的工程化模型陆续被引入银行业。

中国商业银行对于借款人的资信评价，最常用的方法可以归纳为专家分析方法，即财务分析、现金流量分析、担保分析以及其他非财务因素的分析。上述四种分析要素，亦被称为四大技术分析工具，其实质是对传统信用分析法的简化和合并。这一分析思路在 1998 年中国人民银行推行新的贷款风险分类（即五级分类决）时得以强化。贷款五级分类是根据贷款的质量和风险程度进行划分，弥补了原来"一逾两呆"纯粹以贷款逾期形态划分贷款的事后管理方法的缺陷。虽然中国商业银行的信贷风险分析已经突破了仅凭主观判断的不规范管理的模式，走上了数量化实证管理的轨道，但是，由于中国证券市场特别是债券市场不发达，缺乏大量企业贷款及债券信用记录数据，中国商业银行对信用风险的判断仍是基于财务报表对企业信用状况的反映，在银行信用风险度量方面侧重对银行信用风险的成因进行定性分析，采用的信贷风险分析方法主要是专家分析方法和传统的贷款风险度法。随着中国房地产金融理论的发展，中国学者在房地产信贷风险分析方法和度量方法上做探索，并从不同的角度对房地产信贷风险进行分析。中国商业银行在信用评级和贷款分类的定量分析方面，尚处于前期准备阶段，仍有较长的路要走。

三、房地产开发企业信用评级

信用评级是企业申请银行贷款的重要前提之一。广义的信用评级是指各类市场的参与者（企业、金融机构和社会组织）及各类金融工具的发行主体履行各类经济承诺的能力及可信任程度。狭义的信用评级是对企业的偿债能力、履约状况、守信程度的评价。严格地说，信用评级是由专门从事信用评级的中介机构，运用科学的指标体系，采取定量分析和定性分析相结合的方法，通过对企业、债券发行者、金融机构等市场参与主体的信用记录、企业素质、经营水平、外部环境、财务状况、发展前景及可能出现的各种风险等进行客观、科学、公正的分析研究，对其信用能力（主要是偿还债务的能力及其可偿债程度）所做的综合评价，并用特定的等级符号标定其信用等级的一种制度。

按照评估机构不同，信用评级分为以下两类：一是公开评级。一般指独立的信用评级公司进行的评估，评估结果要向社会公布，向社会提供资信信息。评估公司要对评估结果负责,评估结果具有社会公证性质。这就要求信用评级公司必须具有超脱地位,不带行政色彩,不受任何单位干预,评估依据要符合国家有关法规,具有客观公正性,在社会上具有相当的权威性。二是内部评级。评估结果不向社会公布,内部掌握。银行对借款人的信用等级评估就属于这一种,由银行信贷部门独立进行,作为审核贷款的内部参考,不向外提供资信信息。

信用评级采用综合评级方法,主要有四种:① 加权评分法。这是信用评级中应用最多的一种方法。根据各个指标在评级中的重要程度,设定其标准权数,同时确定各个指标的标准值,然后比较指标的实际数值与标准值得到级别指标分值,最后汇总指标分值求得加权评估总分。根据企业的得分,划分为 AAA、AA、A、BBB、BB 和 B 级。通常 BBB 及以上等级的企业有资格获得银行贷款。② 隶属函数评估法。这种方法是根据模糊数学的原理,运用隶属函数进行综合评估。一般步骤为:首先运用隶属函数给定各项指标在闭区间[0,1]内相应的数值,称为"单因素隶属度",对各指标做出单项评估。然后对各单因素隶属度进行加权算术平均,计算综合隶属度,得出综合评估的指标值。结果越接近 0 越差,越接近 1 越好。③ 功效系数法。功效系数法是根据多目标规划原理,对每一个评估指标分别确定满意值和不允许值,以不允许值为下限,计算这一指标实现满意值的程度,并转化为相应的评估分数,再加权计算综合指数。④ 多变量信用风险二维判断分析评级法。对信用状况的分析、关注、集成和判断是一个不可分割的有机整体,这也是多变量信用风险二维判断分析法的评级过程。多变量特征是以财务比率为解释变量,运用计量分析方法推导而建立的标准模型。运用此模型预测某种性质事件发生的可能性,使评级人员能及早发现信用危机信号。经长期实践,这类模型的应用是最有效的。多变量分析是从若干表明观测对象特征的变量值(财务比率)中筛选出能提供较多信息的变量并建立判别函数,使推导出的判别函数对观测样本分类时的错判率最小。根据判别分值确定临界值,对研究对象进行信用评级。

四、房地产开发贷款综合评价

房地产开发贷款综合评价是指金融机构在综合考察企业信用状况和拟贷款项目风险的基础上,结合企业信用等级、项目风险等级、贷款方式和贷款期限等因素,判别贷款风险度的活动。在此基础上写出切合实际的调查报告,并将调查结果、初审意见及有关资料如实提交贷款审查部门。

房地产开发贷款的发放与管理是一个动态的过程,一笔贷款发放后进入企业生产资金的周转过程,并以各种形式存在。中国人民银行借鉴美国商业贷款的分类标准,提出中国贷款的五级分类标准。2002 年,中国人民银行全面推行贷款质量五级分类风险管理,银行依据借款人的还款能力(最终偿还贷款本金和利息的实际能力),确定贷款遭受损失的风险程度,将贷款质量划分为正常、关注、次级、可疑和损失五类(其中后三类为不良贷款)。

在做贷款质量分类时,运用以下公式进行计算:

单笔贷款风险度＝企业信用等级风险系数×贷款方式风险系数×期限风险系数×贷款形态的风险系数

贷款风险权重资产＝单笔贷款金额×该笔贷款资产风险度

全部贷款资产风险度＝贷款风险权重资产之和÷贷款余额

企业信用等级风险系数,是将企业划分为不同等级,按照企业的信用等级确定相应等级风险系数(见表4-1)。贷款方式风险是指在贷款审批时,按拟选贷款方式认定,贷款发放后,按实际贷款方式认定,划分为信用贷款、抵押贷款、质押贷款、保证贷款、票据贴现等5种方式。贷款方式风险系数按照不同贷款方式对应不同的风险值,一般分为0、0.1、0.2、0.5、0.8、1等6个档次,取值越大则风险越高。贷款期限风险系数的确定是指在贷款审批时,按拟定贷款期限认定,贷款发放后,未到期按贷款合同约定的期限认定,到期后按实际占用贷款时间认定,贷款期限风险系数取值规则如表4-2所示。贷款形态风险系数取值规则如表4-3所示。

表4-1 信用得分、信用等级与信用等级风险系数对照

信用得分	信用等级	风险系数	信用得分	信用等级	风险系数
[90,100]	AAA	0.4	[45,60]	BBB	0.7
[75,90]	AA	0.5	[30,45]	BB	0.8
[60,75]	A	0.6	[0,30]	B	1.0

表4-2 贷款期限风险系数取值规则

贷款期限	期限风险系数
期限在3个月以内(含3个月)	100
期限在3个月以上半年以内(含半年)	105
期限在半年以上1年以内(含1年)	110
期限在1年以上3年以内(含3年)	130
期限在3年以上5年以内(含5年)	135
期限在5年以上	140

表4-3 贷款形态风险系数取值规则

贷款形态	形态风险系数
正常贷款	100%
不良贷款	
(1)一般逾期贷款	150%
(2)呆滞贷款(催收贷款)	200%

第五节 中国的房地产开发贷款市场分析

一、中国房地产开发贷款的制度建设

改革开放以来,中国房地产金融市场逐步发育,房地产开发贷款相关制度不断建立和

完善。1998年,中国住房制度改革的纲领性文件《关于进一步深化城镇住房制度改革,加快住房建设的通知》(国发〔1998〕23号)出台。与此相适应,1998年中国人民银行颁布《政策性住房信贷业务管理暂行规定》和《商业银行自营性住房贷款管理暂行规定》,对不同资金来源的政策性业务与自营性业务进行了界定和规范,扩大了承办政策性住房金融业务的商业银行的范围。

2003年6月5日,中国人民银行发布了《关于进一步加强房地产信贷业务管理的通知》(银发〔2003〕121号)(以下简称《通知》),要求落实房地产信贷政策,防范金融风险,促进房地产金融健康发展,加强房地产信贷业务管理。《通知》对房地产开发贷款、土地储备贷款、建设施工企业流动资金贷款、个人住房贷款、商用住房贷款和公积金贷款的业务管理等做出了相应规定。

2004年9月2日由银监会发布实施《商业银行房地产贷款风险管理指引》,重申了房地产企业贷款的前提条件是"四证"齐全,并对房地产开发商自有资金的比例要求从原30%提高到35%;要求商业银行密切关注建筑施工企业流动资金贷款使用情况,防止企业流动资金贷款挪作项目垫资,密切关注建筑工程款优于抵押权受偿的法律风险;对个人住房贷款提出了房产支出收入比及所有债务收入比的审核要求。

2007年9月中国人民银行、银监会出台《关于加强商业性房地产信贷管理的通知》,再一次强调了对项目自有资金占比未达35%或"四证"不齐全的项目开发商,银行不得批准其贷款申请;同时银行也不批准开发商专项用于土地出让金的贷款申请。

2008年1月,中国人民银行、中国银行业监督管理委员会对中国人民银行1999年颁布的《经济适用住房开发贷款管理暂行规定》(银发〔1999〕129号)进行了修订,并更名为《经济适用住房开发贷款管理办法》(银发〔2008〕13号),规定经济适用住房开发贷款的建设项目资本金(所有者权益)不低于项目总投资的30%,并在贷款使用前已投入项目建设。

2010年4月17日,国务院颁发《国务院关于坚决遏制部分城市房价过快上涨的通知》(国发〔2010〕10号),要求商业银行加强对房地产企业开发贷款的贷前审查和贷后管理。对存在土地闲置及炒地行为的房地产开发企业,商业银行不得发放新开发项目贷款,证监部门暂停批准其上市、再融资和重大资产重组。

2010年9月29日,中国人民银行、银监会出台《关于完善差别化住房信贷政策有关问题的通知》(银发〔2010〕275号),规定对有土地闲置、改变土地用途和性质、拖延开竣工时间、捂盘惜售等违法违规记录的房地产开发企业,各商业银行停止对其发放新开发项目贷款和贷款展期。

2011年1月26日,国务院发布了《关于进一步做好房地产市场调控工作有关问题的通知》(国办发〔2011〕1号),鼓励金融机构发放公共租赁住房建设和运营中长期贷款。

2013年2月26日,国务院办公厅发布了《国务院办公厅关于继续做好房地产市场调控工作的通知》,该通知要求对中小套型住房套数达到项目开发建设总套数70%以上的普通商品住房建设项目,银行业金融机构要在符合信贷条件的前提下优先支持其开发贷款需求。

2013年7月5日,国务院办公厅发布《关于金融支持经济结构调整和转型升级的指导意见》,要求认真执行房地产调控政策,落实差别化住房信贷政策,加强名单制管理,严格防控房地产融资风险。

2014年9月30日,中国人民银行、银监会发布了《中国人民银行、中国银行业监督管理委员会关于进一步做好住房金融服务工作的通知》,该通知要求继续支持房地产开发企业的合理融资需求。银行业金融机构在防范风险的前提下,合理配置信贷资源,支持资质良好、诚信经营的房地产企业开发建设普通商品住房,积极支持有市场前景的在建、续建项目的合理融资需求。扩大市场化融资渠道,支持符合条件的房地产企业在银行间债券市场发行债务融资工具。积极稳妥地开展房地产投资信托基金(REITs)试点。

2015年6月25日,国务院发布了《国务院关于进一步做好城镇棚户区和城乡危房改造及配套基础设施建设有关工作的意见》,指出要发挥开发性金融对棚户区改造的支持作用。承接棚改任务及纳入各地区配套建设计划的项目实施主体,可依据政府购买棚改服务协议、特许经营协议等政府与社会资本合作合同进行市场化融资,开发银行等银行业金融机构据此对符合条件的实施主体发放贷款。在依法合规、风险可控的前提下,开发银行可以通过专项过桥贷款对符合条件的实施主体提供过渡性资金安排。鼓励农业发展银行在其业务范围内对符合条件的实施主体,加大城中村改造、农村危房改造及配套基础设施建设的贷款支持。鼓励商业银行对符合条件的实施主体提供棚户区改造及配套基础设施建设贷款。

2016年5月17日,国务院办公厅发布了《国务院办公厅关于加快培育和发展住房租赁市场的若干意见》,鼓励金融机构按照依法合规、风险可控、商业可持续的原则,向住房租赁企业提供金融支持。支持符合条件的住房租赁企业发行债券、不动产证券化产品。稳步推进房地产投资信托基金(REITs)试点。

实践中,中国在对商业银行贷款监管方面仍存在不少问题,监管法律仍需完善。巴塞尔《核心原则》强调完善的公共金融基础设施是有效银行监管的基本要素。中国已出台的几部金融大法中有关银行监管方面的条文过于原则、没有相应的实施条例,可操作性不强。在立法取向上,尚未建立起金融风险监测、预警和控制的法律框架。

二、中国房地产开发贷款市场的发展

随着中国房地产市场的快速成长,房地产业资金规模和房地产开发贷款规模日渐扩大,房地产开发贷款在房地产金融领域发挥了重要作用。据统计,1998—2017年房地产企业资金来源情况如表4-4所示。1998年,中国房地产开发企业本年资金来源为4 414.94亿元,2017年达到156 052.62亿元,房地产开发企业资金来源名义增长率达到19.51%。在房地产企业的资金来源中,国内贷款、自筹资金和其他资金来源的名义增长率分别达到17.2%、20.77%和20.83%。利用外资和外商直接投资在2015年之前增长缓慢,2015年骤降,2016年和2017年房地产开发企业利用外资水平还不及1998年水平,而外商直接投资在2017年已直接降为零。这二者的变化表明外资和外商直接投资已经逐渐退出中国房地产开发项目。

表4-4 中国房地产企业资金来源情况　　　　　　　　单位:亿元

年 份	本年实际到位资金	国内贷款	利用外资	外商直接投资	自筹资金	其他资金来源
1998	4 414.94	1 053.17	361.76	258.87	1 166.98	1 811.85
1999	4 795.90	1 111.57	256.60	180.48	1 344.62	2 063.20
2000	5 997.63	1 385.08	168.70	134.80	1 614.21	2 819.29
2001	7 696.39	1 692.20	135.70	106.12	2 183.96	3 670.56
2002	9 749.95	2 220.34	157.23	124.13	2 738.45	4 619.90
2003	13 196.92	3 138.27	170.00	116.27	3 770.69	6 106.05

续 表

年 份	本年实际到位资金	国内贷款	利用外资	外商直接投资	自筹资金	其他资金来源
2004	17 168.77	3 158.41	228.20	142.56	5 207.56	8 562.59
2005	21 397.84	3 918.08	257.81	171.41	7 000.39	10 221.56
2006	27 135.55	5 356.98	400.15	303.05	8 597.09	12 781.33
2007	37 477.96	7 015.64	641.04	485.39	11 772.53	18 048.75
2008	39 619.36	7 605.69	728.21	634.99	15 312.10	15 973.35
2009	57 799.04	11 364.51	479.39	403.32	17 949.12	28 006.01
2010	72 944.04	12 563.70	790.68	673.45	26 637.21	32 952.45
2011	85 688.73	13 056.80	785.15	689.54	35 004.57	36 842.22
2012	96 537.67	14 778.39	402.09	358.52	39 082.68	42 274.52
2013	122 122.47	19 672.66	534.17	467.12	47 424.95	54 490.70
2014	121 991.48	21 242.61	639.26	598.91	50 419.8	49 689.81
2015	125 203.06	20 214.38	296.53	286.08	49 037.56	55 654.6
2016	144 214.05	21 512.4	140.44	132.53	49 132.85	73 428.37
2017	156 052.62	25 241.76	168.19	0	50 872.22	79 770.46

数据来源：中经网产业数据库。

图 4-1 显示了 1997 年至 2017 年中国房地产开发企业资金来源结构变动状况。从图 4-1 可以看出，自筹资金和其他来源资金是房地产企业资金的主要来源，2004 年以后二者合计占房地产资金来源的 80% 以上。其中自筹资金包括企、事业单位自有资金、资本市场融资以及非标融资，其他资金主要包括定金及预收款和个人按揭贷款等经营性资金。自筹资金和其他来源资金为房地产企业主要来源资金，一方面是因为《商业银行房地产贷款风险管理指引》规定房地产开发企业申请贷款时，其自有资金不得低于 35%；另一方面是因为我国实行的是房地产预售制度。预售制为房地产开发企业低成本融资提供了便利，预售账款成为房地产开发企业资金周转中的重要组成部分。利用外资和外商直接投资在房地产企业资金来源中逐渐减少。

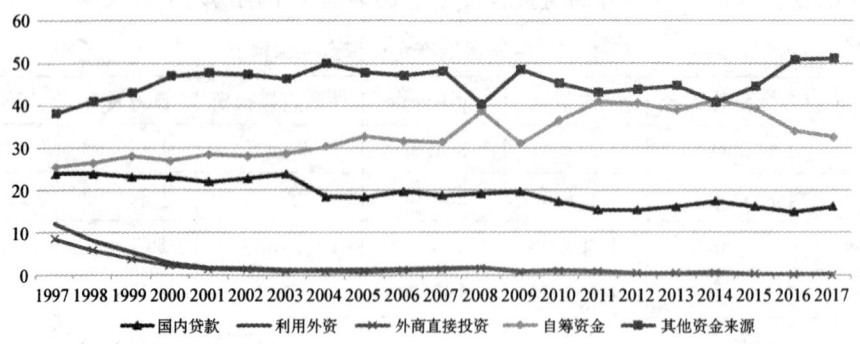

数据来源：中经网产业数据库。

图 4-1 1997 年—2017 年房地产开发企业资金来源结构

从总量来看,1997—2017 年,房地产开发贷款规模不断扩大,由 1997 年的 911.19 亿元增长至 2017 年的 25 241.76 亿元,增长了约 27 倍。从增长率来看,房地产开发贷款增长的波动较大。从图 4-2 可以看出,以 2009 年为界,房地产开发贷款出现了结构性变化。2009 年以前,房地产开发贷款的年平均增长率为 22%,而 2009 年以后下降为 11%,只有 2009 年以前的一半。图 4-3 显示了房地产开发贷款占房地产资金来源比重的变化情况,结合图 4-2 可以看出尽管房地产开发贷款的规模在不断扩大,但房地产开发贷款占房地产企业资金来源的比例在不断下降。1997—2017 年,房地产开发贷款占房地产企业资金来源的比例从 23.87% 下降至 16.18%。

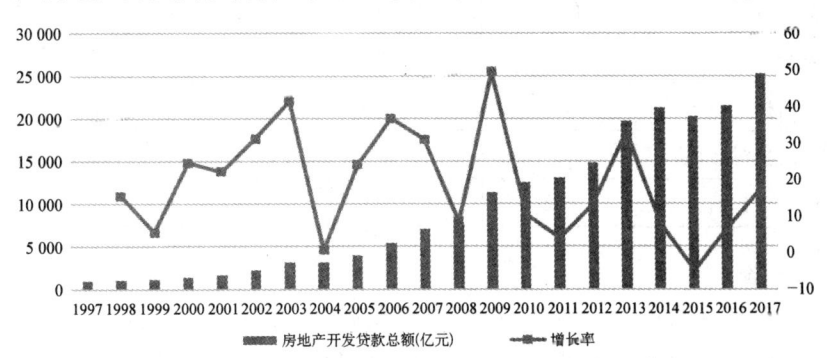

数据来源:中经网产业数据库。

图 4-2 房地产开发贷款额及增长率

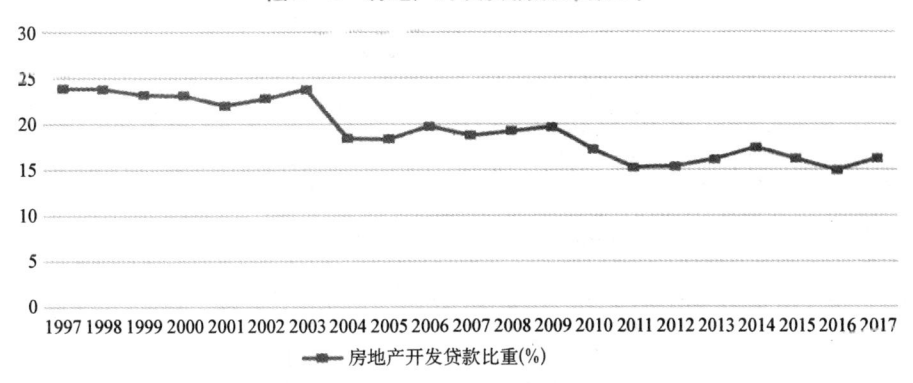

数据来源:中经网产业数据库。

图 4-3 房地产开发贷款占房地产企业资金来源比重

三、中国房地产开发贷款对房地产市场的影响

1. 模型建立和变量选择

构建面板 VAR(PVAR)模型来估计房地产开发贷款变化对房地产市场的影响,对应每个样本城市 i,模型如下:

$$Z_{it} = \alpha_0 + \sum_{j=1}^{q} \alpha_j Z_{it-p} + f_i + e_t + \varepsilon_{it} \tag{4.1}$$

其中, $Z_{it} = \{\ln price_{it}, \ln sa_{it}, \ln ca_{it}, \ln rel_{it}\}$ 是一个拥有 4 个变量的向量组, $price_{it}$ 代表 i 城市在 t 时期的平均房价, sa_{it} 代表 i 城市在 t 时期的商品房销售面积, ca_{it} 代表 i 城市在 t 时期

的商品房竣工面积，rel_{it} 代表 i 城市在 t 时期的房地产开发贷款规模。上述 4 个变量在模型中均取对数值，开发贷款和商品房价格都按 1999 年价格做基期处理。Z_{it-p} 表示各变量的滞后期，其中 p 表示滞后期数。f_i 反映了各个城市的异质性。e_t 为时间虚拟变量。考虑到数据的可得性和分布特征，选取 2000—2016 年全国 35 个大中城市的面板数据。上述变量的统计特征如表 4-5 所示。

表 4-5 变量的统计特征

观测变量	样本数	均 值	标准差	最小值	最大值
房地产开发贷款对数值	595	13.48	1.516	8.748	16.98
商品房销售面积对数值	595	15.58	0.974	12.37	17.95
商品房竣工面积对数值	595	15.53	0.890	12.73	17.65
商品房价格对数值	595	8.253	0.567	7.173	10.35

2. 单位根检验

由于所使用的面板数据为大 N 小 T 的面板数据，考虑到序列是否存在相同单位根的假设，分别采用 LLC、IPS 两种方法对序列进行检验，检验结果如表 4-6 所示。根据检验结果，4 个变量都在 1% 的水平上拒绝了序列存在单位根的假设，因此可以认为这 4 个变量序列都是平稳的。

表 4-6 单位根检验结果

变 量	检验方法	LLC	IPS
$\ln price$	统计量 （p 值）	−4.459 4*** (0.000 0)	−4.003 4*** (0.000 0)
$\ln sa$	统计量 （p 值）	−3.336 1*** (0.000 4)	−4.394 1*** (0.000 0)
$\ln ca$	统计量 （p 值）	−3.803 3*** (0.000 1)	−5.630 3*** (0.000 0)
$\ln rel$	统计量 （p 值）	−5.570 8*** (0.000 0)	−4.132 5*** (0.000 0)

注：***、**、* 分别表示在 1%、5% 和 10% 的水平上显著。

3. PVAR 的参数估计

式(4.1)中的解释变量里包含了城市个体差异性和因变量的滞后项，因此其计量检验方法与动态面板数据的检验方法类似。在进行实证分析之前，就要考虑如何处理变量个体效应和时间效应。采用横截面上的均值差分和向前均值差分来分别去掉时间效应和个体效应，这样可以避免个体效应向量和自变量相关而造成的估计系数偏误。随后采用广义矩估计（GMM）方法对参数进行估计。在 PVAR 模型中，滞后阶数对模型的估计结果有很大影响。因此，在脉冲响应分析之前需要确定 PVAR 模型的最佳滞后阶数。根据 AIC、HQIC、SBIC 准则对模型的滞后阶数进行选择，检验结果如表 4-7 所示。根据检验结果，模型的滞后阶数分别确定为 1 阶。

第四章 房地产开发贷款

表 4-7 模型的滞后阶数

滞后阶数	信息准则		
	AIC	BIC	HQIC
1	−0.418 3*	0.848 5*	0.077 7*
2	−0.002 8	1.469 5	0.575 4
3	0.855 1	2.557 6	1.525 8
4	2.425 7	4.388 1	3.201 3

4. 脉冲响应分析

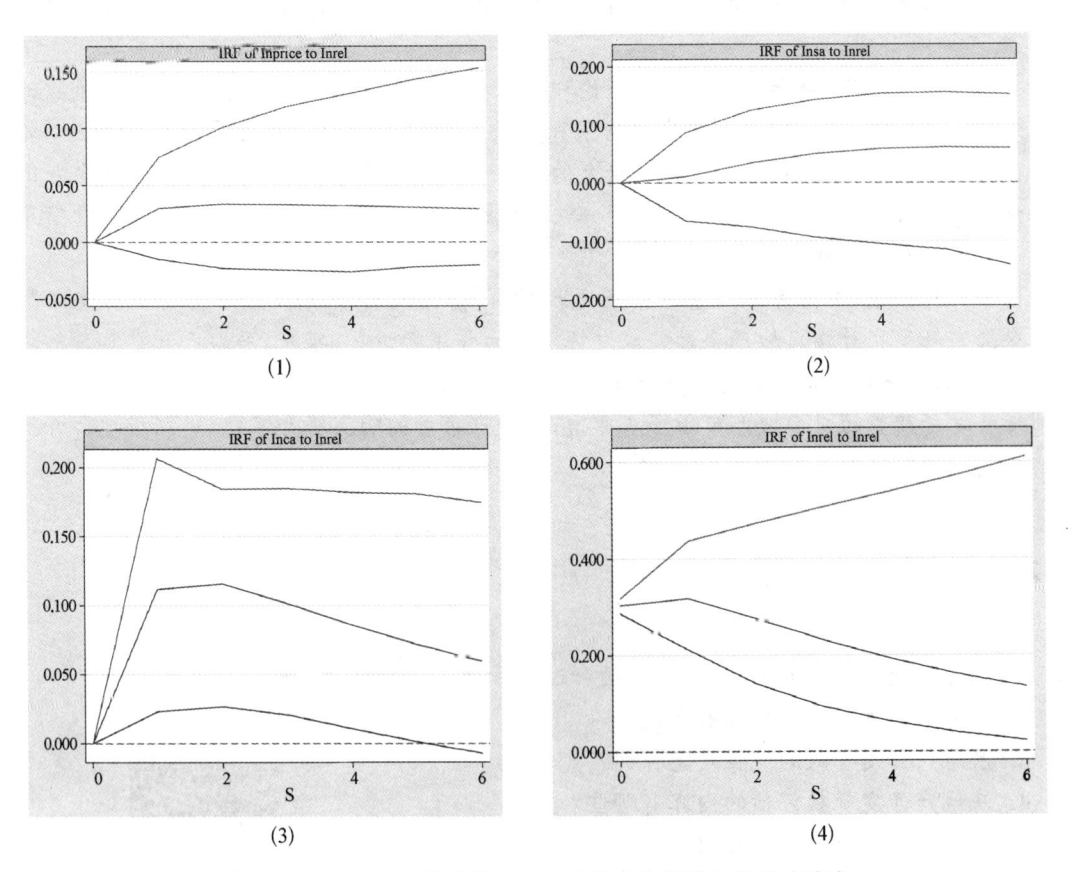

房地产开发贷款变动对房地产市场冲击的脉冲响应图如图 4-4 所示，图中标示的最长响应期不超过 6 期。图 4-4(1) 表明，房地产开发贷款一个正向的标准差冲击并不会在短期内引起房价波动，到了第 1 期以后房价受到冲击并产生正向影响，而且该影响会长期存在。也就是说，房地产开发贷款上升一个单位，会导致房价有一个永久性的上升。图 4-4(2) 表明，房地产开发贷款增加将导致商品房销售面积出现永久性的增长。图 4-4(3) 表明，房地产开发贷款正向冲击将会导致商品房竣工面积在第 1 期出现上升而在第 2 期达到峰值，随后下降。图 4-4(4) 表明，房地产开发贷款受自身波动的影响，从第 1 期以后冲击效果逐渐减弱。房地产开发贷款变动对房地产市场形成冲击，房地产市场的响应符合常理，稳定房地产开发贷款将有利于稳定房地产市场。

图 4-4 房地产开发贷款变动对房地产市场冲击的脉冲响应

※ 本章小结 ※

  房地产开发经营是指房地产开发企业在城市规划区内国有土地上进行基础设施建设、房屋建设,并转让房地产开发项目或者销售、出租商品房的行为。房地产开发企业是指以营利为目的,从事房地产开发和经营的企业。房地产企业有狭义和广义之分。房地产开发过程中有土地所有者、房地产开发企业等众多参与者。房地产开发分为项目投资决策分析、前期准备工作、项目建设施工和房地产项目租售、竣工验收和交付使用四个阶段。房地产开发项目的过程管理包括房地产项目开发规划设计管理、房地产开发项目招投标管理、房地产开发项目工程质量管理和房地产开发项目成本控制等。
  房地产开发贷款具有风险大、还贷资金来源取决于房地产项目销售业绩和还款保障度较低三个特点。房地产开发贷款可以从不同角度分为不同类型。房地产开发贷款存在政策、市场、经营、财务、完工、抵押物评估和贷款保证风险。
  房地产开发贷款有确定房地产开发贷款的借款主体、准备申请开发贷款资料、办理房地产开发贷款的担保与保险、审查和审批房地产开发贷款、发放房地产开发贷款和对房地产开发贷款的贷后管理等六项内容。房地产开发贷款评估的内容包括借款人评价、建设项目条件评价、市场评估、投资估算和筹资评价、项目财务评价、贷款风险分析、项目总评价与评估报告的编写等七个方面。
  金融不稳定假说、金融资产价格波动论和信息经济学的解释是分析房地产金融风险的代表性理论。专家系统法、信用评级法和信用评分法是银行业传统的信用风险管理方法。Z值信用评分模型,是对信用风险进行量化研究的较为现代的模型和方法。房地产开发企业的信用评级采用综合评级方法,主要有加权评分法、隶属函数评估法、功效系数法和多变量信用风险二维判断分析评级法等四种。
  改革开放以来,中国房地产金融市场逐步发育,房地产开发贷款相关制度不断建立和完善。房地产开发贷款在房地产金融领域发挥了较大作用。近20年来,房地产开发贷款的规模在不断扩大,房地产开发贷款占房地产企业资金来源的比例在不断下降。实证分析结果表明房地产开发贷款变动对房地产市场形成冲击,房地产市场的响应符合常理,稳定房地产开发贷款将有利于稳定房地产市场。

※ 本章思考题 ※

1. 试述房地产开发的含义、主要阶段和过程管理。
2. 房地产开发贷款的风险有哪些?
3. 房地产开发贷款的流程是怎样的?
4. 房地产开发贷款评估的内容有哪些?
5. 如何进行房地产开发贷款信贷风险管理?

第五章 房地产股权融资

内容提要
1. 股权融资的含义和融资方式。
2. 房地产公司股票发行、配股和增发的规则及现实。
3. 中国房地产公司资产重组的政策演变、特征和动因以及绩效分析。
4. 中国房地产上市公司的股权结构与企业价值研究。

股权融资是企业通过资本市场等直接融资渠道获取资金的重要途径。对于房地产企业而言,借助海内外资本市场,实行股权融资,筹集企业发展的长期资金,不断完善公司治理,持续优化资本结构,是增强企业竞争力、构建企业竞争优势的重要途径。

第一节 股权融资的含义和融资方式

一、股权融资的概念

股权是企业的初始产权,是企业承担民事责任和自主经营、自负盈亏的基础,是投资者取得企业控制权和利润分配的基础。通过股权融资,形成企业股权。股权融资所募集的资金结构、资金规模和股东分散程度,决定着企业的控制权、监督权和剩余价值索取权的分配结构,并映射出相应的产权关系。

股权融资(Equity Financing)是指公司通过出让所有权和引进新股东来实现企业融资的方式,通常有股票发行、配股、增发、重组、非公开发行等多种途径。股权融资的特点包括:① 长期性。股权融资筹措的资金具有永久性,无到期日,不需归还。② 不可逆性。企业采用股权融资不需还本,若投资人欲收回本金,则借助于流通市场。③ 无负担性。股权融资没有固定的股利负担,根据公司的经营需要决定是否支付股利、支付多少股利。与债权融资不同,由于股权融资企业无须对所募集资金还本付息,这使得股权融资适合企业的长期投资和资本扩充,或充实企业的短期营运资金。

股权融资除了具有募集资金的功能外,还存在以下作用:

一是有助于建立完善的公司治理结构。一般而言,公司法人治理结构包含股东大会、董事会、监事会等组织架构,并据此形成多重的风险约束和权力制衡机制,有助于降低企业的经营风险。二是建立更加透明的信息公开机制和资金价格竞争机制。股权融资运用公开、制度化的交易流程,在固定的场所,对标准化的金融产品实施交易。三是有助于规避企业的道德风险。对于股东而言,股份制的内在激励机制促使企业提升经营绩效、规避经营风险,提升公司业绩并实现股本增值。

二、股权融资方式

1. 股票

在股权融资方式中,股票是最基本的金融工具或金融产品。股票本质上是股份公司向出资人发行的用来证明出资人所有权或权益的契约。股票具有以下特征:一是股东的出资证明。用来证明出资人所享有的权益多少或股份比例。二是股东的分红凭证。代表着出资人的分红权利。三是股东的其他权利证明。除了享有所有权和分红权力外,股东还享有公司剩余财产的分配权利、投票表决权、优先认股权、剩余财产清偿权等。四是良好的流通性。股票在公司存续期间永久有效的特征,为二级市场上的自由买卖和转让提供了稳定预期。五是风险性。一方面股票价格变化会带来资本利得风险,另一方面公司盈利水平和股息分配政策变化会带来分红的不确定性。

股票的分类较多。按照股东权利和义务不同,股票分为普通股和优先股。普通股享有公司剩余资产的索取权,同时承担与公司所有权相联系的风险,股东的权利和义务由其所拥有的股份比例决定。优先股享有优先于普通股股东分红和索取公司剩余财产的权利,但无决策权。多数国家公司法规定,优先股可以在公司设立时发行,也可以在公司增发新股时发行。有些国家的法律规定,优先股只能在公司增发新股或清理债务的特殊情况下发行。按照票面有无记名,股票分为记名股票和无记名股票。按票面是否标明金额,分为有面额股票和无面额股票。按股票的上市地区和所面对的投资者的不同,分为A股、B股、H股、N股和S股等。

2. 股票再融资

上市公司在首次发行股票后,再次发行股票的融资行为称为股票的再融资或再次发行。按照投资者认购股票时是否缴纳认股资金,股票再次发行分为有偿发行和无偿发行。一些研究认为,由于中国上市公司的股东对经理层、分红等的约束机制尚未健全,因而股票再融资依然是上市公司偏好的融资方式,这与西方发达国家明显不同。

股票有偿发行是指认购者需要以股票发行价格支付资金而获得公司股票,上市公司借此从外部募集资金和增加公司资本金。股票有偿发行分为配股和增发。配股是上市公司依据有关规定和程序向公司原有股东发行新股、筹集资金的行为。原有股东按照原有持股比例获得新股认购权,并根据需要自行决定是否参与新股配售。股票增发同样是上市公司通过发行新股来再融资,但增发与配股方式的主要区别在于两者的发行对象不同。当股票增发面向不特定对象公开发行时称为公开增发;当股票增发面向特定对象发行时称作定向增发。一般情况下,公开增发会给予原股东一定的新股认购优先权,同时公开增发的发行价通常高于发行前的股票市场价,而定向增发的发行价可以低于发行前的市场价。现实中,股票增发也是市场双方博弈的过程,对于发行方而言往往在市场繁荣和股价高估时实施增发计划,而在股价低估行情中实施回购计划。

股票无偿发行是指认购者不需向发行方缴纳现金即可获取股票,股票无偿发行分为送股和转增股本两种方式。在公司有盈余和年度税后利润前提下,实施送股后,不改变公司资产、负债、股本总额和结构,但会使发行方总股本增大、每股净资产降低。转增股本来自资本公积,会减少公司账面的资本公积、增加相应的注册资本金,在不改变股东权益情况下增加了股本规模。

3. 资产重组

资产重组最初是指对国有资产或国有企业的资产进行重组。随着非公有制经济的发育以及国有企业股份制改造、企业产权多元化、企业用人制度改革等,资产重组已从单纯的"资产"重组过渡到企业的"全部要素"重组。而资产重组的概念有广义和狭义之分。狭义的资产重组是指对企业的存量资产进行重新配置,相当于企业内部的封闭式重组。广义的资产重组不仅包括存量资产的重组,还包括企业与外界之间的开放式重组。资产重组是指通过法人主体财产权、出资人所有权、债权人债权的相互调整与改变,对有形资本和无形资本进行重新组合,优化企业资源配置的活动。现实中,资产重组的方式较多,包括兼并、收购、合并、分立、分拆、企业托管,等等。

(1) 兼并。兼并是指一个企业或者公司吞并或者控制其他企业或者公司的行为。狭义的兼并是指在市场机制作用下,企业通过产权交易获得其他企业的产权和控制权,并使这些企业的法人资格丧失的经济行为。广义的兼并是指在市场机制作用下,企业通过产权交易获得其他企业产权,并企图获得其控制权的经济行为。1989 年,由国家体改委、国家计委、财政部、国有资产管理局联合发布的《关于企业兼并的暂行办法》将兼并定义为:一个企业购买其他企业的产权,使其他企业失去法人资格或改变法人实体的一种行为。1991 年,国务院发布的《国有资产评估管理办法》将兼并定义为:一个企业以承担债务、购买、股份化和控股等形式有偿接收其企业的产权,使被兼并企业丧失法人资格或者改变法人实体。1996 年,财政部印发的《企业兼并有关财务问题的暂行规定》指出:兼并是指一个企业通过购买等有偿方式取得其他企业的产权,使其丧失法人资格或虽然保留法人资格但变更投资主体的一种行为。

(2) 收购。收购是指对企业的资产和股份的购买行为。收购的结果可能是拥有目标企业几乎全部的股份或资产,从而将其吞并;也可能是获得企业较大一部分股份或者资产,从而控制该企业;还可能是仅仅拥有一部分股份或者资产。收购可以被看成是广义兼并行为的一种。学术界和实业界都习惯于将收购和兼并放在一起使用,简称为"购并",意指在市场机制下,企业为了获得其他企业的控制权而进行的产权交易活动。

(3) 合并。合并是指两个或两个以上公司依照法定程序,通过订立合并合同,归并成为一个公司的法律行为。公司合并采取吸收合并和新设合并两种方式。在吸收合并中,参加合并的公司吸收其他公司,被吸收的公司解散,丧失独立的法人地位。在新设合并中,参加合并的所有公司合并为一个新的公司,参加合并的公司全部丧失独立的民事主体地位。在公司合并后,因合并而消失的公司的财产和债权债务,由合并后存续的公司或者新设的公司承担。

(4) 分立。分立是指一个公司依照公司法有关规定,通过股东大会决议分成两个以上的公司。通常分为新设分立和派生分立两种形式。新设分立,将原公司法律主体资格取消而新设两个及以上具有法人资格的公司。派生分立,原公司法律主体仍存在,将其部分业务划出去另设一个新公司。在派生分立方式中,本公司继续存在但注册资本减少,原股东在本公司、新公司的股权比例可以不变。在实践中,总公司为了实现资产扩张,降低投资风险,将分公司改组成具有法人资格的全资子公司,总公司相应转化为母公司,母公司仅以其投资额为限对新设子公司债务负有限责任。

（5）托管。托管是指企业所有者将企业的经营管理权交给具有较强经营管理能力，并能够承担相应经营风险的法人或自然人有偿经营，以明晰企业所有者、经营者、生产者的责权利关系。托管以契约形式，由受托方有条件地接受管理和经营委托方的资产，有效实现资产的保值增值。企业托管的内容包括：一是接受投资机构的委托，在一定期限内以保证受托资产增值为前提条件，决定托管企业的有关资产重组或处置方式。二是签约确定受托资产总额，并确定在受托有效期内，由受托方分段获得有关资产处置权的价格和方式，最终实现委托资产的法人主体变更。三是受托方按约定条件代理售出受托资产，委托方按契约条款的规定向受托方支付一定的代理费或手续费。四是受托方以接受受托企业全部债务和职工安置为条件，无偿受让有关企业。五是受托方接受债权人的债权委托，并以相应的经营手段使债权人兑现或改变权益，受托方获取一定的代理费。

房地产企业通过资产重组分散经营风险，提升企业核心竞争力，并使企业获得经济协同效应、财务协同效应、管理协同效应和经营协同效应。随着房地产开发企业竞争日渐加剧，资产重组在增强房地产企业核心竞争力和实现协同效应方面的作用日益凸显。

三、股权融资的策略选择

一般而言，股权融资领域包括股权投资基金（机构）、风险投资机构、同行业机构投资者、产业投资基金等几类投资者。企业可以根据自身业务特点或经营方向选择合适的投资者。

从投资策略类型划分，投资者可以划分为战略投资者和财务投资者。战略投资者是在相当长的时期内不转让股权，引进战略投资者不仅仅是为了引进资金，更重要的是引进先进的管理经验和技术手段，促进企业完善公司治理结构、提高管理水平，并借助战略投资者的力量助推企业实现公开募集上市。财务投资者以获得资本回报为目的，股权可随时转让。

从企业发展进程不同阶段划分，股权融资的策略选择主要包括创业期引进风险投资、成长期私募股权融资、上市前融资和上市后再融资等方式。对于企业来说，选择适合自己的融资方式，在合适的时机选择合适的对象，恰当地运用融资策略是成功融资的必要条件。

在创业期成功引进风险投资不一定是企业成长的必需品，但风险投资可以为初创企业提供强大的资金支持，帮助企业顺利成长。风险投资机构追求资本增值的最大化，它们的最终目的是通过上市、转让或并购的方式，在资本市场退出。许多大型国际企业的成长案例表明，风险投资在这些公司的前期创业中都至关重要，如雅虎、盛大和阿里巴巴等，这些企业在成长初期都离不开软银的资金支持。

获得私募股权基金的投资是企业上市前最有效的融资方式之一。通过非公开宣传，私下向特定少数投资机构募集资金，企业与投资机构在中介机构配合下协商操作，程序相对简单，较之公募融资有着不可替代的优势。私募股权基金往往更看重行业的发展前景和企业在行业中的地位，喜欢追求高额回报。因此，企业独有的技术优势和稳定而成熟的盈利模式是获得私募的先决条件。

选择产业投资机构（基金）或同行业合作伙伴，寻找在同行业或产业链上下游相关联的投资者，共同出资或增资扩股筹集企业发展资金，形成强强联合的合资公司，实现主业融合或互补，形成协同效应。这需要在股权设定上充分协商，由谁控股、出资比例各自多少、管理层的选派问题等将是融资成功的关键所在。

在股权融资时机把握上，作为私募的一种，上市前融资为企业成功上市奠定了坚实基础。

广义的上市前融资工作不仅包括上市之前的准备工作和企业改制,而且还特别强调对企业管理、生产、营销、财务、技术等方面的辅导和公司治理。而狭义的上市前融资是财务投资者提供融资直接助推企业上市成功。

第二节 房地产公司股票发行、配股和增发

一、房地产公司股票发行

股票发行是股权融资的重要环节。发行方需要满足股票管理机构的基准条件而提出上市申请,并在上市申请获批后选择合适的发行方式和发行价来实现融资目的。1999年4月,中国证监会制定的《中国上市公司分类指引》将中国现有产业分为3级、13个门类、86个大类和307个中类,而房地产作为单独的门类排第J位,以此作为上市申请的分类指导依据。2012年10月中国证监会发布了《上市公司行业分类指引(2012年修订)》,该指引将中国上市公司行业分为19个门类,90个大类。房地产被调整为第K个门类,包括70、71和72三个大类。

1. 发行制度

发行制度是股票市场上一项重要的制度安排,由立法机关和政府管理部门出台的《公司法》和《证券法》等一系列法律、法规,对股票的发行条件、发行程序和发行方式等做出的相关规定,以坚守股票市场的公开、公平和公正原则,切实保护投资者利益。由于各个国家和地区在政治、经济和文化方面的差异,股票发行制度也不同。股票发行制度主要包括审批制、核准制和注册制等三种代表性发行制度。

(1)审批制。审批制是指采用计划方式分配股票的发行指标和发行额度,由行业主管部门依据指标推荐企业发行股票的制度。在股票市场的发展初期,为维护上市公司的稳定和平衡复杂的社会经济关系,采用审批制。在此制度下,股票发行的首要条件是取得发行指标和额度,这是股票发行能否获得保荐的前提。由于审批制下公司发行股票的关键是获得股票的发行指标和额度,在缺乏公众监督和信息公开情况下,容易产生权力寻租和虚假信息问题。正是由于这一原因,2001年3月28日中国股票发行制度从审批制调整为核准制。

(2)核准制。核准制又称为"准则制"或"实质审查制",是指证券主管机关依照公司法、证券交易法的规定,对股票发行人提出的申请以及有关材料,进行实质性审查,股票发行人要公开全部的、可以供投资人判断的材料,符合证券发行的实质性条件,发行人得到批准后,方可发行股票。核准制介于注册制和审批制之间。证券监管机构对申报文件的真实性、准确性、完整性和及时性进行审查,以及对发行人的营业性质、财力、素质、发展前景、发行数量和发行价格等条件进行实质性审查,并据此做出发行人是否符合发行条件的价值判断和是否核准申请的决定。根据核准制要求,监管机构是否核准的依据是发行方的申请材料是否在实质性内容和形式上满足法律规定要求,同时所有核准信息完全公开,接受公众监督。英国股票发行实行核准制,新西兰、瑞典和瑞士的股票发行存在相当程度的核准制特点。根据英国《公司法》与《金融服务法》的规定,股票发行需要满足法律规定的若干条件,并经过相关机构的核查。目前,伦敦股票交易所是唯一常规性的股票发行审核机构。虽然在核准制下,企业上市审批程序得到了一些简化,但由于每年主管部门授予券商的股票数目有限,券商推荐上市的企业自然也有

限。由于券商利润跟其所推荐上市企业有很大关联，在利润的驱动下，券商必然优先考虑规模较大的企业，中小企业易受到忽视。并且，券商只对企业上市负责，券商有可能对企业进行过度包装，以保证企业顺利上市。这些企业上市之后的不当行为，对投资者的利益造成了一定损害。这促使证券监管机构不断深化股票发行制度改革，提高上市公司的质量。

（3）注册制。注册制是股票监管部门公布股票发行的必要条件，企业只要达到规定条件要求即可发行股票。这是股票发行市场化程度较高、股票市场成熟国家和地区普遍采用的一种发行制度。美国的股票发行采用注册制。根据美国证券法的规定，法人在公开发行股票之前，应向作为股票管理机构的美国证券交易委员会提交注册登记，注册生效后，委托承销方公开发行股票。美国证券交易委员会的职责是对股票发行方的信息披露进行核查，从而保证投资者的信息对称，避免奈特环境下的决策障碍。在此前提下，证券监管机构特别强调信息披露充分、真实、准确，尤其要求财务报表数据内容规范、符合会计标准，相关的会计师事务所和法律事务所具有充分的独立性。上述规定以保留法律追究权力为前提。除此之外，注册制对股票发行方的资格和股票质量没有实质性的法律规定，监管部门没有对股票发行方和发行股票的审核义务，股票投资者承担全部的投资风险。

2013年11月30日，中国证监会发布《关于进一步推进新股发行体制改革的意见》，贯彻中国共产党十八届三中全会决定中关于"推进股票发行注册制改革"的要求，推进股票发行核准制向注册制过渡。该《意见》坚持市场化、法制化取向，突出以信息披露为中心的监管理念，加大信息公开力度，审核标准更加透明，审核进度同步公开，通过提高新股发行各层面、各环节的透明度，努力实现公众的全过程监督。监管部门对新股发行的审核重在合规性审查，企业价值和风险由投资者和市场自主判断。经审核后，新股何时发、怎么发，将由市场自我约束、自主决定，发行价格将更加真实地反映供求关系。2019年3月1日，证监会发布了《科创板首次公开发行股票注册管理办法（试行）》和《科创板上市公司持续监管办法（试行）》，同时经证监会批准，上交所正式发布了设立科创板并试点注册制相关业务规则和配套指引的6项正式文件。注册制已在中国正式落地。

2. 发行条件

2006年5月17日，中国证券监督管理委员会第180次主席办公会议审议通过《首次公开发行股票并上市管理办法》（第32号令），对公司在中国境内首次发行股票的条件做出如下规定：① 发行人为依法设立且持续经营3年以上的股份有限公司，但经国务院批准的除外。发行人的注册资本已足额缴纳，发起人或者股东用作出资的资产的财产权转移手续已办理完毕，发行人的主要资产不存在重大权属纠纷。发行人的生产经营符合法律、行政法规和公司章程的规定，符合国家产业政策。发行人最近3年内主营业务和董事、高级管理人员没有发生重大变化，实际控制人没有发生变更。发行人的股权清晰，控股股东和受控股股东、实际控制人支配的股东持有的发行人股份不存在重大权属纠纷。② 发行人应当具有完整的业务体系和直接面向市场独立经营的能力；发行人应当满足资产完整、人员独立、财务独立、机构独立、业务独立的独立性条件。③ 发行人已经依法建立健全股东大会、董事会、监事会、独立董事、董事会秘书制度，相关机构和人员能够依法履行职责。发行人的董事、监事和高级管理人员已经了解与股票发行上市有关的法律法规，知悉上市公司及其董事、监事和高级管理人员的法定义务和责任。发行人和发行人的董事、监事和高级管理人员符合法律、行政法规和规章规定的任职资格，且不得有一些特定情形。④ 发行人最近3个会计年度净利润均为正数且累计超过人民币3 000万元,净利润以扣除非经常性损益前后较低者为计算依据;最近3个会计年度经营活动产生的现金流量净额累计超过人民币5 000万元;或者最近3个会计年度营业收入累计超过人民币3亿元;发行前股本总额不少于人民币3 000万元;最近一期期末无形资产(扣除土地使用权、水面养殖权和采矿权等后)占净资产的比例不高于20%;最近一期期末不存在未弥补亏损。

3. 发行方式

(1) 公开发行和非公开发行。按照发行对象不同,股票发行分为公开发行和非公开发行,又称为公募发行(Public Offering)和私募发行(Private Offering)。公募发行是指事先不确定特定的发行对象,而向社会公开发行股票。公募发行具有发行对象较广、发行规模较大、股权分散度高、股票流动性强等特点。因此,其受到的监管较严,通常要经过外部评级机构认定,满足监管条件要求并获得主管部门批准,刊登发行广告和履行承销合同等,复杂的发行手续带来了较高的发行费用,发行成本较高。采用公募方式首次公开发行股票(Initial Public Offerings, IPO),有利于扩大资金募集量、增强股票流动性,有利于股权分散,降低股权过于集中的被控股风险,有利于公司治理。由于公开发行具有一定的门槛要求,因而民营中小企业多选择私募作为股权融资发行方式。私募发行的对象是特定的企业、机构和个人。这种发行方式通常发行面较窄,发行对象有限,通过非公开场合进行,同时具有发行手续简化、发行费用较低和无须公开财务情况的优点。

股票私募发行方式主要有股东配股和第三者分摊两种。股东配股又称股东分摊,是指发行方给予现有股东以新股认购权的发行方式。股东配股又可以分为三种形式:一是有偿配股方式,由发行方按照固定比例向股东分配新股的认购权,其发行价格通常低于市场价格。二是无偿配股方式,指公司在将盈利或法定准备金注入资本金的情况下拓展了公司股本,并将新增股份无偿分配给现有股东。三是有偿无偿混合发行方式,即综合前两种方式向现有股东发行。此外,上述股东配股方式仅给予现有股东认购新股的优先权而非认购义务。第三者分摊方式是指向现有股东以外的特定对象(如本公司员工、主要客户等)给予认购权的发行方式。一方面体现出发行方对相关合作方的利益照顾,另一方面表现为合作方对股票发行的支持和风险分担。

(2) 直接发行和间接发行。按照有无中介机构承销,股票发行分为直接发行和间接发行两种。直接发行是股票发行方自己办理相关发行手续,将股票直接向投资者出售。直接发行没有中介介入,节省委托发行所需的中介手续费用,但发行方需要投入更多时间精力来办理发行事务,而且股票发行范围较窄、规模有限、容易导致发行失败,发行风险相对较大。间接发行是股票发行方将股票发行事务委托给中介发行,股票发行规模相对较大、发行对象范围较广、资金募集渠道相对高效、风险较小,但发行成本相对较高。根据《中华人民共和国公司法》(以下称《公司法》),发起人向社会公开募集股份,应当由依法设立的证券公司承销,签订承销协议。《中华人民共和国证券法》也规定向不特定对象发行的证券票面总值超过人民币五千万元的,应当由承销团承销。承销团应当由主承销和参与承销的证券公司组成。因此,中国股票市场公开发行都采取间接发行方式。证券承销业务采取代销或者包销方式。证券代销是指证券公司代发行人发售证券,在承销期结束时,将未售出的证券全部退还给发行人的承销方式。证券包销是指证券公司将发行人的证券按照协议全部购入或者在承销期结束时将售后剩余证券全部自行购入的承销方式。

4. 发行定价

股票发行价格是指股份公司在募集公司股本或增资发行新股时,公开将股票出售给投资者所采用的价格。相对于票面价格而言,股票发行价格分为等额发行、溢价发行和折价发行,分别对应股票发行价格等于、高于和低于票面价格。参照市场价,股票发行价格分为时价发行和中间价发行。前者指以股票的流通价格为发行基准,后者指以市场价和股票面值的中间值为发行基准。《公司法》第一百二十七条规定,股票发行价格可以按票面金额,也可以超过票面金额,但不得低于票面金额。因此,中国股票发行只有等额发行、溢价发行两种。

合理定价是股票发行的核心环节。新股的市场化定价方法通常由主承销商根据市场需求情况,与发行方协商确定,这要求主承销商首先对新股的市场价值进行评估。常见的新股评价方法主要有现金流量贴现法、经济收益附加值法(EVA)和可比公司法。在确定初步定价基准后,主承销商进一步通过累计投标方式、竞价方式、固定价格公开认购方式和固定价格允许配售方式完成市场询价。通常将发行价格与二级市场价格的贴近程度作为发行定价合理与否的参考标准,从国内外股票市场的经验来看,新股发行的申购价格通常低于IPO价格,这被称为新股发行溢价之谜。已有研究认为,这是因为发行方和投资者的信息不对称,以及股票资产相对稀缺进而引发市场的过度反应。

5. 发行程序

股票发行需要经过严格的法定程序,主要包括发行准备、主管部门审批、签订募集合同、投资者认购、公开发行等过程,并对股票发行保留法律追究责任。股票发行步骤如下:① 确定保荐人。保荐人即主承销商,上市公司的公开发行或私募发行都需经由保荐人保荐。② 董事会决议。首先,由董事会决议股票发行方案、可行性研究报告和其他需明确事项。其次,董事会将决议提交股东大会,由股东大会批准确认本次股票发行的类型、规模、发行对象、发行方式、配股安排、定价方式、价格区间、募集用途、决议的有效期等。③ 报送申请材料。由保荐人遵照相关政策规定,编制并报送股票发行的申请文件,如募股说明书、申请授权文件、保荐书和尽职调查报告等。募股说明书包括发行方基本情况、筹资目的、股本总额、股票发行细则、收益风险管理、重要合同、潜在诉讼、公司高管简历,以及符合审计要求的财务报告和审计报告等。④ 文件审核。证监会在正式接受申请文件后,进行申请文件初审,并征求发行方所在地方政府和国家发改委意见。同时,由证监会向保荐机构反馈有关审核文件,并由保荐机构牵头组织发行人和有关中介对反馈审核意见给予回复。在初审结束后和股票发行委审核前,对申请文件进行预披露,最后将申请文件提交发行委进行审核。⑤ 路演、询价与定价。在获得证监会审批后,发行方在指定媒体和报刊上刊登招股说明书摘要、发行公告信息等;投行与发行方进行路演向投资者推介和市场询价,最后根据询价结果来协商确定发行价格。⑥ 申购发售。对新股东发售股票采取投资者网下申购或网上申购;对老股东配股,需要明确股权登记日。当申购成功后,投资者需缴纳股票认购款项。⑦ 登记与公告。发行方或代理机构将股票认购者的姓名、认购数额登入股东名册和股东账户,办理股份的托管登记,并由主承销商刊登《股票发行价格和配售情况结果公告》。最终完成股票发行。

二、中国房地产公司新股发行

中国房地产公司一般通过国内资本市场和海外资本市场两个渠道上市融资。1990年,上海、深圳证券交易所建立以来,中国房地产公司积极利用股票市场进行股权融资,大大增强了房地产公司的实力。在股票市场建立初期,房地产公司积极参加试点,30家左右房地产公司上市。

中国房地产公司在国内主板市场IPO,一直受到严格的限制,致使房地产公司选择在香港及其他海外市场IPO,或借壳上市。2000年以来,随着房地产业的高速成长,大量房地产公司实现上市融资。一些内地房地产公司,选择在香港联交所上市。这是因为:① 香港国际化和市场化的环境对房地产公司有更强的吸引力。② 香港证券市场门槛相对较低,凸显民营企业的竞争力,房地产公司在内地上市很难满足多种监管指标提出的条件。③ 房地产需求旺盛,房地产市场盈利机会多,促使房地产公司试图依靠股权融资,获得强大的资金支持。WIND数据库的数据显示,截止到2018年年底,沪深A股市场共约127家房地产上市公司,内地在香港上市的房地产公司有62家,还有少量房地产公司在新加坡交易所和纽约证券交易所上市。2018年5月,由中国房地产研究会等机构联合发布的《2018中国房地产上市公司测评研究报告》显示,在综合实力排在前10位的房地产上市公司中,有4家是沪深A股上市公司,其余6家是香港联交所的上市公司。

中国上市房地产公司占全国房地产开发企业总数的0.2%左右,但上市房地产公司在综合实力、盈利能力、抗风险能力、投资潜力和成长能力等方面具有极强的行业代表性,能够充分反映和折射出整个行业在市场开拓、经营管理、市场营销、行业风险以及发展导向方面的基本趋势。根据中国房地产研究会、中国房地产业协会和中国房地产测评中心联合发布的报告,2017年沪深上市房地产企业总资产均值为873.43亿元,同比上升21.74%;房地产业务收入均值150.02亿元,同比增长1.92%;净利润均值为22.51亿元,同比增长31.21%;资产负债率均值同比下降0.29个百分点至65.05%;净负债率均值同比下降1.45个百分点至89.87%。根据中国指数研究院等机构联合发布的《2018中国房地产上市公司TOP 10研究》,2017年以大型房企为主的大陆在港上市房地产公司总资产均值达到1 627.69亿元,同比增长39.38%,增幅高于2016年5.26个百分点,且较沪深上市房地产公司高13.14个百分点。存货、货币资金、股权投资以及投资性房地产的增长,是拉动总资产增长的四大动力。

三、房地产上市公司配股和增发

房地产公司在首次公开发行股(IPO)以后,通过证券市场以配股、增发或发行可转换债券方式,向投资者筹集资金。增发股票又分为定向增发和公开增发两类。配股和增发作为一种有效的融资手段,具有低成本、高融资额、稳定的优点,是房地产上市公司重要的融资途径。

中国上市公司配股和增发,经历了如下几个阶段:① 1998年5月之前,上市房地产公司主要采用配股融资,配股的上市公司约有376家次,筹资总量为508.73亿元。② 1998年5月—2001年3月,在采用配股的同时,尝试上市公司增发新股融资。这期间约有31家上市公司以增发方式实现了融资。③ 2001年3月以来,实行增发与配股兼顾的股权融资方式。2001年3月28日,中国证监会发布了《上市公司新股发行管理办法》,促使中国上市公司股权融资市场化程度不断提高。

从房地产上市公司的再融资实践来看,股票增发方式比较常见。根据国泰安(CSMAR)数据库和WIND数据库的资料,从1993年至2018年年底中国A股房地产公司股票增发约有272家次。中国房地产上市公司股票增发表现出以下几个特点:一是房地产上市公司的增发频率与A股市场行情密切相关。例如,2006和2007年,中国A股股票价格大幅上涨,在此期间房地产上市公司大多通过增发途径再融资,房地产上市公司增发数量较多。二是房地产上市公司的融资额与公司自身规模密切相关。从募集额度来看,万科、保利地产、招商地产等行业龙头,具有资产规模和市场份额优势,通过增发途径募集的资金数量大,具有明显的融资规模效应。三是自2006年《上市公司证券发行管理办法》允许非公开发行股票以来,定向增发成为中国A股房地产公司股票增发发行主要方式。

第三节 中国房地产公司资产重组

一、中国上市公司资产重组的法规和政策演变

为了规范上市公司的收购活动,提高证券市场资源配置效率,保护投资者合法权益,维护证券市场正常秩序,中国证监会根据《公司法》《证券法》及其他法律和相关行政法规,出台了一系列关于资产并购重组的规定(见表5-1)。

表5-1 中国证券监督管理委员会关于资产重组的规定

	令 号	名 称	时 间
1	第10号令	上市公司收购管理办法	2002年9月28日
2	第35号令	上市公司收购管理办法	2006年7月31日
3	第53号令	上市公司重大资产重组管理办法	2008年4月16日
4	第54号令	上市公司并购重组财务顾问业务管理办法	2008年7月3日
5	第56号令	关于修改《上市公司收购管理办法》第六十三条的决定	2008年8月27日
6	第73号令	《关于修改上市公司重大资产重组与配套融资相关规定的决定》	2011年8月1日
7	第77号令	《关于修改〈上市公司收购管理办法〉第六十二条及第六十三条的决定》	2012年2月14日
8	第103号令	非上市公众公司重大资产重组管理办法	2014年6月23日
10	第127号令	关于修改《上市公司重大资产重组管理办法》的决定	2016年9月8日

信息来源:中国证监会官方网站信息整理,http://www.csrc.gov.cn/。

2002年9月,证监会公布了《上市公司收购管理办法》(第10号令),对上市公司的股权变动和收购进行规范。该办法中,上市公司收购是指收购人通过在证券交易所的股份转让活动持有一个上市公司的股份达到一定比例、通过证券交易所股份转让活动以外的其他合法途径控制一个上市公司的股份达到一定程度,导致其获得或者可能获得对该公司的实际控制权的行为。收购人进行上市公司收购,应当遵守本办法规定的收购规则,并按照本办法的规定及时履行报告、公告义务。收购活动应当遵循公开、公平、公正的原则,相关当事人应当诚实守信,自觉维护证券市场秩序。2006年7月,中国证监会发布《上市公司收购管理办法》(第35号令),对权益披露、要约收购、协议收购、间接收购、财务顾问和持续监管做出了具体规定,明确本办法自2006年9月1日起施行。同时,废止中国证监会发布的《上市公司收购管理办法》(证监会令第10号)、《上市公司股东持股变动信息披露管理办法》(证监会令第11号)、《关于

要约收购涉及的被收购公司股票上市交易条件有关问题的通知》(证监公司字〔2003〕16号)和《关于规范上市公司实际控制权转移行为有关问题的通知》(证监公司字〔2004〕1号)。

2008年4月,《上市公司重大资产重组管理办法》(第53号令)规定,重大资产重组是指上市公司及其控股或者控制的公司在日常经营活动之外购买、出售资产或者通过其他方式进行资产交易达到规定的比例,导致上市公司的主营业务、资产、收入发生重大变化的资产交易行为。2008年7月,《上市公司并购重组财务顾问业务管理办法》(第54号令)规定,上市公司并购重组财务顾问业务是指为上市公司的收购、重大资产重组、合并、分立、股份回购等对上市公司股权结构、资产和负债、收入和利润等具有重大影响的并购重组活动提供交易估值、方案设计、出具专业意见等专业服务。经中国证监会核准具有上市公司并购重组财务顾问业务资格的证券公司、证券投资咨询机构或者其他符合条件的财务顾问机构,可以依照本办法的规定从事上市公司并购重组财务顾问业务。未经中国证监会核准,任何单位和个人不得从事上市公司并购重组财务顾问业务。

2008年8月,关于修改《上市公司收购管理办法》第六十三条决定(第56号令)指出,根据前款第(一)项和第(三)项至第(七)项规定提出豁免申请的,中国证监会自收到符合规定的申请文件之日起10个工作日内未提出异议的,相关投资者可以向证券交易所和证券登记结算机构申请办理股份转让和过户登记手续;根据前款第(二)项规定,相关投资者在增持行为完成后3日内应当就股份增持情况做出公告,并向中国证监会提出豁免申请,中国证监会自收到符合规定的申请文件之日起10个工作日内做出是否予以豁免的决定。中国证监会不同意其以简易程序申请的,相关投资者应当按照本办法第六十二条的规定提出申请。

2011年8月,《关于修改上市公司重大资产重组与配套融资相关规定的决定》(第73号令)为支持企业利用资本市场开展兼并重组,促进行业整合和产业升级,进一步规范、引导借壳上市活动,完善上市公司发行股份购买资产的制度规定,鼓励上市公司以股权、现金及其他金融创新方式作为兼并重组的支付手段,拓宽兼并重组融资渠道,提高兼并重组效率,对《上市公司重大资产重组管理办法》做出了全面修订。

2012年2月,中国证监会公布了《关于修改〈上市公司收购管理办法〉第六十二条及第六十三条的决定》,明确规定持股50%以上股东采用集中竞价方式增持股份,每累计增持股份比例达到该公司已发行股份的1%的,应当在事实发生之日通知上市公司,由上市公司在次一交易日发布相关股东增持公司股份的进展公告。每累计增持股份比例达到上市公司已发行股份的2%的,在事实发生当日和上市公司发布相关股东增持公司股份进展公告的当日不得再行增持股份。

2014年6月,中国证监会发布了《非上市公众公司重大资产重组管理办法》,本办法旨在对股票在全国中小企业股份转让系统(以下简称全国股份转让系统)公开转让的公众公司重大资产重组行为进行规范。该办法所称的重大资产重组是指公众公司及其控股或者控制的公司在日常经营活动之外购买、出售资产或者通过其他方式进行资产交易,导致公众公司的业务、资产发生重大变化的资产交易行为。该办法规定公众公司及其控股或者控制的公司购买、出售资产,达到下列标准之一的,构成重大资产重组:① 购买、出售的资产总额占公众公司最近一个会计年度经审计的合并财务会计报表期末资产总额的比例达到50%以上;② 购买、出售的资产净额占公众公司最近一个会计年度经审计的合并财务会计报表期末净资产额的比例达到50%以上,且购买、出售的资产总额占公众公司最近一个会计年度经审计的合并财务会计报表期末资产总额的比例达到30%以上。

2016年9月,中国证监会发布了《关于修改〈上市公司重大资产重组管理办法〉的决定》。本次修改的主要内容包括:一是完善重组上市认定标准,细化关于上市公司"控制权变更"的认定标准,完善关于购买资产规模的判断指标,明确累计首次原则的期限为60个月。需说明的是,60个月期限不适用于创业板上市公司重组,也不适用于购买的资产属于金融、创业投资等特定行业的情况,这两类情况仍须按原口径累计。二是完善配套监管措施,抑制投机"炒壳"。取消重组上市的配套融资,提高对重组方的实力要求,延长相关股东的股份锁定期,遏制短期投机和概念炒作。三是按照全面监管的原则,强化上市公司和中介机构责任,加大问责力度。修订缩短了终止重大资产重组进程的"冷淡期",由3个月缩短至1个月。修订还明确了交易标的相关报批事项披露标准。交易标的涉及立项、环保、行业准入、用地、规划、建设施工等有关报批事项,无法在首次董事会决议公告前取得相应许可证书或有关批复文件的,上市公司应在重大资产重组预案和报告书中披露有关报批事项的取得进展情况,并做出重大风险提示。

二、中国房地产公司资产重组的特征和动因

1. 中国房地产公司资产重组的特征

随着中国房地产业的快速增长,房地产公司借助资本市场实现股权融资的愿望强烈,在房地产公司IPO受到严格限制的条件下,通过收购、兼并等资产重组途径,实现上市或融资的目标。根据WIND并购数据库数据,从1996年至2018年中国房地产公司并购事件累计达2 981件,并购金额累计达21 684.458 1亿元(见表5-2)。从表5-2可以看出,房地产公司并购事件数和金额呈阶段性波动特征。从房地产并购事件数来看,2006年以前,房地产并购事件呈温和上升趋势,2006年后房地产公司并购开始加速增长,2007年为一个高峰。2008年至2012年,房地产并购遇冷,并购事件有所下降,2012年为一个低点。2012年后,房地产并购再次升温,房地产并购事件呈加速上升趋势。从平均单次并购金额来看,2005年以前,平均单次并购金额保持稳定,2005年以后开始加速上升,2010年达到一个高点。2011年平均单次并购金额有所下滑,2012年为一个低点。2012年以后平均单次并购金额再次加速上升,2016年达到一个新的高点。随后,单次并购金额开始再度下降。

表5-2 1996—2018年房地产公司并购统计

年 份	事件数	金额(亿元)	并购金额同比增长(%)	平均单次并购金额(亿元)
1996	1	0.311 5	0.00	0.311
1997	5	6.762 1	2 070.82	1.352
1998	10	6.764 0	0.03	0.676
1999	24	6.378 5	−5.70	0.265
2000	16	6.985 2	9.51	0.436
2001	36	12.299 6	76.08	0.341
2002	28	19.037 2	54.78	0.679
2003	48	41.825 2	119.70	0.871

续表

年份	事件数	金额(亿元)	并购金额同比增长(%)	平均单次并购金额(亿元)
2004	61	49.577 6	18.54	0.812
2005	56	32.916 2	−33.61	0.587
2006	86	149.260 1	353.45	1.735
2007	186	636.326 5	326.32	3.421
2008	149	522.506 2	−17.89	3.506
2009	129	705.916 2	35.10	5.472
2010	154	1561.948 1	121.27	10.142
2011	156	888.813 7	−43.10	5.697
2012	123	590.446 5	−33.57	4.800
2013	182	1103.059 3	86.82	6.060
2014	270	2646.149 7	139.89	9.800
2015	361	2918.331 0	10.29	8.084
2016	232	3713.978 6	27.26	16.008
2017	360	3569.888 1	−3.88	9.916
2018	308	2 494.977 0	−30.11	8.100
合 计	2 981	21 684.458 1		

中国房地产公司的购并重组主要具有以下三个特征：一是借助购并重组，实现借壳上市成为房地产公司上市的重要渠道。一些拥有经济实力和良好业绩而没有上市机会的房地产公司，通过购并重组变成那些被收购上市公司的控股股东，实现借壳上市。2010年，在A股110家房地产上市公司中，通过审核过会程序上市的为45家，其余65家房地产公司通过购并重组，实现借壳上市。二是通过购并重组，促使一些房地产公司的主营业务更为突出。一些与房地产业关联度大的公司，如建筑施工和工程承包类的公司通过购并重组或者资产剥离，主营业务转变为房地产业。三是经营不力、业绩不良，无法通过自身运营摆脱退市风险的上市企业，通过资产重组等方式获取投资收益来改善公司资产状况，以维持上市和配股资格。

2. 中国房地产公司资产重组的动因[①]

资产重组（主要指并购）是一种重要的经济现象，引起了学者们的广泛关注。全球范围内企业并购活动的实践为并购理论提供了丰富的研究素材，产生了许多并购动因理论。

[①] 张晓明，《中国企业收购方并购绩效与动因研究》，北京交通大学出版社，2015；高明华，《中国上市公司并购财务效应研究》，厦门大学出版社，2008。下文中也有参考这两本书的地方，不再一一标注。

(1) 效率理论。

效率理论认为,公司并购活动是一种帕累托改进,能够提高并购交易参与者各方效率,并且能增加整个社会效益。并购活动的效率提升主要通过提高管理层的经营业绩和达到某种协同效应两个途径来实现。效率理论在解释并购动因方面有很强的说服力。效率理论包括协同效应、无效率管理、长期战略规划、多元化经营以及价值低估理论。

① 协同效应理论。协同效应理论指一家公司收购另一家公司,会使得公司的整体绩效优于原两家公司绩效的综合,即产生"1+1>2"的效果。安索夫[①]认为协同效应的产生一部分源于规模经济,另一部分源于抽象的无形的好处。协同效应由经营协同效应、管理协同效应和财务协同效应组成。经营协同效应的理论来源是规模经济理论。企业对规模经济的追求是企业进行横向并购的主要动机。古典经济理论认为企业通过横向并购扩大生产规模可以使并购企业间的资源得到重新配置,从而降低生产成本。产业组织理论则认为同行业之间的并购能够使资源在行业内优化配置,实现产业规模经济。此外,纵向并购也可以通过市场并购整合产业链,减少交易成本,提高企业经营效率来获得协同效应。管理协同效应又称效率差别理论,其主要观点源自 X 效率理论。管理协同效应理论认为企业并购的动因在于并购企业和目标企业之间在管理效率上有所差别。管理协同理论认为如果收购方具有剩余的管理资源,即某公司的管理能力超出了该公司的管理需要,该公司就有动机去收购其他管理效率低下的公司,通过并购使公司的剩余管理资源得到利用。财务协同理论认为兼并将给企业在财务方面带来种种效益,这种效益的取得不是由于效率的提高引起的,而是由于税法、会计处理惯例以及证券交易等内在规定的作用而产生的一种纯货币上的效益。这对于具有内部现金但缺乏良好投资机会的企业与缺乏内部现金但具有很多投资机会的企业之间进行并购显得特别有意义。许多混合并购的案例被该理论引以为据,它事实上阐明了资本在并购与被并购企业的产业之间进行再配置的动因。

② 无效率管理理论。无效率管理理论认为企业现有管理层管理能力有限,没有充分利用公司现有资源,从而无法取得更高的经营绩效。因此,如果有外部机构介入,将能有效提升该公司管理效率。无效率管理理论为混业经营提供了理论基础。无效率管理理论有两个重要的理论前提:第一,该理论假定当前企业管理层管理能力有限且只能以并购的方式来更换管理层。第二,公司的管理层在并购完成以后的确会被更换。

③ 长期战略规划理论。企业战略不同于一般的组织决策,具有全局性、长期性和复杂性的特点,其根本是确定一个企业的经营范围或其活动领域,以及解决企业的资源、经营活动与所处环境的问题。在企业战略中,多元化经营是一个中心问题。长期战略规划理论的主旨正是通过并购活动来实现分散经营,而并购的战略规划理论隐含了获得规模经济或挖掘出企业当前未充分利用的管理潜力的可能性。企业通过外部分散经营,从而实现提高现有管理能力的目的。由于并购活动的调整速度要快于企业内部发展的调整速度,因而在面临重要的成长时机的选择时,并购更具优势,也更易获得管理者协同效应。

④ 多元化经营理论。多元化经营理论更多的是用于解释混合并购活动。多元化经营理论认为企业可以通过内部积累或外部并购来实现多元化经营。通过内部积累进入新领域虽然

---

① Ansoff H I., "Corporate Strategy: an analytic approach to business policy for growth and expansion", McGraw Hill, 1965.

可以使企业更好地掌握相关的专业技术,但是投入产出的时间效应和技术更新的成本往往使内部积累的代价更大,所以企业更倾向通过并购来实现多样化经营的目标。

⑤ 价值低估理论。该理论认为,当并购公司发现由于通货膨胀等原因造成目标公司的股票市值低于重置成本时,或者由于并购公司获得一些外部市场所不了解的信息,认为目标公司的价值被低估时,就会采取并购手段,获得对目标公司的控制权。造成目标公司价值低估的原因主要有三个:第一,管理层无法使公司的经营能力得到充分发挥。第二,并购方拥有内幕信息;反之,如果并购方拥有市场公开信息,他们对目标公司价值的评估可能高于目标公司的市值。第三,资产的市场价值与其重置成本之间的差异。该理论隐含的前提假设是市场不是有效率的,在价值被低估的条件下,并购比投资建立新公司的成本来得低。该理论的缺陷在于它只能解释特定条件下的部分并购动机。

(2) 信息与信号理论。

多德等[1]、布雷德利等[2]的研究表明,新的信息是作为要约并购的结果而产生的,且重新估价是永久性的。信息理论有三种观点:一是并购活动会散布有关目标公司股票被低估的信息,公司收到并购要约的事实可能会向市场传递公司拥有尚未被发觉的额外价值或者公司未来的现金流量将会增长,促使市场对其股价进行重新估价,所以无论并购成功与否,目标公司的股价都将会呈上升趋势。二是只有当目标公司的资源与并购公司结合,或者目标公司资源的控制权转移到了并购公司的手中,目标公司的永久性重估才会发生。如果在首次收购要约之后长期没有后续的收购要约,则目标公司的股价将会回落到首次收购要约发布之前的水平,这说明信号的基本性质在于其使用对于一部分人有利,而对另一部分人不利。三是将信号概念与资本结构的选择联系在一起。该种观点假定公司内部的管理者掌握企业外部人不了解的内部信息,即存在信息不对称。最优的资本结构可能在两种条件下存在:一是公司将通过其资本结构的选择向市场发送投资政策性质的信号。二是管理者的报酬与资本结构信号的正确与否联系在一起。这样当目标公司公布被收购要约时,市场将认为公司存在的某些价值还未被外部人所掌握,或表示公司具有新的增长机会,从而促使股价上涨。

(3) 代理问题和管理主义。

杰森和梅克林[3]系统地研究了代理问题。他们认为,公司由于存在道德风险、逆向选择和不确定性等因素而存在代理成本。代理成本包括委托人的监督成本、代理人的担保成本和剩余损失等。并购活动在存在代理问题的情况下,其目的是降低代理成本。法玛和杰森[4]指出,公司代理问题可以由适当的组织程序来解决,在公司所有权和经营权相分离的情况下,决策的拟定和执行是经营者的职权,而决策的评估和控制由所有者来实行,这是解决代理问题的内部控制设计,而并购则提供了解决代理问题的一种外部机制。当目标公司出现代理问题时,可以

---

[1] Dodd P, Ruback R., "Tender offers and stockholder returns: An empirical analysis", *Journal of Financial Economics*, 1977,5(3):351-373.

[2] Bradley M, Desai A, Kim E H., "The rationale behind interfirm tender offers: Information or synergy?", *Journal of Financial Economics*, 1983,11(1):183-206.

[3] Jensen M C, Meckling W H., "Theory of the firm: Managerial behavior, agency costs and ownership structure", *Journal of financial economics*, 1976,3(4):305-360.

[4] Fama E F, Jensen M C., "Separation of Ownership and Control", *The Journal of Law and Economics*, 1983,26(2):301-325.

通过股票收购获得控制权,减少代理问题的发生。

(4) 自由现金流假说。

杰森[1]在代理问题理论的基础上提出了自由现金流量假说。自由现金流量是指超过公司所有可获得的净现值为正的投资需求以外的资金。杰森认为当公司形成数额较大的自由现金流量时,股东和管理者就会对公司的自由现金流分配产生严重的冲突,进而产生代理成本。有两种途径可以化解该冲突。一种是减少自由现金流量,如果企业以股东利益最大化为目标,并且经营运行有效,那么这些自由现金流量应该支付给股东,从而减弱管理者的权利,减少其所控制的资源;另一种是实施并购,由于管理层往往不愿意将手中的现金流发放给股东,因而他们有将多余自由现金流量进行对外并购投资的冲动,而且并购也可以扩大管理层控制企业的规模。因此,杰森认为减值型并购起源于超额的自由现金流量,一旦企业中存在巨大的自由现金流量,就会导致管理层进行效率低下的并购,从而使企业并购价值损失。

(5) 自大狂妄假说。

罗尔[2]提出了自大狂妄假说。该假说认为在强势有效的市场中,公司的市值已经反映了公司价值,但是收购公司的管理层可能会因为过于自负、盲目乐观而高估目标公司的收购价值,进行收购活动。加上其他潜在竞价者的竞争压力,收购方往往会向目标公司支付过多的款项,导致收购方并购收益为负。在收购过程中,只有当收购公司对目标公司的估价超出当前市场价值时,公司才会提出收购。如果没有协同效应或者其他接管利益,估价的平均值将等于目标公司的当前市值,所以收购溢价只是一种误差。罗尔认为,如果兼并没有价值,那么对于管理者仍然进行并购的解释就是某一个特定的竞价者或许不会从其过去的错误中吸取教训,或者其自信估价是正确的,这样并购就有可能是收购方的自大引起的。

(6) 市场势力理论。

市场势力理论认为并购的主要动机是为了提高企业的市场占有率,通过减少市场上的竞争对手,优势企业可以影响或者操纵市场价格,提高对市场的控制力。市场势力理论又分为两种不同观点:一种观点认为,企业并购扩大了企业的规模,提升了企业的市场占有率,市场集中度增加会导致企业之间出现合谋,甚至还可能产生垄断。垄断往往伴随着高额的垄断利润,那么并购是会增加企业价值的。另一种观点则认为,产业集中度的提高正是市场竞争激烈的表现,在市场集中度高的产业中,大企业的竞争可能会更为激烈,往往表现为非价格竞争,简单的合谋是难以达成的,表明通过并购带来的市场势力的提高未必一定会增加企业价值。

综上所述,上市公司并购的动因是复杂和多元的,企业并购是多种因素共同作用的结果。单独用一种理论来解释企业并购动因将会产生偏误。与一般企业资产重组的动因类似,中国房地产上市公司资产重组动因是由以上几种动因组合而成的。

三、中国房地产公司资产重组绩效分析

1. 并购绩效的研究方法

从现有研究来看,并购绩效的研究方法主要有事件研究法、财务研究法、临床诊断研究法

---

[1] Jensen M C., "Agency costs of free cash flow, corporate finance, and takeovers", *The American Economic Review*, 1986,76(2):323-329.

[2] Roll R., "The Hubris Hypothesis of Corporate Takeovers", *The Journal of Business*, 1986,59(2):197-216.

和问卷调查研究法四种。其中,事件研究法和财务研究法是最常用的两种。事件研究法主要考察并购事件对公司股东财富的影响,该方法使用二级市场股票价格变化来进行分析。财务研究法通过分析公司财务指标的变化来考察并购的经济效应。下文介绍这两种方法。

(1) 事件研究法。

事件研究法认为如果资本市场有效,那么事件的相关影响都会反映在股票价格之中。因此,分析股票价格的变动就可以明确并购事件对公司股东财富的影响。事件研究法的主要思路是通过比较事件期间的实际收益和事件未出现情况下预期的正常收益,得到超额收益 AR 来评价上市公司并购的短期绩效。事件研究法依据研究事件的长短又分为短期事件研究法和长期事件研究法。一般认为,短期事件研究法考察的时间长度为并购公告前后 1 到 3 个月,长期事件研究法考察的时间长度为并购后 1 到 5 年。同时,依据评价并购绩效的时间长短不同,所采用的具体的事件研究法也有所不同。一是累积超常收益法(Cumulative Abnormal Return,CAR)。累积超常收益是指运用窗口期的实际收益与假定无公告影响下公司股票的预期收益之间的差,来反映并购带来的股价变化。CAR 法既可以计算短期绩效,也可以用其来计算长期绩效。这二者不同的是短期使用公司和市场的日收益率指标,而长期使用公司和市场的月收益率指标。在实证研究文献中,多数学者倾向于用 CAR 法计算短期并购绩效。二是连续持有超常收益法(Buy and Hold Abnomal Retum,BHAR)。连续持有超常收益表示购买收购公司股票并一直持有到考察期结束时,收购公司与对应标准组合的长期持有收益率的差额。在长期并购绩效的研究中,既可以采用长期累积超常收益法(CAR),也可以采用长期连续持有超常收益法(BHAR)。基于以下两个原因,在计算长期绩效时,BHAR 法相对于 CAR 法更好。一是在股价波动较大时,BHAR 法能够有效减少股票波动的影响。二是由于基准收益率的确定方法不同,BHAR 法与 CAR 法相比,其检验统计量偏差更小。事件研究法的优点在于可以直接评价资本市场投资者对公司并购行为的反应,因此提供了关于并购双方公司股东财富的直观变化;由于股价代表公司未来预期现金流的贴现值,所以事件研究法具备一定的前瞻性;事件研究法采取规范统一的客观数据实证方法,不会面临财务指标选取不同所造成结果不同的困境,因而使得不同研究的可比性较强,并且研究的可持续性较强,研究结论容易达成一致。事件研究法的缺点是这种方法必须基于两点重要的假设前提:一是资本市场是有效的,证券价格能有效反映出事件的影响。这一点对于多数发展中国家的股票市场来说很难满足。二是要能有效排除研究期内其他因素影响。

(2) 财务研究法。

财务研究法(Accounting Studies)是指采用反映企业经营能力和业绩的单一或几个关键财务指标,或者通过建立财务指标体系来综合衡量公司的经营状况。通过直观比较公司并购前后财务指标的变化,来考察并购事件对公司业绩的影响。常用的指标包括净资产收益率(ROE)、总资产收益率(ROA)、净利润率、每股收益(ESP)以及托宾 q 值等。财务研究法的优点在于财务数据一方面可以直观地反映公司绩效的变化,简单清晰,不需要使用复杂的数理模型;另一方面很多投资者都以财务报表作为评价上市公司运营状况的重要依据。财务研究法也有一定的缺陷。运用单一或者几个指标进行公司绩效评价时,评价结果很容易产生偏误。因为较少的指标不能全面考察公司真实经营状况的变化,结论可能随选取财务指标的不同而有所不同,不同学者研究结论的可比性差,较难形成统一观点。而选择多个指标通过构建财务指标体系进行研究时,不同研究所选取的财务指标体系以及对各指标的赋权都存在标准上的差异,也使研究结果很难类比。

以上分析表明,事件分析法和财务指标法有各自的优缺点。想对并购绩效进行较准确、较全面的评价,需要多种角度运用多种方法评估并购效应。下文将运用 CAR 方法测量房地产上市公司并购的短期绩效。

2. 中国房地产上市公司并购的短期绩效分析

(1) 样本选择和数据来源。

选取的并购样本为 2006 年至 2018 年中国沪深股市中房地产行业的重大重组事件。选取并购事件的标准如下:以首次公告日作为事件宣告日,而不是正式交易完成日(这样做是因为市场在企业宣布并购时就开始对事件做出反应),买方企业为上市公司,并购事件在样本时间区间已经完成,并购事件为非关联企业交易,剔除同一年度内发生多次并购的企业,并购信息发布前后无影响股价的重大事件,剔除数据不完整的样本。并购事件样本来自 WIND 数据库中的《中国并购库》。经过筛选,最终得到 45 个并购事件样本。

(2) CAR 方法的计算步骤。

① 定义事件和事件窗口期。事件的定义为并购事件的发生,首次公告日定义为时间 0,窗口期分为估计窗口期和事件窗口期。估计窗口期的作用是估计正常收益率。确定事件窗口期的作用是为了捕捉到事件对股票价格的全部影响。较长的事件窗口期可以相对保证获取到全部的时间影响,但容易受到更多不相干因素的影响。相反,过短的事件窗口期可能会使并购的信息没能充分反映到股价当中,而导致结论缺乏可靠性。为保证研究的可靠性,选择的估计窗口期为[−90,−21],用来估计正常收益率。事件窗口期为[−20,20],用来观测并购事件对股价的影响。

② 计算预期正常收益率。正常收益率的计算有三种方法:一是市场调整法。它假设市场指数的收益率就是股票正常收益率的无偏估计,股票超常收益率就等于股票实际收益率减去市场指数收益率。二是均值调整法。该方法先选定一个不受事件影响的"清洁期",清洁期可以在事件窗之前、之后或两者都包括,但不能包括事件期,然后计算在此期间内股票的日平均收益率,把它作为正常收益率。三是市场模型法。采用 CAPM 资本资产定价模型,一般以事件公告日前 1 至 3 个月的股票实际收益率对市场收益率进行回归,估计出 β 系数。然后再以事件窗口期内的市场收益率和估计出的 β 系数为基础计算正常收益率。三种计算方法中,市场模型法的理论基础更为完善。因此,在此选用 CAPM 模型法来估计正常收益率。基本步骤如下:

第一步,按式(5.1)和(5.2)计算每只股票和股票市场指数在样本观测区间[−90,−21]内的实际收益率和股指收益率。

$$R_{i,t} = \frac{P_{i,t}}{P_{i,t-1}} - 1 \tag{5.1}$$

$$R_{m,t} = \frac{P_{m,t}}{P_{m,t-1}} - 1 \tag{5.2}$$

式中,$R_{i,t}$——第 i 支兼并股票样本在 t 日的实际收益率;

$P_{i,t}$——该股票在 t 日的收盘价;

$R_{m,t}$——A 股指数收益率;

$P_{m,t}$——A 股市场在 t 日的收盘指数,使用上证 A 股指数当作市场指数。

第二步,将每只股票在估计窗[−90,−21]期间的收益率数据同相应期间[−90,−21]的上证 A 股指数收益率数据按式(5.3)进行回归,得出 β 系数。

$$R_{i,t} = \alpha_i + \beta_i R_{m,t} + \varepsilon_{i,t} \tag{5.3}$$

其中,$R_{i,t}$ 和 $R_{m,t}$ 分别为第一步计算出的个股和市场指数的日收益率,β_i 是股票 i 的收益率对市场指数收益率的回归系数,也即股票的系统性风险。回归后得到 α_i 和 β_i。如果 α_i 和 β_i 在估计期内保持稳定,则事件窗口期[−20,20]期间的预期正常收益率可以由式(5.4)算出。式(5.4)中,$\widetilde{R_{i,t}}$ 表示个股预期正常收益率。

$$\widetilde{R_{i,t}} = \alpha_i + \beta_i R_{m,t} + \varepsilon_{i,t} \tag{5.4}$$

③ 计算累积超额收益率。先按(5.5)式计算每只股票在事件窗[−20,20]期间的日超常平均收益率 AR:

$$AR_{i,t} = R_{i,t} - \widetilde{R_{i,t}} \tag{5.5}$$

然后按式(5.6)计算全部样本公司在事件窗[−20,20]中的日平均超额收益 AAR,其中 n 为样本公司的数量。

$$AAR_t = \frac{1}{n} \sum_{i=1}^{n} AR_{i,t} \tag{5.6}$$

最后,根据式(5.7)计算窗口期各天的累积超额收益 CAR。

$$CAR_T = \sum_{t=-20}^{T} AAR_t \quad (T = -20, -19, \cdots, 20) \tag{5.7}$$

④ 对结果进行显著性检验。对 AAR_t 和 CAR_T 是否显著异于 0 进行 t 检验。如果 $CAR > 0$,检验结果显著,则表示股东的财富有所增加;如果 $CAR < 0$,检验结果显著,则表示股东的财富有所减少;如果检验结果不显著,则认为股价变动是一种随机事件,兼并活动并不会对股票波动产生影响,股东财富在并购过程中不会发生显著变化。检验原假设为:

$$H_0: AAR_t = 0, CAR_T = 0$$

检验统计量为:

$$t_{AAR} = \frac{AAR_t}{S(AAR_t)/\sqrt{n}}, \quad t_{CAR} = \frac{CAR_T}{S(CAR_T)/\sqrt{n}} \tag{5.8}$$

其中,

$$S^2(AAR_t) = \frac{1}{n-1} \sum_{t=1}^{n} (AR_{i,t} - AAR_t)^2, \quad S^2(CAR_T) = \frac{1}{n-1} \sum_{t=1}^{n} (CAR_{i,t} - CAR_T)^2 \tag{5.9}$$

如果事件发生对股价无影响,统计量 t_{AAR} 和 t_{CAR} 服从自由度为 $n-1$ 的 t 分布。

(3) 测算结果和分析。

运用 CAR 方法对 2006—2018 年中国房地产上市公司重大收购事件的日平均超额收益累

积超额收益进行计算后,得到其趋势变化图(见图 5-1)。AAR 在零水平线附近小幅震荡,这意味着房地产上市公司在并购前后 20 天内并不能获得日超常收益。CAR 曲线整体上呈上升趋势,特别是并购公告初次发布以后,其累计超常收益持续上升。这意味着在并购以后,股东财富有明显的增加。

表 5-3 显示了 CAR 的显著性检验结果。从表 5-3 可以看出,在整个时间窗口期[−20,20],CAR 均值为 0.072 9,且在 1%的水平上显著为正,表明收购活动增加了股东的财富。分时间区间来看,在事件公告前 20 日,即窗口期为[−20,−1],CAR 均值为 0.007 1,且在 1%的水平上显著为正,表明并购事件在发生之前就会显著增加股东的财富。窗口期[−20,−11]和[−11,−1]的 CAR 均值虽然为正,但不显著异于 0。窗口期[−1,0]CAR 均值在 1%的水平上显著为正。总体上,在并购事件公告前 20 天,CAR 显著为正,但在[−20,−11]和[−11,−1]两个时间段不显著,在窗口期[−1,0]显著为正的结果表明可能存在在公告前 20 天内部人就利用并购信息提前对相关公司建仓的现象,在公告前一天公众可能得知消息开始逐渐入场建仓。在并购事件公告以后 20 日内,[1,10]、[11,20]和[1,20]三个时间窗口期的 CAR 均值都在 1%的水平上显著为正,这表明中国房地产上市公司的并购事件显著持续增加了并购公司的股东财富。

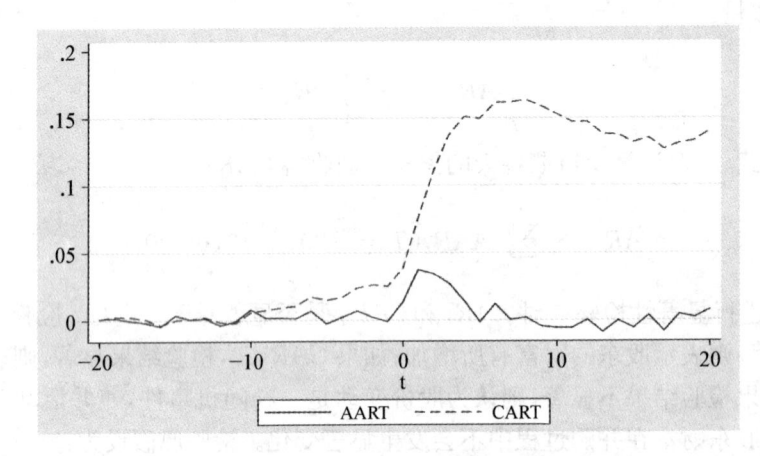

图 5-1 2006—2018 中国房地产上市公司重大并购事件 AAR 和 CAR 趋势变动图

表 5-3 CAR 各区间检验结果

区间	[−20,−1]	[−20,−11]	[−11,−1]	[−1,0]
CAR 均值	0.007 1***	0.000 3	0.014 1	0.031 6***
t 统计量	−3.253 3	0.510 2	5.277 9	4.759 1
样本数	48	48	48	48
区间	[1,10]	[11,20]	[1,20]	[−20,20]
CAR 均值	0.142 1***	0.096 3***	0.139 5***	0.072 9***
t 统计量	−9.641 5	−8.045 5	−19.848 2	−6.564 3
样本数	48	48	48	48

注:***、**、*分别表示在 1%、5%和 10%的水平上显著。

第四节　中国房地产上市公司股权结构与企业价值

股权结构与企业价值是公司治理的核心问题。从表面看,股权结构代表着大股东持股比例和股东性质,实际上,股权结构是决定公司控制权、最终控制人、大股东权力制衡、上市公司兼并重组等关键策略的基础。关于股权结构与企业价值,最早可追溯到博勒和蒙斯(Berle, A. A. , Jr. & G. C. Means)的研究,[①]他们认为股权集中度与公司价值存在正向关系,股权集中有利于提升公司价值。詹森和麦克林认为,随着内部持股比例的增加会相应提升公司价值,这是因为有效克服了所有权和经营权分离后的委托代理成本。[②] 侯德斯和希恩(Holderness, C. & Sheehan, D.)对股权集中和股权分散的两类上市公司进行比较,发现两类公司会计利润和托宾q值并无明显差别。[③] 迈克康纳和西维斯(McConnell, J. & Servaes, H.)研究发现,股权结构与托宾q值并非线性关系,而是存在函数关系。[④] 托宾q是指厂商资产的市场价值与其资产重置成本的比率,由诺贝尔经济学奖获得者詹姆斯·托宾(James Tobin)于1969年提出。[⑤] 朱武祥和宋勇对中国家电行业的研究表明,股权结构与企业价值并无显著相关性。[⑥] 李维安和李汉军对民营上市公司研究表明,第一大股东绝对控股时有利于提升公司绩效,不同的股权结构对股权激励和公司绩效产生不同影响。[⑦] 刘银国等选取2005—2008年上海股票市场的数据,研究表明股权集中度与公司绩效呈反向变化的幂函数关系,股权制衡与公司绩效负相关。[⑧] 谭兴民等对2006—2009年中国银行类上市公司的研究表明,第一大股东持股比例、股权集中度与银行绩效负相关。[⑨] 由此可见,股权结构与企业价值不存在明确的单一关系,而是存在利益趋同效应或掠夺效应。前者表明大股东利益与公司绩效趋同,从而提升企业价值;后者说明大股东为获得自身利益,通过关联交易等手段损害企业价值。那么,中国的房地产上市公司股权结构与企业价值存在何种关系?这正是本节探讨的问题。

一、研究设计

1. 数据来源

本研究选取1999—2012年中国A股房地产上市公司样本,数据来源于国泰安数据库

[①] Berle, A. and Means, G. , "The modern corporation and private property", Commerce Clearing House, New York, NY. 1932.

[②] Jesen, M. and Meckling, W. , "Theory of the Firm: Managerial Behavior, Agency Costs and Ownership Structure", *Journal of Financial Economic*, 1976, Vol. 3, No. 4, pp. 305 – 360.

[③] Holderness, C. and Sheehan, D. , "The Role of Majority Shareholders in Publicly Held Corporations", *Journal of Financial Economics*, 1988, Vol. 20, pp. 317 – 346.

[④] McConnell, J. and Servaes, H. , "Additional Evidence on Equity Ownership and Corporate Value", *Journal of Financial Economics*, 1990, Vol. 27, No. 2, pp. 595 – 612.

[⑤] Tobin J. , "A General Equilibrium Approach to Monetary Theory", *Journal of Money, Credit and Banking*, 1969, Vol. 1, No. 1, pp. 15 – 29.

[⑥] 朱武祥、宋勇,《股权结构与企业价值:家电行业上市公司实证分析》,载《经济研究》,2001(12)。

[⑦] 李维安、李汉军,2006:《股权结构、高管持股与公司绩效:来自民营上市公司的证据》,《南开经济评论》第5期。

[⑧] 刘银国、高莹、白文周,《股权结构与公司绩效相关性研究》,载《管理世界》,第2010(9)。

[⑨] 谭兴民、宋增基、杨天赋,《中国上市银行股权结构与经营绩效的实证分析》,载《金融研究》,2010(11)。

(CSMAR)。由于房地产上市公司上市时间的差异,数据结构呈非平衡面板数据特征。同时,为克服离群值影响,对所有连续变量按1%水平进行缩尾(Winsorized)处理。

2. 计量模型

为避免潜在内生性问题,且更好地体现企业价值的动态性,本研究借鉴阿雷拉诺和邦德(Arellano & Bond)[①]和布伦德尔和邦德(Blundell & Bond)[②]提出的广义矩估计方法(GMM),运用动态面板数据模型做计量检验,构建的计量模型如式(5.10)和(5.11)所示。

$$Profit_{i,t} = \alpha_0 + Profit_{i,t-1} + Stocstruc_{i,t} + Ta_{i,t} + Cash_{i,t} + \sum yearinditor + \varepsilon_{i,t} \quad (5.10)$$

$$Tobinq_{i,t} = \alpha_0 + Tobinq_{i,t-1} + Stocstruc_{i,t} + Ta_{i,t} + Cash_{i,t} + \sum yearinditor + \varepsilon_{i,t} \quad (5.11)$$

方程(5.10)和(5.11)分别从企业利润和企业成长性角度分析股权结构与企业价值的关系。因变量是企业价值,分别从企业利润(Profit)和企业成长性等两个维度来衡量,企业成长性用托宾q(Tobinq)来刻画。核心解释变量为股权结构(Stocstruc),分别用第1大股东持股比例(Shrcr1)、前3大股东持股比例(Shrcr3)、前5大股东持股比例(Shrcr5)、前10大股东持股比例(Shrcr10)及前3大股东持股比例平方(Shrhfd3)、前5大股东持股比例平方(Shrhfd5)和前10大股东持股比例平方(Shrhfd10)表示。此外,选取企业资产规模(Ta)和自由现金流(Cash)作为控制变量。

二、实证分析

1. 描述性统计

对本研究计量检验涉及的主要变量做描述性统计分析,如表5-4所示。

表5-4 变量描述性统计(%)

Variable	Obs	Mean	Std.	Min	Max
Profit	821	0.03	0.07	−0.29	0.18
Tobinq	821	1.39	0.80	0.73	9.28
Shrcr1	821	38.73	16.95	7.85	89.41
Shrcr3	821	49.77	15.62	13.57	91.82
Shrcr5	821	52.78	15.49	16.70	92.22
Shrcr10	821	56.01	15.27	20.17	92.83
Shrhfd3	821	0.19	0.14	0.01	0.80
Shrhfd5	821	0.19	0.14	0.01	0.80
Shrhfd10	821	0.19	0.14	0.01	0.80
Ta	821	21.75	1.24	19.24	25.01
Cash	821	0.13	0.11	0.00	0.56

---

① Arellano, M. and Bond, S., "Some tests of specification for panel data: Monte Carlo evidence and an application to employment equations", *Review of Economic Studies*, 1991, Vol. 58, No. 2, pp. 277–297.

② Blundell, R. and Bond, S., "Initial conditions and moment restrictions in dynamic panel data models", *Journal of Econometrics*, 1998, Vol. 87, pp. 115–143.

根据描述性统计结果,中国房地产上市公司第 1 大股东的持股比例均值为 38.73%、最小值为 7.85%、最大值为 89.41%,前 3 大股东持股比例的均值为 49.77%、最小值为 13.57%、最大值为 91.82%,而前 5 大股东和前 10 大股东的股权比例非常接近,前 10 大股东持股比例均值为 56.01%、最小值为 20.17%、最大值为 92.83%。这表明中国房地产上市公司股权结构的特征是股权集中特征比较明显。中国房地产上市公司的托宾 q 值(Tobinq)全部为正,意味着中国房地产上市公司在样本期内的成长性好,发展势头良好。

2. 计量结果分析

根据计量方程(5.10)和(5.11),分别从企业利润和企业成长性角度分析中国房地产上市公司股权结构与企业价值的关系进行计量检验,计量结果如表 5-5 和表 5-6 所示。

表 5-5 股权结构与公司利润回归结果

	(1)	(2)	(3)	(4)
	国有	国有	民营	民营
L.profit	0.301**	0.445**	−0.285***	−0.275***
	(2.17)	(2.58)	(−4.27)	(−4.03)
Shrcr1	0.003***		0.001	
	(3.13)		(1.66)	
Shrcr3	−0.014**		0.001	
	(−2.42)		(0.28)	
Shrcr5	0.012*		−0.008**	
	(1.77)		(−2.41)	
Shrcr10	−0.001		0.006***	
	(−0.30)		(3.95)	
Shrhfd3		−3.911		4.046**
		(−0.90)		(2.03)
Shrhfd5		−8.059		−26.481***
		(−0.82)		(−3.33)
Shrhfd10		12.059		22.471***
		(1.55)		(3.23)
Ta	0.003	0.005	0.013***	0.014***
	(0.73)	(1.49)	(3.09)	(3.46)
Cash	0.018	0.057	0.149***	0.153***
	(0.46)	(1.34)	(4.38)	(4.41)
Cons	−0.051	−0.122	−0.265***	−0.286***
	(−0.58)	(−1.38)	(−3.01)	(−3.09)
N	156	156	493	493
F	7.403	5.121	8.600	7.397

注:***、**、* 分别表示在 1%、5% 和 10% 的水平上显著。表中数据为自变量的估计系数,括号内为 T 值。

表 5-5 反映了中国房地产上市公司的股权结构对公司利润的影响。为了区分不同产权性质企业间的差异,分别给出了国有房地产公司和民营房地产公司的分析结果。根据计量结果,在模型(1)的国有房地产公司中,第一大股东持股比例 Shrcr1 的回归系数为 0.003,且在 1%水平上显著;前 3 大股东持股比例 Shrcr3 的回归系数为 −0.014,并在 5%显著性水平上通过了检验;前 5 大股东持股比例 Shrcr5 的回归系数为 0.012,在 10%水平上显著。对于民营房地产公司而言,在模型(4)中,前 3 大股东持股比例平方 Shrhfd3 的回归系数为 4.046,在 5%水平上显著;前 5 大股东持股比例平方 Shrhfd5 的回归系数为 −26.481,在 1%水平上显著;前 10 大股东持股比例平方 Shrhfd10 的回归系数为 22.471,在 1%水平上显著。国有和民营房地产公司两类样本间的区别在于,民营样本在持股比例平方变量方面表现得更为突出。可见,本部分研究结果表明,现阶段中国房地产上市公司的股权结构与公司绩效是一种非线性关系。正如德姆塞茨(Demsetz, H.)所言,[①]公司股权结构实际上是股东影响力演化下的内生结果,只要能够体现出股东权益最大化,则股权无论分散抑或集中,均是一种合理的制度安排,因而股权结构与公司绩效间没有必然的因果联系。

表 5-6 股权结构与公司成长性回归结果

	国 有	国 有	民 营	民 营
	tobinq	tobinq	tobinq	tobinq
L. tobinq_w	0.063	0.061	0.097*	0.106*
	(0.80)	(0.74)	(1.70)	(1.83)
Shrcr1	0.013		0.002	
	(1.45)		(0.39)	
Shrcr3	−0.024		0.041	
	(−0.38)		(1.45)	
Shrcr5	0.002		−0.113**	
	(0.02)		(−2.28)	
Shrcr10	0.005		0.064**	
	(0.15)		(2.08)	
Shrhfd3		130.578		71.235***
		(1.55)		(2.90)
Shrhfd5		−188.980		−149.777
		(−0.98)		(−1.30)
shrhfd10		58.067		77.733
		(0.45)		(0.74)
Ta	−0.164***	−0.145***	−0.275***	−0.261***
	(−3.47)	(−3.54)	(−5.23)	(−5.06)

---

① Demsetz, H. and Lehn, K., "The structure of corporate ownership: Causes and consequences", *Journal of Political Economy*, 1985, Vol. 93, No. 6, pp. 1155−1177.

续表

	国 有	国 有	民 营	民 营
Cash	1.018	1.287	1.634**	1.666**
	(1.27)	(1.50)	(2.38)	(2.37)
Cons	5.050***	4.443***	7.454***	7.025***
	(4.19)	(4.47)	(6.56)	(6.21)
N	156	156	493	493
F	5.818	4.860	9.229	7.159

注:***、**、*分别表示在1％、5％和10％的水平上显著。表中数据为自变量的估计系数,括号内为T值。

表5-6是中国房地产上市公司股权结构与成长性的回归结果。据此分析,国有房地产公司股权结构与企业成长性关系不明显,而民营房地产公司股权结构与企业成长性存在非线性关系。民营房地产公司前5大股东持股比例与企业成长性的系数为-0.113,并在5％显著性水平上通过了检验;前10大股东持股比例与企业成长性的系数为0.064,在5％水平上显著;前3大股东持股比例平方与企业成长性的系数为71.235,在1％水平上显著。可见,中国房地产上市公司股权结构与企业成长性没有必然的因果联系。

三、结论

根据对1999—2012年中国A股房地产上市公司的实证分析,现阶段中国A股房地产公司的股权结构与企业价值存在非线性关系。这意味着调整股权结构,并非改善公司治理状况、提升企业价值的有效途径。一种观点认为,公司股权分散有利于股东民主,有助于公司管理层与大股东形成有效制衡,进而预防对公司价值不利的决策行为。这种观点只是一种假设,并未得到实证支持。其实,公司股权集中或分散仅是公司治理的一种手段,并非公司治理的最终目的,亦非公司治理的必要手段或前提。从企业生命周期来看,在公司不同成长阶段和环境下,公司股权结构是根据市场竞争条件的动态变化和适应资本市场评价而进行市场化选择的结果。最典型的是,处于早期公司成长阶段的发起人控股、公司成熟阶段的管理层杠杆收购。从公司法律层面来讲,股权结构仅传递出公司控制权比例分配的信号,并不能真正说明公司价值动力机制。事实上,股权结构相似的公司却可能具有不同的公司价值驱动能力。因此,从有利于企业价值提升的角度来看,更为重要的途径是增强资本市场对上市公司发展战略、公司治理机制和经营绩效的评价功能,迫使上市公司在激烈的市场竞争和资本市场监管的双重压力下,形成适应公司持续发展的股权结构。

※ 本章小结 ※

股权融资指公司通过出让所有权和引进新股东来实现企业融资的方式,是企业通过资本市场等直接融资渠道获取资金的重要途径。股权融资通常有股票发行、配股、增发、重组、非公开发行等多种途径。一般而言,股权融资领域包括股权投资基金(机构)、风险投资机构、同行业机构投资者、产业投资基金等几类投资者。企业可以根据自身业务特点或经营方向选择合适的投资者。

股票发行是股权融资的重要环节。发行方需要满足股票管理机构的基准条件而提出上市申请,并在上市申请获批后选择合适的发行方式和发行价来实现融资目的。《公司法》和《证券法》等一系列法律、法规,对股票的发行条件、发行程序和发行方式等做出了相关规定。中国上市房地产公司占全国房地产开发企业总数的 0.2% 左右,上市房地产公司在综合实力、盈利能力、抗风险能力、投资潜力和成长能力等方面具有极强的行业代表性,充分反映和折射出整个行业在市场开拓、经营管理、市场营销、行业风险以及发展导向方面的基本趋势。中国房地产上市公司股票增发表现出房地产上市公司的增发频率与A股市场行情密切相关、房地产上市公司的融资额与公司自身规模密切相关、定向增发成为中国A股房地产公司股票增发发行主要方式等特点。

借助购并重组实现借壳上市、突出主营业务和改善公司资产状况是中国房地产公司购并重组的三个重要特征。并购动因理论包括效率理论、信息与信号理论、代理问题和管理主义、自由现金流假说、自大狂妄假说、市场势力理论等六种。并购绩效的研究方法主要有事件研究法、财务分析法、临床诊断研究法和问卷调查研究法等四种。根据事件研究法,中国房地产上市公司的并购事件显著持续增加了并购公司的股东财富。

股权结构与企业价值是公司治理的核心问题。股权结构与企业价值不存在明确的单一关系,而是存在利益趋同效应或掠夺效应。实证分析表明现阶段中国A股房地产公司的股权结构与企业价值存在非线性关系。这意味着调整股权结构,并非改善公司治理状况、提升企业价值的有效途径。

※ 本章思考题 ※

1. 股权融资的基本含义是什么?
2. 股权融资的主要类型有哪些?
3. 房地产公司上市(IPO)的程序是什么?
4. 中国房地产公司的资产重组有何特征?
5. 并购动因主要有几种理论?中国房地产上市公司资产重组绩效如何?
6. 中国房地产公司股权结构与企业价值有何关系?为什么?

课后习题五

第六章　房地产债券、信托和 PPP 融资

内容提要

1. 房地产债券和房地产信托的内涵和功能。
2. 中国房地产企业债券融资的发展。
3. 中国房地产信托业的发展。
4. 房地产 PPP 融资的特点及运作流程。

银行、证券公司和信托机构等金融中介是现代金融体系的重要组成部分,被誉为现代金融业的支柱。对于房地产企业而言,随着现代金融业的不断发展,除了商业银行贷款等间接融资方式,一些直接融资方式,包括房地产股票、债券、投资基金受益证券和 PPP 等逐渐成为房地产企业重要的融资方式。在市场经济发达的国家,债券市场和信托市场具有悠久的历史,在国民经济生活的各个领域扮演着重要的角色,而随着 PPP 在全球各个地区的流行和使用,也为公共基础设施的建设提供了新的融资渠道。房地产债券和房地产信托作为债券和信托市场的重要组成部分,为房地产企业提供了大量的资金,从而对房地产业发展发挥着重要作用。房地产 PPP 融资为保障房建设提供了大量的私人资本,为社会提供了更加优质的公共产品和服务。

第一节　房地产债券的内涵和功能

一、证券和债券的内涵

1. 证券和房地产证券化的含义

证券(Securities)是各类商品、财产所有权、收益权或债券权的凭证的统称,是用以证明持券者拥有按照证券所载内容取得相应权益的权利的凭证。证券按照权利内容划分,可以分为商品证券、货币证券和资本证券。这三类证券是广义上的证券,也称广义有价证券;而狭义上的证券或有价证券则仅指在证券市场上发行和流通的股票、债券等资本性证券。

证券化(Securitization)由融资证券化(Financing Securitization)和资产证券化(Asset Securitization)两部分构成。融资证券化是指筹资者采取

发行证券的方式在金融市场上向资金供应者直接融通资金,而不是采取向银行等金融机构借款的方式间接融通资金的行为。资产证券化是指将那些缺乏流动性、预期在未来能够产生稳定现金流的资产,通过适当的安排,转化成为能够在金融市场上出售和流通的证券的行为。

房地产证券化包括房地产融资证券化和房地产资产证券化。房地产融资证券化一般是指房地产资金短缺者通过发行房地产证券筹集资金用于房地产领域的行为,房地产证券大多为狭义概念上的证券。房地产资产证券化是指将非证券形态的房地产投融资资产转化为能够在金融市场上出售和流通的证券,使得房地产投融资主体与投融资客体之间原本非证券化的物权、债权,转化为股权、债权性质的可转让金融工具的过程。房地产资产证券化的证券是选择股票形态、基金受益证券形态还是债券形态,主要视原有房地产资产权利方是所有权还是债权而定。

2. 债券的内涵

新帕尔格雷夫经济学大辞典将债券(Bonds)定义为一种契约,规定当约定的某些事件或日期到来时,发行人给予持有人或受益人一定报偿。债券起源于中世纪个人被束缚于他人或土地的一种制度,后来泛指一种受约束的状态,如货物被扣留在关栈中,需满足某些条件(如支付赋税或关税)方可放行,犯人必须呈交保证随时出庭的保释保证书方可获释;提出能满足某项要求的保证后个人才被获许做某事等。[1] 而在当代经济学用语中,债券是证明其发行人是投资者的债务人的一种证券,债券发行人有义务在特定日期向持有者支付本金,通常还要定期支付利息。[2] 从本质上来讲,债券其实是债务人与债权人之间债务关系的证明书,债务人即是债券的发行人,债权人即是债券的持有人或者投资者。通常,债券票面上应标明的基本内容有:① 票面价值,包括发行债券的币种和票面金额。② 还本期限,指的是债券从发行之日起至偿清本息之日止的时间。③ 债券利率,指的是债券利息与债券票面价值的比率。④ 发行人名称,指的是债券的发行人,即债务主体。

3. 债券的分类

债券的分类往往因为不同的分类标准而有所不同。一般来讲,债券可按发行主体、利率形式、偿还期限、债券形态、有无担保以及记名与否等标准进行分类。

按照发行主体的不同,债券可分为政府债券、金融债券和公司(企业)债券三大类。由政府为筹集资金而发行的债券称为政府债券。主要包括国债(或国库券)、地方政府债券等,其中最主要的是中央政府发行的国债,其发行目的一般是为了弥补财政赤字或国家大型建设项目投资。国债因其信誉好、利率优、风险小而又被称为"金边债券"。由银行或者金融机构发行的债券称为金融债券,在中国金融债券主要由国家开发银行、进出口银行等政策性银行发行,目的是筹集长期资金,利率一般高于同期银行存款利率。由非金融性质的公司(企业)发行的债券称为公司(企业)债券,其中,企业债券是按照《企业债券管理条例》规定发行与交易、由国家发展和改革委员会监督管理的债券,其发行主体一般为中央政府部门所属机构、国有独资企业或国有控股企业;公司债券管理机构则为中国证券监督管理委员会,发行主体为按照《中华人民共和国公司法》设立的公司法人,现实中发行主体多为上市公司,其信用保障是发债公司的资

---

[1] 史蒂文·N. 杜尔劳夫、劳伦斯·E. 布卢姆,《新帕尔格雷夫经济学大辞典》(第1卷)第2版,经济科学出版社,2016年,第457—458页。

[2] 弗雷德里克·S. 米什金、斯坦利·G. 埃金斯,《金融市场与金融机构》,中国人民大学出版社,2017年,第240页。

产质量、经营状况、盈利水平和持续赢利能力等。

按利率是否变动,债券可分为固定利率债券、浮动利率债券和累进利率债券三大类。固定利率债券指的是在偿还期内票面利率固定不变的债券;浮动利率债券指的是在偿还期内票面利率随着市场利率变动而变动的债券;累进利率债券则是指随着债券期限的增加,票面利率累进的债券。

此外,按照偿还期限的不同,债券可分为短期债券、中期债券和长期债券;按照债券形态的不同,债券可分为实物债券、凭证式债券以及记账式债券;按财产有无担保,债券可分为抵押债券和信用债券;按记名与否,债券可分为记名债券和无记名债券。

二、房地产债券的内涵和分类

1. 房地产债券的概念

房地产证券的种类包括房地产股票、房地产债券和房地产投资基金受益证券等。在此主要介绍房地产债券。房地产债券是各级政府、房地产金融机构和房地产开发企业为解决房地产开发资金问题向投资者开具的具有借款证书性质的有价证券,房地产债券所筹集的资金必须用于房地产开发建设。[①] 房地产债券的持有人有权按照约定期限取得利息、收回本金,无权参与房地产债券发行人对所筹集资金的经营和管理。

西方国家发行的住房债券,是一种中、长期债权凭证。这是借助于房地产证券化,包括住房融资证券化和住房抵押贷款证券化,将住房市场的风险分散到众多的投资者,从而降低金融体系的风险和压力。这两种证券化的目的和对象不尽相同。住房融资证券化是对增量进行证券化,以筹集住房建设资金为目的,通过发行债券来融资。住房抵押贷款证券化(MBS),是银行将持有的个人住房抵押贷款转让给中介机构,再由中介机构以此为基础向社会发行可上市流通的住房抵押债券。

2. 房地产债券的分类

房地产债券的分类与债券的分类相似。按照发行人的不同,房地产债券可以分为政府债券、金融债券和企业债券。政府债券是政府为房地产开发建设筹措资金并承担还本付息的责任而发行的债券。金融债券是金融机构为筹措房地产投融资资金而发行的债券。此外,金融机构房地产抵押贷款证券化发行的有关证券也是金融债券。企业债券或公司债券是房地产企业为筹集房地产开发或运营资金,依法向社会公开发行并承诺在一定期限内还本付息的债务凭证。除了按照发行人不同进行分类以外,房地产债券还有其他多种形式的分类。房地产债券按照记名与否,可以分为记名债券和无记名债券;按照偿还期限可分为中长期债券、短期债券(又称为融资券);按照计息方式可分为单利计息债券、复利计息债券和贴现无息债券;按照利率变动与否可分为固定利率债券、浮动利率债券。此外,房地产债券还可以有其他多种形式,例如息票债券、可转换债券、附认购权证债券、抵押债券等。

在中国,房地产债券的发行主体主要以房地产开发经营企业为主,地方政府和金融机构发行房地产债券受到较多的限制。随着中国金融改革的深化,房地产抵押贷款业务的发展以及证券市场的逐步完善,房地产抵押债券的发行与流通将成为房地产证券市场的重要内容。

---

① 高波,《现代房地产经济学》,南京大学出版社,2010年,第228页。

三、房地产债券的功能

通过发行债券的方式为房地产企业融资,既可以优化企业融资结构和完善公司治理结构,又可以推动我国的金融体制改革。因此,有必要鼓励房地产企业发挥债券融资的功能。

(1) 房地产债券可以优化企业的融资结构。债券的发行有利于拓展企业的融资渠道,改变企业的负债结构,促进企业的长远发展。同时,相比于股权融资,债券融资的综合成本更低,能够有效地避免企业控股权的分散。

(2) 房地产债券可以完善公司的治理结构。企业以发行债券的方式面向社会筹资,通过社会监督机制,促使企业转换经营机制,降低经营成本,提高经济效益,从而提高企业的自我约束能力。企业债券在深化企业改革方面的作用日益显著,已经逐步成为推动现代企业制度建立的一个重要渠道。

(3) 房地产企业债券有助于推动我国金融体制改革。企业债券的发行改变了传统的财政、银行供应资金的单一格局,有利于缓解财政、银行资金对固定资产投资不足的矛盾,在当前商业银行长期贷款放缓的情况下,可以通过房地产企业债券筹集所需要的长期资金。

第二节 房地产信托的内涵和功能

一、信托的起源和发展

信托有着悠久的历史,经历了从一般民事信托到民事信托制度,再到现代金融信托的漫长的历史演变过程。信托的产生是建立在商品经济基础之上的,信托的起源与私有财产有关。信托最早起源于距今大约 4 000 年之前古埃及的遗嘱信托或遗嘱托孤,而信托观念的真正出现,并在法律上得到正式承认,始于公元前 63 年《罗马法》中的"信托遗赠"制度。但是真正具有财产管理制度性质的信托,则发端于 13 世纪时期英国的尤斯(USE)制。所谓"尤斯"是"代之"或"为之"的意思,英文原意为"对委托他人管理的不动产的收益权"或"为第三者领有的财产"。封建时代的英国,宗教信仰特别浓厚,使得宗教统治胜过政体统治,信徒们受教会"只有活着多捐献,死后才可升天堂"等宣传的影响,死后把留下的财产或土地,以遗嘱的形式赠与教会,于是教会拥有了越来越多的土地。而按当时的法律规定,教会的土地是免于征税的。因此,英国王室征收土地税发生了困难。同时,在英国封建制度下,君主本来可因为臣下死亡而得到包括土地在内的贡献物,教会作为公共团体却没有死亡期,这样教会拥有的土地越多,对君主利益的触犯越大。为了制止这种触犯君主利益的情况继续发展,英王亨利三世于 12 世纪颁布了《没收条例》,规定凡以土地让与教会者须经君主的许可,否则予以没收。这一条例的颁布,对教会是一个很大的打击,也引起所有教徒的不满。当时英国的法官多是教徒,虽不敢违抗,但为了满足广大教徒的心愿和维护宗教的利益,他们便参照《罗马法》用益权和"信托遗赠"制度而创设了这种尤斯制度,以对付《没收条例》。

最早的专业信托机构出现在美国。美国自英国引入信托之后,信托关系突破了仅存在于个人之间的信任关系,发展成为一种以公司组织存在的契约形式。1822 年,美国"农民火灾保险与放款公司"开始兼营以动产和不动产为对象的信托业务,之后改名为"农民放款信托公司",成为最早出现的一家专业信托公司。

1921年8月,中国成立了第一家专业信托公司——中国通商信托公司,由民族资本家经营。此后,一些信托公司相继成立,一些银行也成立了信托部,另外还有官办的信托社(局)。1949年中华人民共和国成立以后,人民政府接管了旧中国官办的信托机构,私营信托业中一部分公司停业,一部分继续营业。1952年12月,公私合营银行成立,信托业务被停止办理。1978年改革开放后,金融信托业务重新恢复。1979年10月,中国国际信托投资公司正式成立,地方的国际信托投资公司也相继组建,银行业也于1980年开始办理信托业务,中国的信托业进入快速发展阶段。由于缺乏明确的定位和基本的业务规范,当时的中国信托业存在主业不明、界限不清等问题。1999年,针对信托业存在的一系列问题,中国人民银行对信托业做了一次大规模的整顿。2001年,中国信托机构经过整顿之后只剩下239家,这次整顿确立了信托业与银行业、证券业以及保险业分业经营的框架,从而使中国的信托业走上规范发展的道路。2001年以来,诸多与信托业直接相关的法律、法规出台和实施,2001年10月开始实施的《信托法》、2002年6月修订实施的《信托投资公司管理办法》、2002年7月实施的《信托投资公司资金信托管理暂行办法》、2007年3月出台实施的《信托公司管理办法》和《信托公司集合资金信托计划管理办法》等。这些法律、法规的出台和实施明确了信托业地位,为中国信托业发展提供了法律架构和制度保障。

二、信托的内涵和设立

由于信托的设立往往有很强的法律规定,因而不同国家因其不同的法律背景,往往对信托的定义也不尽相同。《牛津法律大辞典》中将信托定义为持有并管理财产的一种协议,具体指的是财产或法定权利的所有者(信托人)将财产或权利交给另一个人或几个人(受托人),后者据此代表或为另一方(受益人)或为其他人,或为某一特定目的或者几个目的而持有财产和行使权利,信托的本质在于法定所有权和收益所有权之间的分离,即财产合法地交给一个或者多个受托人。日本信托法规定,信托系指将财产权转移或者为其他处分,使他人依一定之目的而管理或处分其财产。韩国信托法规定,信托是指以信托指定人(以下称信托人)与信托接受人(以下称受托人)之间特别信任的关系为基础,信托人将特定的财产转移给受托人,或经过其他手续,请受托人为指定的人(以下称受益人)的利益或特定目的,管理和处理其财产的一种法律关系。《中华人民共和国信托法》第二条明确指出,信托是指委托人基于对受托人的信任,将其财产委托给受托人,由受托人按委托人的意愿并以自己的名义,为受益人的利益或者特定目的,进行管理或者处理的行为。

尽管各国对信托含义的表述不尽相同,但这些表述之间存在着明显的共性。即信托行为的产生以及信托制度的确立,必须具备两个基本条件。一是财产的所有权人必须对某个个人或组织充分信任,并将自己的财产委托其代为管理与经营;二是委托人与受托人之间必须达成某种形式的信托合同,以正式约定对某项事宜进行委托。[①] 从字面意思来理解,信托有"受人之托,代人理财"之意。信托是指财产的所有人(自然人或法人)根据自己的目的或利益,将其所拥有的财产委托给他人或者信托机构代为管理或处理的一种经济行为。

《中华人民共和国信托法》规定,设立信托必须有合法的信托目的以及确定的信托财

---

① 赵奎、朱崇利,《金融信托理论与实务》,经济科学出版社,2003年,第96页。

产，并且该信托财产必须是委托人合法所有的财产。信托的设立应当采取书面形式，包括信托合同、遗嘱或者法律、行政法规规定的其他书面文件等。采取信托合同形式设立信托的，信托合同签订时，信托成立；采取其他书面形式设立信托的，受托人承诺信托时，信托成立。设立信托，其书面文件应当载明下列事项：① 信托目的。② 委托人、受托人的姓名或者名称、住所。③ 受益人或者受益人范围。④ 信托财产的范围、种类及状况。⑤ 受益人取得信托利益的形式、方法。

信托实际上是一种对委托人、受托人和受益人三方在内的多边经济关系的体现。委托人应当是具备完全民事行为能力的自然人、法人或者依法成立的其他组织，在信托业务中委托人又可称为信托人，信托人是信托财产的所有者或有权独立支配信托财产的人，同时也是提出信托要求的人。受托人应当是具备完全民事行为能力的自然人或法人，在信托关系中，受托人是受让并代为管理或处分信托财产的人，受托人应当遵守信托文件的规定，为受益人的最大利益处理信托事务，恪尽职守，履行诚实、信用、谨慎、有效管理的义务。受益人是在信托中享有信托受益权的人，受益人可以是自然人、法人或者依法成立的其他组织。在信托业务中，如果没有受益人，信托行为就是无效的行为。受益人既可以是委托人本人，也可以是委托人指定的第三者（如受托人），若受益人是委托人，此时受益人可以是同一信托的唯一受益人；若受益人是受托人，此时受益人不得是同一信托的唯一受益人。此外，《中华人民共和国信托法》还规定，信托文件有限制性规定的除外，受益人的信托受益权可以依法转让和继承。

三、房地产信托的内涵和特征

房地产信托是金融信托业与房地产业相互融合的产物，是房地产金融业的重要组成部分，也是房地产业发展到一定阶段的产物。房地产信托是信托业中历史最为悠久的一项业务，在西方国家，房地产信托的发展扩大了房地产企业的融资渠道，房地产信托正是依托于房地产业获得了自身长足的发展。1883年，美国成立了波士顿个人财产信托（Boston Personal Property Trust），该财产信托是哈佛大学的一些教职员工投资的一个封闭式基金。这是世界上最早出现的房地产信托的雏形。

房地产信托是指房地产信托机构受委托人的资金或房地产委托，为了受益人的利益，代为买卖、经营、管理或者建造的一种信托行为。房地产信托财产的管理、营运或处理的方式可以根据委托人的意愿及市场的需要，适应客观情况的变化而采取灵活多样的形式，从而选择不同的房地产信托品种。房地产信托的设立也应按照信托设立的相关要求，采取书面形式，载明房地产信托的目的、房地产委托人、受托人以及受益人的相关信息、房地产信托财产的范围、种类及状况等。

房地产信托的主要类型有房地产资金信托（包括房地产信托存款、房地产信托贷款、房地产委托贷款、房地产信托投资以及其他房地产融资信托）、房地产财产信托、房地产代理以及房地产咨询等。

作为金融信托业与房地产业相互融合的产物，房地产信托既具有金融信托的一些特征，也具有不同于金融信托的地方。概括来讲，房地产信托的主要特征是：

(1) 房地产信托供求双方分离。在房地产信托市场上，供求双方并不直接见面讨价还价，而是由房地产中介或者信托机构从中穿针引线来完成的。这是因为房地产交易比较复杂，涉及的诸如土地丈量、建筑设计与房地产评估等业务需要专门的知识和经验，因而需要委托专门的机构来办理。

（2）房地产信托财产的所有权发生转移。财产权是信托行为成立的前提，信托财产的委托人必须是该项财产的所有者。在信托期间，委托者将自主使其财产的所有权转移给受托人，受托人则根据签订的信托合同，独立行使管理或处理信托财产的权力。

（3）房地产信托的受托人既不承担风险，也不分享利润。信托财产的经营和管理是按委托人的意愿和要求进行的，获得的经营收益全部归受益人所有，受托人得到的报酬则是收取适当的手续费而不能与委托人分享经营收益，因而经营风险由委托人或受益人自己承担。

（4）房地产信托一般涉及多边经济关系。一项信托行为的发生，一般要涉及三个方面的关系人，即委托人、受托人和受益人。有时委托人就是受益人，有时受益人则不止一个。信托机构作为受托人，在办理信托业务过程中，与委托人、受益人发生多边的经济关系。

（5）房地产信托业务种类繁多，样式灵活，专业性强。信托业务样式灵活，具有融通资金、托管财产、提供信息、沟通联系等多种职能，从而能够很好地满足房地产经济活动对金融业提出的特殊要求。房地产信托既可以是不动产信托，也可以是资金信托；除了委托代理业务，房地产信托还可以开展租赁与担保等业务。

与其他信托相比，房地产信托存在以下几个特殊性：第一，房地产信托的对象是地产、房屋以及房屋中的其他财物，属于不动产信托。第二，房地产信托的目的是为了实现房地产的买卖、租赁、收租、保险以及房地产的登记、过户与纳税等。第三，房地产信托在信托期间只需保持其原有价值，不一定要求保持其原有形态。第四，房地产信托方式是卖方需要销售自己的房地产，而需求方暂时无力支付价款。

四、房地产信托的功能

房地产信托为房地产业提供了一种融资渠道，为房地产业提供优质金融服务的同时，也丰富了资本市场的投资品种。

（1）房地产信托为房地产资金融通提供了一种金融工具和融资渠道。信托业的产生和发展，打破了银行信贷这一传统的融资渠道，有利于信用领域的竞争和强化资源的优化配置。房地产信托的融资能够降低房地产企业整体融资成本，募集资金灵活，它可以根据市场的变化和社会需求，相应地调整其业务内容和经营方式。房地产信托机构利用其良好的信誉及其金融职能，通过接受一般和专项委托贷款基金，代理发行股票、债券等业务以及自身发行证券等形式，把分散的资金聚集起来，运用于房地产的开发经营活动，极大地促进了房地产业资金的融通。

（2）房地产信托为房地产业的发展提供了优质的金融服务。房地产信托机构通过开办各种与房地产有关的业务，为财产所有者提供了广泛的理财产品，由于专业化的分工从而提高了资金的使用效率。利用房地产信托机构信息渠道广和客户面多的优势，可以为委托人办理理财服务，同时，信托机构还可以开办房地产信托的委托、代理等业务，集融资和融物于一身，为房地产企业和个人提供了运用资金和财产的多种形式和广阔市场，大大提高了房地产企业的经营效益。

（3）房地产信托丰富了资本市场的投资品种。房地产信托在培育和健全资本市场方面也发挥着重要作用，房地产信托能够丰富资本市场的投资品种，为投资人提供一条稳定获利的投资渠道，特别是在股市低迷和银行利率连续下调的情况下，大量的资金需要寻求稳定的投资获利渠道，房地产信托是满足这种投资需求的一个良好选择。

第三节 房地产企业债券融资

一、房地产公司债券的发行主体和发行条件

1. 房地产公司债券的发行主体

中国房地产公司债券的发行主体限于房地产股份有限公司和房地产有限责任公司。房地产上市公司发行债券必须满足《公司法》的要求。另外,中国存在大量具有法人资格而未采用公司形态的企业和少数虽采用公司名称但并非依照《公司法》规范设立和运作的企业,这些企业也可发行债券。

2. 房地产公司债券的发行条件

对于满足《公司法》要求的房地产股份有限公司和房地产有限责任公司,依照《证券法》第16条的规定,中国房地产公司发行公司债券所要具备的条件主要包括:① 房地产股份有限公司的净资产不低于人民币3 000万元,房地产有限责任公司的净资产不低于人民币6 000万元。② 累计债券余额不超过房地产公司净资产的40%。③ 最近三年平均可分配利润足以支付房地产公司债券一年的利息。④ 筹集的资金投向符合国家房地产业政策。⑤ 债券的利率不超过国务院限定的利率水平。⑥ 国务院规定的其他条件。

对于具有法人资格而未采用公司形态的企业和少数虽采用公司名称但并非依照《公司法》规范设立与运作的企业,依照《企业债券管理条例》,此类房地产企业发行企业债券必须符合下列条件:① 遵守国务院批准的全国企业债券发行的年度规模和规模内的各项指标要求。② 企业规模达到国家规定的要求。③ 企业财务会计制度符合国家规定。④ 具有偿债能力。⑤ 企业经济效益良好,发行企业债券前连续三年盈利。⑥ 所筹资金用途符合国家产业政策。⑦ 企业债券的总面额不得大于该企业的自有资产净值。⑧ 债券利率不得高于银行相同期限居民储蓄定期存款利率的40%。⑨ 企业发行企业债券用于固定资产投资的,依照国家有关固定资产投资的规定办理。

此外,中国证监会还制定发布了一系列文件来指导规范债券发行市场,包括《可转债管理暂行办法》《上市公司发行可转债实施办法》等。上市公司发行可转换为股票的债券,应当符合公开发行股票的条件。对房地产公司再次发行房地产公司债券有限制性规定,存在以下问题的,不得再次发行房地产公司债券:① 前一次发行的房地产公司债券尚未募足。② 对已发行的房地产公司债券或者债务有违约或延迟还本付息的事实,且仍处于继续状态的。③ 违反证券法规定,改变公开发行公司债券所募集资金用途的。

如果房地产企业想在国外发行房地产债券,须由国家外汇管理局审批,在申请过程中,拟发行债券的企业需要报送反映其生产经营状况的文件、项目可行性报告以及募集资金使用计划的文件。

二、房地产公司债券的发行程序

满足债券发行条件的房地产公司发行公司债券进行融资,主要经过以下程序完成公司债券发行工作。

1. 公司的权力机构做出发行债券的决定

房地产公司债券的发行首先应由房地产公司的权力机构做出发行决定。房地产股份有限公司和房地产有限责任公司发行房地产公司债券,由董事会制定方案,股东大会或股东会做出决议;国有独资的房地产公司发行房地产公司债券,则须由国有资产监督管理机构做出决定。

2. 报请公司债券发行部门进行核准

国务院授权的部门或者国务院证券监督管理机构核准房地产公司债券的发行,房地产公司向国务院授权部门或者国务院证券监督管理机构核准房地产公司债券发行时,应当提交以下文件:① 公司营业执照;② 公司章程;③ 公司债券募集办法;④ 资产评估报告和验资报告;⑤ 国务院授权部门或者国务院证券监督管理机构规定的其他文件。

3. 公告房地产公司债券募集办法

房地产公司发行房地产公司债券的申请核准后,应当即时公告房地产公司债券募集办法。在公布的债券募集办法中一般还应包括房地产公司债券经证券主管机关指定的评估机构评定的债券等级。

4. 债券承销机构承销房地产公司债券

经过上述事项后,房地产公司须与债券承销机构签订承销合同,承销合同主要包括下列事项:① 合同当事人的名称、地址以及法定代表人;② 承销方式;③ 承销债券的名称、数量、金额以及发行价格;④ 债券发行的日期及承销的起止日期;⑤ 承销付款的日期以及方式,承销费用的计算及支付方式和支付日期;⑥ 剩余证券的退还方式;⑦ 违约责任和其他需要约定的事项。

完成上述程序以后,房地产企业方可获准发行债券。在债券发行时,房地产企业还需慎重选择债券的发行额、面值、期限、偿还方式、票面利率、付息方式及有无担保等各项因素,以便顺利地筹集所需资金。

三、房地产企业债券融资与股权融资的比较

房地产企业在资本市场上主要通过发行股票和发行债券进行融资,债券融资与股权融资相比,存在以下一些差别:

(1) 从筹资成本角度来看,房地产企业债券融资的债务利息计入成本可以冲减税费,而发行股票时,政府对法人和股东双重征税,因而房地产企业发行债券比发行股票的综合融资成本低。

(2) 从个人投资者投资风险来看,当房地产公司运营不利时,投资者拥有优先清偿债务的权力,投资者按购买债券的约定利率获得投资收益,债券对广大稳健型投资者有很大的吸引力,因而投资者购买债券比购买股票承担的风险小。

(3) 从企业的资本结构来看,房地产企业发行债券,可以利用外部资金扩大经营规模,发挥杠杆效应,增加企业的利润,但必须按照约定还本付息。而发行股票进行融资则会稀释股东权益,但发行股票可以使得房地产上市公司获得永久性资本,所筹集的资金不需要归还给出资人,更不需要支付利息,出资人作为企业股东享有一定的收益权并且承担相应的风险。

四、中国房地产企业的债券融资

1. 中国房地产债券融资的历程

20世纪90年代初,中国的房地产债券融资已拉开序幕。为房地产企业筹资已发行的债券主要有两种:一种是房地产投资券。1992年年初,海南经济特区率先推出了房地产投资券,海南

建设总公司物业发展公司发行的"万国投资券",发行额为2600万元,以及由台海地产有限公司发行的"伯乐投资券"及"富岛投资券",这三种债券共计发行1.5亿元,在海南证券报价中心上市。另一种是受益券,如中国农业银行、宁波市信托投资公司于1991年1月20日向社会公众公开发行的收益率由资金实际运用收益决定的"住宅投资收益证券",总额为1000万元,期限为10年,主要投资于房地产项目。2002年,金茂集团股份有限公司为开发金茂大厦获得了国家计委特批,正式发债10亿元,此次发债筹集的资金投向以房地产经营为主业的公司。作为首例,这表明政府对房地产企业发债筹资的用途已经放松了限制,房地产企业可以借助房地产债券融资。

2007年8月14日,中国证监会正式颁布实施《公司债券发行试点办法》,标志着中国公司债券发行工作正式启动。同年9月30日,中国人民银行颁布《公司债券在银行间债券市场发行、交易流通和登记托管有关事宜公告》,该《公告》规定公司债可在银行间债券市场发行流通和托管,公司债融资细则得到进一步完善。这一系列法规的出台实施进一步推动了中国房地产债券市场的发展。但是,从债券市场实际情况看,房地产企业实现大规模的债券融资是有难度的。第一,公司债发行试点的对象锁定为上市房地产公司,许多非上市房地产企业被排除在外。第二,房地产企业特殊的资金结构使得发行债券的审批过程难度大。在债券的评级上,公司的负债率不能太高。一般行业企业的负债率都在40%~60%之间,而大多数房地产公司的负债率则处于这个区间的高限,财务负担相对较重。此外,房地产企业作为宏观调控的对象,主管部门对发行主体的审批较为严格,因而房地产企业债券发行审批难度较大。第三,发行企业债券对房地产企业本身有一定的风险。在房地产需求旺盛时,较高的财务杠杆可以实现较大的利润。而一旦市场发生波动,房地产需求陷入低迷时,房地产企业资金链绷紧。在缺乏很好避险工具的情况下,房地产企业很容易陷入资不抵债的境地。

2. 中国房地产债券发行规模及其变动

根据Wind数据库的数据,2002—2017年,中国房地产债券发行额呈现出爆发式的增长态势,如图6-1所示。2002年,中国房地产债券发行金额为33亿元,2017年,达到3541亿元,2016年更是超过1万亿元的水平。

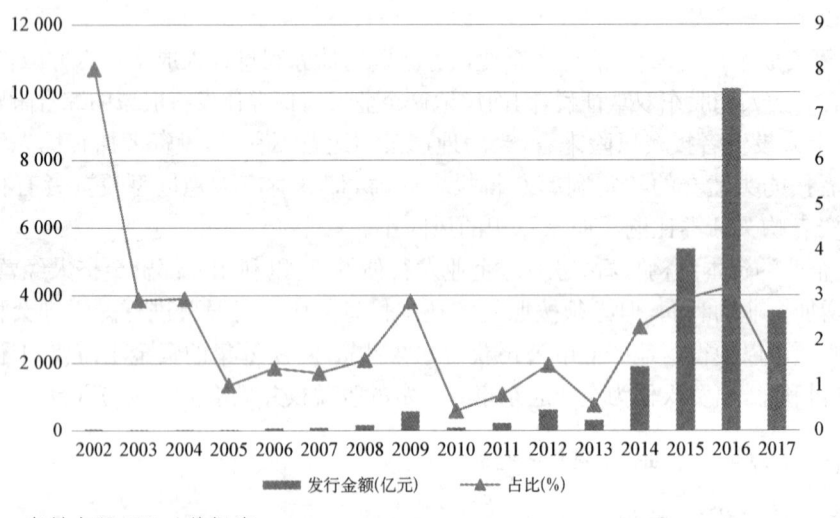

资料来源:Wind数据库。

图6-1 2002—2017年中国房地产债券发行规模

3. 中国房地产上市公司公开发行债券的特点

中国房地产上市公司公开发行的债券主要分为两种,一种是在国内市场公开发行的人民币债券,另一种是在国外市场上公开发行的外币(主要是美元)债券。前者主要有"08保利债""08万科G1""09富力债""09天房债"等。后者主要有碧桂园、世茂房地产、宝龙地产、龙湖地产、方兴地产、华润置地、SOHO中国等在海外发行的债券。正略钧策研究院的数据显示,上述房地产企业在海外发债密集,融资额超过了1 000亿元。从中国境内上市房地产公司公开发行的债券情况来看,中国房地产债券具有如下一些特点:

(1) 房地产债券发行总额较大。房地产上市公司发行的债券往往金额较大,以满足资金密集型行业的资金需求。例如,2015年,恒大地产集团有限公司发行的"15恒大04"发行总额高达175亿元。2016年,广州富力地产股份有限公司发行的"16富力08"和恒大地产集团有限公司发行的"16恒大01"的发行金额分别为104亿元、100亿元,同年,绿地控股集团有限公司发行的"16绿地01"的发行金额为90亿元。可以看到,这些房地产公司的债券发行总额均在100亿元左右,金额较大。

(2) 房地产债券票面利率较高。房地产业属于收益较高的行业,房地产企业公开发行的债券往往有较高的票面利率。例如,卧龙地产集团股份有限公司发行的"13卧龙股"的票面利率高达9.07%。2018年,泛海控股股份有限公司发行的"18海控01"和"18海控02"的票面利率均达到9%,而中庚地产实业集团有限公司发行的"18中庚F1"票面利率为8.8%,广州时代控股集团有限公司发行的"18时代09"票面利率为8.4%。

(3) 房地产债券偿还期限较长。房地产行业一个显著的特点是开发投资周期长,资金周转慢,所以房地产企业一般倾向于发行中长期债券,以获取长期资金。中国境内房地产上市公司公开发行的债券一般是偿还期限5年以上的债券。例如,2016年,保利房地产集团股份有限公司发行的"16保利04"和重庆龙湖企业拓展有限公司发行的"16龙湖04"的偿还期限均高达10年,2017年金地集团股份有限公司发行的"17金地02"的房地产债券期限为7年。

(4) 房地产债券的风险较高。房地产债券较高的票面利率、较长的偿还期限,使得房地产企业往往面临较大的利率风险。当经济不景气时,房地产价格将出现大幅度波动,房地产债券的市场风险加大。由于长期债券面临较大的利率风险,而投资者又缺乏有效的避险工具,这导致中国房地产债券市场活跃程度不够。

4. 房地产企业债券融资存在的问题及对策

由于房地产企业债券融资成本较低、资金使用灵活性较大,债券融资在中国房地产企业外部融资中占据越来越重要的地位,发行规模不断扩大。但是,在快速增长的背后,中国房地产债券市场仍存在一些问题。如图6-1所示,一些年份(2003—2005年、2010年、2013年、2017年)房地产债券发行金额下降幅度很大,房地产债券的发行并不平稳,房地产债券的发行极易受到外部因素的影响。更为重要的是,中国房地产债券的发行规模仍然较小,占整个债券发行市场的比重最高的2002年仅为8.02%,占比超过3%的还有2016年为3.19%,其余年份均没有超过3%,在一些年份甚至低于1%。

从长期来看,中国房地产企业债券融资具有广阔的发展空间。为此,建议采取以下对策:① 放宽房地产企业债券融资的准入门槛。在中国,公司债券的发行受到严格的管制。《证券法》和《公司法》规定,公开发行债券的余额不得超过公司净资产的40%,每一笔公司债的发行必须由国家发改委严格审批。对于房地产企业债券的发行对象,应该扩大到达到一定规模的房地产企业,适当降低准入门槛。② 引入房地产债券的机构投资者。在试点并取得经验的基础上,培育房地产债券的机构投资者,逐步放松对商业银行购买公司债的限制。③ 健全信用评级制度。由独立、公正的第三方建立评级机构,建立充分竞争、优胜劣汰的市场机制,以保证评级机构的公正性。政府监管部门的职责是对评级机构进行监管,最大限度地保障债券市场参与各方的利益,由市场来决定评级机构的生存和发展。④ 开展房地产项目债券融资。以房地产开发项目为依托,将发行债券所筹集到的资金用于特定房地产项目开发,由房地产开发项目的收益来偿还债券本息。

第四节 房地产信托融资

一、房地产信托资金来源

资金是房地产信托机构正常运行的基本条件。与商业银行相比,房地产信托机构在筹集资金的渠道和方式上不尽相同,主要包括房地产信托基金、房地产信托存款、集资信托和代理集资、房地产资金信托以及共同投资基金等。

1. 房地产信托基金

房地产信托基金是指房地产信托投资公司为了经营房地产信托投资业务以及其他信托业务而设置的运营基金。目前,中国的信托投资公司信托资金来源主要有财政拨款、银行结益、社会集资以及自身留利等。具体内容主要有:① 企事业单位筹集待用的房地产信托基金;② 具有法人资格的企事业单位以预算外自有资金及职工购房储蓄集中后设置的信托基金;③ 房地产开发企业筹集待用的信托资金存入银行后形成的部分;④ 代理发行房地产业有关单位(含政府)的股票、债券等有价证券而筹措的资金。

2. 房地产信托存款

房地产信托存款一般是指在特定的资金来源范围之内,由信托投资机构办理的存款。它是根据客户的存款申请,由房地产信托机构吸收进来代为管理和运营的房地产资金。房地产信托存款是房地产信托机构最主要的筹资渠道。其资金来源范围、期限和利率,均由中国人民银行规定、公布和调整。

根据筹资时存款人是否指定房地产信托存款的运用范围、对象等,房地产信托存款可分为房地产普通信托存款和房地产特约信托存款。其中,房地产普通信托存款的存款人并不指定存款的运用范围、对象和方式,所存资金由房地产信托机构负责管理和运用。存款人根据存款期限长短,取得定期存款的利息,此外,还可以得到一定的红利。房地产特约信托存款的存款人则事先指定房地产信托机构投资或贷款的范围、对象、期限和收益的方法等,房地产信托机构再按照信托存款人的指示和要求处理和运用资金,其中用于固定资产投资的特定信托,必须获得相关部门的批准,纳入固定资产投资计划,否则信托机构不能受理。而且除了收取约定的信托报酬外,所有盈亏责任均由存款人独立承担。在实务上为了与会计核算科目相一致,常把普通信托存款称为信托存款,而把特约信托存款称为委托存款。

一般来讲,房地产信托存款有特定的资金来源范围和存款金额起点的要求。中国房地产信托存款的主要来源是:① 各级财政部门委托投资或贷款的信托资金;② 房地产企业及其主管部门委托投资或贷款的信托资金;③ 其他企事业单位的购、建住宅的信托资金;④ 城镇职工和居民个人购、建住宅的信托资金。

3. 房地产集资信托和代理集资

房地产集资信托和代理集资是指信托机构接受企业、企业主管部门以及机关、团体、事业单位等的委托,直接或代理发行债券、股票以筹措资金的一种信托业务。

所谓直接集资是指信托机构以自己的名义,向社会发行债券,以筹集资金,作为开展信托业务的资金来源,信托机构按照高于同类银行存款利率,定期向债券持有人支付利息。如果经营不当,以致发生亏损,则可不支付利息,但本金的安全必须得到保障;如果经营得法且盈利丰厚,信托机构则可以从净利润中提取一部分,以分红的形式分配给债券持有人。

所谓代理集资是信托机构受一些企事业单位委托,为其办理向社会发行债券、股票,以筹措资金。例如,发行"国家重点建设债券""经济建设债券""电力债券"等。同时,信托机构还可以受托代为发放股息、红利和债息等。

4. 房地产资金信托

资金信托业务是指信托机构接受委托人的委托,对其货币资金进行自主经营的一种信托业务。与信托存款相比,资金信托在信托关系、收益来源与资金所有权关系上不尽相同。信托资金的来源必须是各单位可自主支配的资金或者归单位和个人所有的资金,主要有单位资金、公益基金和劳保基金。

(1) 单位资金信托。单位资金信托是单位或主管部门,将长期不需使用的各种基金、利润留成以及税后积累等,委托信托机构代为经营管理以取得一定收益的信托业务。单位资金信托是一种自益信托,它可以通过书面协议或由受委托的信托机构出具授权证书的方式办理,内容主要包括信托金融、起止日期、收益率、收益方式、受托人的劳务费用及其收取方式、双方的责权和违约责任等。单位资金不允许提前支取,如果委托人临时急需用款,可以凭单位资金信托受益凭证,向信托机构办理抵押贷款。单位资金信托的期限通常超过一年。

(2) 公益基金信托。公益基金信托是委托人以某种公益为目的而将基金委托信托机构代为营运,并将所得收益用于公益事业的一种信托业务。公益基金信托资金来源多由政府、社会团体、单位或个人资助、赞助和捐赠等,其目的是用于社会进步和社会福利等公益事业。因为公益基金信托属于非营利性质的资金营运,所以可以享受政府豁免全部或部分税收的优惠。公益基金受托人一般只负责营运资金,所得收益另由各基金的分配委员会或托事会负责办理。

(3) 劳保基金信托。劳保基金信托是以管理劳保基金为目的而设立的信托业务,指信托机构受托办理国有、集体、中外合资企业以及事业单位等的退休基金的筹集和管理事宜,以所得收益支付退休职工的生活费的信托业务。劳保基金信托的资金来源比劳保基金信托存款要广泛得多,后者仅仅限于劳动保险机构的劳保基金,而前者除了劳动部门和实行劳保基金统筹的行业和部门的劳保基金外,还包括所有独立提留并管理劳保基金的国有、集体企事业单位以及其他合法经济组织。

5. 房地产共同投资基金

共同投资基金即投资基金、共同基金或互助基金。在中国,共同投资基金还是一种新型的投资工具,但在国外已有百余年的历史,并且日趋兴旺,是现代证券业中最有前途的行业。发达国家的金融市场上,共同投资基金已被实践证明是一种相当先进的投资制度,并已成为举足轻重的金融工具。共同投资基金是由不确定的众多投资者投入资金,委托专门投资机构进行投资和管理，借以分散风险，并享有投资收益的一种投资制度。共同投资基金的运作过程是由信托投资公司等专业投资机构，通过发行受益证券或以投资基金股份的方式，将社会上众多投资者闲散的资金汇集起来，组建成巨额基金，然后委托投资专家进行包括有价证券在内的分散组合投资，投资所得收益在扣除了成本和管理费用之后，按投资人的资金份额分配给投资人。

按照国际惯例，投资基金主要包括契约型投资基金和公司型投资基金两大类，契约型投资基金又可进一步分为单位型（封闭型）和基金型（开放型）投资基金两种，公司型投资基金则包括固定型（封闭型）和追加型（开放型）投资基金两种。

二、房地产信托业务

在中国，信托公司可以申请经营资金信托、动产信托、不动产信托、有价证券信托、其他财产或财产权信托，作为投资基金或者基金管理公司的发起人从事投资基金业务，经营企业资产的重组、购并及项目融资、公司理财、财务顾问等业务，办理居间、咨询、资信调查等业务以及代保管及保管箱业务的本外币业务。信托公司还可以根据《中华人民共和国信托法》等法律法规的有关规定开展公益信托活动。房地产信托的业务则主要包括房地产资金信托业务、房地产实物财产信托业务以及房地产咨询、代理和担保业务等。

1. 房地产资金信托

房地产资金信托是指房地产信托投资公司依据《信托投资公司管理办法》办理的信托业务。房地产资金信托以信托财产为资金，是委托人基于对房地产信托机构的信任，将自己合法拥有的资金委托给房地产信托机构，由房地产信托机构按照委托人的意愿并以自己的名义，为受益人的利益或者特定的目的在房地产领域从事管理、运用和处分该资金的行为。房地产资金信托包括单一资金信托和集合资金信托两种形式。单一资金信托是指房地产信托投资公司受理单个委托人的委托，单独管理和运用信托资金的信托业务。集合资金信托是指房地产信托投资公司同时接受两个及两个以上委托人的委托，共同管理和运用信托资金的信托业务。一般来讲，房地产信托机构在开展房地产资金信托业务时，可以采取房地产贷款（主要是房地产抵押贷款）和房地产信托投资两种方式。

房地产抵押贷款是指信托投资公司要求借款人以房地产做抵押物而发放的贷款。在房地产开发、建设、经营以及购房业务中，凡符合房地产贷款基本条件，并愿意以房地产作为抵押物的企业、单位和个人均可以申请房地产抵押贷款。信托投资公司根据借款人的申请，审查借款人资格，查验借款人的房地产证明、房地产抵押物和抵押物清单，审查无误后订立借款合同。合同必须明确借贷双方的责任、权利和义务。按照抵押物的不同，房地产抵押贷款可分为产权证抵押贷款和房地产实物抵押贷款。两者的区别在于，产权证抵押是指在抵押期间，房地产依然可以使用、出租。而房地产实物抵押是指将房地产证和房地产使用权一起抵押给贷款方，在抵押期间内房地产由贷款方保管，借款方不得使用。

房地产信托投资是指具有房地产开发经营权的信托投资公司运用自有资金和稳定的长期信托资金，以投资者的身份直接参与房地产开发投资。在中国，各地有房地产经营权的信托投资公司都积极地进行房地产信托投资领域的探索，并取得了明显的成绩和有益的经验。房地产信托投资主要有直接投资开发房地产和联合投资开发房地产两种形式。直接投资开发房地产是指有房地产投资开发能力的信托投资机构按照国家房地产开发的有关规定，运用自有资金，直接投资、开发、建造和经营房地产，建成后再将房地产出售或租赁给需要的单位或个人，从而达到获取收益的目的;联合投资开发房地产是指信托投资机构与其他企业联合开发房地产项目,共同获取收益。

2. **房地产实物财产信托**

房地产实物财产信托是指房地产信托机构以信托方式接受委托人委托的房地产实物,按照委托人的意愿并以信托机构的名义,为受益人的利益或者特定目的而管理、运用和处分委托房地产实物的行为。委托人因为种种原因,在不能亲自经营或者管理自己的房地产而又找不到合适的个人代为照料的情况下,房地产信托机构可以接受委托代为管理、运用和处分委托人的房地产,具体包括受托代理保管房地产、修理房地产、出租房地产并代收租金、按期缴纳税款、支付物业管理费用以及用多种形式帮助销售房地产。一般来讲,办公用房、商铺、酒店宾馆、厂房等商业用房和住房均可以作为受托房地产实物。

3. **房地产代理、咨询和担保**

(1) 房地产代理。房地产代理是指房地产信托机构受托代为委托人办理有关房地产事项的一种广义信托义务。它是在委托人(即被代理人)和受托人(即代理人)之间产生的一种法律行为和契约关系。本着一定的目的,委托人与作为代理人的房地产信托机构订立契约,授予房地产信托机构一定的权限,由房地产信托机构代表委托人办理有关房地产事项。房地产信托机构应在委托人授权的范围内尽职尽责,履行代理义务,收取代理报酬。房地产代理业务与狭义的房地产信托业务的主要区别在于从事房地产代理业务的代理人并不会因为代理而取得财产权。

房地产代理业务包括以下内容:① 代理房地产证券业务。包括代理房地产开发经营企业发行房地产股票和房地产债券,代客户保管房地产证券,代理发放股息及红利,代理房地产债券的还本付息工作,受客户委托代理买卖房地产证券以及作为主承销商对房地产股票上市公司进行转制与上市辅导等。例如,信托机构用房地产开发经营企业抵押的土地做担保,代理发行建房债券,以弥补建造房屋资金的不足。② 房地产经纪业务。房地产信托机构设立房地产经纪组织,从事房地产经纪事务。包括代理房屋买卖和国有土地使用权转让;代理房屋租赁和国有土地使用权租赁;代理房屋交换和提供房地产咨询服务等。③ 代理仓库业务。房地产信托机构可设置仓库,承办房地产开发经营企业等存放建筑材料和其他有关货物的业务。代理仓库业务时房地产信托机构往往收取一定的手续费与租费。开办此类代理业务还有助于房地产信托机构发放信托质押贷款。④ 房地产业权代理。房地产业权代理是指房地产信托机构受房地产业主的委托,对涉及房地产业主权利的各个方面进行管理的行为。例如,户籍资料的管理、产权证书的管理以及其他涉及房地产产业权利变动情况的管理等。

(2) 房地产咨询。相比普通消费者,房地产信托机构一般拥有较为专业的人才以及灵敏的市场信息,房地产信托机构利用这些优势,为自然人、法人或者其他依法成立的各种组织进行房地产经济领域的咨询业务。例如,房地产开发项目可行性研究咨询、房地产市场运行状况咨询等。

(3) 房地产担保。房地产信托机构利用个人和企业信用征信系统,为符合一定要求的个人和房地产开发经营企业等的信用行为提供担保,以提高个人和房地产开发经营企业等在经济交往中的信用水平,尤其是可以对一些处于信托期内并已经委托其从事房地产资金信托业务的受益人提供一定金额和一定期限的信用担保。当然,这种担保也是有所限制的。在中国,根据相关规定,信托公司开展对外担保业务时,其对外担保余额不得超过其净资产的50%。

三、中国的房地产信托业

1. 中国房地产信托业的成长与管制

中国房地产信托业的快速发展，房地产信托产品的多样化及信托产品结构的多元化，主要得益于以下几个方面：首先，《信托法》《信托投资公司管理办法》《信托投资公司资金信托管理暂行办法》（即所谓"一法两规"）的相继出台，为中国信托业的健康发展夯实了基础；其次，中国快速城市化过程中房地产业的快速发展以及货币供给的增加，促进了房地产信托业规模的扩大；再次，在银行信贷政策受限的情况下，授信方式灵活的房地产信托成为房地产企业及个人资金融通追逐的热点；最后，由于现阶段中国金融业信用控制体系建设的不足，导致了政府信用担保和房地产抵押成为普遍接受的信用实现方式。信托公司很容易通过房地产抵押进行风险控制，使得房地产信托产品成为信托公司相对高收益、低风险的畅销产品。

2005年9月，银监会发布《加强信托投资公司部分业务风险提示的通知》（"212"号文），要求信托公司严禁向项目资本金比例达不到35%、"四证"不齐等不符合贷款条件的房地产开发企业发放贷款。此举使房地产信托产品的发行受阻。2006年8月，银监会下发被业界称为54号文的《关于进一步加强房地产信贷管理的通知》，对信托公司开展房地产股权信托做出了新的规定，指出信托公司开办房地产贷款业务或者以投资附加回购承诺等方式间接发放房地产贷款时，需严格执行"212"号文的有关规定。2007年3月1日，信托新政颁布实施，新的《信托公司管理办法》明确规定，向他人提供贷款不得超过信托公司管理的所有信托计划实收余额的30%。这使得依靠贷款的房地产信托受到更严格的限制。2011年6月初，包括中融信托、中信信托等信托机构在内的20余家信托公司接到银监部门"窗口指导"的通知，要求严格控制房地产信托规模增速。由此可见，房地产信托一直受到监管部门的严格管制。

2. 中国房地产信托的特点

实际上，房地产信托只是房地产企业资金来源的一种，同样仅仅是信托公司众多信托产品中的一种。但是，由于房地产业其他融资方式极易受到房地产市场宏观调控政策的影响，房地产信托在房地产业面临紧缩时，成为房地产企业的重要资金来源。中国房地产信托具有以下几个特点。

(1) 房地产信托融资规模快速增长。根据《中国信托业年鉴》的数据，2005—2013年，中国房地产信托财产由355.77亿元上升到1.26万亿元，年均增速超过50%。以房地产集合资金信托为例，2003—2017年，中国房地产集合资金信托产品每年发行数量从84个迅速上升到1 965个，发行规模从81.41亿元上升到6 474.66亿元（见表6-1），其占集合资金信托总规模的比重2017年达到23.85%（见图6-2）。从2008年到2017年，中国房地产集合资金信托的数量和规模的扩张年均增速在40%左右。房地产集合资金信托规模占集合资金信托总规模的比重在2010年达到峰值，为49.51%，房地产信托产品成为信托行业中规模扩张最快的产品类型。

表6-1 2003—2017年中国房地产集合资金信托

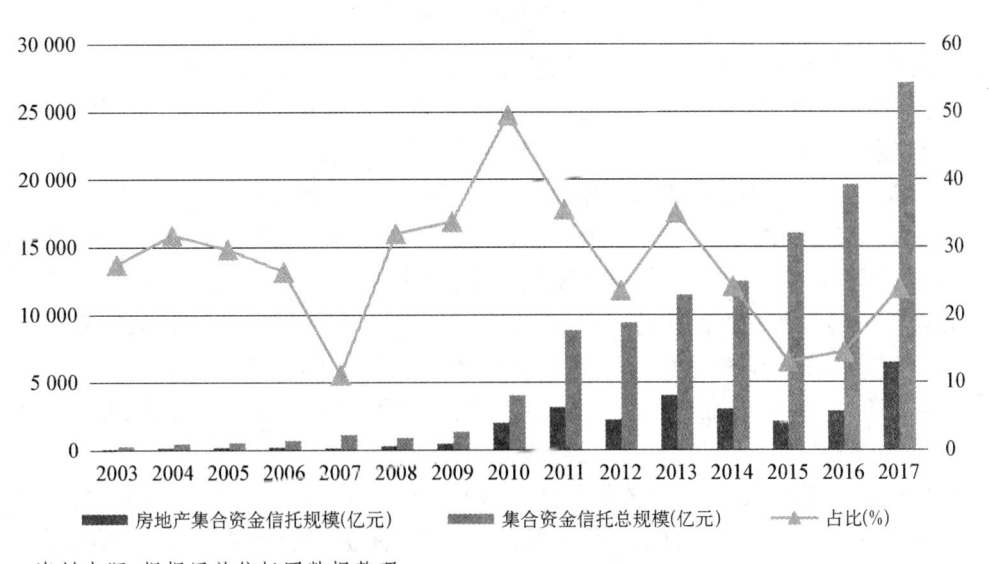

年　份	数量(个)	房地产集合资金信托规模（亿元）	平均期限（年）	平均收益（%）	集合资金信托总规模（亿元）
2003	84	81.41	1.81	4.53	296.24
2004	120	146.14	1.80	5.00	459.89
2005	130	157.84	1.98	5.14	531.26
2006	103	179.87	2.19	5.20	681.45
2007	56	123.82	2.45	7.47	1 108.82
2008	141	290.00	1.81	10.03	905.51
2009	221	459.41	1.93	8.09	1 359.44
2010	602	1 999.70	1.87	8.94	4 038.85
2011	1 049	3 139.01	1.85	10.07	8 825.17
2012	797	2 217.11	1.81	10.11	9 390.46
2013	1 117	4 019.53	1.88	9.54	11 444.04
2014	1 244	3 008.63	1.77	9.73	12 468.78
2015	898	2 100.39	1.66	9.30	16 028.09
2016	872	2 846.52	1.78	7.28	19 604.19
2017	1 965	6 474.66	1.77	7.10	27 152.37

资料来源：根据用益信托网数据整理。

图6-2 2003—2017年中国房地产集合资金信托规模占集合资金信托总规模比重

（2）房地产信托产品预期收益率较高。根据用益信托网的统计数据，2017年运用于基础产业、房地产、工商企业、金融等领域的集合资金信托产品平均年收益率分别为6.96%、

7.10%、6.83%、6.35%。与其他投资领域的信托产品相比,房地产信托产品的平均年收益率最高。通过比较各类集合资金信托产品2003—2017年的收益率(见图6-3),可以看出房地产集合资金信托的平均收益率最高,2008、2011、2012三年其平均收益率均超过10%,成为所有集合资金信托产品中,平均年收益率超过10%的唯一产品,2012年房地产集合资金信托的平均收益率更是达到10.11%。房地产信托产品具有较高的预期收益率,使它成为信托公司大力发展的信托产品。

资料来源:根据用益信托网数据整理。

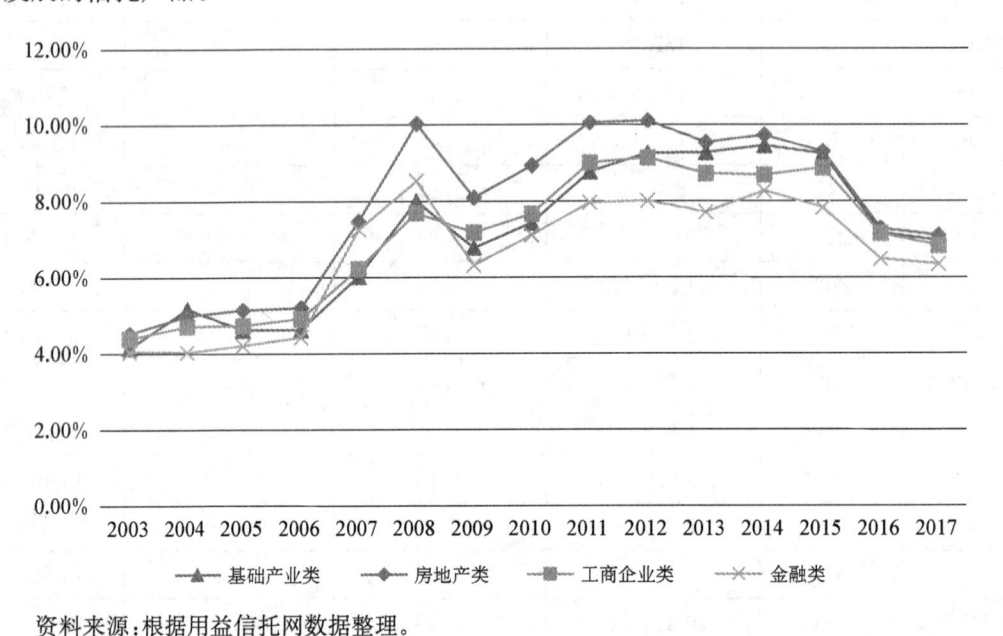

图6-3 2003—2017年中国集合资金信托产品平均年收益率

(3)房地产信托盈利模式多样化。从房地产信托标的物及资金用途来看,中国房地产信托盈利模式主要有以下几种:一是房地产信托的贷款融资模式。例如,安信信托发行的温州"泰宇花苑"项目开发贷款集合资金信托计划,发行规模为4亿元,发行期限2年。二是房地产信托股权融资模式。这种盈利模式操作的关键在于信托产品到期后,"股权变现退出"的保障问题。例如,建信信托作为信托计划的受托人,发行的信托计划总规模为6.2亿元的青岛卓远易得商城项目集合信托计划。三是运用租金收益权、股权收益权、项目收益权、应收账款收益权或特定资产收益权等开展的权益融资信托业务。例如,天津信托发行的"融创置地公司"股权收益权投资集合资金信托计划,信托募集规模2亿元人民币,信托期限为2011年6月1日至2013年6月7日。四是准资产证券化房地产信托融资模式。准资产证券化模式是房地产企业将优质资产及其现金流与信托模式巧妙结合的产物。中信信托发行的民享3号保障性安居工程应收账款流动化信托项目,募集资金2.621亿元。五是组合模式。根据市场需求,信托资金的运用方式涵盖了贷款、股权投资、权益投资、信托受益权转让等"一揽子"策略,并根据不同时点项目具体运营情况灵活决定信托资金的运用方式及退出方式。典型案例为睿石35号全功能房地产基金资金信托计划,信托期限为3年。

3. 中国房地产信托融资存在的问题及对策

从房地产信托融资的实际运作来看,中国房地产信托存在以下几个问题:① 房地产信托融资在房地产融资规模中占比较小。② 以开发项目为标的,房地产信托面临兑付风险。中国的房地产信托计划绝大多数是为项目筹集开发资金,这使得房地产信托兑付极易受到房地产开发企业销售情况的影响。当市场出现不利于房地产产品销售的情况时,房地产信托将面临兑付风险。2009年下半年中国房地产信托密集发行,这些信托以2~3年期居多,2012年房地产信托进入集中兑付期,而2012年上半年商品房销售业绩较差,曾对房地产信托兑付带来风险。③ 房地产信托融资成本不断上升。根据财经网的数据,2011年以来部分房地产信托融资成本急剧攀升,年增长率达到50%。④ 房地产股权质押类信托规模扩大,加剧了信托风险。据用益信托工作室统计,2011年9月19日到25日发行的信托产品中,房地产信托共有7款产品共募资14.72亿元,占总发行规模的50.41%,多为股权质押类信托。在实际操作中,房地产股权质押类信托一旦出现开发商无力付款,信托公司很难诉诸法律得到抵押财产,因而房地产股权质押类信托规模的扩大,导致房地产信托风险加大。

中国房地产金融市场日趋成熟对房地产信托业的发展提出了更高的要求,因而必须采取多种措施,促进房地产信托业的发展。一是改变信托贷款为主的房地产信托产品结构,促使信托贷款、股权融资、权益融资等组合运用的房地产信托产品创新。二是开发标准化的房地产信托产品系列,提高房地产信托产品的流动性。三是根据中国房地产市场期房销售的特点,试点"信托+期权"的组合融资模式。房地产开发企业以协议销售的方式与购房者之间达成购房协议,购房者的购房款在取得销售许可证和按揭贷款前以购买"项目信托凭证"的方式支付给信托公司,取得信托公司的信托凭证,并同时与开发商签订信托凭证到期购买期房的购房协议。这种融资方式可以有效整合开发商、信托公司、商业银行及购房者的资源,为房地产开发企业进行融资,并在一定程度上防范和规避市场风险和政策风险。

第五节　房地产PPP融资

一、PPP融资的内涵

1. PPP的概念

PPP(Public-Private-Partnerships)项目的概念起源于20世纪90年代西方发达国家,可以直译为"公私合作伙伴关系",PPP是指公共部门和私营部门在提供公共产品和服务时而建立的合作关系。① 由于各国的具体实践不同,PPP并没有一个被广泛认同的统一定义。世界银行把PPP定义为:"公共部门和私营机构之间就提供公共产品或服务而签订的长期合作协议,在合作中,私营机构承担主要风险和管理职能"。而美国PPP国家委员会则认为:"PPP是指公共部门(联邦政府、州政府或地方政府)和私营机构间的合作安排,通过这种合作安排,合作各方整合技能和资本,为社会公众提供服务和设施,除了整合资源外,合作各方还共担风险、共享潜在收益"。

在我国,PPP的官方称谓就是"政府与社会资本合作",这是因为我国的公共部门主要是

---

① 林华,《PPP与资产证券化》,中信出版社,2016年,第3页。

指政府机构,而合作方不一定是私营机构——我国很多商业化运作的企业是国有控股的,我国的PPP模式的投资者并没有排除国有企业这一重要的参与主体,因此,这里把同政府的合作方称为"社会资本"。根据我国财政部的定义,"PPP是指在基础设施及公共服务领域建立的一种长期合作关系,通常模式是由社会资本承担设计、建设、运营、维护基础设施的大部分工作,并通过使用者付费及必要的政府付费获得合理的投资回报,政府部门负责基础设施及公共服务的价格和质量监管,以保证公共利益最大化"。

2. PPP的特征

(1) 合作伙伴关系。在项目的各个领域,公共部门和私人部门存在合作关系。合作关系是PPP项目最重要的特征,所有类型的PPP项目都建立在合作伙伴关系基础之上。伙伴关系的确立,是PPP中最重要的问题,同时这也是与普通采购之间最大的不同。伙伴关系的确立,带来的直接结果是追求项目目标的一致性,公共部门与私人部门共同协作,在某一项目上,通过最少的资源消耗,提供更多的公共产品和服务。

(2) 利益共享。在这里首先需要明确的是,PPP中公共部门与私人部门并不是分享利润,而且还需要对私人部门可能的高额利润进行控制,即不允许私人部门在项目执行过程中形成超额利润。这是因为PPP项目的性质决定了其不是投资性项目,而是公益性项目,因此,公共部门在PPP项目的过程中可以监督私人部门利益获取的幅度。同时,这里的利益共享的外延不仅包括社会成果,也包括一定程度的投资回报。利益共享是伙伴关系存在的纽带,利益共享不得损害公共利益,必须保证PPP项目的社会公益性质。

(3) 风险分担。在市场经济条件下,利益与风险是相互对应的,风险分担是利益共享之外伙伴关系的另一个基础,PPP良好的伙伴关系不仅是利益共享,还是风险承担。在PPP中,公共部门和私人部门合力分担风险是PPP项目与其他交易类型的巨大区别,风险分担遵循的原则是承担自己能够承担的风险,将每种风险分配给善于承担这种风险的合作方,使得项目的成本大大降低,这也是PPP项目与其他类型的公共采购不同的地方。

3. PPP融资的内涵

PPP融资具有明显的项目融资特色,通过组建项目公司,公共部门和私人部门以股权方式形成强有力的合作伙伴关系,私人部门可以按照市场规则实现自身的利益追求,而公共部门通过公司章程约定的投票权以及特许经营监管权可以确保公共福利和利益的实现,同时通过项目公司模式可以追求整体项目风险最小化的管理模式,将风险以最优综合成本合理分担给更能承受和应对特定风险的一方。项目公司在运营过程中需要符合降低成本、提高效率并改善公共服务等多重目标,其中很关键的一点是要充分利用PPP资源优势聚合的有利特征,发挥各自的比较优势,在不同的阶段选择合适的项目融资工具和模式。

PPP融资主要适用于如下项目:① 煤炭、石油、天然气、电力等能源项目;② 铁路、公路、水路、航空、邮政等交通运输项目;③ 电信枢纽、信息网络等通信项目;④ 防洪、灌溉、排涝、水利枢纽等水利项目;⑤ 生态环境修复与自然灾害防治、土地整治、矿山地质环境治理等生态保护项目;⑥ 供水、供电、供气、供热、公共交通、园林绿化、照明等城乡基础设施项目;⑦ 科技、教育、文化、卫生、体育等社会福利设施项目;⑧ 廉租住房、公共租赁住房、经济适用住房等保障性住房项目。

二、房地产 PPP 融资的内涵和功能

1. 房地产 PPP 融资的内涵

房地产 PPP 融资是指政府公共部门与民营部门共同合作进行融资,主要以保障房项目为合作基础,让民营部门所掌握的资源参与其中,从而在实现政府公共部门职能的同时也为民营部门带来利益。通过这种合作与管理的过程,可以在不排除并适当满足民营部门的投资盈利目标的同时,为社会提供更加有效房屋供给,提高资源利用的有效性。其特征主要表现为如下几个方面:① 采用 PPP 融资模式的保障房项目是一种特许经营类项目,因为大多数情况下保障房的所有权归政府所有,政府只是将保障房项目的建设、经营和维护等交给民营部门管理。② PPP 融资模式下政府和民营部门之间是一种长期合作关系,其主要目的在于提高保障房项目的长期受益,使得整个项目存续期间成本达到最小化,即在关注降低建设成本的同时还强调降低运营和维护成本。由于保障房项目具有长期性的特点,其成功的关键在于项目主体合作方长期的友好合作,任何一方的短视行为都将导致项目的失败。③ PPP 融资模式下政府与民营部门之间既共享利益又分担风险。利益共享是伙伴关系的纽带,是指除了政府与民营部门获得 PPP 的社会成果以外,也使得民营部门获得相对稳定的投资回报。但是需要明确的是,这种投资回报不是超额利润,因为 PPP 项目的性质决定其不是投资性项目,而是公益性项目,因此要对过高的利润进行控制。在市场经济条件下,利益获得与风险分担有对应性,有利益就会有风险,风险分担的原则是将每种风险分配给最善于承担这种风险的合作方,使项目风险最小化。

2. 房地产 PPP 融资的功能

市场和政府是配置资源的主要手段,在保障房建设中引入 PPP 融资模式,可以有效发挥市场和政府各自的优势,弥补二者的不足,提高保障房建设的效率。

(1) 弥补财政资金不足。一般而言,政府财政拨款是保障房的主要资金来源,但是政府在保障房建设过程中需要投入大量资金,导致政府财政负担过重,而且保障房建设会压缩商品房的建设用地,使政府土地出让金减少,所以,保障房建设面临巨大的资金缺口。在保障房建设中,政府发挥主导作用,但并不意味着政府资金是保障房建设资金的唯一来源。实现保障房建设投资主体的多元化,建立以政府为引导、民间资本广泛参与的融资机制,从而发挥财政资金的杠杆作用,拓宽保障房建设的融资渠道。PPP 融资模式能够实现政府资金与民营资本的有效结合,弥补保障房的资金缺口,扩大资金来源,从而减轻政府负担,解决政府资金不足的问题。

(2) 扩大民营资本投资。在保障房建设中引入民营资本的 PPP 融资不仅可以弥补财政不足,也有利于扩大民营资本的投资领域。首先,PPP 融资可以拓宽民营资本的投资渠道,使其获得稳定收益。虽然保障房项目的投资回报率不高,但是民营资本可以从中获得稳定的收入来源,比如通过投资公租房可以获得长期稳定的租金收入。通过高效的成本运营和管理控制,民营资本依然可以获得一定的利益。其次,在 PPP 融资模式下,民营部门通过投资保障房,除了可以获得直接的经济利益外,还能够获得其他衍生的价值,因为保障房具有公益性的特征,本身的获利性较低,政府为了鼓励吸引民营资本参与 PPP 融资项目,往往会对民营部门实施优惠的土地政策、信贷政策以及税收政策,这些优惠政策可以给民营部门带来潜在的投资机会和利益。最后,在 PPP 融资模式下,民营资本参与保障房的建设,将民营企业先进的技术

和管理经验应用到保障房建设中去,可以更好地发挥民营资本高效率的特征,提高公共资源的配置效率,更好地满足公众对于保障房的需求。

(3) 分担融资项目风险。在保障房 PPP 融资过程中,政府和民营部门可以通过合理的风险分担机制,有效降低和分散风险,提高保障房建设的效率和效益。一方面,政府通过招标形式引入参与保障房建设的民营部门,一般会选择具有较强的风险控制能力和较雄厚的资金实力的企业,从而保证保障房建设的顺利实施。PPP 融资模式要求从项目的初始阶段就引入民营资本,这样民营部门就可以凭借先进的技术和管理经验,参与到项目的风险识别和风险分配中,从而对项目进行有效的风险控制。另外,风险分担遵循的原则是承担自己能承担的风险,将每种风险分配给最善于承担这种风险的合作方,使得项目风险最小化。一般而言,在保障房建设中,政府往往承担较多的社会风险,而民营部门则承担较多的市场风险,由此发挥双方最优的风险控制能力,使得保障房项目平稳运作。

三、房地产 PPP 融资项目的运作

1. 房地产 PPP 融资项目运作的参与主体

由于 PPP 模式的复杂性和风险性,PPP 融资项目运作的参与主体因具体项目而定,根据保障房的特点归纳出如下的参与主体:政府部门、私人部门、项目公司、银行及金融机构、其他参与主体。

(1) 政府部门。政府部门是保障房 PPP 项目的主要参与者。政府部门大体上采取以下行为措施:一是确定保障房项目,选择合适的企业进行合作。保障房建设不仅关系到低收入家庭的住房问题,而且也是社会经济正常运行的重要保障,作为保障房最主要的参与主体以及项目的发起者,政府部门首先需要结合医疗、教育、就业等因素,选择合适的区域进行保障房的开发建设,在确认项目以后,政府部门需要采取项目招标的形式选择合适的企业进行项目开发,保证项目的顺利执行。二是授予项目公司特许经营权。一般而言,保障房的建设和管理都是由项目公司负责完成的,在此过程中,政府可以制定相应的税收优惠政策,降低项目公司的运营成本,从而保障项目公司获得合理的收益。三是提供一定的信用担保。保障房建设过程中需要大量的资金支持,私人部门缺乏足够的资金,因此,政府部门可以通过信用担保的方式,从银行获得一定的资金,来支持保障房项目的建设。四是对保障房项目的监督。保障房 PPP 融资模式本身引入了私人资本,在其中的各个环节,政府部门均要与其签订严格的合同,并且对合同的执行进行监督,防止违规现象的出现,从而保证项目的各个环节能够在政府的监督下顺利进行。五是给予法律保障。保障房在建设的过程中,需要制定严格的法律法规,进而明确项目的运作流程,并且对各个部门的职责有明确的规定,使得项目的建设有法可依。在健全的法律保障下,吸引私人部门参与到保障房的建设中来。因此,健全的法律不仅具有保障作用,更具有引导作用。

(2) 私人部门。私人部门既是 PPP 模式下的保障房建设的一个参与主体,也是项目的主要投资者。一方面,私人部门在政府公开提出项目招标后,对该项目进行可行性分析,在确认公司有能力承担这一项目后,对该项目的营利性做出评估,进而向政府提交参与投标的申请,获得许可以后,私人部门就相关问题与政府部门进行协商,从而签订合作协议。另一方面,私人部门在与政府部门成立项目公司以后,需要对其注入一定的资本,并持有该项目公司的大部分股份,同时,在项目建设阶段,也要对项目的资金进行一定的管理。

（3）项目公司。PPP项目公司是由政府部门和私人部门为保障房的建设专门成立的,是保障房具体项目的执行者。为了确保项目的顺利开展,项目公司从政府部门获得特许经营权后,开始全面负责该项目的全流程,具体包括投标、融资、开发、建设、运营和移交。一般而言,项目公司在整个PPP融资模式过程中,具体职能体现在两个方面:一是项目的投标、融资和开发,在保障房建设前期过程中,项目公司需要与三方面的机构签订合同。首先,通过招标的方式,选择合适的施工单位、设计公司、保险公司、物业公司等参与到项目中,并与这些单位签订相关合同。其次,为了更好地进行融资,项目公司需要与银行等金融机构进行协商,以政府担保作为基础,获得所需要的贷款。最后,项目公司需要选择具有丰富经验的咨询公司,以快速解决项目进程中可能出现的问题,保证项目的顺利实施。二是项目建设、运营和移交。在保障房建设过程中,项目公司需要进行全方位的监督和管理,保证各个单位能够顺利执行项目的建设开发。在保障房项目竣工以后,需要对保障房进行运营和维护,从而获得合理的利润,在偿还贷款的同时,也能够保障一定的利润分配。在保障房项目特许经营期满后,根据协议,将保障房的所有权和经营权交给政府部门,项目公司完成了其职责,最终清算。

（4）银行及金融机构。保障房建设本身具有项目规模大、资金投入大等特点,因此,大部分资金需要来源于银行和金融机构的贷款,特别是商业银行的参与度较高。在发放贷款之前,银行及金融机构要对贷款方的信用状况、经营能力、还贷能力等进行评估,以避免贷款后无力偿还现象的发生。评估以后,需要对项目公司分期发放贷款,同时还要分阶段对项目的资金运行进行监控。

（5）其他参与主体。除了以上参与主体外,项目中还涉及其他参与者,包括项目设计单位、施工单位等实施项目的建设。保障房是国家重点关注的项目,一方面需要在合同规定的时期内完成项目的施工,另一方面也要保证项目工程的质量,在遵守设计、施工、验收等法定建设程序的同时,要严格执行质量安全、节能环保等国家标准。还有一类参与主体是保险机构和咨询机构等控制项目的风险。保障房项目规模较大、周期较长,参与项目的主体较多,在项目过程中,除了参与主体各自承担风险以外,还存在一些不可观测的风险。保险公司参与其中,当这些风险发生以后,保险公司提供相应的赔款,保障项目的继续实施。咨询公司进行必要的市场分析和预测,利用其专业性优势协助项目公司做出更加全面的方案,从而降低项目风险。

2. 房地产PPP融资项目的运作流程

房地产PPP融资项目的运作涉及诸多环节,大致包括以下五个阶段:项目确认阶段、项目招标阶段、项目建设阶段、项目运营阶段及项目移交阶段。

（1）项目确认。主要包括项目立项和可行性研究两个部分。首先保障房建设必须要有明确的规划,国家每年都会制订保障房建设计划,在此基础上,地方政府应该结合本地区的发展规划和现实需求,提出本地保障房建设规划,从而进行立项。其次是对项目进行可行性研究,这里不仅仅涉及项目本身的技术、法律法规等方面,更重要的是对引入的私人部门进行综合评估,大体上包括私人部门的经济实力、风险管控能力以及项目管理能力等。在完成必要的项目方案以后,最终进行项目确认。

（2）项目招标。主要包括招标和投标、选定私人企业并签约、成立项目公司这三个方面。一是项目立项后,政府部门开始通过招标的方式选择合适的私人部门,招标部门首先制定招标文件,这里不仅包括项目本身的一些具体信息,同时也要包括对私人部门的一些具体要求,然后向社会公开招标。投标公司在看到政府部门公布的招标文件后,结合企业的实际情况研究参与该项目的可行性,综合考虑各项因素后确定是否投标,在决定参与投标后,制定投标文件,在政府部门规定的时间内提交标书和相关资料。二是在私人部门提交了投标书后,政府部门选择专业评估人员对候选企业进行评估,分析这些企业是否满足政府的各项要求,并将满足条件的企业进行排序,最终选择适合该项目的一个或多个私人企业作为候选对象。私人部门在项目中标以后,首先与政府部门进行协商,就资金投入、风险承担、利益分配等具体问题进行谈判,双方在达成共识后签订合作协议,并向社会公布中标结果。三是政府与私人部门联合注册项目公司,完成公司成立的相关事宜。项目公司成立后,由政府授予其特许经营权,双方签署特许经营协议,约定在特许期间内由项目公司负责项目的运作,并在规定时间内保质保量地完成项目。

(3)项目建设。核心主体是项目公司,项目公司选择合适的设计公司、施工单位、原材料供应商、保险公司、咨询公司、物业公司等相关合作方,并与这些公司签订相应的合同。在此过程中,政府部门承担相应的建设用地、税收优惠、信用担保等职责措施。在资金和项目建设企业都准备好后,各项合作方开始履行各自的职能,进行保障房的建设,待项目竣工并通过验收后,即完成了项目建设阶段。

(4)项目运营。在这一时期,由项目公司负责对建成的保障房进行运营和维护。政府部门对要购买和租赁这些保障房的申请者进行审核,保证保障房供给的公平性。项目公司向符合申请条件的居民出售或出租房屋,获得相应的资金回报用于支付贷款、税收、成本等。

(5)项目移交。项目公司在特许期满后,根据特许权协议,将所建保障房的经营权和所有权移交政府部门,在政府部门检查完该项目并接受后,项目公司即完成了所有的项目事项,进行清算后解散,完成项目移交,交由政府部门接管。

※ 本章小结 ※

房地产债券、房地产信托和房地产PPP融资作为房地产金融市场的重要组成部分,为房地产企业提供了大量的资金,有效地促进了房地产业的发展。

房地产债券是各级政府、房地产金融机构和房地产开发企业为解决房地产开发资金问题向投资者发行的具有借款证书性质的有价证券。20世纪90年代初,我国的房地产债券融资已经产生,发行主体主要是房地产开发经营企业。我国房地产上市公司公开发行的债券主要表现为发行总额较大、票面利率较高、偿还期限较长、风险较高等特点。近年来,我国房地产企业债券发行规模不断扩大,但占整个债券发行市场的比重依然偏低。因此,未来要进一步放宽房地产企业债券融资的门槛、引入房地产债券的机构投资者、健全信用评价制度、开展房地产项目债券融资等渠道拓宽房地产债券的发展空间。

房地产信托是金融信托业与房地产业相互融合的产物。资金是房地产信托机构正常运行的基本条件,房地产信托机构筹集的资金主要来源于房地产信托基金、房地产信托存款、集资信托和代理集资、房地产资金信托以及共同投资基金等。房地产信托的业务主要包括房地产资金信托、房地产实物财产信托以及房地产咨询、代理和担保业务等。房地产信托不仅扩大了房地产企业的融资渠道,而且依托于房地产业获得了自身长足的发展。2003年以来,我国房地产信托融资规模快速增长,实现了较高的预期收益率和多样化的盈利模式。从我国房地产信托融资的实际运作来看,房地产信托面临着兑付风险、信用风险、融资成本上升等问题,随着我国房地产金融市场日趋成熟,必须采取多种措施促进房地产信托业的发展。

PPP 是公共部门和私营部门就提供公共产品和服务而建立的合作关系,PPP 的主要特征是合作伙伴关系、利益共享和风险分担。PPP 融资具有明显的项目融资特色,通过组建项目公司形成强有力的合作伙伴关系,私人部门实现利益追求,而公共部门确保公共福利的实现。房地产 PPP 融资是以保障房项目作为公共部门和私人部门的合作基础,通过这种合作过程,既可以弥补财政资金不足,又可以扩大私人资本投资,并形成更加合理的风险分担机制,为社会提供更加有效的房屋供给,提高资源利用效率。房地产 PPP 融资以政府部门、私人部门、项目公司、银行及金融机构等作为参与主体,经过项目确认、项目招标、项目建设、项目运营、项目移交等运作流程实现房地产项目融资。

※ 本章思考题 ※

1. 房地产债券和房地产信托的内涵是什么?
2. 房地产企业发行债券需要具备哪些条件?主要流程是什么?
3. 房地产信托资金来源有哪些?主要的业务有哪些?
4. 试述我国房地产债券和房地产信托融资的发展状况。
5. 试述房地产 PPP 融资的内涵、功能和运作流程。

课后习题六

第七章 房地产投资信托基金（REITs）

内容提要
1. REITs 的起源、概念、职能和优势。
2. REITs 的产品特点及运作分析。
3. REITs 的风险类型、风险管理和终止清算机制。
4. 典型国家 REITs 市场的特点。

房地产投资信托基金（REITs）是信托制度在房地产金融领域的应用。社会经济的发展，对房地产产生较大需求，使房地产业的资金需求超过自身资金积累能力，而银行贷款等间接融资工具不能满足房地产业对资金规模和期限结构的需求，REITs 则得以产生和发展。REITs 是金融与房地产交叉创新的产物，为规避管制而衍生出的合格的、安全的金融产品。它既带有信托的精神，又有公司的性质，也带有有限合伙制的灵活性，为中小投资者提供了一个投资于房地产业低门槛的投资产品，为房地产商提供了一个有效的融资工具。房地产信托投资基金业的发展，推动了房地产业的发展，促进了金融中介和金融工具的多样化，改善了金融结构，提高了金融体系资源配置的效率。

第一节　REITs 的起源及发展沿革

最早的信托业产生于 11 世纪的英国，主要是对土地财产的遗嘱信托，在此基础上逐渐形成了现代信托制度。1822 年荷兰国王威廉一世时期，投资信托用以筹集社会游资，作为开发煤、铁、纺织及其他产业的基金，运作效果良好。荷兰创立的这种投资信托制度，被美国效仿。1883 年，美国马萨诸塞州波士顿首先成立了波士顿个人房地产信托（Boston Personal Property Trust）。当时，由于产业革命所创造的财富，需要寻找对房地产的投资机会，但该州法律规定除非房地产是其整体商业的一部分，否则禁止公司拥有房地产。这就使得一般公司无法参与房地产的投资和交易。针对这一法律规定，马萨诸塞信托应运而生，这一金融产品的创新使个人和企业成为合法的房地产投资主体。马萨诸塞信托最初成立时仅面向富有的投资者，为他们提供一条通过权益投资获取收益的渠道，但一般的投资者在马萨诸塞信托成立不久就可以借助这一金融工具参与房地产投资,马萨诸塞信托享有一定的税收优惠,并拥有与公司同样的权利。这种金融工具在波士顿取得成功后,不久美国的其他城市,如芝加哥、奥马哈等纷纷开始运用。由于信托产品将其收入分配给投资人可免缴公司所得税,在经济利益的驱动下,马萨诸塞商业信托逐渐发展成为规避公司所得税的不动产投资信托。但20世纪30年代美国政府取消了这项税收优惠。第二次世界大战后,房地产业迅猛发展,投资者对房地产投资的热情增加。但是由于房地产单笔投资数额巨大,远远超过一般中小投资者的经济承受能力,并且房地产属于实物资产,流动性较差,因而市场对房地产投资基金的呼声十分强烈。在这种背景下,美国在1960年恢复了对该类产品的税收减免,以艾森豪威尔总统签署的《房地产投资信托法案》(*Real Estate Investment Trust Act of* 1960)为标志,第一个现代意义上的REIT应运而生。这是最初的房地产投资信托法,规定满足一定条件的REITs可以免征所得税和资本利得税,避免双重征税,享受税收优惠。迄今为止,除了一些很小的修改,该条例基本没变。在最初的10年,市场反应相当平淡,REITs的增长也表现平缓,到1968年年末,市场上仅有5支REITs公开交易。到了20世纪80年代,出现了一些房地产税收的改革,使REITs得到了增长。1986年税法改革允许REITs直接管理地产。1993年退休基金对REITs投资的限制被取消。这些改革激发了投资者对REITs的兴趣,使REITs自20世纪80年代以来有了迅猛的发展。

从1960年美国国会通过《REITs现代化法案》,创立了世界上第一只现代金融意义上的REIT以来,房地产信托投资基金业得到了长足的发展。使中小投资者能以较低门槛参与不动产投资,获得不动产交易、租金和增值所带来的收益,由REITs推动的房地产证券化已经成为全球资本市场的发展趋势。1990年全球REITs市值仅为70亿美元,2002年以后增长尤其迅猛,REITs已成为全球范围内备受欢迎的房地产投资工具。截至2017年年底,全球共有37个国家和地区建立了REITs市场,总市值约为2万亿美元,包括我国在内的9个国家正在REITs发行的准备阶段。从国家来看,美国、日本、韩国、新加坡和澳大利亚等全球大多数主要国家(地区)的证券交易所都已有REITs上市,REITs与普通股票一样在这些证券交易所交易。截至2017年年底,美国公开发行的REITs达225支,总资产超过1万亿美元,占全球总市值的54%,为全球资产规模最大的REITs市场;澳大利亚排名第二,共有约60支REITs,总市值超过1 000亿美元,占全球总市值的6%。日本、加拿大、英国、法国分别占5.5%、5%、3%和1.5%,中国香港占1.5%,其他国家和地区占23.5%。

美国是全球REITs最成熟、市值最大的市场,并成为世界REITs发展的典范。美国REITs的发展经历了20世纪90年代前的积累阶段和20世纪90年代后的扩张阶段。美国的REITs市场主要呈现出以下特点:① 组织形式不断创新。以典型的公司型REITs为基础,随着税法改革不断演化出多种形式,如传统结构、伞形合伙结构、伞形多重合伙结构、合股及"纸夹"结构等。② 投资结构逐步向权益型转化。根据NAREIT公布的数据,美国权益型REITs的市场占有率由1972年年末的22.2%升至2011年年末的90.5%,而混合型REITs则从2010年12月开始在美国消失。③ 严格的设立条件。为确保REITs的正常运行,防范金融风险,美国对REITs的组织结构、股东人数、资产要求、红利分配、所从事业务、资金来源都有非常严格的限制。④ 投资领域不断扩展。从20世纪80年代的儿童保育中心、90年代的汽车服务中心、2000年时的电影院到最近5年前的健身中心、葡萄种植园等。商业地产、公寓及医疗中心的资产规模占比相对较高,如图7-1所示。每支REIT根据各自的专长选择投资领域。

美国 REITs 的绝大部分是从事资产类投资,占所有 REITs 的 96.1%。⑤ 投资回报较高。REITs 较高的红利收益是将投资者转移到 REITs 市场中的主要原因。REITs 的中长期收益率要高于其他指数。据统计,1971 年 12 月 31 日至 2017 年 12 月 31 日,股权类 REITs 的平均收益率为 11.38%,超过同期道琼斯平均工业指数(8.35%)、纳斯达克综合指数(7.99%)及标准普尔 500 指数(10.96%)。同时,其波动性却低于其他三种股票指数。

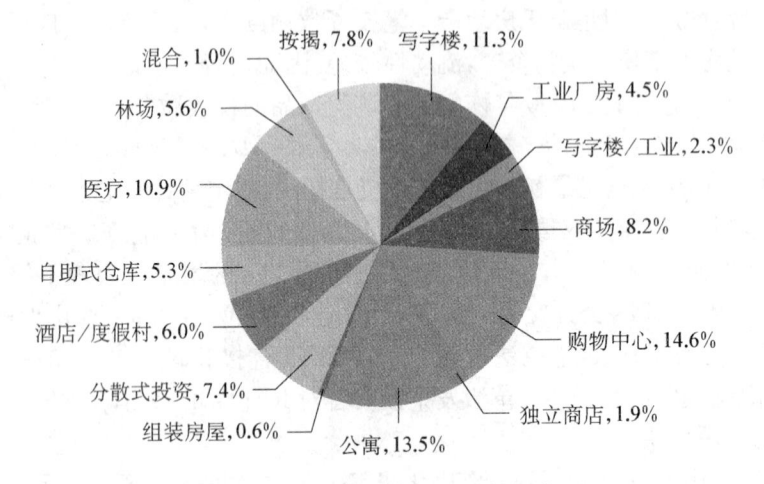

图 7-1 美国 REITs 的投资领域

西蒙房地产集团(Simon Property Group,SPG)和铁狮门公司(Tishman Speyer Property,TSP)是美国 REITs 的典型代表。西蒙房地产集团是美国最大的商业地产运营商和北美最大的零售地产上市公司,并拥有北美地区公开发售的最大的商业地产信托基金(REITs)。西蒙是标准普尔 500 指数成分股之一,截至 2019 年 7 月,公司市值约 489.2 亿美元,相当于美国市值最大的房地产开发商市值的 6 倍左右。西蒙的核心业务包括商业地产投资、开发、出租和物业管理,目前在北美、欧洲和亚洲拥有或持有 385 家公司的股份,共有 261 000 000 平方英尺可租用地,包括区域性购物中心(Regional Malls)、特价商务中心(Premium Outlet Centers)、社区店(Community/Lifestyle Centers)、厂房(Mills)和国际性物业(International Properties)等。西蒙房地产信托基金的运作方式,主要是将旗下部分或全部经营性物业资产打包设立专业的 REITs,以其收益(如每年的租金、按揭利息等)作为标的,均等地分割成若干份出售给投资者,然后定期派发红利。铁狮门是一家非上市地产企业,公司奉行纵向一体化策略,形成了包括物业收购与开发、设计与建造、物业管理、投资管理、租务管理、税务和风险管理、房地产基金等能力于一体的综合化地产企业。截至 2015 年年初,铁狮门收购、开发、管理的物业总值达到 681 亿美元,管理项目共 362 个,包含总面积 1.3 亿平方英尺的商业物业组合及 9 200 万平方英尺的住宅单元。铁狮门基金的运作,分别由澳大利亚子公司(Tishman Speyer Australia)和总部的全球投资组合管理部完成。前者负责铁狮门旗下唯一一支在澳大利亚上市 REITs 基金的发行管理工作,后者负责其余 14 支非上市房地产投资基金的运营管理工作。铁狮门通过发行基金来投资或收购各种物业,以获取物业自身经营现金流和资产增值作为收入来源,借助财务杠杆,实现收益的放大。

20 世纪 70 年代澳大利亚开始引入第一支地产信托 LPTs(Listed Property Trust),与美国相似,澳大利亚的 LPTs 直到 20 世纪 90 年代初才获得较大发展。迄今为止澳大利亚已经发展成为全球第二大的REITs市场。截至2017年3月底,澳大利亚共有上市59支REITs产品上市交易,市值规模1 347.5亿澳元。这些产品按投资物业种类的不同可以分为综合型REITs、商场物业、写字楼、工厂物业和宾馆物业等多个类别。其中,REITs数量占比最大的三个类别依次是综合型占62.5%、商场物业占16.7%、写字楼占10.4%;其市值占比分别为44.39%、48.74%和5.24%。

1969年,荷兰确立了类似于REITs的制度,但由于限制较多,直到20世纪80年代REITs方得到全面推行。荷兰没有规定REITs必须上市,所以大多数REITs处于私募状态。2012年,荷兰金融监管部门AFM开始考虑直接监管私募地产基金的可能性,因为荷兰1/4私募地产基金存在误导消费者、资金管理不善及为投资者提供不适当信息等问题。

除荷兰外,其他欧洲国家的REITs起步都较晚。20世纪90年代以来,美国的REITs逐步繁荣,这一金融工具开始得到欧洲市场的普遍关注。1995年,比利时立法推出REITs。2003年,法国引入REITs,目前已有48家房地产投资信托基金,市值达到730亿美元。2007年,英国和德国涉足REITs。英国迅速成为继美国和澳大利亚之后的全球第三大REITs市场,而德国却因2009年经济低迷导致大量地产基金破产清算。

日本是建立REITs最早的亚洲国家。由于日本的房地产公司众多,REITs市场具有较大的发展空间。2000年11月,日本修改了《投资信托和投资公司法》(*Investment Trust and Investment Corporation Law*),修改后的法律准许投资信托基金进入房地产业。2001年3月,东京证券交易所(TSE)建立了REITs上市系统,上市门槛50亿日元。2001年11月,2家J-REITs在东京证券交易所首次上市。到2003年年底,已有6家REITs在东京证券交易所上市。截至2004年下半年,低迷了13年的日本房地产市场出现回暖迹象,带来这股暖风的正是以REITs为代表的国内外资本。东京5个开发程度最高的商业区地价,2004年出现14年来首度上涨,显示对于地产的需求兴起。截至2017年7月,东京证券交易所上市的J-REITs已扩大到58支,市值达到1 020亿美元。日本REITs市场有一个显著特点,即国外投资者持有的J-REITs占24.7%,是仅次于日本信托公司的第二大投资者。

1998年7月,新加坡证券交易所审核委员会提出了一系列进一步发展资本市场的建议,其中之一是设立上市财产信托(Listed Property Trusts),即房地产投资信托(S-REITs)。旨在增加市场投资品种和促进地产市场的发展。1999年5月,新加坡金融管理局(The Monetary Authority of Singapore, MAS)颁布了《财产基金要则》(*Guidelines for Property Funds in Singapore*)。2001年,颁布的《证券和期货法则》(*Securities and Futures Act 2001*)对上市REITs做出相关规定,正式创立REITs。2002年7月,CapitaMall Trust(CMT)成为第一家S-REITs在新加坡交易所上市。截至2017年7月,已有38支S-REITs在新加坡交易所上市,市值达570亿美元,机构投资者和个人投资者的投资规模分别占70%和30%。新加坡的REITs市场发展灵活,富有弹性,展现出强烈的本地化特色。新加坡的本土资本运用REITs进行房地产投资,并迅速扩张且发展出本土的特色,尤其在大型商业地产的运作中展现出极强的竞争力。据相关统计数据,新加坡REITs的平均股息收益率在5%~6%之间。

2001年7月,韩国颁布了《房地产投资公司法》,为REITs发展提供相关的法律制度。韩国的REITs是用于低价收购金融机构的不良房地产资产,然后套现获利,期限为5年,因此又称为CR-REITs(CR指公司重组)。随后,韩国证券交易所修改了上市规则,制定了REITs

上市的相关条例。截至2007年6月底,韩国市场上共有16支REITs,其中有6支在韩国证券交易所上市。

2003年7月30日,香港证券和期货事务监察委员会("香港证监会")颁布了《房地产投资信托基金守则》,对REITs的设立条件、组织结构、从业人员资格、投资范围、利润分配等方面做出明确的规定。2005年6月,香港证监会正式发布了修订《房地产信托投资基金守则》的相关内容,撤销了香港房地产投资信托基金(REITs)投资海外房地产的限制。2005年11月,第一支REIT在香港联交所挂牌交易。截至2017年7月,共有10支REITs在香港联交所上市,总市值达300亿美元。

亚洲大部分国家房地产投资信托基金是成长中的金融产品,中国内地仍处于早期探索阶段。2003年9月20日,中国第一个房地产产业基金——精瑞基金宣告成立,REITs逐渐被人们认识和接受。2005年1月22日,按照REITs的标准进行设计,并借鉴了香港领汇房地产信托基金、美国REITs和内地证券市场基金的成熟管理经验,被誉为国内首支准REITs的"联信·宝利"1号正式发行,而后在当年12月初,联华信托又发行了"联信·宝利"7号,开辟了国内"夹层融资"的先河。2005年12月21日,中国内地第一支房地产投资信托基金——广州越秀REIT,将集团的白马大厦、财富广场、城建大厦和维多利广场4个用于出租的物业打包,在香港联交所上市,募集到17亿港元的资金,当年的年息回报率为7%。截至2018年年底,越秀REIT经营年收入突破20亿元人民币,物业净收入达人民币14.69亿元。2014年5月,由中信证券推出的"中信启航专项资产管理计划",宣告中国首个REIT在深圳交易所挂牌交易转让。2015年2月,苏宁云创私募REIT在深圳证券交易所正式挂牌上市,这是中国首支以商业物业租金为支持的资产证券化产品。2017年8月,勒泰集团(全称"中国勒泰商业地产集团")联合国内领先REITs团队中联基金成功设立的境内首单不依赖主体评级REITs产品"中联前海开源-勒泰一号"资产支持专项计划在深圳证券交易所正式挂牌流通。截至2018年年末,我国共发行类REITs产品43支,发行金额累计903.21亿元。参考成熟市场REITs经验,按照市场占比13%计算,我国租赁住房REITs的市值规模将在5 200亿元至1.56万亿元之间,发展前景巨大。

与此同时,中国开始着手研究制定REITs的相关政策。2008年3月,中国银监会召集联华信托、中诚信托、北京国投、衡平信托和中原信托等5家信托公司,共同起草《信托公司房地产投资信托业务管理办法(草案)》征求意见稿。2008年12月3日,国务院明确提出"开展房地产信托投资基金试点,拓宽房地产企业融资渠道",上海成为试点城市。2010年5月,中国人民银行将《银行间市场房地产信托受益券发行管理办法》及各地试点项目的基本情况上报国务院。2014年9月30日,中国人民银行、中国银监会发布《关于进一步做好住房金融服务工作的通知》,通知中明确提出"积极稳妥开展房地产投资信托基金(REITs)试点工作"。2017年7月住房城乡建设部、国家发改委等九部委联合印发《关于在人口净流入的大中城市加快发展住房租赁市场的通知》,鼓励地方政府出台优惠政策,积极推动房地产信托基金的发展。2018年4月,中国证监会、住房城乡建设部联合印发《关于推进住房租赁资产证券化相关工作的通知》,提出推动多类型具有债权性质的资产证券化产品,试点发行房地产投资信托基金(REITs)。当前,中国仍处于房地产业引入REITs的试点探索阶段,发展空间较大。

第二节 REITs的内涵、职能及优势

一、REITs的概念

房地产投资信托基金,简称REITs,是Real Estate Investment Trusts的缩写。美国房地产投资信托国家协会(National Association of Real Estate Investment Trusts,NAREIT)对房地产投资信托的定义为:"REIT是一家公司,拥有并(在大多数案例中)营运带来收益的不动产,如公寓、购物中心、办公室、饭店和仓库。有些REITs也从事房地产融资。很多REITs的股份都在主要的股市中自由进行交易。若要取得REIT资格,公司必须每年将至少90%的应纳税收入分配给股东。取得REIT资格的公司可以从企业应纳税收入扣除付给股东的股息。因此,大多数的REITs将至少100%的应纳税收入移交给股东,所以没有企业税。股东要按收到的股息和资本收益付税。美国大多数的州都遵从这项联邦条约,也不要求REITs缴纳州所得税。除了合股经营外,REITs和大多数的企业一样,无法将税收损失转移给投资人"。也就是说,美国的房地产投资信托是一家致力于持有并在大多数情况下经营那些收益型房地产(如公寓、购物中心、办公楼、酒店、工业厂房和仓库)的公司。在美国,符合法律规定的REITs不需要缴纳公司所得税和资本利得税,但其资产构成、收入来源和收益分配均要符合一定的要求。

REITs是指专门从事房地产经营活动的投资信托公司或集合信托投资计划,它可以在交易所上市。REITs属于一种房地产证券,是指在相关法律法规框架下信托机构面向公众公开发行或者向特定人私募发行房地产投资信托受益凭证来筹集资金,然后将信托资金投向房地产项目、房地产相关权利、房地产证券或其他主管机构核准的投资标的等,投资所获得的利润依照房地产投资信托契约或公司章程的约定按股份比例分配给投资者。实际上,REITs是由专业人员管理的房地产类的集合资金投资计划(Collective Investment Scheme)。REITs是一种集合众多投资者资金,用来投资及经营各类房地产项目的金融工具,投资标的一般包括购物中心、写字楼、酒店、出租公寓及游乐场所等。

REITs包括两个内容:一个是资金信托,另一个是房地产资产信托。前者是由受托机构依法设立房地产投资信托,向特定人私募或向不特定人公募发行房地产投资信托受益证券,以获取资金,投资房地产、房地产相关权利、房地产相关有价证券及其他经主管机关核准投资的项目,投资者从中获取投资收益。后者则是由委托人转移其房地产或房地产相关权利予受托机构,并由受托机构向特定人私募交付或向不特定人公募发行房地产资产信托受益证券,以补偿受益人对该信托之房地产、房地产相关权利或其所生利益、孳息及其他收益的权利。

REITs的资金信托与房地产资产信托是有区别的:

(1)信托财产和信托性质不同,前者的信托财产是资金;后者的信托财产则是房地产或房地产相关权利,例如房地产抵押权、房地产租赁权等等。因此,前者是信托种类中的资金信托,只是因为投资方向为房地产,所以列入了REITs的范围;后者是真正意义上的房地产信托,这符合信托性质按信托财产分类的属性。

(2)信托的当事人不同。前者属于自益信托,即投资者既是委托人又是受益人;后者通常

归于他益信托,即委托人与作为受益人的投资者往往不是同一个人,少数情况下,委托人可以成为受益人中的一个(不排除委托人到证券市场上购买受益证券,成为受益人的情况)。

(3) 投资标的的确定性不同。虽然两者投资标的均为房地产项目,但是后者更具确定性,为委托人所委托的特定房地产项目;而前者投资的项目往往是不确定的,它可以自由选取房地产项目。

(4) 信托机构的操作流程正好相反。前者是先募集资金再投入房地产;后者是先受托房地产再募集资金。

在现实生活中,人们可能还会混淆REITs与房地产贷款担保的证券化(Mortgage Backed Securitization, MBS)的概念,因为在MBS中存在着一种情况:银行把房地产抵押贷款以信托的形式委托信托机构发行受益证券,这其实就是REITs的房地产资产信托的一种。其实,REITs和MBS的交叉部分也只限于此,除此之外,两者存在以下差别。

首先,MBS的资产转让往往通过买卖关系达到"真实销售"目的,信托在MBS的运用只占少数。

其次,MBS的基础资产只限于房地产抵押贷款,而REITs的房地产项目远不止于房地产抵押贷款权益。

最后,REITs只能由信托机构(公司型的,必须具有信托职能)担任,而MBS则可以采用信托型、公司型和有限合伙型,在美国,联邦国民抵押贷款协会(FNMA)、联邦住宅贷款公司(FHLMC)和政府抵押贷款协会(CNMA)三家政府背景的公司是美国MBS得以顺利开展的关键。

二、REITs的性质和职能

1. REITs的性质

作为投资信托制度在房地产金融领域的应用,REITs满足了中小投资者的投资需求。一般而言,REITs具有以下三个特性:

(1) 信托性。房地产投资信托基金是由信托机构作为中介而建立的当事人之间的信托关系。REITs本质上是一种资金信托性投资基金。社会上分散的中小投资者不愿将富余的资金投向储蓄,期望将资金投入利润较高的房地产领域。但个人单独进行房地产投资势单力薄,风险较大。投资者将分散的闲置资金集中起来,采取签订信托契约的形式,或类似股份公司的股份形式,成立房地产投资信托基金,委托对房地产市场具有专门知识和经营管理经验并值得信赖的人,从事房地产投资。

(2) 储蓄性。资本市场上有一些资金持有人,期望将小额资金储蓄起来,积少成多,并使资金做到既保本又获利。这种投资偏好与投资储蓄存款类似,承担低风险,保本生息,尽可能获得较高收益。现实中,投资房地产投资信托基金类似银行储蓄,对资金规模没有高门槛限制,风险低于股票,而收益通常高于储蓄利息。可见,房地产投资信托基金是降低风险获得较高收益的重要投资工具。

(3) 合作性。一般而言,投资人都是有限的社会闲散资金持有者,资金实力差,个人缺乏能力单独投资于某几种有价证券或某项不动产。而房地产投资信托基金以一般社会大众为资金筹集对象,将他们的资金集合起来,增强资金实力,改善投资条件,并满足了投资人的愿望。所以说,房地产投资信托基金具有投资人目标一致基础上的合作投资性质。房地产投资信托基金既具有合作性,又不同于合作社,因为投资者的信托是有一定期限的,如 3 年、5 年不等,投资人所持的投资信托凭证可以转让,这与常见的信用合作关系是不同的。

2. REITs 的职能

REITs 的功能包括财产事务管理、资金融通、代理和咨询、房地产投资和社会公益服务等职能。

(1) 财产事务管理职能。提供财产事务管理是投资信托基金的基本职能。财产事务是指与信托财产有关的各种事务。财产事务管理是指受托人受委托人之托,为其管理或处理财产事务,即"受人之托,履人之嘱,代人理财"。现代信托业务,无论是资金信托,还是实物信托,都具有财产事务管理职能。财产事务管理包括代人理财和代人办事两个方面。代人理财是指以管理和处理财产的方式为财产所有者提供服务;管理是不变更信托财产的原状或性质,仅做运用、改善、维护和保存,如委托贷款、委托投资、商务管理等;处理则是需要变更或消灭信托财产的原状或性质,如代委托人出售或转让信托财产。代人办事是指受托人以代办一系列经济事务的方式为委托人提供服务,如代收款项、代理发行、代理买卖有价证券、代付股息红利、代付利息、代办会计事务等信托财产事务管理活动,解决人们在财产管理方面的难题,它是信托存在的基础,并且适应了社会经济发展的需要。

(2) 资金融通职能。资金融通职能是指在财产事务管理活动中,投资信托基金具有筹措资金和融通资金的功能。在市场经济条件下,货币信用的存在,作为信托财产经济主体的相当大部分财产是以货币资金的状态存在的,因而投资信托基金对财务管理职能的运用,必然伴随着货币资金的融通,进而使信托机构具有了金融中介的性质,产生融通资金的职能。信托的这一职能,表面上看与商业银行金融职能相似,但有本质的区别。商业银行的金融职能,反映的是以还本付息为条件的授信/受信与受信/授信的关系,体现了商业银行与客户的双边债权债务关系,商业银行融资一般只能采取吸存放贷的间接融资方式。信托的金融职能,反映的是以信托为基础的委托与受托的关系,体现了信托机构与委托人和受托人的多边经济关系,信托融资不仅可以采用间接融资方式,也可以采用直接融资方式。并且,商业银行融通的对象仅限于货币资金,而信托融通的对象,既可以是货币资金,也可以是其他形态的财产,如融资租赁。可见,信托的金融职能是其财产事务管理职能的深化,是实现其财产事务管理职能的一种结果形态。

(3) 代理和咨询职能。代理和咨询职能是指信托受托人利用其与交易主体各方建立的相互信任的关系,为有关当事人提供代理和咨询事务服务。由于信托可以建立多边经济关系,信托受托人作为委托人与受益人的中介,有助于使其成为横向经济联系的桥梁和纽带。信托受托人可以以代理人、担保人、咨询人、见证人、监督人、介绍人等身份为交易各方建立相互信任关系,帮助委托人了解与其交易有关的信息,如经济政策、交易对方的资信、交易对方的经营能力、项目的可行性、市场价格、利率、汇率趋势,为委托人的财产寻找投资场所等。信托受托人实现这一职能,不存在所有权的转移问题。通过办理代理和咨询业务,可以促进横向经济联系和沟通,帮助委托人开拓业务,促进社会和经济发展。

(4) 房地产投资职能。在财产事务管理职能基础上发展起来的房地产投资职能,是指受托人运用信托产品参与房地产投资活动。受托人根据委托人的意愿,运用信托财产进行房地产投资,并且实现资金融通和财产交易,使货币转化为资本,扩大了房地产资本和投资规模,也实现了信托的业务开拓。受托人尤其是 REITs 开办房地产投资业务,是许多国家 REITs 的普遍做法。

三、REITs 的优势

REITs 具有筹集资金的灵活性和广泛性,具备专家经营、组合投资、分散风险、流动性高和品种多等特点。REITs 不仅为房地产业的发展提供了一种重要的融资渠道,而且为投资者提供了具有稳定收入、风险较低的投资产品。

(1) 具有流通性和变现性。由于房地产的位置固定等特性,在房地产交易过程中需要借助于中介机构,不但费力,且转移手续繁杂,变现性差,从而使得房地产投资者存在极高的流动性风险。REITs 是以证券来表征房地产的价值,证券在发行后可以在次级市场上交易,投资者可以随时在集中市场上或店头市场上买卖证券,有助于资金的流通,一定程度上消除了实物房地产不易脱手的顾虑。

(2) 专业化经营。由于 REITs 经营权与所有权高度分离,凭借专业化的经营管理,使房地产营运绩效大幅度提高,直接影响 REITs 的证券价格,使投资者分享房地产专业经营的成果。

(3) 资本积累。REITs 是以受益凭证在资本市场募集资金,再以直接经营或间接融资方式投资于房地产市场,投资者高效地运作于资本市场和房地产市场,促使房地产经营者大规模地筹集房地产开发资金,加速资本积累。

(4) 分散投资风险。由于房地产投资需要庞大资金的投入,个人投资者无力进行多项房地产开发计划,造成投资风险的过度集中。REITs 以收益凭证募集大众资金,从事多样化的投资,不仅可以通过不同的房地产种类、区位、经营方式等投资组合来降低风险外,还可以在法律规定范围内从事政府债券、股票等有价证券投资以分散投资风险。

(5) 增强房地产市场的机能。由于 REITs 的投资组合、投资期间、受益来源与分配等事项,均受到相关法规的严格限制,而阻止房地产短线交易的投机行为,使资金投入促进房地产使用效率提高。此外,运用 REITs 对大型公共设施建设计划进行融资,既可以顺利推动项目建设,也可使投资大众分享公共建设投资成果,而 REITs 在集中市场或店头市场挂牌上市,以证券市场的竞争来督促公共部门效率的提升。

第三节 REITs 的产品特点及运作

一、公司型 REITs 与契约型 REITs

从 REITs 的组织形式特点角度,将 REITs 划分为公司型和契约型两种。

1. 公司型 REITs

公司型 REITs 依公司法成立,发行 REITs 股份,将集中起来的资金投资于房地产。公司型 REITs 与股份有限公司类似,公司资产由股东所有,股东选举董事会,董事会选聘 REITs 管理公司,REITs 管理公司负责管理 REITs 业务。公司型 REITs 的设立,在工商管理部门和证券交易委员会注册,并在股票发行和交易的所在地登记。

公司型 REITs 组织结构的当事人有 REITs 股东、REITs 公司、REITs 管理人(Fund Manager)或投资顾问(Investment Adviser)、REITs 保管人(Custodian)、房地产投资信托转换

代理人(Transfer Agency)、房地产投资信托承销商(Principal Underwriter)。REITs 股东指 REITs 股票的持有者。REITs 公司,按照股份公司组织形式建立,分为封闭式和开放式 REITs 公司两种。封闭式 REITs 是指公司发行的股份数量是固定的,以后不再追加资本,或称为固定股份 REITs 公司。开放式 REITs 是指公司发行一种普通股票,发行数量不固定,发行之后可以根据投资者需求随时增发 REITs 股份,或称为不固定股份 REITs 公司或追加型 REITs 公司。

对公司型 REITs 从事实际管理和经营资产的是一个独立的 REITs 管理公司,即 REITs 管理人。REITs 管理人所负职责和所得报酬由 REITs 公司和 REITs 管理公司签订的顾问协议(Advisory contract)规定下来。REITs 管理人的主要职责包括有价证券的研究分析、制定投资组合和从事日常的 REITs 管理。REITs 保管人一般是银行,它的主要职责是保管 REITs 资产及股息核算等,保管人同 REITs 公司签订保管契约并收取保管费。转换代理人通常也由银行或其他金融机构承担,由其负责 REITs 股票的转移以及股利分配等。REITs 承销商负责股票发售的具体工作,承销商是管理公司的代理机构,负责按净资产价值购买 REITs 的股份并按净值加佣金卖给证券交易商或其他人,再由他们负责卖给投资者。公司型 REITs 的运作,如图 7-2 所示。

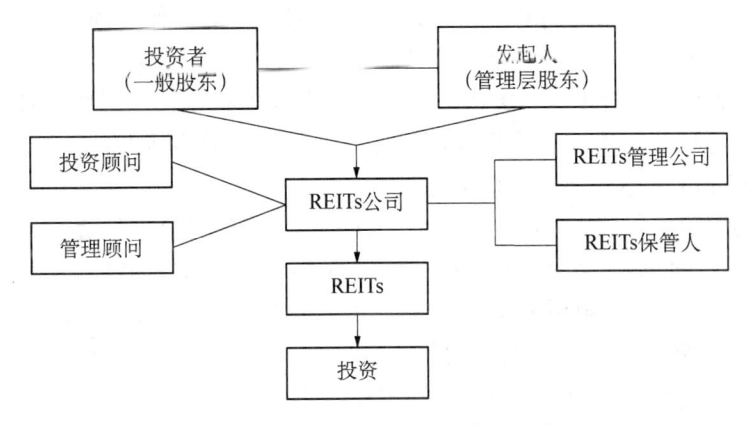

图 7-2 公司型 REITs 结构及运作

2. 契约型 REITs

契约型 REITs 是指依据信托契约,发行 REITs 受益凭证组建而成。一般而言,契约型 REITs 由 REITs 管理公司、保管公司及投资者三方当事人订立信托契约。REITs 管理公司是 REITs 的发起人,发行收益凭证筹集资金组成信托资产,并根据信托契约进行投资。REITs 保管公司通常由银行担任,根据信托契约负责保管信托财产,办理证券、现金管理以及有关的代理业务等。投资者购买和持有 REITs 受益凭证,并根据其购买份额分享投资收益。REITs 受益凭证是一种有价证券和 REITs 的财产证明。由 REITs 承销商代理发行契约型 REITs。

契约型 REITs 按设立方式可划分为现金型和垫付型两种。① 现金型 REITs。REITs 最初设立时,投资者用现金购买受益凭证,待全部发行完毕后,REITs 资本总额形成。然后,REITs 管理公司再将资产交由 REITs 保管公司保管,并进行房地产投资。② 垫付型 REITs。REITs 在最初发行时,先由 REITs 管理公司垫付 REITs 的资本总额用于购买各种有价证券,交由 REITs 保管公司保管,再发行受益凭证筹集资金归还发起人。契约型 REITs 的运作,如

图 7-3 所示。

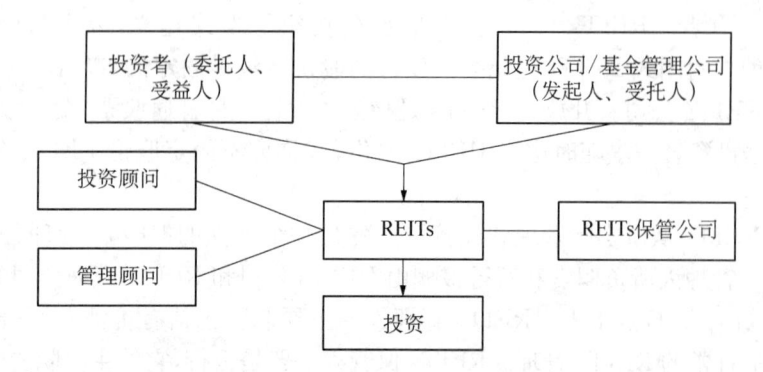

图 7-3 契约型 REITs 结构及运作

3. 公司型 REITs 和契约型 REITs 的比较

公司型 REITs 和契约型 REITs 在以下方面存在差异：

(1) 法律依据不同。公司型 REITs 根据公司法成立，REITs 公司具有法人资格。公司型 REITs 除了两个当事人，即 REITs 公司及其股东外，其他当事人之间的关系与契约型 REITs 一样。REITs 公司及其股东之间的权利与义务以及 REITs 的运作必须遵守公司法和公司章程的要求。REITs 公司如果本身不是管理公司，则 REITs 公司与 REITs 管理公司之间也需要通过委托管理契约来进行规范。契约型 REITs 根据国家的信托法组建，REITs 本身不具有法人资格。契约型 REITs 有三个当事人，即委托人、受托人（代理人）和受益人，他们之间的权利与义务以及 REITs 的运作遵守信托法的规定。

(2) 章程契约不同。公司型 REITs 经营信托财产凭借的是公司章程、委托管理契约和委托保管契约等文件。而契约型 REITs 则凭借信托契约来经营信托财产。

(3) 组织形态不同。公司型 REITs 比契约型 REITs 多一层 REITs 公司组织，而其他方面公司型 REITs 与契约型 REITs 有趋同化的倾向。

(4) 发行的凭证不同。公司型 REITs 的信托财产是通过发行普通股票筹集起来的，既是一种所有权凭证，又是一种信托关系。契约型 REITs 发行的凭证反映的仅仅是一种信托关系。

(5) 投资者的地位不同。公司型 REITs 的投资者即 REITs 公司股东，他们有权对公司的重大决策进行审议，发表自己的意见，并以股息形式获取投资收益。契约型 REITs 的投资者是信托契约的当事人，通过购买受益凭证获取投资收益，对 REITs 如何运用所做的重要投资决策通常不具有发言权。由此可见，公司型 REITs 的投资者比契约型 REITs 的投资者权利要大一些。

(6) 融资渠道不同。公司型 REITs 由于具有法人资格，因而可以向银行借款，有利于公司扩大资产规模，公司发展有雄厚的资本保证。契约型 REITs 由于不具备法人资格，一般不能通过向银行借款来扩大 REITs 规模。

(7) 运作方式不同。公司型 REITs 募集资金在发售证券方面有很多优势，可以迅速将股票销售完毕，投资者办理股票移交手续后即成为股东。公司型 REITs 同一般股份公司一样，在营运中除非根据《公司法》到了破产清算阶段，一般情况下 REITs 公司具有永久性，这有利于公司稳定经营。从宏观经济角度看，REITs 公司不随意成立和终止，这有利于一个国家证券市场的稳定和国民经济的发展。契约型 REITs,投资者向 REITs 管理公司购买受益凭证后,即可成为该 REITs 的受益人。契约型 REITs 依据信托契约建立和运作,随着契约期满 REITs 营运终止,不利于 REITs 的长期经营。

二、封闭式 REITs 与开放式 REITs

按照交易方式是否可赎回,将 REITs 分为封闭式 REITs 和开放式 REITs。

1. 封闭式 REITs

封闭式 REITs 是指 REITs 资本总额及发行份数在发行之前已经确定下来,在发行完毕后规定的期限内,REITs 的资本总额及发行份数保持固定不变,或称作固定式 REITs。封闭式 REITs 的股票或受益凭证不能被追加认购或赎回,投资者只能通过证券经纪商在证券市场进行 REITs 的买卖,故亦称为公开交易 REITs。REITs 收益以股利、利息和可实现的资本利得(或损失净值)等形式支付给投资者,可实现的资本利得是从出售高于买价的有价证券中取得的。封闭式 REITs 的价格以 REITs 净资产价值为基础,但更多地反映了证券市场供求关系。REITs 的价格高于 REITs 净资产价值(溢价)或低于 REITs 净资产价值(折价),是由市场参与者的心态和供求变动所致。

2. 开放式 REITs

开放式 REITs 是指 REITs 的资本总额或股份总数可以随时变动,即可根据市场供求状况发行新份额或赎回股份。开放式 REITs 的资本总额可以随时追加,故亦称为追加型 REITs。开放型 REITs 价格,根据 REITs 净资产价值加一定手续费来确定。REITs 管理机构将所得的股份(包括利息)和资本利得按比例用于再投资而不是用于分配,REITs 投资者的资产份额将相应增加。REITs 的证券价格上升可以增加投资者所持份额的价值。

开放式 REITs 又分为收费 REITs 和不收费 REITs。收费 REITs 要雇用证券商和其他经销商出售给投资者,所以 REITs 的发行价格由净资产价值加一定比例的销售费用构成。不收费 REITs 直接按净资产价值出售给投资者。不收费 REITs 虽然不收取销售费用,但也要收取小额赎回费用,这种收费有利于投资者长期持有 REITs 资产。当然,是否收费并不是判断 REITs 表现的标准。

3. 封闭式 REITs 和开放式 REITs 的比较

封闭式 REITs 和开放式 REITs 在以下方面存在差异:

(1) 发展史不同。在 REITs 初创阶段,人们总是希望 REITs 运作更具稳定性,加上缺乏良好的市场环境,因而最先创立了封闭式 REITs。在封闭式 REITs 运作了一段时间后,创立了开放式 REITs。当前,开放式 REITs 逐渐取得了主导地位。

(2) REITs 所持份额和资本规模不同。封闭式 REITs 的所持份额不能被赎回,因而资本总额是固定不变的;而开放式 REITs 所持份额是可赎回的,因而资本总额是可变的。

(3) 投资者不同。封闭式 REITs 主要由机构投资者投资,在集中交易场所转让和买入。开放式 REITs 一般适合中小投资者,一次买卖的数量不一定很大,买卖可以在柜台上以申购和赎回的方式进行。

(4) 买卖方式和买卖费用不同。在封闭式 REITs 刚发起设立时,投资者可以向 REITs 经理公司或经销机构按面值或规定价格购买;当发行完毕或 REITs 已经上市交易后,投资者通过经纪商在证券市场上按市价买卖。开放式 REITs 的投资者可以随时直接向 REITs 管理公司购买。因此,封闭式 REITs 的流动性低于开放式 REITs。买卖封闭式 REITs 需要缴纳一定比率的手续费及证券交易税,而且要通过证券商进行,买卖开放式 REITs 只支付手续费,买卖封闭式 REITs 的费用通常高于买卖开放式 REITs 的费用。

(5) 投资风险程度不同。市场景气度和供求关系的变化,将使封闭式 REITs 的交易价格发生变化,REITs 价格上涨,投资者的 REITs 资产价值增加;反之,当 REITs 价格下跌,投资者资产价值降低。因此,封闭式 REITs 的投资风险相对较大。而开放式 REITs 的交易价格决定于净资产价值,不会出现折价现象,投资者投资开放式 REITs 至少可以保持其净资产价值,这大大降低了投资风险。

(6) 市场开放程度不同。封闭式 REITs 主要投资于规模较小、开放程度较低的市场。而开放式 REITs 多投资于规模较大、开放程度较高的市场。

(7) 经营业绩不同。封闭式 REITs 在经营上较为稳定,其资产可全部用于投资,有利于取得长期投资回报。开放式 REITs 多限于选择流动性强的投资,加上 REITs 不能全部用于投资,这将影响到 REITs 的长期绩效。

(8) 管理难度不同。封闭式 REITs 管理难度较小,REITs 资产在 REITs 封闭期内可以从容运作。而开放式 REITs 的管理难度较大,由于资金进出频繁,不利于信托资本额的稳定,进而影响到信托经理投资决策的执行。同时,开放式 REITs 对 REITs 资产的投资组合要求高,要随时应付投资者的认购和赎回。

三、私募 REITs 与公募 REITs

根据 REITs 的募集和流通方式不同,将 REITs 划分为私募 REITs 和公募 REITs。

1. 私募 REITs

私募 REITs 是指以非公开方式向特定投资者募集资金,投资房地产的信托基金。REITs 发起人以电话、信函、面谈等方式,直接向一些机构投资者或富裕个人推销 REITs,募集资金。私募 REITs 对投资人的风险承受能力要求较高,监管相对宽松,但各国法律法规对私募 REITs 持有人的最高人数(如 100 人或 200 人)和投资人的资格做了严格规定。私募 REITs 具有以下几个特点:

(1) 非公开性。私募 REITs 通过私下方式征寻特定投资者并向有投资意向的投资者发售,若通过媒体披露信息等公开方式寻求投资者投资购买是违法违规的。

(2) 募集性。私募 REITs 单位虽私下发售,但发售过程是一个向特定投资者募集 REITs 资金的过程。由此,有三个重要规定:一是特定投资者的数量不能是 1 个、3 个、5 个等少数,而应是有限的多数(如数 10 个、100~200 个)。二是 REITs 单位同时并同价向这些特定投资者发售,在同次发售中不得发生不同价现象。三是 REITs 单位的发售过程同时是一个 REITs 资金的募集过程,存在一个"募集"行为。受这些规定制约,私下"一对一谈判"所形成的资金委托投资关系,不属于私募 REITs 范畴。

(3) 大额投资性。私募 REITs 受 REITs 运作所需资金数量和投资者人数有限的制约,通常对每个投资者的最低投资资金数额有较高的门槛。

(4) 封闭性。私募 REITs 规定了明确的封闭期。在封闭期内,REITs 持有人不得各自抽回资本金,除非 REITs 持有人大会决定解散 REITs。REITs 持有人可以通过私下转让 REITs 单位,来收回投资本金。

(5)非上市性。一般而言,私募REITs是非上市的,投资者通过REITs投资收益的分配获得回报,但不可能获得REITs单位上市的价差收益。

2. 公募REITs

公募REITs,是指以公开发行方式向社会公众投资者募集信托资金。公募REITs可通过各种媒体披露发行信息,投资者人数一般不受限制,每个投资者的最低投资数量没有限定。公募REITs具有以下几个特点:

(1)公开性。公募REITs是向社会公众募集信托资金,遵守"公开、公平、公正"的原则,各种相关信息不仅必须公开披露,而且要做到及时、准确、完整。

(2)可变现性。公募REITs的投资者人数众多,投资者有不同的资金流动性要求,若不能有效解决资本金的变现问题,将严重限制投资者的人数和募集资金的数量,使REITs的设立遇到困难。现实中,公募REITs的可变现性强。封闭式的公募REITs选择上市的途径来解决资本金的变现问题,开放式的公募REITs采用赎回方式来解决资本金的变现问题。

(3)高规范性。由于信息不对称,而公募REITs面向社会公众投资者募集资金,为了保障REITs持有人的权益,各国对于公募REITs发售、设立、运作、托管、变现、解散等制定了相当详细严格的法律法规予以规范。

3. 私募REITs和公募REITs的比较

私募REITs和公募REITs的区别,如表7-1所示。

表7-1 私募REITs和公募REITs的比较

	私募REITs	公募REITs
客户对象	仅接受集团投资者或富有的个人	不特定的账户投资者
投资要求	在资金投向和投资收益上有特殊要求	在资金投向和投资收益上无特殊要求
投资管理的参与程度	委托人对投资决策有较大的参与度	由基金管理人进行投资决策
法律规制	信息披露和投资限制等方面比较宽松	细致复杂的法律条款来约束
杠杆交易	可投资金融衍生工具或以管理资产作抵押从事借贷活动,发挥杠杆交易效应	很少或根本不可能使用杠杆交易

四、权益型REITs、抵押型REITs和混合型REITs

从REITs的赢利方式或投资领域的角度,将REITs划分为权益型REITs(Equity REITs)、抵押型REITs(Mortgage REITs)和混合型REITs(Hybrid REITs)。

1. 权益型REITs

权益型REITs通过获得房地产的产权以取得经营收入。权益型REITs的投资领域包括租赁住宅工程、大型写字楼、购物中心,特殊目的的楼宇等。权益型REITs的投资组合视其经营战略的差异有很大不同,但通常主要持有购物中心、公寓、办公楼、仓库等收益型房地产。投资的收益来源于租金收入和房地产的增值收益。

2. 抵押型REITs

抵押型REITs主要从事较长期限的房地产抵押贷款和购买抵押证券(MBS)。它主要以金融中介的角色将所募集资金用于发放各种抵押贷款,收入主要来源于发放抵押贷款所收取的手续费和抵押贷款利息,以及通过发放参与型抵押贷款所获抵押房地产的部分租金和增值收益。抵押型 REITs 因其投资对象不同分为多种,包括直接抵押贷款 REITs、参与型抵押贷款 REITs、抵押贷款担保债券。

3. 混合型 REITs

混合型 REITs 带有权益型 REITs 和抵押型 REITs 的双重特点。混合型 REITs 投资资产包括持有房地产和抵押贷款,收益比抵押型 REITs 稳定,但不及权益型 REITs 收益高。由于混合型 REITs 发放抵押贷款,所以它的收益将受利率变动的影响。

第四节　REITs 的风险分析

一、REITs 的风险类型

根据 REITs 风险产生的原因不同,可以将其分为系统性风险和非系统性风险,也可以分为市场风险(外在风险)和非市场风险(内在风险)。系统性风险主要是指影响房地产投资信托基金收益的某些共性因素所带来的风险;非系统性风险是指由特定的事件所产生的、仅会影响某种信托基金收益的风险。市场风险通常是指由于外部因素造成的风险,如政治、经济政策或制度等的改变导致市场波动产生的投资风险;非市场风险是指由基金管理公司内部的经营管理等引发的风险。

1. 系统性风险

(1) 市场风险。市场供求关系的变化会给投资者带来风险。供求关系的变化必然造成房地产价格的变化,具体表现为租金收入的变化和房地产价格的变化,这种变化会使 REITs 的预期收益发生偏离。更为严重的情况是,当市场内房地产的供给大于需求并达到一定程度时,房地产投资者将面临房地产商品的积压,由此进一步引发更大风险。

从宏观经济角度来看,根据经济周期的相关理论以及各国发展的实践经验,市场经济中各国的宏观经济走势一定会出现周期性的变动情况,这种波动性的特点形成了宏观经济风险的来源。作为房地产证券化产物的 REITs,其实体资产属于房地产,以金融市场为重要交易平台,容易受到宏观经济波动的影响。宏观经济上行时,绝大多数行业会迎来一个发展良机,REITs 所属收益性房地产的出租率和租金会随之上升,REITs 的收入和利润会得到提升。宏观经济下行时,REITs 所属的商业物业会出现出租率下降、空置率上升、租金下调等情况,REITs 也会相应地出现经营困难。

(2) 利率风险。REITs 是跨越房地产市场和金融市场的金融产品,它在两个市场的价值均取决于预期现金流的现值,对利率变化十分敏感,因而利率的变化对 REITs 的收益产生重要影响,这正是投资 REITs 的利率风险。美国投资专家拉尔夫 L. 布洛克在《REITs:房地产投资信托基金》一书中曾指出,房地产泡沫导致的租赁空间过多和利率的不断上涨,是所有房地产投资信托都必须面对的风险。[①] 从其他国家的经验来看,当利率上升时,投资者会提高利

---

① 拉尔夫 L. 布洛克,《REITs:房地产投资信托基金》,机械工业出版社,2014 年,第 243—251 页。

润率的预期,而 REITs 提供的收益率是相对稳定的,这就会降低 REITs 对于投资者的吸引力。而且,部分投资者还会投资于其他的金融资产,这样就会减少 REITs 的资本量,也会给 REITs 基金价值造成一定的负面影响。因此,REITs 会考虑运用利率的金融衍生品对市场风险进行对冲,以减少这方面的损失。当利率下降时,理性投资人会选择 REITs 作为投资工具,对 REITs 产生正面积极的影响。一方面会有一部分低风险需求资金投资于 REITs;另一方面,由于 REITs 持有资本量的增加,有利于进一步扩展投资计划从而降低 REITs 的融资成本。一般而言,利率水平低,REITs 的收益表现会更佳。所以,利率水平低是 REITs 成长的黄金时期。在利率上升期间,REITs 价格下降。利率下降期间,REITs 价格上涨。但是,利率下降对 REITs 价格的影响大于利率上升的影响。此外,REITs 的资产结构、财务杠杆、管理策略以及资产组合专门化程度差异,也影响 REITs 对利率风险的敏感度。权益型和抵押型 REITs 对利率变化敏感度略有不同,抵押型敏感度更高。REITs 回报对利率的敏感度取决于利率变化率。

(3) 股市波动风险。在各种类型金融机构的风险管理业务中,股市波动都具有极其重要的位置。对比其他类型的市场风险来讲,股市波动风险对于 REITs 的作用机制更加直接,也是影响 REITs 波动的根本原因之一。股市中所有股票的价格是连续变化的,而房地产市场中房地产价格的变化是非连续的,因而在股票市场挂牌交易的 REITs 的定价与资本市场中的房地产定价是不同的。这意味着股票市场中股票价格变动与 REITs 价格变动存在一定的差异。股市的行情对成长初期的 REITs 影响很大,股市上的政策和信息对股市中 REITs 的影响与股票相似。持有房地产的权益型 REITs,当期房价直接影响 REITs 的价值及收益,因而房地产市场景气度对 REITs 有重要影响。美国学者研究发现,非证券化房地产估值时所使用的折现率影响权益型 REITs 的回报,权益性 REITs 的可变现性同时受到房地产市场和股票市场的双重影响。股票市场和房地产市场的景气度及波动,股票价格定价模型与房地产价格定价模型的差异,以及股票市场中的信息披露均对在股市中交易的 REITs 投资者带来风险。如果投资者恰好在市场不景气时变现,无疑将因股票价格下跌而遭受损失。根据研究,REITs 价格下跌的幅度要远比其他股票小很多。

(4) 通货膨胀风险。与一般金融产品相比,尽管 REITs 具有很好的抵御通货膨胀的能力,但通货膨胀同样会对 REITs 产生负面影响。通货膨胀发生时,一方面,作为投资工具的 REITs 与其他的金融产品一样会受到通货膨胀的影响,投资者会将更多的通货转移到实物资源上去。另一方面,REITs 资产经营的相关收支平衡会受到很大的影响,由于收益性房地产的租约属于长期租约,签订的租金不会发生改变,而其他方面的支出可能随着货币政策的调整而发生改变,在收入不变的情况下,支出会出现改变,这将增加 REITs 的运营难度。

(5) 法律风险。法律风险是指由于法律法规不完善,以及执法部门执法不力等造成对 REITs 投资者损失的可能。REITs 作为一种房地产融资工具,其从建立到规范运作,都与相关的法律法规的修改和颁布息息相关。从 REITs 市场的发展过程来看,世界各国或地区,一直在不断修改和完善相关法律法规,以降低法律风险。

(6) 监管风险。REITs 跨越房地产市场和资本市场,运作过程复杂,专业性强,如果政府监管不力,产生信息不对称,将使利益相关者的利益受到损失。美国的 REITs 市场被公认为是最透明的市场,它对涉及 REITs 的监管规则以及会计和审计等方面建立了较为完善的框架,并不断进行调整和修改,以确保对 REITs 市场的监管,符合美国不同时期房地产市场、资本市场发展的实际情况,进而有效规避风险。

2. 非系统性风险

(1) 经营管理风险。经营管理风险是指在REITs经营管理过程中,由于房地产投资信托基金管理人经营管理不善,给REITs投资者造成损失的风险,主要是指对项目选择的失误或是由于管理基金造成管理难度加大造成损失的风险。在现代经济组织中,管理无可争议地成为一种很重要的生产要素,如果一个组织的管理有问题,那么生产效率必然不高。在特定的市场投资环境中,REITs经营质量的好坏在很大程度上由房地产投资信托基金管理者的综合素质决定,管理者的综合素质不但决定了商业地产项目的发展方向、多元化投资组合,还决定了商业地产REITs整体经营运作管理水平的高低。在REITs运营中,基金管理人会因为投资经验、管理能力、责任心、获取信息不完全或存在误差等多种原因导致错误的投资判断,制定不切实际的方案甚至违反法律法规,这些都会损害投资者的利益。房地产投资信托基金往往会选择具有专业化管理水平和拥有良好职业道德水准的REITs管理人来经营管理房地产投资信托基金资产,但是"专业化管理水平"和"良好职业道德水准",是REITs管理者的个人信息,在REITs项目运作之前,投资者无法辨别出管理者的实际操作管理能力。这种信息不对称的情况,使得房地产投资信托基金管理者会根据自身利益的需要进行操作管理,如果操作行为不当,会影响REITs的收益,给委托人造成损失。

REITs管理者存在的"道德风险",同样构成了经营管理风险。道德风险是在信息不对称条件下,不确定或不完全合同使得负有责任的经济行为主体不承担其行动的全部后果,在最大化自身效用的同时,做出不利于他人行动的现象。REITs管理者的偷懒行为以及过于注重任职期间的经营业绩可能对REITs的长期运营不利。

(2) 公司金融风险。公司金融风险可分为投资管理风险、流动性风险、财务及杠杆风险和资金募集风险。投资经营风险是指资产管理公司或管理者(也许是发起人内部管理)对投资项目选择不同及在后期经营中赢利实现能力的差异给项目收益带来的影响。在规范、信息透明的市场上,REITs投资项目选择的风险相对较小。但是,REITs的投资标的,通常选择已建成持有类物业,如商场、购物中心、高级公寓、写字楼或专业厂房等公建类项目,恰恰是房地产项目开发中技术水平最复杂的物业类型,建成后许多品质构成已被覆盖,只能通过相关文字性技术资料进行判断,增加了项目选择的难度。这种已建成物业的投资经营风险包括建设过程的品质风险和投资决策的评估风险。因此,拥有一支经验丰富、技术老道的专业技术鉴定人才团队,是降低投资经营风险的关键。流动性风险是指REITs由于资金流动的不确定性而可能遭受的经济损失,当REITs无法在正常情况下保值变现其所持有的物业时,可能产生流动性风险。财务及杠杆风险是指在REITs运营过程中,由于财务结构设计不合理,使用财务杠杆不恰当而产生的风险。REITs的资金募集来自一般社会大众或法人机构,由于投资者的投资意愿会受到市场景气、利率水平等因素的影响,因而资金募集工作存在一定的难度。若资金募集失败或宣告解散,资金募集者必须负担作业上的费用,投资者也将承担机会成本的损失,这是REITs的资金募集风险。

二、REITs风险管理

REITs投资者有一部分投资风险属于宏观类的,需要国家的制度、法规、政策的规范和完善,实行风险控制。在REITs投资和运作过程中,风险管理和风险控制亦十分重要。

1. REITs投资风险控制

从事前和事中两个动态方面建立REITs的投资风险控制体系,实行风险控制。

(1) 事前控制。

第一,加强市场尽职调查和分析。REITs管理者获取有关宏观投资环境和微观投资项目的信息越详尽,对这些市场调查信息处理分析越精确,对宏微观市场环境的判断就越准确,这使得REITs管理者将做出更加明智的投资决策,从而从源头上降低投资风险。市场尽职调查与分析包括:一是宏观市场调查分析。REITs管理者需要密切关注国家货币政策、财政政策、产业政策、税收政策等经济政策变化,加强对金融市场的监测,准确预判房地产市场的动态走势和供求变化,及时调整其投资策略,有效控制政策风险、市场风险、利率风险、环境风险等影响REITs投资的风险。二是微观项目的市场调查分析。REITs管理者不仅要准确把握宏观经济走向,还要在微观上对一些投资项目进行审慎的研究分析。对物业的物理状况、价值、市场需求竞争和潜在租户等方面展开分析,选择风险相对较低、收益相对较高的投资项目。

第二,多样化投资组合。REITs的大部分资金投资于房地产项目,REITs管理者通过多样化组合投资的方式进行投资可以有效地分散风险,通常采用地理位置多样化、物业类型级别多样化和策略多样化,从而获得稳定的投资收益。

第三,投资的预期收益变化范围概率分析。REITs投资收益的主要来源是物业的租金收入,REITs资产的投资、管理和运作要使实际投资收益达到预期收益的范围。REITs管理者一般会通过敏感性分析,了解预期资产收益的变化范围,再通过蒙特卡洛风险仿真分析法,了解不同的预期收益结果发生的概率,及时调整投资策略,降低投资风险,提高实际投资收益,达到预期收益的概率。

第四,风险回避。REITs管理者在进行投资之前,选择风险较小的投资项目,放弃风险较大的投资项目。这是一种相对保守和消极的风险防范策略,它在有效防止投资风险的同时,也可能放弃了获得更高利润的机会。

(2) 事中控制。

第一,战略收购扩张。积极寻求和收购符合REITs的投资战略及其资产要求的有增值潜力的优质物业,扩大REITs的总资产规模,提高REITs资产质量,以提高REITs收益,分散其投资风险,优化REITs投资者的风险溢价。

第二,建立风险监控及预警机制。对REITs运作和管理过程中可能出现的风险进行实时的动态监控,并建立REITs风险监控及预警机制,可以有效化解REITs管理者在投资和管理过程中的风险,保护REITs投资者的利益。首先,REITs管理公司要建立一套由不同层次和子系统构成的REITs风险预警指标体系及相应的临界值,根据REITs的特点,进行动态分析确定风险程度的划分范围。其次,运用定性和定量结合的方法对REITs所承受的各种市场风险来源进行信息采集,然后对可能发生的风险进行量化处理,预测并计算子系统指标的数值和风险值。再次,把风险预警指标数值与权重乘积求和计算得到的最终数值作为依据,与预先对风险资产设定的临界值进行比较,判断资产的风险状态后,风险预警人员将量化得到的风险预警报告传递给REITs管理者进行综合分析,并反馈给风险管理系统。如果测算得到的风险预警指标值超过所设立的临界值,则REITs管理者要迅速做出风险控制决策。REITs风险监控及预警机制运作流程如图7-4所示。

第三,利率对冲策略。REITs一般会进行一定的债务融资,保持一个合理的负债比例,满足扩张的需要和投资收益率更高的资产。REITs管理者谨慎地发挥债务杠杆作用,保持一份稳健的资产负债表,在资产规模扩大中,确保各种金融机构、资本市场等融资渠道的畅通,尽量降低债务资金成本,运用利率掉期合约等适当的对冲策略,来规避潜在的利率风险。

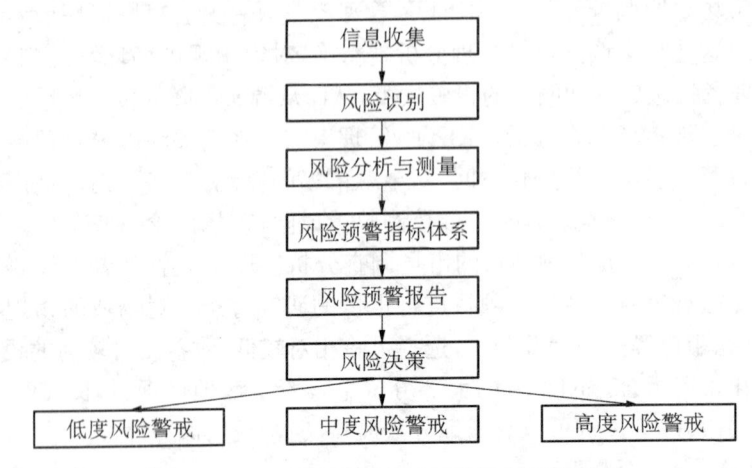

```
        信息收集
           ↓
        风险识别
           ↓
      风险分析与测量
           ↓
      风险预警指标体系
           ↓
       风险预警报告
           ↓
         风险决策
       ↙    ↓    ↘
 低度风险警戒 中度风险警戒 高度风险警戒
```

图7-4　REITs风险监控及预警机制运作流程

第四,风险转移。REITs管理者可以通过某种方式将风险损失转移到另一方承担。一种是通过合同、契约的形式将其投资项目的风险损失的财务负担转移给其他主体;一种是通过参加保险,以小数额的保费代价,将投资项目受到自然灾害、意外事故等风险损失转移给保险公司。

2. REITs运营管理风险控制

REITs管理公司处于整个REITs运作管理风险的中心。构成REITs收益的租金收入、出售物业的利润以及资本投资增值等,都与REITs基金管理公司有关,其管理能力、决策水平和物业形象和质量对REITs的风险和收益影响起到决定性作用。因此,要对REITs基金管理公司建立REITs运营管理风险控制体系。

(1)有效的资产管理策略。REITs管理者采取有效的资产管理措施来减少REITs的运作和管理成本,提高REITs的收益,从而降低REITs的运营风险。这些措施包括:一是改善物业资产质量。REITs管理者对物业资产进行翻新和改良,提高资产的质量,从而提高租金水平,增加资产的收益回报。REITs管理者还可以通过合理的空间布局,最大化利用出租面积,来提高资产收益。二是最小化成本支出。REITs管理者要在不降低服务水平的前提下,尽可能地压缩物业运营和管理成本,扩大资产的规模来摊薄固定成本,以此实现最小化成本。三是有效的租户管理。REITs管理者通过及时了解和跟踪现有租户的情况来进行有效的租户管理,积极开展市场营销推广物业,提升物业的知名度,吸引新的租赁机会,以及在现有租期终止前与租户协商争取续租等方式来提高出租率。对于零售物业,REITs管理者可考虑调整租户结构和布局以实现商场更符合市场的整体性和系统性要求。更换一些经营不佳的或影响商场整体商业定位的租户,吸引更适合商场市场定位的优质租户。四是维持合理的资金/物业比例。REITs管理者需要保持一定的流动资金,在房地产市场更具投资价值的时期,收购一些具有投资潜力和价值的房地产项目,既分散投资风险,又扩大资产的收益。

(2)加强管理人才队伍建设。REITs管理公司要建立起一套完整的REITs管理人才的培养机制,建立一支既精通基金信托业务和金融资本运作能力,又了解房地产市场、熟悉房地产投资管理的专门的人才管理队伍。重视律师、会计师、审计师、资产评估师、投资管理师等REITs的服务型人才队伍的建设。

(3) 改善治理结构和健全内控制度。改善REITs公司的法人治理结构,建立完善的内控制度,降低REITs运作管理过程中的风险。明确REITs公司的独立法人地位,保证其享有充分的自主经营权。建立科学的运行、决策机制和相应的绩效考核标准,明确各自的职责划分。建立起系统全面的内部风险控制框架,涵盖内部职能与一切业务活动所需执行的程序及规定,制定各项组织规则或公司章程以及各项业务操作手册。REITs公司制定风险控制的工作规范和业务规则,明确风险控制中管理人员和直接责任人员的责任。健全内部稽核审计制度,建立独立的监察稽核部,负责对公司的风险管理工作进行监督和审计,定期对每项资金的风险程度进行审核与测评,督促投资部门把每项资产运作控制在规定比例之内,确保各项措施的落实,以便查错防弊和堵塞漏洞。

(4) 不断改善REITs的运作模式。探索降低委托—代理风险的运作模式,REITs管理者可以与投资者按照一定比例分享所有权,使管理者与投资者的利益紧紧联系在一起,提高公司经营业绩。

3. 外部控制

从外部制度环境和监管,对REITs投资者、管理机构、托管机构、中介机构等REITs行为主体进行引导、规范和监督,尽可能降低REITs风险。

(1) 健全REITs的相关制度。

第一,建立REITs的信息披露制度。REITs是在交易所上市交易的证券,投资者了解REITs的主要途径是REITs的信息披露。REITs信息披露与普通上市公司的信息披露相似,包括定期和临时信息披露。定期披露包括年报、半年报和季报。临时性公告主要披露与经营有关的重大事件。REITs的信息披露除了满足普通上市公司信息披露要求外,还应该满足对REITs的特别披露要求,如投资展望、关联交易、估值报告等内容;做出收购、处置等房地产运作的决定;与资产托管公司、资产管理公司和资产重组房地产投资公司签定、修订或取消合同协议等(见表7-2)。通过及时、详尽的信息披露,对REITs管理公司的管理运作进行有效的监管,从而有效地控制REITs的风险,更好地保护投资者利益。

表7-2 REITs管理信息披露

披露项目	信息披露要求
REITs管理公司	REITs管理公司披露有关再次发行和销售投资单位、进行投资单位分割等决议
REITs管理的资产	超过一定比率的资产变动必须交易披露
财务报表	REITs管理公司披露财务报表,其中包括预测股利和所管理资产的价值;披露REITs所拥有的房地产的详细情况、租金收入等

第二,完善资产证券化市场。REITs公司以所持有的房地产作抵押进行债务融资,采用发行资产支持证券和可转换债券等外部融资方式,降低融资成本,支持REITs公司的房地产资产收购和更新,进而获得更好的投资收益。

第三,建立引入机构投资者的制度。在美国,房地产的资金来源中很大一部分是机构投资者的资金,像保险基金、养老基金等。这些机构投资者资金量大而且信息灵通,投资技术高,能够消除股票市场的异常价格变动,为REITs提供稳定的资金。在REITs市场上,培育机构投资者,降低REITs市场波动风险。

第四,引入独立中介机构。引入独立的审计机构、评估机构等中介机构,对开发商的资质条件和房地产项目的风险性、收益性进行评估,使投资者在REITs公司提供的信息来源之外获取其他客观的评判依据。这将使信息更加透明,减少投资风险,增强REITs投资者的投资信心。

第五,加强组织机构建设。根据REITs的运营需要,建立REITs管理委员会、监督机构以及运作机构等严密的组织机构。

(2) 制定REITs的法律、法规。

鉴于REITs的投资性质及运作方式较为独特,对REITs宜做专项立法,对REITs的发起模式、设立条件、运作模式、组织形式、资产结构、上市监管等方面做出明确规定,并确立科学合理的税收体制。

(3) 外部监管。

第一,宏观监管。一是根据法律,明确REITs各主要当事人的权利、义务及行为规范;二是通过行政监督的方式来督促这些当事人遵守国家法纪,以维持市场的正常秩序。宏观监管的主要监管机构为银保监会和证监会。银保监会的监管重点是REITs的治理结构和内控制度的健全以及对信托业务和人员的监管;证监会的监管重点是基金的设立、募集、交易及基金终止过程,还包括申请的受理、审批、监管、处罚等多方面的内容。

第二,行业自律。设立REITs行业协会作为辅助监管机构,监管REITs的日常操作,确保基金管理公司及其从业人员的职业道德,更好地为投资者服务,为REITs树立良好的声誉。REITs行业协会的职责是:监督行业公司遵守国家政策规定;监督REITs机构不得进行对投资者产生误导的宣传;收集和及时发布REITs行业统计信息,促进信息公开化;代表REITs行业对法律、法规和政策中与本行业有关的问题发表意见和观点;向政府提供政策咨询;向投资者提供咨询等。

第三,引入委托人和受益人监督机制。针对投资公司及资产管理公司存在的对客户不忠现象,加强委托人和受益人对受托人的监督。委托人、受益人或其授权人有权向投资公司及资产管理公司了解对其信托财产的管理运营、处分及收支情况,并要求投资公司及资产管理公司做出说明。投资公司及资产管理公司违反信托目的处分财产,或者管理运营、处分财产有重大过失的,委托人有权依照相关法律文件的规定解任该公司,或者申请人民法院解任该公司。

三、REITs终止清算机制

REITs的最大风险是公司破产清算。美国REITs的解散方式主要有三种,即不合格而终止、自动取消与破产。在REITS因前两种原因终止后进行的清算过程中,必须注意避免对REITs的通常收入征税与满足分配要求。当REITS出现问题时,重组是其唯一的选择,重组过程中必须既尊重REITs结构固有的限制,又保留破产过程中的原则和目标。而当重组失败后进行破产清算时,一旦REITs无法满足REITs的资格要求,则应先终止其REITs身份再行清算。

1. 破产之前的重组问题

REITs重组引起了一些争论,主要集中在立法适用的冲突和重组的选择上。有关REITs合格的立法和规则与《破产法》之间产生了冲突。《破产法》规定,除非所有债权人已得到全部的利息,或债权人投票接受更低的合同条款,否则禁止任何对股东的分配。而在重组问题上,什么是可以为所有REITs的利益相关者创造双赢的潜在重组选择呢?REITs如果希望通过出售资产而获取清偿能力,这种方式在房地产企业会产生特别的问题,因为贬值的税收基础与市场价值相比仍然是低的。即使资本利得不被包括在 90% 的股息要求中,这些利得也必须支付给股东,否则该 REITs 必须对该利得缴税。而且,在将 90% 的应税收入支付给股东之后,每年只有很少的现金流留下来分期偿还债务。REITs 中很少有税收损失的结转余额来覆盖其将来的收入。这些额外的限制使得债权人在提出重组计划时面临尴尬的局面,即资产很少进行出售,而且几乎没有本金分期偿还的规定。

2. 破产时债权人的选择问题

当 REITs 破产时,其债权人常常会面临左右为难的选择。一是忍受巨大的不能分期付款的风险,直到该 REITs 的商业租金提高;二是设法立即出售资产,常常以痛苦的价格出手,因为正是该 REITs 的基础商业困境导致了该 REITs 的破产,这种方式是不能承受风险的投资者的一种选择。

第五节 典型国家的 REITs 市场

一、美国 REITs

1. 美国 REITs 的设立条件

(1) 美国 REITs 最初设立条件。1960 年,美国国会通过的《国内税收法典》(Internal Revenue Code of 1960, I. R. C),将 REITs 定义为一个公司、信托或协会的实体,并且规定这个实体必须符合以下要求:

第一,结构要求。具体规定如下:① REITs 是一个由董事会或由受托人委员会管理的公司、信托基金或协会。② REITs 的所有权益是由可以转让的股票、产权证书或受益凭证来体现的。③ 国内注册的独立核算法人实体。④ 不能是任何形式的金融机构(如银行、互助储蓄银行、合作银行、国内建筑与信托协会,以及其他储蓄机构)或保险公司。⑤ 必须由 100 名以上股东(包括个人股东和法人股东)组成(百人原则)。⑥ 在每一纳税年度的最后半年内,5 名或 5 名以下的个人所持有的 REITs 股份不能超过全部股份的 50%("5~50 原则")。⑦ REITs 应在纳税年度的全年内满足第①~④项要求,在至少 335 天内满足第 5 项要求。但在 REITs 成立的第一年里,可以不满足第⑤、⑥项要求。

第二,资产要求。有以下三条规定:① REITs 资产价值的 75% 以上必须由房地产、现金和政府发行的有价证券构成。② 不符合上一要求的证券资产中,由同一发行人发行的有价证券不得占信托资产总值的 5% 以上。③ REITs 持有的第一条要求以外的有价证券中,由同一发行人发行的证券不得占该证券余额总值的 10% 以上。

第三,收入要求。有以下三条规定:① 该实体扣除非经常性投资收益后的总利润,95% 以上必须由股息、利息、租金或销售特定资产的收益构成。② 至少 75% 以上总收入必须来源于租金、抵押贷款债务的利息、销售特定资产的收益或向其他 REITs 投资所获得的收入。③ 持有期在 6 个月以内的股票或证券以及持有期在 4 年以内的房地产(非自愿变换或取消赎回权的除外)的销售收入,不得超过该实体总收入的 30%。

第四,分配要求。分配给股东的金额必须等于或超过 REITs 总收入的 95%。

(2) 美国 REITs 设立条件的修改。20 世纪 70 年代初期,由于贷款者之间的过度竞争,导致了美国房地产市场的供给过剩,从而引发 REITs 的快速衰退。而 REITs 必须满足的硬性条件,又使得其摆脱危机的难度加大。1976 年,美国国会意识到 REITs 所面临的困境以后,通过了《1976 年税制改革法》(Tax Reform Act of 1976)。该法对 REITs 的纳税条款进行了一系列有利于适应经济低迷时期的市场环境的重大调整。新法降低了由于无法满足严格的资产持有和经营条件的要求,而导致 REITs 无意中失去税收优惠地位的可能性;取消对非故意违反 75% 和 95% 总收入规则的房地产信托公司进行处罚的条款;对 REITs 的经营损失和资本利得(Capital Gain)的会计处理做了相应的修改,允许 8 年期的亏损结转;授予了为了转售的目的而持有物业的权利。原税法规定,除非 REITs 是投资者而不是经纪人,否则在出售物业时,其收入所得需缴纳 100% 的特许权税。新的税法则规定,如果 REITs 符合某些条件可以免交特许权税,这些条件包括出售物业的数量以及持有期超过 4 年以上才可以销售等。此外,新法还将派息比率从 90% 增加到 95%,这在一定程度上降低了 REITs 在处理损益时的灵活性。上述措施为房地产投资信托公司处置资产和保留纳税优惠资格创造了有利条件。

1986 年,美国国会通过的《1986 年税制改革法》使 REITs 的投资理念发生了重大变化。《1986 年税制改革法》规定,REITs 不仅暂不实行至少有 100 个股东的要求,而且在 REITs 开始运作后的第一个纳税年度暂不实行"5~50 原则";允许那些本来不符合房地产纳税优惠条件的物业,在 REITs 对其投资 1 年后,享受税收优惠待遇;修改了独立承包商规则(Independent-contractor Rule),允许 REITs 在不使用独立承包商的情况下,为租户提供某些常规服务,这使 REITs 本身获得了这笔在以往为了提供这些服务而必须支付给独立承包商的费用。另一个显著的转变,是 REITs 不仅被赋予了较大的物业经营控制权,而且可以通过内部而不是外部专家做出较大的投资决策。

1993 年,美国国会通过的《1993 年综合预算调整法》(Omnibus Budget Reconciliation Act of 1993),改变了养老基金投资于 REITs 时对 REITs 股东所有权方面的要求,又一次促进了美国 REITs 内涵的丰富。在该法颁布之前,一只养老基金对 REITs 进行投资时通常被当作一个投资者,而不是养老基金多个所有者的投资。由于 REITs 股权结构必须满足"5~50 原则",使得养老基金只能占较小的份额,对 REITs 的投资热情不高。《1993 年综合预算调整法》允许养老基金按基金所有者数目来计算投资的人数,使养老基金可占 REITs 的绝大部分份额,促进了养老基金对 REITs 的投资。

1997 年,美国颁布的《1997 年纳税者减免法》(Taxpayer Relief Act of 1997),亦称为《REIT 精简法》(REIT Simplification Act, REITsA),有 12 条直接影响 REITs 的条款。REITsA 取消了 1986 年法案中 REITs 对租户提供了非常规服务而使租金收入不享受纳税优惠的条款。此外,REITsA 还取消了股东在后期分配中所得到的可保留资本利得的纳税义务,废除了 REITs 持有作为长期投资资产的销售收入不能超过总收入 30% 的规定。

1999 年颁布的《REIT 现代化法》(REIT Modernization Act, RMA),在 2001 年生效,它比 REITsA 产生的影响更大。RMA 允许 REITs 获得税收补贴,可以为租户提供某些不必满足租金收入税收优惠条件的服务;该法允许拥有小型医院(Nursing Homes)(医疗保健型 REITs)的 REITs 雇用独立的承包商经营其物业;RMA 将 REITs 应纳税收益的分配比率从 95% 降到 90%。

2001 年 6 月 4 日,美国国内税务署颁布了一项收入条例(2001-29 号),重申了 REITs 主动开展贸易和商业活动作为房地产租赁业务的一部分。

2. 美国 REITs 的组织结构

美国 REITs 有三种结构,分别为传统型(Traditional)、UPREIT 和 DOWNREIT。

(1) 传统组织结构。1986 年以前,REITs 的资产管理和运作、REITs 房地产租赁服务、向承租人收取租金等活动一般外包给独立的合约方进行。在当时 REITs 的组织结构中,REITs 直接拥有资产,而不是通过经营性合伙企业间接拥有资产。

(2) UPREIT 组织结构(伞形合伙结构)。20 世纪 90 年代初期,由于美国房地产行业传统融资渠道受限,房地产商纷纷转向筹资成本相对较低的资本市场进行融资。在这种金融市场上,一种新的 REIT 组织结构于 1992 年出现了,即伞形合伙结构的 REIT(Umbrella Partnership REIT,UPREIT)。新设立的 UPREITs 能够迅速达到公开上市融资的规模,从而使 REITs 行业在 1993—1994 年出现了 REITs 首次发行股票热潮(以下简称"IPO 热潮")。UPREITs 的出现促使 REITs 的私人所有权结构向公众持有的所有权结构转变,即公开上市交易的 REITs 的增加。简言之,UPREIT 是一家拥有经营性合伙企业(Operating Partnership)的 REIT,通过该合伙企业间接持有和管理房地产。

首先,现有房地产合伙企业的数个合伙人共同设立一个经营性合伙企业,然后转让自有房地产,以获取代表有限合伙权益的凭证——"经营型合伙单位"(Operating Partnership Unit,简称 OP 单位),成为有限合伙人。其次,在设立经营性合伙企业的同时,公开募集成立一支 REIT。REIT 以融得资金向经营性合伙企业出资换取 OP 单位,成为普通合伙人(即无限责任合伙人)。有限合伙人持有 OP 单位一段时间(通常为 1 年)后,可以把 OP 单位转换成 REIT 股份或现金,从而获取流动性。因此,REIT 的资产组合中实际上包括较大比例的 OP 单位,即合伙权益。最后,REIT 融资所得资金交给经营性合伙企业之后,后者可以用该现金或 OP 单位进一步收购房地产资产,或者用于偿还债务等方面的支出。

UPREITs 有以下优点:延迟纳税优惠、易于 REITs 迅速达到上市融资的规模、弥补 REITs 内部资本的不足。UPREITs 成立以后,为了保持有限合伙人的纳税优惠,UPREITs 在制定公司的负债政策和物业处置决定时,必须统筹考虑有限合伙人的税收利益。

(3) DOWNREIT 组织结构。DOWNREIT 结构最早出现于 1994 年,主要是 1992 年以前设立的"老"REITs 为了获得 UPREITs 的优点,在 UPREITs 组织结构基础上进行的创新。这些"老"REITs 主要采用 REIT 的传统组织结构,已经经营多年,规模扩张和成长空间受到限制。它们通过改组成为 DOWNREIT 结构的 REITs,大规模吸收新的房地产所有者,并与这些房地产所有者组成多个经营性合伙企业,从而迅速扩大规模,谋求上市融资便利和获取规模效益。DOWNREIT 结构从 UPREIT 结构演变而来,结构较为相似,REITs 直接拥有和经营大部分房地产,经营性合伙企业拥有和管理其余房地产(一般是新收购或有限责任合伙人出资形成的房地产)。一般说来,房地产所有者以房地产向经营性合伙企业出资,换取 OP 单位,成为有限责任合伙人。在 DOWNREIT 结构中,REIT 可以成为多个 DOWNREIT 合伙企业的普通合伙人。DOWNREIT 除了具有与 UPREIT 一样的优势以外,由于其可以拥有多个合伙企业,因此具有更大的灵活性。但是,随着合伙企业的增多,DOWNREIT 进行相关决策时,需要比 UPREIT 花费更多的精力,统筹考虑有限合伙人的税收利益。

3. 美国 REITs 发展的经验

(1) 制定和完善专项法律法规,为 REITs 发展提供良好的制度环境。在 REITs 发展的不同时期,根据REITs市场的实际状况,修改相关法律法规,特别是及时出台新的税收改革法案,支持REITs发展。由于1973年至1975年间房地产投资信托基金的极度萧条,造成该行业的巨额负债,大量资产被迫投放到市场上进行低价处理。针对这种情况,1976年的税收改革法案做了重大调整:取消对非故意违反75%和90%总收入规则的房地产信托公司进行处罚的条款;允许8年期亏损结转;给予房地产投资信托公司持有待销物业的权利。上述法律措施为REITs公司处置资产和保留纳税优惠资格创造了有利条件。1993年通过的《综合预算调整法案》(以下简称《调整法案》)对REITs的发展产生了重大影响。在该《调整法案》之前,养老基金只能算作一个投资者对REITs进行投资。由于REITs对股权结构的要求使养老基金只能占较小的份额,这自然使养老基金对REITs投资的热情不高。而《调整法案》改变了这种情况,允许养老基金按其持有人来计算投资人数,养老基金可占有REITs的绝大部分份额,这为养老基金投资REITs铺平了道路。美国税法规定,对满足一定条件的REITs可免收公司所得税。如果投资者以自身所有的房地产入股RETIs,以换取"合伙经营份额",税法将不做税收处理,直到投资者将这种份额变现。这种递延税收的办法吸引了众多投资者的参与。

(2) 改革和创新REITs产品,使产品更加适应市场需求。首先,不断完善REITs的所有权形式。从最初成立时唯一的股权投资信托,到抵押投资信托和综合投资信托,之后又陆续推出参与型抵押房地产投资信托基金、专项贷款、联合物业投资等多种基金形式,以适应市场的不同需求。其次,REITs投资管理的专业化程度不断提高。专门从事投资某一类型物业,如住宅、写字楼、工业物业、商业中心等REITs的数量不断增加,提高了管理效率和盈利能力。再次,创新REITs管理组织结构,降低投资人和管理者间的代理成本。1986年以前,REITs的运营仅限于拥有房地产,委托独立的第三方运营和管理REITs所持有的资产。这种组织机构下REITs股东和管理资产的管理者间存在严重的利益不一致。创新REITs组织结构,采用自我管理的组织形式,REITs自己运营和拥有房地产,大大减少了代理成本。

(3) 机构投资者的广泛参与,促进了REITs的迅速发展。初始设立房地产投资信托基金的目的之一,是为小型投资者投资房地产提供方便,1981年机构投资者所持有的房地产投资基金的交易量,约占全部交易量的10%。到1991年,这个比例则上升到39%。实践表明,机构投资者的进入,提高了REITs公司管理决策的质量,提高了REITs的绩效,减少了反常的投资波动,提高了市场的透明度,促进了REITs的发展。

(4) 一系列保护投资者利益的措施,为REITs的长期发展提供了保障。为保护投资者的利益不受损害,美国对REITs做出一系列严格的规定。在收益分配方面,要求将每年绝大部分收入以现金股利的方式分配给股东;在股权结构方面,不允许超大股东的存在;在收入结构方面,要求REITs的收入主要来源于房地产的经营收益和4年以上的房地产处置收益,防止REITs频繁的短期操作。这些措施保证了REITs的规范运作,降低了大股东侵犯小股东利益的风险,从而鼓励更多投资者的参与。

二、澳大利亚 REITs

澳大利亚是世界上最早开创REITs的国家之一,经过50年的探索与实践,已成为REITs市场成熟的典型。

1. 发展历程

澳大利亚REITs采用的是英国普通法中的信托原则。在1956年,澳大利亚高等法院确认了单位信托基金(契约型基金)有权享有显著的税收优惠,即基金单位持有人有权享有物业资产产生的一种专有利息及收入,用现在的术语来说,这被称为"税收中性"。该判决促使了第一支REITs的雏形于1959年形成——胡克投资公司的"澳大利亚土地信托"——紧跟着数十家其他的单位信托基金以同样的资产和资源成立。

1971年,Lend Lease的创始人迪克·杜塞尔多普以"寻求共赢"的理念,说服了澳大利亚新南威尔士州政府和澳洲证交所,从而诞生了全球第一支商业地产信托General Property Trust(GPT)通用物业信托,即REITs(Real Estate Investment Trusts)。紧随其后的是1972年的Darling Property基金,由英国商业银行Darling&Co发起设立。这些上市的和非上市的房地产信托,满足了澳大利亚新富有的中产阶级对于高收益投资产品的旺盛需求,而"税收中性"则是它们一个重要的吸引力。

在创建初期的20年里,REITs并没有得到社会的认可和引起人们的重视。1987年澳大利亚股市崩溃以后,大量的资金从股市流入未上市地产投资信托中,使该市场逐步发展扩大。到了20世纪90年代初,未上市地产投资信托流动性方面的弱点显现,由于无法满足法律规定的60天变现要求,整个市场陷入瘫痪。为了从根本上解决流动性问题,澳大利亚政府允许REITs在二级市场上交易。这次变革使大多数REITs在澳大利亚证券交易所上市。1993年后,随着澳大利亚经济的复苏特别是新移民带来的房地产市场增长,导致了REITs的迅速扩张。1996年,很多寿险公司改变其原有直接投资地产项目的策略而转投REITs,使REITs市场进一步壮大。1997年亚洲金融危机对澳大利亚股市造成了一定冲击,许多损失惨重的机构投资者开始寻求较安全、能够尽可能分散风险的新的投资目标。REITs正好迎合了这些投资者的意愿,机构投资者将大量资金从传统的证券市场转投入REITs,REITs板块交投异常活跃。

为了进一步降低运营成本,一些规模较大的REITs开始不断扩大规模,或是收购较小的REITs,或是合并重组。这场从1998年开始的并购热潮,使得REITs数量减少,单支REITs的资产规模增大。1997年仅有6%的REITs拥有超过10亿澳元的资产,到2004年50%的REITs都超过这一数额。这股并购热潮并未停止,而且还逐步向海外扩张。这种大型REITs的形成以及集团REITs的产生,使REITs的性质从地产投资信托(Property Trust)逐渐转变成普通股票(Equity Stock);同时威胁着地产证券基金,因为集团化的REITs有着与地产证券基金一样的分散风险的作用,而且投资REITs不需要支付高额的基金管理费。

2. 资产范围

澳大利亚REITs对投资的物业种类和地域的选取具有较强的分散性,但在具体项目上又有较高的集中度。澳大利亚REITs所覆盖的领域已经从出租型物业发展到更多的资产类型,其中包括基础设施。迄今澳大利亚共有20余支上市基础设施基金,资产类型包括收费公路、飞机场、广播电视塔、码头、铁路设施等。

3. 监管政策

澳大利亚对REITs执行跨部门监管。澳大利亚政府的金融监管主要由三个部门负责,它们分别是澳大利亚储备银行(RBA)、审慎监管局(ARA)和证券及投资管理委员会(ASIC)。ASIC规定,从事REITs的机构要取得ASIC的资格许可,REITs的受托人还需同时取得ARA颁发的金融服务执照。REITs产品的发起设立,应由受托人向ASIC和ARA同时提出设立申请,获得批准后才可进行产品公开发行。如果设立的REITs产品需要上市交易,还将接受澳大利亚证券交易所的监管,交易所将对管理投资计划进行一系列的合规性审查。

4. 澳大利亚 REITs(A-REITs)的主要特点

(1) 合订结构。澳大利亚的 REITs 采用的是信托结构，其中占据市场主导地位的，是一种使用合订结构的 REITs。合订结构是将一个 REITs 的信托单位和 1 份基金管理公司的股份捆绑在一起，且一经合订，两者不能分开交易。投资者通过持有 1 股合订证券，同时持有 1 个 REITs 信托单位和 1 份基金管理公司股份。在这种结构下，基金管理公司主要负责房地产物业的开发和建设，而收租型物业则由 REITs 来持有。通过与业绩优良公司合订上市，A-REITs 的业绩将得以提高，增加对投资人的吸引力，同时通过合订扩大投资范围和投资领域，合理规避法律对主动开发和非依靠稳定现金流投资的限制。据澳大利亚证券交易所统计，截至 2009 年 6 月，使用合订结构的 A-REITs 共 23 支。特别是占 A-REITs 市场总额的 94.4% 的前 10 大 REITs 中，采用合订结构的 REITs 有 7 支，占市场份额高达 82%。

(2) 税收减免。根据澳大利亚信托法的规定，REITs 必须满足以下条件：首先，75% 的资产是房地产资产；其次，全部的税后收益分配给投资者。信托法对 REITs 的管理结构和资产负债率并没有限定。税收方面的优势是 REITs 一个显著特征。澳大利亚政府为了鼓励本国 REITs 的发展，其税法规定，如果单个基金产品的投资者超过 300 人，并且该产品项下的资金投资于具有现金流的成熟物业时，该基金可以免除交易印花税。REITs 所分派的股息不在 REITs 层面征税，投资者所收到的股息只会在个人的层面被征税，避免了 REITs 所得收益被双重征税。而且，澳大利亚实行的是累进税制(Marginal Tax System)，投资者所缴的税金和投资者的整体收入相关。此外，二级市场上 REITs 股份的交易免征印花税；REITs 基金管理费不需缴纳商品及服务税(GST)；投资者的资本收益征税减半。

三、日本 REITs

1. 发展历程

20 世纪 90 年代，日本在资产泡沫破灭后经历了漫长的经济衰退。由于房地产市场长期低迷，日本选择 REITs 作为商业地产新开发项目的资金来源，推动资金流入房地产市场。2000 年 11 月日本修改了本国的《信托投资公司法》，允许信托投资资金投资于商业不动产领域，并明确了成立 REITs 的相关必要条件，成为亚洲首个推出 REITs 产品的国家。在 2008 年金融危机时，REITs 的发展受到了一定的影响。截至 2016 年年底，在日本上市的 REITs 产品已有 56 支，总市值规模超过 11 万亿日元，成为除美国、澳大利亚以外的全球第三大 REITs 市场。

2. 日本 REITs 的设立条件

日本 REITs 按《投资信托和投资公司法》注册，所发凭证必须符合以下投资条件之一：① 所发凭证以公募形式，且在成立时发行金额不低于 1 亿日元。② 在财政年度结束时，所发凭证的持有人不低于 50 个。③ 上市 REITs 的净资产不低于 10 亿日元，总资产不低于 50 亿日元，信托单位不低于 4 000 份，信托单位持有人不少于 1 000 人。④ 至少 50 个个人或合格机构投资者持有信托单位。⑤ 成立时必须证明 50% 以上的凭证向日本境内的投资者销售。⑥ 对于上市 REITs 最大的 10 位持有人不得拥有 75% 以上的股份(与税收条款无关)。

日本 REITs 的资产要求：① 至少 75% 的资产是由房地产、现金或现金等同物、政府发行的证券组成。② 所持有的下属子公司的应征税资产不超过总资产的 20%。③ 所持有的任何一家公司的证券(政府和下属公司除外)的价值不得超过总资产的 5%。④ 所持有任何一家公司的证券(政府和下属公司除外)的价值或投票权不得超过该公司总价值或总投票权的10%。

日本REITs的收入要求:① 对上市REITs至少75%的投资是房地产。② 至少50%以上资产是收入产生型(Income Producing)且1年内不可能被出售(与税收条款无关)。③ 不可以拥有另一家公司50%以上的股份。④ 贷款必须来自合格的金融机构。

日本REITs的分配要求:① 每年不低于90%的利润作为红利分配给股东。② 对剩余、未分配的利润收公司税。

3. 主要特点

日本REITs(以下简称"J-REITs")的发展借鉴了美国REITs的形式,在组织结构方面可以成立信托和投资公司。由于信托形式的REITs管理成本较高,公司形式的REITs更具有长期发展规划和投资价值,J-REITs多以公司形式成立。在税收制度方面,J-REITs借鉴了美国的方式,虽然应税收入需要缴纳37%的公司所得税,但是收入可以扣除股利分红后再算为应税收入,对分红的收益实行了免税政策。J-REITs发起人的第一步工作是成立资产管理公司,获得土地基建运输旅游管理局(Ministry of Land, Infrastructure, Transport and Tourism, MLIT)的建筑房屋用地和交易代理许可和自主交易代理许可。获得许可后,第二步是向金融服务代理部门(Financial Services Agency, FSA)将资产管理公司注册成投资管理人。注册的要求包括最低5 000万日元的实缴资本或净资产以及公司员工具备相关工作经验。注册成功后,资产管理公司作为发起人发起J-REIT,并且注册成一家新的公司。J-REIT接受FSA、证监会以及当地金融管理部门的监管并按照要求定期报告。

J-REITs不同于美国:第一,日本法律规定,REITs的发起必须采用外部管理模式。第二,日本没有类似美国UPREITs的法律条款,企业将资产转移至合伙企业或者REITs组织时产生的交易税是不能避免的。

四、新加坡REITs

1. 发展历程

1985年,新加坡经济严重衰退,为了探寻使房地产市场走出低迷的办法,政府及一些私营机构的代表共同成立了新加坡房地产咨询委员会。1986年,该委员会首次提出将REITs引入新加坡市场,作为房地产市场重振策略的一部分。13年后的1999年5月,新加坡金融管理局发布了第一版的《新加坡房地产基金指引》,为REITs的发展奠定了基础。S-REITs持有、管理房地产及相关资产的收入,扣除支付给受托人、信托管理人、房地产管理人的费用后,全部作为股利形式支付给投资者。税务机关在2001年制定了税收透明规则,REITs遵守分红比例(90%)要求,在REITs层面免征所得税,在投资者层面征收,避免了重复征税问题。2002年7月,新加坡的第一支REIT——凯德商用新加坡信托(Capita Land Mall Trust)——在新加坡交易所主板成功上市。

2002—2007年间,随着大量新兴的房地产投资信托基金上市,新加坡REITs市场进入快速扩张阶段。随着次贷危机爆发,新REITs的上市进程放缓,2008年间仅有一支REITs成功上市,而2009年上市数目为零。2010年,第二波REITs上市潮来临,并于2013年达到峰值。截至2017年3月,新加坡交易所存续39支REITs,存续规模849.2亿新加坡元。

新加坡是亚洲继日本之后第二个推出REITs的国家,是亚洲第二大REITs市场。新加坡的REITs持有的基础物业除了位于新加坡本国之外,位于马来西亚、中国、印尼的资产占有较高比例,体现了新加坡作为亚洲地区 REITs 募资中心的地位。

2. 新加坡 REITs 的设立条件

新加坡法律规定 S-REITs 采取公司法人或者信托两种形式设立。《财产基金要则》对新加坡 REITs 的投资活动做出了具体规定。

(1) 资产结构要求。① REITs 所融资金至少 35% 必须是投资于房地产,可以采取两种投资方式:一是直接拥有新加坡境内、外房地产;二是持有非公开上市房地产投资公司的股份。S-REITs 必须在发行截止日后的 24 个月内达成上述要求。② REITs 总资产的 70%(包括上述 30%)必须投资于房地产或者与房地产相关的资产。③ REITs 资产的 30% 可投资于政府公债及上市公司债、非房地产公司的公司债或股份、现金或其他现金等价物。④ REITs 必须根据自身类型与数量、投资目标和市场情况,合理地在房地产类型、地点和国家或房地产投资数量方面进行分散化投资。公开上市发行说明书必须披露 REITs 是否以及如何合理地进行分散化投资。如果 REITs 拟投资于单个房地产项目或者房地产投资高度集中时,REITs 必须披露这一事实和因投资集中所导致的风险。⑤ REITs 对单一房地产开发商的投资不得超过其资产的 10%。REITs 在单一发行人发行的证券或者单一经理人管理的基金方面的投资,不得超过其总资产的 5%。

(2) 经营范围限制。① REITs 不能从事或参与房地产开发活动,不论是以独资或合资方式,还是以投资于非上市房地产开发商的形式进行。房地产的整修、翻新或更新不属于房地产开发活动。② REITs 除了投资于获准开发的空地上即将开发的房地产外,不能投资于空地。投资于新加坡境内未开发完成的非住宅房地产,或者是新加坡境外未开发完成的房地产,均不得超过总资产的 20%。

(3) 融资活动限制。封闭型 REITs 无法通过增发股票来进行权益融资,开放型 REITs 可以通过增发股票融资。REITs 总借款额不得超过总资产的 35%。在对冲 REITs 投资组合风险的情况下,REITs 可以使用金融衍生工具。

3. 新加坡 REITs(S-REITs)的主要特点

新加坡的 REITs 大多由地产投资集团/开发公司(如 Capita Land,凯德置地)发起设立,一个地产投资集团或大型资产管理公司可以针对不同的物业类型(零售、办公、住宅、医院物业等)设立多支 REITs。

(1) 组织形式。S-REITs 可以以公司法人或者信托的形式成立并上市。若 REITs 以公司形式设立,则该基金必须在新加坡证券交易所(SGX)公开募集资金,除非主办者可以说服相关管理机构,未上市股票可以在现有市场进行交易。公司型 S-REITs 的董事会中必须包括两名以上独立董事,具有稳健的财务状况,实缴资本达 100 万新加坡元。S-REITs 的年度报告必须包括以下信息:所有房地产交易、房地产详细资料(如地点、购入价格、最新评估价格、租金收入、出租率及剩余租期)。另外还包括借款细节、经营性支出(包括支付给管理公司、顾问公司和关联方的费用和手续费)和税收支出等,并对 S-REITs 的经营绩效做出评估。

若以信托形式设立,则必须指定一个经政府金融部门许可的受托者,此受托者必须独立于基金经理人之外,同时符合金融体制健全要求。此形式下,S-REITs 可以公开或私下募集资金;如以私募方式,投资者必须被允许至少一年可以赎回信托单位一次;如以公募方式,主办者可以要求免除投资者赎回单位的要求。

(2) 税收政策。新加坡没有明确规定 S-REITs 具有免征企业所得税的税收优惠,允许

S-REITs向税务部门申请免税资格。在信托层面免征企业所得税的情况下,投资者必须为投资收益纳税。S-REITs为了获得REITs的税收优惠,则必须将每年营业所得不少于90%,按照季度、半年或者年的频率以分红的形式分给投资者,但是资本利得部分不做要求。只要被认定为可获得税收优惠的S-REITs,来自房地产及房地产相关资产的现金收入部分可以完全免税。但是资本利得收入则分不同情况决定是否要纳税。新加坡本身对于资本利得是免税的,但是如果公司以买卖物业为主业,则必须要缴纳17%的税收。在新加坡交易不动产还需要缴纳印花税,上市交易的S-REITs或者将在6个月内上市的S-REITs可以减免印花税。

五、中国香港REITs

1. 发展历程

香港REITs市场起步晚于日本和新加坡市场。2003年7月30日香港证券和期货事务监察委员会(香港证监会)颁布了《房地产投资信托基金守则》,对REITs的设立条件、组织结构、从业人员资格、投资范围、利润分配等方面做出了明确的规定。之后,该守则经过多次修改再版。根据守则的规定,经过香港证监会核准的REITs可在香港联交所挂牌。香港政府通过专项立法对REITs的上市条件和监管要求做了明确的规定,相对于美国REITs市场而言,香港市场的立法和监管更为缜密和严格。2005年11月25日,香港首支房地产投资信托基金——领汇房地产投资信托基金正式在香港联交所挂牌交易,并以220亿港元的融资规模,成为全世界IPO市值最大的REITs。2005年12月16日,长江实业作为基金发起人成立的泓富产业信托,在香港联交所上市。内地首支在香港上市的REIT是由广州越秀集团发起成立的越秀房产信托基金,2005年12月21日挂牌交易。截至2017年年底,香港有10支上市REITs,总市值排名亚洲第三,约为400亿美元,占全亚洲市场的17.38%。

2. 香港REITs的设立条件

根据《房地产投资信托基金守则》,房地产投资信托基金是以信托方式组成而主要投资于房地产项目的集体投资计划。有关基金旨在向持有人提供来自房地产的租金收入的回报。房地产投资信托基金通过出售基金单位获得的资金,会根据组成文件加以运用,以在其投资组合内维持、管理及购入房地产。

(1)投资限制。① REITs资产总值至少75%必须是投资于产生定期租金收入的房地产项目。② 可以购入空置及没有产生收入或正在进行大规模发展、重建或修缮的建筑物的未完成单位,不得超过资产总值的10%。③ 可投资于在联交所或其他国际认可证券交易所上市的证券、非上市债券、政府证券及其他公共证券、本地或海外地产基金。规定所持有的由任何单一公司集团发行的相关投资的价值不超过REITs资产总值的5%,流通性充足,价格透明,并符合上述第一条规定。

(2)持有期规定。REITs的房地产项目的持有期最少2年。

(3)融资活动限制。借款总额不得超过资产总值的45%,可以将资产抵押作为借入款项的抵押品。

(4)股息政策。REITs每年须将不少于其经审计年度除税后净收入90%的金额分派予单位持有人作为股息。

※ 本章小结 ※

房地产投资信托基金，Real Estate Investment Trusts，英文简称为 REITs，最早起源于 1960 年的美国。经过 60 年创新变革，REITs 凭借其独特的优势在全球 30 多个国家和地区得到发展。它是以能够产生稳定现金流的不动产为基础资产，通过收益凭证的公开发行，将投资者的资金汇集起来交付专业的管理机构进行投资经营，并把基础资产产生的租金收入和增值收益作为主要收益来源的金融工具，将大部分的投资综合收益以股息分红的方式分配给投资者。

REITs 的功能包括财产事务管理、资金融通、代理和咨询、社会投资和社会公益服务等职能。REITs 具有筹集资金的灵活性和广泛性，具备专家经营、组合投资、分散风险、流动性高和品种多等特点。REITs 不仅为房地产业的发展提供了一种重要的融资渠道，而且为投资者提供了具有稳定收入、风险较低的投资产品。从 REITs 的组织形式特点角度，将 REITs 划分为公司型和契约型两种。按照交易方式是否可赎回，将 REITs 分为封闭式 REITs 和开放式 REITs。根据 REITs 的募集和流通方式不同，将 REITs 划分为私募 REITs 和公募 REITs。从 REITs 的赢利方式或投资领域的角度，将 REITs 划分为权益型 REITs、抵押型 REITs 和混合型 REITs。

根据 REITs 风险产生的原因不同，可以将其分为系统风险和非系统风险，也可以分为市场风险（外在风险）和非市场风险（内在风险）。在 REITs 投资和运作过程中，风险管理和风险控制亦十分重要。美国、澳大利亚、日本、新加坡和中国香港等国家和地区的 REITs 市场的发展各有特色。

※ 本章思考题 ※

1. 什么是房地产投资信托基金？
2. 房地产投资信托基金的职能有哪些？
3. 举例说明房地产投资信托基金的产品特点及运作。
4. 如何实行 REITs 的风险管理和控制？
5. 房地产投资信托基金（REITs）运作的国际经验有哪些？

课后习题七

第八章　住房贷款和住房抵押贷款二级市场

内容提要

1. 住房贷款的概念、产品种类及风险。
2. 商业性住房抵押贷款的概念、特征、产品种类和风险防范。
3. 住房抵押贷款二级市场的概念、功能和运行。
4. 住房抵押贷款证券化的概念、特点、金融工具和运作。
5. 住房公积金制度、住房公积金贷款产品及我国的住房公积金。
6. 中国住房抵押贷款与商业银行风险分析。

住房是一个国家或地区房地产的重要组成部分,住房投资占房地产投资的比重多在 60% 以上,因而住房金融在房地产金融活动中处于十分重要的地位。按住房贷款的资金来源区分,包含商业性住房抵押贷款、住房储蓄贷款、住房公积金贷款和商业性与公积金组合贷款等产品。住房抵押贷款及其证券化产品,是房地产金融市场的重要金融工具,对于完善金融体系、增强居民购房能力、促进房地产金融功能的实现具有重要作用。住房抵押贷款二级市场的运行,将降低住房抵押贷款一级市场的风险,提高住房抵押贷款的流动性,增强房地产金融市场的功能。

第一节　住房贷款的概念、产品种类及风险

一、住房贷款的概念

住房贷款是指贷款人向借款人发放用于购买各类住房的贷款。贷款人发放贷款时,借款人必须提供担保,担保方式可采取抵押、质押或保证,也可以将以上两种或三种担保方式合并使用。当借款人不能按期偿还贷款本息时,贷款人有权依法处理其抵押物(质物)或由保证人承担连带责任偿还贷款本息。一般而言,住房贷款是指个人住房贷款。

二、住房贷款的产品种类

个人住房贷款主要包含住房抵押贷款、住房储蓄贷款、住房公积金贷款和各种组合贷款等。

1. 住房抵押贷款

住房抵押贷款,也称"住房按揭贷款",是商业银行运用自身的本外币存款,自主发放的住房抵押贷款。住房抵押贷款主要包括一手个人住房贷款、个人再交易住房贷款(即二手房贷款)和个人自建住房贷款等。

一手个人住房贷款是指贷款人(银行)向借款人发放的用于购买房地产开发企业依法建造、销(预)售住房的贷款。

个人再交易住房贷款是指贷款人(银行)向借款人发放的用于购买售房人已取得房屋所有权证、具有完全处置权利、能在二级市场上合法交易的住房贷款,俗称"二手房贷款"。

个人自建住房贷款是指贷款人(银行)向借款发放的用于自建自用住房贷款。

2. 住房储蓄贷款

住房储蓄贷款是指购房者为获得银行贷款以预先向银行储蓄为前提的一种贷款品种。2004年成立的中德住房储蓄银行(简称"中德银行")具有"先存后贷,利率固定,专款专用,封闭运作"的特点,最长贷款期限不超过16年,住房储蓄贷款最高贷款额等于合同额减去存款本金的差额且不高于合同额与最低存款额的差额。特别需要指出的是:预先贷款金额不得高于合同金额,预先贷款的住房储蓄贷款额为住房储蓄合同中的存款、利息和政府补贴(如有)偿还预先贷款后的贷款余额部分。截至2018年年底,中德银行累计发放个人住房贷款(包括按揭及住房储蓄)384.23亿元,存款余额106.29亿元,其中,住房储蓄存款余额89.74亿元,贷款余额206.83亿元,其中,住房储蓄类贷款余额56.54亿元。

3. 住房公积金贷款

住房公积金贷款是指政府部门所属的住房资金管理中心运用公积金,委托银行向购买自住住房(包括建造、大修)的住房公积金缴存人和离退休职工发放的优惠贷款。纯公积金贷款是指职工仅申请公积金贷款。

4. 组合贷款

住房贷款市场,通常采用组合贷款产品,向购房者发放贷款。一般情况下,住房公积金贷款,会与住房抵押贷款、住房储蓄贷款等贷款产品形成不同利率、不同期限的贷款组合。

三、住房贷款的风险

个人住房贷款风险主要是指借款人不能按时偿还贷款本息,由此给银行带来的损失。商业银行的个人住房贷款主要面临以下风险。

1. 借款人风险

个人住房贷款的风险最终来源于借款人不能按期还款。由于我国尚未建立起一套完整的个人资信评估体系,也没有从事居民个人资信状况调查评估的机构,银行很难对借款人做出客观、公正的评价。借款人在借款期限内,可能发生多种情况导致还款困难,不能按期还款。

2. 开发商经营风险

一些房地产开发企业由于经营管理失误,造成其已销售期房不能按时交业主使用,致使购房人与开发商发生争执或要求解除购房合约,而且往往很难在短时间内得到解决。一旦出现这种情况,使用个人住房贷款产品的客户往往会暂停偿还银行贷款,从而将客户与开发商之间的矛盾转嫁到银行身上。另外,开发商开发手续不完备,在尚未取得商品房预售许可证的情况下,销售房产,回笼资金,造成所签购房合同无效,从而波及借款合同的履行。

3. 管理风险

管理风险是指由于银行管理出现漏洞而产生的风险,如决策风险、内部操作环节的风险、银行客户资源共享机制缺失等风险。

4. 流动性风险

银行负债期限较短,一般仅为几个月,而个人住房贷款的期限大部分在 10 年以上。当前,中长期的个人住房贷款占消费贷款相当大的比例。对银行的资金流动影响大,有可能给银行的资金流动性带来威胁。商业银行个人住房贷款是国内银行的优质资产,增势迅猛,因而其风险较大。

5. 法律风险

法律法规的不健全给住房贷款业务带来的风险。

四、住房贷款申请要求

一般而言,商业银行对于个人申请住房贷款均要求贷款对象应是具有完全民事行为能力的自然人。下文以中国建设银行对申请贷款要求所需提供的材料为例,讨论住房贷款申请条件:

(1) 申请人的身份证明材料。这些证明材料包括居民身份证、户口本、军官证、警官证、文职干部证、护照、台湾同胞来往大陆通行证、港澳地区居民来往内地通行证、居留证件或其他有效身份证件。

(2) 还款能力证明材料。一般包括工资收入证明材料、投资经营收入证明材料或其他收入证明材料。

(3) 购房证明材料。合法有效的购(建造、大修)房合同、协议或其他批准文件。

(4) 首付款证明材料。这些材料包括购房首付款发票、银行转账凭据,或售房人相应存款账户进账明细或专用账户存入资金的证明等。

(5) 贷款申请书。填写完整并签名的"中国建设银行个人住房借款申请及贷款调查申报审批表"。

(6) 贷款担保材料。贷款采取抵押或质押担保方式,提供抵押或质押权利清单、权属证明文件,有处分权人出具的同意抵押或质押的证明,贷款行认可的抵押物评估报告。贷款采取保证担保方式,提供保证人出具同意提供担保的书面承诺和保证人保证能力证明材料,自然人保证人应提供资产及收入证明,法人保证人应提供营业执照、近三年财务报表、资质等级证明和资信等级证明、与建行签订的合作协议等。

(7) 其他建行要求提供的材料。

第二节 住房抵押贷款

一、住房抵押贷款的概念和特征

1. 住房抵押贷款的概念

抵押指的是借款人承诺以某项财产作为偿还债务的保证。不动产由于位置固定而成为天然的抵押品。作为发放抵押贷款的抵押品包括土地、住房、工业厂房和商业不动产等。住房抵押贷款(Mortgage)是指借款人或者第三人以其所有的住房作为抵押而发放的一种贷款,抵押贷款合同限定借款人应当按时以预先约定的方式来偿还贷款,当借款人违约时,贷款人(银行)拥有剥夺借款人收回抵押财产的权利,采取变卖抵押资产的方式来减少损失。[①]

住房抵押贷款是一种"无转移抵押",在这种情况下,借款人仍然是合法的拥有者,保留对财产的所有权和支配权,而贷款人取得财产的"空头产权"(Bare Title),或者称为"衡平法上的产权"(Equitable Title)。"衡平法上的产权"不赋予贷款人任何权利,除非借款者违反还贷约定,届时贷款人将通过没收抵押品的方式来获取财产的所有权。换言之,按无转移抵押性质,贷款人仅享有抵押财产的抵押权,一旦贷款被偿清,这种权利也就随之消失。

2. 住房抵押贷款的特征

住房抵押贷款具有以下几个特征:

(1) 面向个人而不是企业或项目。

(2) 与住房有关的贷款,包括购买、修葺、装修住房等用途的贷款。

(3) 发放贷款的前提是以住房作为抵押物进行抵押,这不同于其他信贷关系。例如,信用贷款是依据借款人的信誉状况发放的贷款;保证贷款是以第三人承诺在借款人不能偿还贷款时,按约定承担一般保证或连带责任保证为前提而发放的贷款;质押贷款则是以借款人或第三人的动产或权利作为质物发放的贷款。

(4) 贷款数额大,期限较长,多采用分期付款的还款方式。贷款期限一般为10~30年。

(5) 住房抵押贷款业务成本高,效益好。住房抵押贷款一般需要经历借款人资信调查、房地产抵押物估价、抵押物保险、抵押权的设立到注销,有时还需要执行抵押权(当债务不能履行时)。在这一过程中,需要与土地管理部门、产权登记机关、保险机构、评估机构等部门进行合作,需要土地估价师、资信评估人员、律师、会计师、经纪人等专业人员协作和配合。可见,住房抵押贷款业务专业性强,操作流程复杂,业务办理成本高。然而,由于住房抵押贷款业务链条长,使得业务派生性强,可带动一些银行中间业务的增长,为金融部门带来可观的手续费收入。而且,住房抵押贷款的资产质量比较好。所以,银行确定合理的住房抵押贷款规模和期限结构,对于提高资产质量、改善资产结构、增加收益等效果显著。

(6) 风险防范措施齐全。住房抵押贷款机构以住房作为财产抵押,防范住房抵押贷款风险,借助住房抵押贷款二级市场的运行来防范流动性风险。

二、住房抵押贷款产品种类

从不同的角度,可以考察住房抵押贷款产品的差异。从贷款偿还方式和贷款利率是否变化的角度来看,住房抵押贷款包括固定利率抵押贷款和可调利率抵押贷款等多种产品。

1. 固定利率抵押贷款

固定利率抵押贷款(Fix Rate Mortgage,FRM)是历史最悠久的住房金融工具,迄今为止仍然是世界各国最普遍采用的住房抵押贷款产品。固定利率抵押贷款是指预先确定利率和分期付款方式,在确定的期限内保持利率不随物价或其他因素的变化而调整的抵押贷款产品。从贷款本金和利息归还方式来看,固定利率抵押贷款产品包括等额本金偿还抵押贷款、等额本

---

① Bhattacharya A. K, Fabozzi F. J., "Asset-backed securities", New York: Frank J. Fabozzi Associates,1996.

息偿还抵押贷款和分级付款抵押贷款等。

（1）等额本金偿还抵押贷款（Constant Amortization Mortgage，CAM）。等额本金偿还抵押贷款是最早出现的长期抵押贷款，借款人在贷款期内均匀地偿还本金，而每期的利息按剩余本金余额和约定的利率支付。这种住房抵押贷款，以月为单位偿还本金和利息。

$$每月还款额＝每月清偿的本金数额＋每月支付的利息$$
$$每月清偿的本金数额＝贷款总额÷（贷款年限×12）$$
$$每月支付的利息＝当月贷款余额×（年利率÷12）$$

由于每月以同样的数额减少贷款本金，使当月贷款余额也以同样的幅度减少，因而每月应支付的利息也逐月降低。

$$每月还款额的递减幅度＝每月清偿的本金数额×（年利率÷12）$$

【例8-1】 假设住房抵押贷款金额为100 000元，贷款年利率为6%（月利率＝6%÷12＝0.5%），贷款期限为10年（还款月数＝120），选择等额本金偿还抵押贷款产品。

每月清偿的本金数额＝100 000÷120＝833.33（元）

第1个月支付的利息＝100 000×0.5%＝500（元）

第2个月支付的利息＝（100 000－833.33）×0.5%＝495.83（元）

第1个月还款额＝833.33＋500＝1333.33（元）

第2个月还款额＝833.33＋495.83＝1329.16（元）

同理，计算以后每月还款额，如表8-1所示。等额本金偿还抵押贷款每月清偿的本金数额是相等的，每月支付的利息因剩余本金的减少而递减，因而每月还款额也相应减少。

表8-1 等额本金偿还抵押贷款月偿还本息 单位：元

期次/月	偿还利息	偿还本息	剩余本金
1	500	1 333.33	99 166.67
2	495.83	1 329.16	98 333.33
3	491.67	1 325	97 500
4	487.5	1 320.83	96 666.67
5	483.33	1 316.66	95 833.33
6	479.17	1 312.5	95 000
7	475	1 308.33	94 166.67
8	470.83	1 304.16	93 333.33
9	466.67	1 300	92 500
10	462.5	1 295.83	91 666.67
…	…	…	…
20	420.83	1 254.16	83 333.33
…	…	…	…
40	337.5	1 170.83	66 666.67
…	…	…	…

续 表

期次/月	偿还利息	偿还本息	剩余本金
60	254.17	1 087.5	50 000
…	…	…	…
80	170.83	1 004.16	33 333.33
…	…	…	…
100	87.5	920.83	16 666.67
…	…	…	…
120	4.17	837.5	0

等额本金偿还抵押贷款,随着本金的清偿,归还的利息以一定幅度递减,已还本金不再支付利息,降低了借款者的成本。但这种产品与借款者还款期内的还款能力不匹配,初期的还款额高而居民收入水平较低、还款能力弱,随着时间推移通常居民收入水平和抵押房地产价值将稳步提高,居民还款能力提高而还款额低。

(2) 等额本息偿还抵押贷款(Constant Payment Mortgage,CPM)。等额本息偿还抵押贷款是国际上最为普遍的住房抵押贷款产品。等额本息偿还抵押贷款是在整个贷款期内以固定利率按月等额偿还贷款本息。

如果将每月还款额作为等额年金看待,根据期末年金现值原理,所有年金的现值之和即贷款本金。每月还款额计算公式如式(8.1)所示。

$$A = P \times \frac{i \times (1+i)^n}{(1+i)^n - 1} \tag{8.1}$$

式中,A——每月还款额;

P——贷款总额;

n——贷款年限×12;

i——年利率。

贷款余额的计算公式如(8.2)所示。

$$a = A \times \frac{(1+i)^{n-n_1} - 1}{(1+i)^{n-n_1} \times i} \tag{8.2}$$

式中,a——贷款余额;

A——每月还款额;

n_1——已归还期数;

i——年利率。

每月还款额中的本金数额,可由该月相邻两期贷款余额之差来计算,也可以由每月还款额与该月利息之差求得。设P_N为第N期月还款额中的本金,计算公式如式(8.3)所示。

$$\begin{aligned}P_N &= 第(N-1)期贷款余额 - 第 N 期贷款余额 \\ &= 每月还款额 - 第 N 期还款额的利息\end{aligned} \tag{8.3}$$

【例8-2】 假设住房抵押贷款金额为100 000元,贷款年利率为6%(月利率=6%÷12

=0.5%),贷款期限为10年(还款月数=120),选择等额本息偿还抵押贷款。

根据式(8.1)计算每月还款额。

$$每月还款额 = 100\,000 \times \frac{0.5\% \times (1+0.5\%)^{120}}{(1+0.5\%)^{120}-1} = 1\,110.21(元)$$

若分期付款已清偿5年,根据式(8.2)计算贷款余额。

$$贷款余额 = 1\,110.21 \times \frac{(1+0.5\%)^{120-60}-1}{(1+0.5\%)^{120-60} \times 0.5\%} = 57\,426.23(元)$$

根据式(8.3)计算贷款期内每月偿还本金、利息,如表8-2所示。

表8-2 等额本息偿还抵押贷款本息偿还　　　　　　　　　　单位:元

期次/月	偿还利息	偿还本金	剩余本金
1	500	610.21	99 389.79
2	496.95	613.26	98 776.54
3	493.88	616.33	98 160.22
4	490.8	619.41	97 540.81
5	487.7	622.51	96 918.31
6	484.59	625.62	96 292.7
7	481.46	628.75	95 663.96
8	478.32	631.89	95 032.07
9	475.16	635.05	94 397.03
10	471.99	638.22	93 758.81
…			
20	439.35	670.86	87 198.44
…			
40	368.98	741.23	73 054.05
…			
60	291.22	818.99	57 425.98
…			
80	205.32	904.89	40 158.59
…			
100	110.4	999.81	21 079.93
…			
120	5.52	1 104.69	0

(3) 分级付款抵押贷款(Graduated Payment Mortgage,GPM)。分级付款抵押贷款是指适当降低期初月还款额,前若干年每年的月还款额按照预先设置的比率逐年提高,后若干年再转化为等额本息还款。

1976年,美国储蓄贷款机构专门为年轻的购房群体设计了分级付款抵押贷款,还款额的变化与年轻人收入变化趋势相同,降低了借款人前期付款的压力,拓展了贷款机构的抵押贷款业务。美国联邦住宅管理局(FHA)提供了五种不同的分级方式,分级期限分为5年和10年两类。在 5 年分级的情况下，抵押贷款在还款初期前 5 年，每年月还款额按 2.5‰、5‰ 或 7.5‰ 递增；在 10 年分级的情况下，每年月还款额递增 2‰ 或 3‰。

采用现值法或终值法分别计算分级付款抵押贷款每月还款额。现值法的基本原理是每月还款额的现值之和等于贷款本金。下面采用现值法，以 5 年期分级付款抵押贷款为例，来计算分级付款抵押贷款的每月还款额。

$$P = A \times \sum_{i=12}^{12} \frac{1}{\left(1+\frac{i}{12}\right)^t} + A \times (1+g)^1 \times \sum_{i=1}^{12} \frac{1}{\left(1+\frac{i}{12}\right)^t} \times \frac{1}{\left(1+\frac{i}{12}\right)^{12}} +$$

$$A \times (1+g)^2 \times \sum_{i=1}^{12} \frac{1}{\left(1+\frac{i}{12}\right)^t} \times \frac{1}{\left(1+\frac{i}{12}\right)^{24}} + A \times (1+g)^3 \times \sum_{i=1}^{12} \frac{1}{\left(1+\frac{i}{12}\right)^t} \times$$

$$\frac{1}{\left(1+\frac{i}{12}\right)^{36}} + A \times (1+g)^4 \times \sum_{i=1}^{12} \frac{1}{\left(1+\frac{i}{12}\right)^t} \times \frac{1}{\left(1+\frac{i}{12}\right)^{48}} + A \times$$

$$(1+g)^5 \times \sum_{i=1}^{12} \frac{1}{\left(1+\frac{i}{12}\right)^t} \times \frac{1}{\left(1+\frac{i}{12}\right)^{60}} \tag{8.4}$$

式中，P——贷款金额；

A——第 1 年的每月还款额；

t——还款次数；

g——每年分级还款额的递增比率。

式中，只有 A 一个未知数，可通过计算器或查表求得。当求出第 1 年每月还款额 A 之后，以后年份根据预先设置的百分比递增，从第 6 年开始，每月还款额恒定不变，数值等于 $A \times (1+g)^5$。

【例 8-3】假设贷款金额为 100 000 元，贷款期限为 30 年（还款月数＝360），在最初 5 年，每年分级还款额的递增比率为 7.5‰。

在不同利率条件下每月还款额的计算结果见表 8-3。

表 8-3 分级付款抵押贷款在不同利率条件下的还款情况　　　　　　　单位：元

年	10%	11%	12%	13%	14%
1	667.0	728.3	791.4	856.2	922.5
2	717.1	782.9	850.7	920.4	991.7
3	770.8	841.6	914.5	989.4	1 066.1
4	828.7	904.7	983.1	1 063.6	1 146.0
5	890.8	972.6	1 056.9	1 143.4	1232.0
6～30	957.6	1 045.5	1 136.1	1 229.2	1 324.4
等额本息	877.6	952.3	1 028.6	1 106.2	1 184.9

与等额本金偿还抵押贷款和等额本息偿还抵押贷款相比，分级付款抵押贷款月还款额在

贷款分级期结束前小于等额本金偿还抵押贷款和等额本息偿还抵押贷款,而在分级期结束后月还款额大于等额本金偿还抵押贷款和等额本息偿还抵押贷款,如图8-1所示。

(4) 除了上述三种普遍使用的固定利率抵押贷款产品,还有气球式抵押贷款、逆向年金抵押贷款和双周付款抵押贷款等固定利率抵押贷款产品。

气球式抵押贷款(Balloon Loan),又称飘浮式抵押贷款,指在贷款前期每月按固定数额还款,最后一次还款额比以前历次都大的贷款产品,最后一次的还款称为气球式还款(Balloon Payment)。早期的抵押贷款都是气球式的,通常抵押贷款每月只付利息不偿还本金,本金在贷款到期时一次性清偿。而现代气球式抵押贷款,每月还款额中既有当月利息,也清偿部分贷款本金,贷款到期之日一次性清偿所有贷款余额,这种贷款产品也称为部分分期付款抵押贷款(Partially Mortised Loan)。部分分期付款抵押贷款每月的还款额根据借贷双方认可的名义贷款年限,按等额本息方法计算每月还款额,实际贷款年限根据借贷双方谈判结果而定,当实际贷款年限到期时,借款人一次性偿还所有贷款余额。

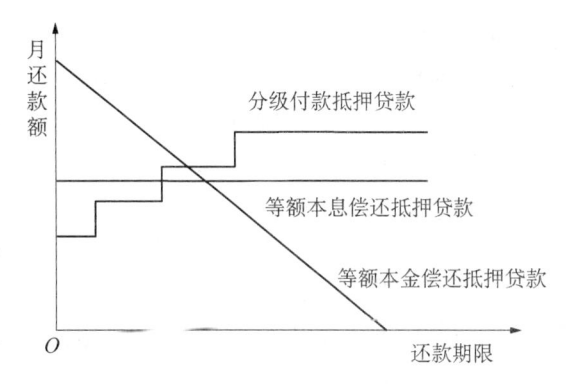

逆向年金抵押贷款(Reverse Annuity Mortgages),是指住房持有者将住房抵押给金融机构,由金融机构每月向住房持有者支付一定的款项。实际上,这是为老年人以房养老,将住宅资产转化为现金以支付生活开支而设计的产品。这类抵押贷款期限可长达30年。如果在此期间老人去世,金融机构可出售住宅来提前清偿贷款。如果贷款期满老人依然健在,则通过其他途径清偿贷款。逆向年金抵押贷款可以在没有改变住房所有权的前提下,解决老人有房没钱养老的问题,贷款人的贷款风险很低,贷款收益具有很强的可预测性。

双周付款抵押贷款(Biweekly Payment Mortgage),是指将传统的每月付款一次变为每两周付款一次的固定利率抵押贷款产品。表面上看,这种双周付款抵押贷款产品设计的改进似乎没有什么实际意义,但由于货币时间价值的存在,实际效果却相当明显。对于借款者来说,这种产品缩短了还款的实际时间和减少所需要归还的贷款本息额。对于金融机构来说,由于还款期限的缩短,降低了风险,加快了资金的周转。

固定利率抵押贷款对提高居民住房购买力和拓宽金融机构业务范围起到重要作用。但是,由于住房抵押贷款利率长期固定不变,而现实中通货膨胀水平差异及利率波动将导致贷款资金成本的变化,从而给借贷双方带来较大风险。

2. 价格水平调整抵押贷款和可调利率抵押贷款

为了防范和化解通货膨胀及利率变化带来的风险,金融机构创新设计了价格水平调整抵押贷款和可调利率抵押贷款。

(1) 价格水平调整抵押贷款。价格水平调整抵押贷款(Price Level Adjusted Mortgage,PLAM)是指贷款机构为减少通货膨胀因素对贷款收益的影响,根据物价指数调整抵押贷款余额。价格水平调整抵押贷款通常由借款人按照事先约定的利率确定先期月还款额,约定在一定时间后(如1年),根据物价指数(通常为消费者价格指数,CPI)对贷款余额进行调整,并依据新的贷款余额计算每月还款额。例如,一宗 100 000 元的抵押贷款,期限为 30 年,不考虑通货膨胀的贷款利率为 4%,根据等额本息偿还抵押贷款计算出第 1 年每月还款额为 477.42 元,第 1 年年底贷款余额为 98 239.93 元。如果第 2 年年初公布的 CPI 为 6%,那么根据这一指数把贷款余额调整为 104 134.33 元(=98 239.93×1.06),再根据调整后的贷款余额,用剩余 29 年计算第 2 年的每月还款额。以此类推。

(2) 可调利率抵押贷款。可调利率抵押贷款(Adjustable Rate Mortgage,ARM)是指根据市场利率指数调整贷款利率的抵押贷款。可调利率抵押贷款的初始利率比固定利率抵押贷款低,通常以某种形式采用与市场(指数)相联系的利率,具有限制利率或还款额变化幅度的规定。

一项典型的可调利率抵押贷款,对利率调整频率、指数、附加利率、利率上限、还款额上限、负摊销上限、初始折扣和可转换性等做出规定,构成可调利率抵押贷款协议的主要内容。

一是利率调整频率。利率调整频率明确贷款人以怎样的频率调整贷款合同利率。使贷款人化解利率风险的方法是根据市场利率变化即时进行贷款利率调整,调整的间隔越长,贷款人承担的利率风险越大。但利率调整不宜过于频繁,因而贷款人通常设定一些替代性的调整周期,利率调整周期一般为 6 个月、1 年、3 年或 5 年。

二是指数。指数是指为 ARM 利率调整提供基础的市场利率。一般来说,指数通常是已经建立的指数,贷款人无法操纵,变动性不宜过大,并且必须得到借款人认可。它可以是国债利率,或者是衡量贷款人资金成本的数据。如果指数是国债收益率,则选择利率期限和 ARM 利率调整周期相对应的国债利率。此外,ARM 的合同利率等于指数的价值再加上附加利率。当指数上升时,ARM 的利率上升;反之亦然。

三是附加利率。附加利率是指为得到贷款的合同利率,在指数基础上增加的基点数目。如果指数值是 5%,附加利率是 150 基点,则直到下次调整之前贷款的利率是 6.5%。如果以资金成本数据作为指数,则附加利率代表贷款人可以用于负担管理费用和资本收益等非利息成本的额度。

四是利率上限。利率上限包括调整利率上限和贷款期利率上限。前者确定了合同利率在每一调整时点如何变化,后者则确定了在整个贷款期内贷款利率不能超过的水平。调整利率上限通常是 1 或 2 个百分点。调整利率上限越小,贷款人所承担的利率风险越大。若一笔 1 年期的 ARM 调整上限是 2%,表明在调整时贷款利率不能升高或降低超过 2% 的额度。调整利率上限意味着如果指数上升的幅度超过了上限,贷款人将无法获得指数加附加利率的市场收益率。因此,任意给定期间的合同要么是指数加附加利率,要么是前段时间的合同利率加调整利率上限。而贷款期利率上限通常用在初始利率基础上的百分点表示。如果一项 ARM 的初始利率为 7%,贷款期利率上限为 5%,则在整个贷款期中的最高合同利率为 12%。

五是还款额上限。还款额上限限制了调整日借款人还款额的增长,表明在每个调整周期内还款额的增长不能超过这个幅度。其实,还款额上限无论是对借款人还是贷款人都不具有很强的吸引力。还款额上限限制的是还款额而不是利率,可能会出现负摊销(抵押贷款余额提高)。

六是负摊销上限。负摊销是指还款额小于整笔贷款的利息而引起贷款余额的增长。由于负摊销会带来违约风险,贷款人会限制具有还款额上限的 ARM 的负摊销金额,有利率上限但没有还款额上限的 ARM 通常不会出现负摊销。如果负摊销上限定为原始贷款额的 125%,

那么它表示在负摊销的情况下一笔 100 000 元贷款的余额不允许超过 125 000 元。

七是初始折扣。为吸引借款人，贷款人有时会提供初始折扣，即一笔贷款的初始合同利率小于当时的指数加上附加利率。比如指数是 5%，而附加利率是 150 基点，则贷款的合成利率为 6.5%，贷款人可能会提供 5.2% 利率（仅适于期初）的贷款。初始折扣有时也被称为诱发利率。

八是可转换性。可转换性是指约定在一段时间内，ARM 可以转换成固定利率抵押贷款。转换时需要支付少量的转换费，而且通常以稍高于市场的利率转换。

三、住房抵押贷款的风险

住房抵押贷款的风险包括政治和政策风险、信用风险、抵押物风险、现金流风险以及银行管理风险。

(1) 政治风险和政策风险。政治风险是指由于重大政治事件对房地产金融市场产生影响，进而给住房抵押贷款带来的风险。政策风险是指政府通过行政或立法等方式干预房地产金融领域的行为而产生的风险。

(2) 信用风险。信用风险是指借款人信用状况的不确定性造成贷款损失的可能性。信用风险包括借款人偿债能力不足风险及担保人偿付能力风险两类。借款人偿债能力不足风险主要来源于两个阶段：一是借款人申请贷款阶段，银行需要对借款申请人进行信用调查，充分获取有关申请人的信用资料。在国外，贷款银行主要通过商业信用机构来完成信用调查工作，而中国个人资信制度不完善，对个人的资信状况缺乏合理、完整的判定标准，银行只能以借款人所在单位开具的收入证明等材料作为信用评定的依据，其真实性、时效性难以确定，对个人收入的核实成本较高。二是在借款人偿还贷款阶段，由于住房抵押贷款年限最长可达 30 年，在这样长的时间跨度内难以对借款人经济状况进行持久的监控，如果利率升高，借款人每月的还本付息负担加重，一旦借款人失业或正常收入减少便有可能违约。担保人偿付能力风险源于房地产开发商。开发商作为借款人从银行获取贷款履行担保的第三方，如果借款人不能在贷款年限内按时清偿相关债务，按照约定理应由担保人在借款人未取得两证（房屋所有权证、国有土地使用证）之前或贷款终结之前履行其连带责任。但由于房地产业是高风险行业，开发商的经营状况、支付能力很难准确把握，因而也极易产生风险。

(3) 抵押物风险。抵押物风险包括房地产价格风险和房地产法律风险。房地产价格风险是指在抵押贷款期间，由于房价下跌，或因某种自然灾害造成住房的损坏或贬值，使得抵押物的现有市场价值低于借款人未偿还贷款余额的风险。房地产法律风险是指房地产产权和房地产交易过程中因法律纠纷带来的信贷风险。如果借款方所抵押的房地产产权不明确、有争议，或者产权虽清楚，但借款方陷入民事或刑事纠纷，住房产权可能被第三方及政府扣压的情况下，银行提供的抵押贷款有可能面临全部损失的风险。

(4) 现金流风险。现金流风险包括利率风险、提前还贷风险、流动性风险及通货膨胀风险。利率风险是指金融机构的财务状况在市场利率波动时所面对的风险。若发放住房抵押贷款时约定的利率水平低于未来市场利率水平，将给贷款银行带来损失，形成利率风险。提前还贷风险是指借款人不按照合同约定的期限和额度而提前偿还全部或部分贷款的行为导致银行收益减少的可能性。流动性风险是指贷款银行持有的抵押债权不易变现而可能遭受的损失。通货膨胀风险是指因通货膨胀导致货币购买力下降而使贷款人遭受损失的风险。

（5）银行管理风险。银行管理风险来自两个方面：一是由于银行对借款人资信状况评估或相关资料审核不严，导致虚假抵押、多头抵押、遗漏共有人抵押以及旧契抵押等欺诈行为的产生以及相关法律手续、文本的缺漏而造成的风险。二是由于银行对房地产评估、担保公司和抵押贷款证券发行商等中介机构选择不当而造成的第三方风险。如评估机构对住房估价偏高，给借款人造成违约的隐患，或是担保公司规模过小，收取的保费不足以维持正常运转从而无法履行最大诚信原则等。

第三节　住房抵押贷款二级市场

一、住房抵押贷款一级市场和二级市场的概念及关系

住房抵押贷款市场包括抵押贷款发放的一级市场和抵押贷款交易的二级市场。

1. 住房抵押贷款一级市场

住房抵押贷款一级市场是指企业或个人将自己拥有的住房作为归还借款的保证物抵押给金融机构作为货币借贷的依据，实现货币借贷的关系。在住房抵押贷款一级市场上，资金需求方是向金融机构借入资金的单位或个人，以借来的资金用于购建住房；资金供给方是办理房地产抵押贷款的各类金融机构。二者以住房为纽带形成债权、债务关系。

2. 住房抵押贷款二级市场

同其他商品相比，住房具有投资量大、使用期长和位置固定等特性，住房抵押贷款活动通常是一个长期的借贷关系，最长可达30年，且贷款比率一般在60%～90%。这种大量、长期的抵押贷款对金融机构的流动性产生一定压力，借助住房抵押贷款二级市场实现贷款的交易，将获得新的资金来源，大大增强金融机构的流动性。

住房抵押贷款二级市场是住房抵押贷款交易的场所，它与创造出抵押贷款的一级市场相对应。抵押贷款由储蓄机构或抵押银行等原始贷款人在一级市场发起，再由这些贷款方在二级市场上将其出售。从二级市场买入抵押贷款的机构和企业，通常通过发行债券或其他类型的债务工具筹集资金，并将这些抵押贷款作为它们发行住房抵押贷款债券的担保。

住房抵押贷款二级市场的参与者包括资金供给者、资金需求者、中介服务者和担保者。资金供给者是购买抵押贷款的机构和个人，储蓄和贷款协会、保险公司、社会保障基金机构、政府机构、商业银行、共同基金、抵押贷款信托投资机构等；资金需求者是在住房抵押贷款二级市场上出售抵押贷款的金融机构，发放抵押贷款的商业银行、储蓄银行、抵押贷款信托投资机构、养老基金等；提供中介服务的抵押银行、商业银行和大量小型住房抵押贷款服务公司；提供担保的政府专门性机构和私人保险公司，如美国的联邦住宅管理局、联邦国民抵押贷款协会等。二级市场上的流通资金来源于从二级市场专门机构购买抵押债券的投资者，这些机构用这批资金从商业银行购入抵押贷款，而商业银行则用这批资金创造出新的抵押贷款。

住房抵押贷款二级市场的建立和运行，需要依靠发达的资本市场，拥有众多的机构投资者，创造标准化的金融工具，形成发达的房地产市场和住房抵押贷款一级市场，以及政府的广泛参与。

3. 住房抵押贷款一级市场与二级市场的关系

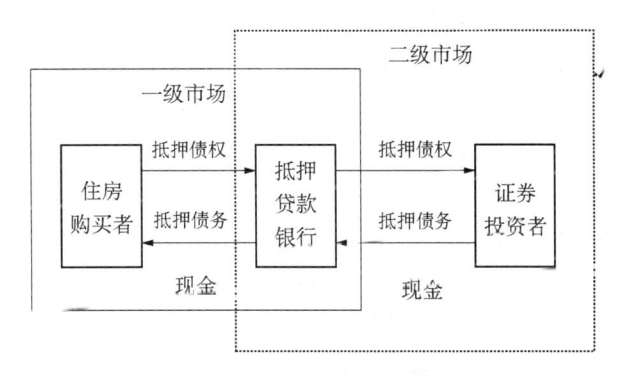

住房抵押贷款一级市场与二级市场的关系是相互促进、相辅相成的关系(见图8-2)。第一,住房抵押贷款一级市场的规模是二级市场成长的前提和基础。如果一级市场尚未达到一定的规模,便没有对二级市场的需求。当住房抵押贷款一级市场规模庞大,商业银行对住房抵押贷款资产有出售需求,才具备住房抵押贷款二级市场成长的条件。第二,住房抵押贷款二级市场的运行有效地推动一级市场的规模扩张。住房抵押贷款二级市场为住房抵押贷款债权提供了流动性,为商业银行抵押贷款资产提供了出售变现的渠道,降低了一级市场经营风险,解决了资金约束问题。二级市场的经营机构通过发行住房抵押贷款债券,从资本市场筹集资金,购买商业银行住房抵押贷款资产,在实现商业银行抵押贷款资产变现的同时,使商业银行拥有更多的资金,促进一级市场的规模扩张。

图8-2 住房抵押贷款一级市场与二级市场的关系

二、住房抵押贷款二级市场的功能

1. 降低和分散风险

住房抵押贷款一级市场上,金融机构面临着信用风险、流动性风险、利率风险和提前还款风险等,住房抵押贷款一级市场上通过住房抵押贷款工具创新,降低信用风险和利率风险,而二级市场的抵押贷款债券及证券产品创新对于降低流动性风险、分离利率风险和提前还款风险,具有显著效果。

2. 筹集资金

金融机构发放抵押贷款之后,有两种选择:一是将抵押贷款持有到还清全部贷款;二是将抵押贷款出售给其他投资者,或者将众多抵押贷款集合起来发行抵押贷款证券来获得资金,从而继续发放抵押贷款。可见,住房抵押贷款二级市场是金融机构进行第二种选择的前提条件,可以从根本上解决住房抵押贷款资金不足的问题。

3. 增加抵押贷款的流动性和安全性

住房抵押贷款多为中长期贷款,变现能力和流动性较差,如果金融机构发放住房抵押贷款之后,将抵押贷款持有到借款人还清全部贷款,易引发金融机构的流动性危机,以致产生信用风险。一旦经济不景气,房地产业陷入萧条,这种风险将足以引起全面的金融恐慌。借助住房抵押贷款二级市场,金融机构将住房抵押贷款资产出售,提前收回贷款,调整资产结构,灵活地进行营利性的资产管理。二级市场发行住房抵押贷款债券,降低和分散风险,并发挥自身的"造血"功能和盈利功能。

4. 提供较高信誉的中长期投资工具

住房抵押贷款二级市场上的住房抵押贷款债券是经过担保的,具有较高的安全性,满足了进行中长期投资的一些机构和个人的需求。二级市场通过金融创新,不断推出新的金融产品来活跃市场交易,吸引新的投资者进入住房抵押贷款二级市场,将资金从充裕地区吸引到短缺地区,并为不同投资期限偏好的投资者提供期限不同的投资产品,从而扩大和稳定住房抵押贷款资金来源。

三、住房抵押贷款二级市场的运行

住房抵押贷款一级市场的主体是抵押贷款发放银行和购房者,二级市场的市场主体包括债券投资者、住房抵押贷款发放银行以及作为中介机构的各种政府认可的担保或保险机构。在住房抵押贷款市场体系中,住房抵押贷款发放银行是一级市场和二级市场的纽带,市场参与者以住房的债权、债务关系相联系。20世纪60年代后期,美国建立了住房抵押贷款二级市场。下文以美国为例,阐述住房抵押贷款二级市场的运行。

如图8-3所示,美国住房抵押贷款二级市场大致按6种方式运作。①

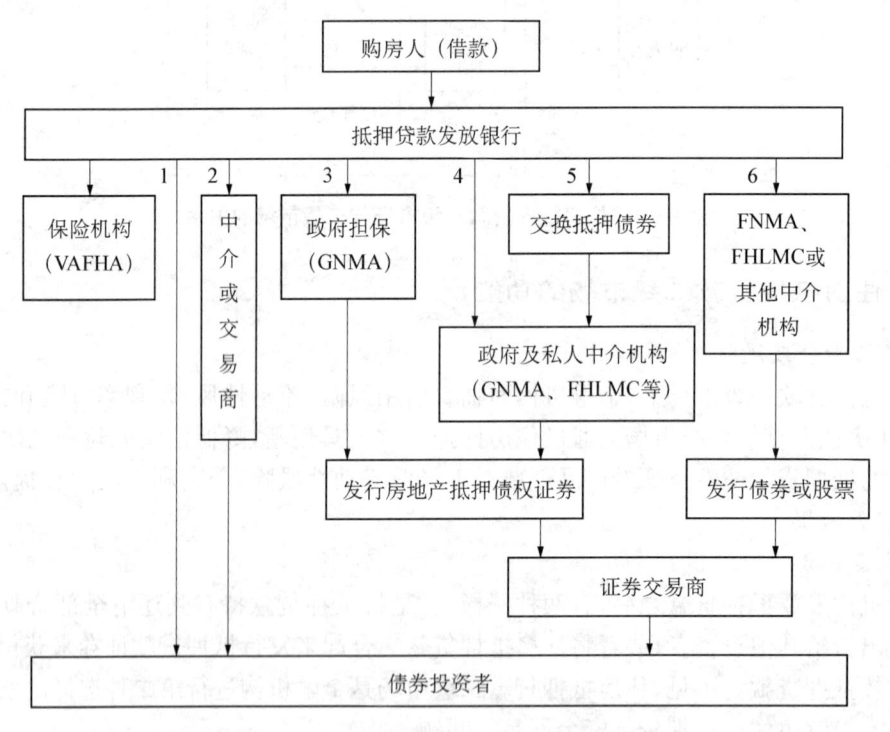

图8-3 美国住房抵押贷款二级市场的运行

(1)抵押债权直接出售给证券投资者。将抵押债权按图8-3线路1直接出售给债券投资者,这种方式最为简单,但流动性较差,投资者多为机构投资者,如人寿保险公司、商业银行等。

(2)通过中介将债权出售给投资者。这种运作方式,最大的好处在于可以缩短销售时间,

---

① 谢经荣、殷红、王玉玫,《房地产金融》第3版,中国人民大学出版社,2012年,第196页。

扩大销售范围,但需支付一定的中介费用。

(3) 担保打包销售证券。政府国民抵押贷款协会(GNMA)提供担保,将各家银行抵押债权统一组群打包,发行住宅抵押债权证券,如传递证券。

(4) 银行将抵押债权出售给政府中介机构再转售给投资者。银行将抵押债权售予政府国民抵押贷款协会、联邦住宅贷款抵押公司(FHLMC)等中介机构。它们取得债权后,以所有者身份将抵押债权组群打包,发行债权证券给投资者。中介机构参与了债权的买卖活动,取得了债权的所有权。

(5) 抵押债权同债券的交换。政府国民抵押贷款协会、联邦住宅贷款抵押公司或其他中介机构以其发行的抵押证券,同银行等贷款机构的抵押债权进行交换,并将抵押债权证券化后出售给投资者。这种运作方式,银行等贷款机构将抵押债权卖给中介机构,取得中介机构发行的抵押债权证券而非现金。

(6) 中介机构公司债券和股票的发行。联邦国民抵押贷款协会(FNMA)、联邦住宅贷款抵押公司或其他中介机构购买银行等贷款机构的抵押债权,使其成为自身的资产,然后再将抵押债权以一般公司债券、股票的形式出售给投资者。

第四节 住房抵押贷款证券化

一、住房抵押贷款证券化的概念

1. 证券化与资产证券化

证券化(Securitization)包括宏观、中观和微观三个层次。宏观层次的证券化是指金融市场证券化(又称融资证券化),它是指大量的机构融资者脱离对于银行业的依赖而转向从证券市场融资,从而使金融市场结构由间接融资逐步转向直接融资为主的过程。中观层次的证券化是指金融资本证券化,它指商业银行的信用活动改变过去那种定期的固定债权、债务形式,而代之以可以在二级市场上流通转让的有价证券形式,商业银行成为证券的主要发行者和持有者。微观层次的证券化,是狭义的证券化,即(金融)资产证券化,它是指一个或一个以上的抵押贷款的持有人形成一个抵押总库(组合),并且出售该组合的股份或参与权。[①]

资产证券化是使储蓄者与借款者通过金融市场得以部分或全部匹配的一个过程,或者提供的一种工具。在这里,开放的市场信誉取代了由银行或者其他金融机构提供的封闭的市场信誉。资产证券化包括两方面的含义:一是指增量资产的证券化,资金需求者通过在金融市场上发行股票、债券等有价证券直接从资金提供者那里获得资金的一种融资方式,这种证券化又被称作"一级证券化"。二是指存量资产的证券化,将缺乏流动性、具有未来现金流的资产集中起来,并转换成为可以在金融市场上流通的证券,这种证券化是在已有的信用关系基础上发展起来的,被称为"二级证券化"。

按照组成资产池的基础资产不同,资产证券化可以分为三种类型:① 基础资产是住房抵

---

① 弗兰克·J.法博齐,《投资管理学》第2版,经济科学出版社,1999年,第510页。

押贷款,发行的证券是抵押支持证券(Mortgage-Backed Security,MBS),这一过程被称为住房抵押贷款证券化。② 基础资产是住房抵押贷款以外的其他资产,发行的证券被称为资产支持证券(Asset-Backed Securities,ABS)。③ 发行商业票据,这种票据叫作资产支持商业票据(Asset-Banked Commercial Paper,ABCP)。

2. 住房抵押贷款证券化

住房抵押贷款证券化是指金融机构(主要是商业银行)把自己所持有的流动性较差、具有未来现金收入流的住房抵押贷款汇聚重组为抵押贷款群组,由证券机构以现金方式购入,经过担保或信用增级后以证券的形式出售给投资者的融资过程。住房抵押贷款证券化将原先不易出售给投资者、缺乏流动性但能够产生可预见性现金流入的资产,转换成可以在市场上流动的证券,其偿付给投资者的现金流来自住房抵押贷款组成的资产池的本金和利息。

20世纪60年代,美国最早产生了抵押支持证券(MBS)。当时,由于通货膨胀加剧,利率攀升,金融机构的固定资产收益率逐渐不能弥补攀高的短期负债成本。同时,商业银行的储蓄资金被大量提取,经营陷入困境。在这种情况下,为了缓解金融机构资产流动性不足的问题,为房地产业的发展和复兴开辟一条资金来源的新途径,政府决定启动并搞活住房抵押贷款二级市场,资产证券化产品应运而生。美国住房专业银行及储蓄机构利用其贷出的住房抵押贷款,发行MBS。MBS是将贷出的住房抵押贷款中符合一定条件的抵押贷款集中起来,形成一个抵押贷款的集合体(Pool),利用抵押贷款集合体定期发生的本金及利息的现金流发行证券,并由政府机构或政府背景的金融机构对该证券进行担保。因此,美国的MBS实际上是一种具有浓厚的公共金融政策色彩的证券产品。当前,美国、加拿大、欧洲和日本等国家和地区,住房抵押贷款证券化得到空前的发展。

伴随房地产金融市场的不断完善,借鉴发达国家的经验,中国开展了住房抵押贷款证券化的实践。1992年,海南进行了住房抵押贷款证券化的探索。2002年,中国建设银行和中国工商银行先后分别向央行提交各自的MBS方案,但都遭到否决。此后,建行多次修改证券化方案,几经波折,终于在2004年6月第六次上报MBS方案,提出以SPT(Special Purpose Trust,SPT)模式开展MBS试点,获得批准。2005年12月15日,建行作为国内首家MBS试点银行在全国银行间债券市场发行"建元2005-1"住房抵押贷款支持证券(MBSs)。至此,孕育多时的MBS终于破土而出,标志着中国正式进入MBS时代。随后,央行又陆续批准了一些证券化业务试点,证券化基础资产不再局限于住房抵押贷款,扩大到不良信贷资产和其他资产;发起人除了商业银行,还有政策性银行、资产管理公司(AMC)、券商等。

二、住房抵押贷款证券化的特点

1. 资产融资

住房抵押贷款证券化发行证券的依据不是以发起人全部法定财产而是其资产负债表中某一部分资产,证券权益清偿仅以被证券化的基础资产为限,不扩及发起人整体产权。投资者的风险仅取决于证券化基础资产所产生的可预期现金流入,而并非企业或金融机构自身的资产状况和信用评价的等级。因此,它是一种有别于产权融资的资产融资。

2. 破产隔离

破产隔离是住房抵押贷款证券化过程中重要的风险隔离机制,是住房抵押贷款证券化交易的主要影响因素。破产隔离是通过发起人破产不影响被证券化资产的证券清偿和发行人不破产来实现的。住房抵押贷款证券化资产的发起人与发行人之间有一道"防火墙"相隔,确保证券化资产的证券清偿,保护投资者的利益。

破产隔离的实现依靠两个关键环节:一是住房抵押贷款证券化资产的真实销售。原始权益人将住房抵押贷款证券化资产以真实销售的方式出售给发行人。在法律上出售后的住房抵押贷款证券化资产从发起人的资产负债表中划出,在发起人破产时不作为其法定财产参与清算。对于发起人而言,真实销售有利于缓解短存长贷的流动性风险,改善资产收益率和资本充足率。对于 MBS 投资者来说,真实销售在住房抵押贷款证券化过程中实现了与发起人方的破产隔离。二是设立 SPV(Special Purpose Vehicle)。SPV 指特殊目的的载体,也称为特殊目的机构或公司。SPV 是住房抵押贷款证券化结构设计中最典型的创新之处,这在很大程度上保障了证券化交易的安全。这是因为 SPV 自身必须是破产隔离的,一般不会遭受自愿的或强制性的破产。与此同时,SPV 与住房抵押贷款证券化其他参与者破产隔离,即借款人、发起人、服务人、承销商等其他参与者的破产不会对 SPV 的正常运营产生影响。

3. 信用增级

住房抵押贷款证券化交易采用多种信用增级方式(如设立超额担保、资本储备或金融担保),强化资产信用质量,将资产证券提升到更高信用级别。发行人可以发行高过自身信用级别评级的证券,从而在高等级信用市场上融资。

4. 规避风险

住房抵押贷款证券化通过资产汇集降低资产组合中的系统性风险;通过资产转让,将集中于卖方的信用风险和流动性风险转移和分散到资本市场;通过划分风险档次,将不同信用级别的资产证券匹配给不同风险偏好的投资人。

5. 规范化

专业服务机构公正地分析和评价投资风险,出具资本市场认可的信用评级。投资者则依据信用评级结果进行投资和收益决策。信用评级和担保机构进行科学和专业的考核评估,设立事实标准或条件,并持续监督和考核资产信用级别。

6. 低成本

虽然住房抵押贷款证券化作为一种融资方式不可避免地要支付许多费用,如托管费用、服务费用、承销费用及律师费用等,但是住房抵押贷款证券化的融资成本低于传统融资方式。① 住房抵押贷款证券化运用成熟的交易结构和信用提高手段,改善了证券的发行条件。由于 MBS 有较高的信用等级,不必用折价销售或提高利率等手段来吸引投资者,一般情况下 MBS 都能以高于或等于面值的价格发行,并且支付的利息比原始权益人发行的可比证券低得多,因而较大幅度地降低了原始权益人的融资成本。② 住房抵押贷款证券化支出费用的项目虽然较多,但各项费用与交易总额的比率较低。

三、住房抵押贷款证券化的金融工具

1. 抵押贷款转手证券

抵押贷款转手证券(Mortgage Pass-through Security,MPS)又称过手证券,是最早、最基本的一种 MBS,转手证券是由一个或多个贷款持有人将贷款形成资产池,并以资产池为基础发售的股权证明或参与证明。[①] 一旦转手证券发行出去,这一证券的持有者对证券化抵押贷款资产及其还款现金流拥有直接的所有权,因此转手证券不反映在发行人(SPV)的资产负债表中。住房抵押贷款服务机构按期收取借款人偿还的本息,在扣除服务费及其他费用后,不加任何处理而直接转交给投资者。转手证券的现金流量包括住房抵押贷款的现金流入和证券偿付的现金流出,两者的差额为服务费及其他费用等。

抵押贷款转手证券的特点:一是投资者对抵押贷款组合的所有权凭证,即投资者直接拥有具有相似到期日、利率等特征的贷款组合的所有权凭证。住房抵押贷款组合以及以此为基础发行的证券均不出现在发行人的资产负债表中,发行人仅以管理者的身份出现。二是住房抵押贷款组合被证券化的比率很高。三是抵押贷款组合的提前还贷风险由投资者承担,发行人只从中收取一定的管理费或服务费。四是证券现金流通常按月向投资者传递,利率为月利率,由于借款人具有行使提前还贷的期权,因而使得转手证券的现金流量以及到期日变得十分不确定。五是转手证券的设计要建立在较高的信用增级和一定的提前还贷模型基础之上。

2. 抵押贷款担保债券

抵押贷款担保债券(Collateralized Mortgage Obligations,CMO)是根据抵押贷款转手证券的现金流将证券重新分成不同类别而新产生的证券。[②] 抵押贷款担保债券具有如下特点:一是 CMO 属于发行人的负债,抵押贷款组合的所有权并不转移给投资者。二是发行人用于偿还债券本息的资金,来源于抵押贷款组合所产生的现金流量。三是抵押贷款组合的提前还贷风险由投资者承担。四是 CMO 拥有多个债券级别。每个债券级别现金流量和到期日的不确定性较转手证券大为降低。五是债券组合技巧多,投资收益率测算更为复杂。

抵押贷款担保债券主要包括以下 3 种:

(1) 持续还本 CMO(Sequential-pay CMO)。持续还本 CMO 是指按照事先规定的次序逐步偿还不同层次证券的本金,而各个层次的证券每月所产生的利息则按期分别支付给各层次的证券投资者。例如,如果 CMO 的结构有 4 个层次,分别为 A、B、C、D,每种层次的证券都事先明确了本金和票面利率,那么这 4 个层次的证券投资者,每月将会收到票面利息,而本金的支付则是先支付给 A 证券投资者,只要 A 证券的本金没有被清偿完毕,那么 B、C 和 D 的证券投资者将不能收到本金。按照这一原则,当 A 层次的本金清偿完毕后,B 证券投资者开始收到本金直至 B 证券的本金被完全清偿,在这一过程中 C、D 证券的投资者只能收到每月利息,以此类推。

根据持续还本 CMO 本息偿付规则,A 证券投资者本金的清偿受到了 B、C 和 D 层次的保护。若抵押贷款的提前清偿速度低于预期,贷款人对本金的偿还额将相对变小,由于受到 B、C

[①] 弗兰克·J.法博齐、弗朗哥·莫迪利亚尼,《资本市场:机构与工具》第 4 版,中国人民大学出版社,2011 年,第 574 页。

[②] 弗兰克·J.法博齐、弗朗哥·莫迪利亚尼,《资本市场:机构与工具》第 4 版,中国人民大学出版社,2011 年。

和 D 层次本金的保护,A 层次本金的减小幅度将相对不明显或者维持不变。因此,B、C 和 D 层次的证券投资者有效地防止了 A 层次证券投资者回收本金期限变长的风险,这一风险通常被称为延期风险(Extension Risk)。反过来,由于 A 和 B 层次可以优先得到本金的偿还,因而 C、D 层次的本金收回期限相对较长。若抵押贷款提前清偿速度高于预期,由于受到 A 和 B 层次对提前清偿本金的吸纳,相对来说 C、D 层次的本金回收期限不会大幅缩短,这被称为缩期风险(Contraction Risk)。

可见,持续还本 CMO 使处于较高层次投资者的延期风险被较低层次的投资者所吸纳,而处于较低层次投资者的缩期风险被较高层次的投资者所吸纳。正是基于这一原理,持续还本 CMO 能够创造出满足不同投资者资产/负债匹配要求,进一步拓宽传统债券投资人对抵押贷款支持产品的需求面。例如,A 证券的偿还期较短,商业银行和一般的储蓄机构可以购买 A 证券来实现资产负债的期限平衡;B 证券偿还期居中,适合于保险公司等中期资金购买;C 和 D 证券的偿还期限最长,适合于退休基金和社保基金等长期资金购买。

(2) 累积利息债券(Accrual Tranche)。持续还本 CMO 的利息支付原则是所有层次的利息都需要当月支付。如果在持续还本 CMO 结构安排中,至少有一个层次不会收到当期利息而被自动累积到本金余额中,这种类型的债券通常被称为累积利息债券,或称为 Z 债券(Z Bond)。累积利息债券加快了其他债券类别的清偿速度,延长了自身期限,使不同类别之间的投资期长短区别更为明显。

(3) 计划摊还债券(Planned Amortization Class Bonds)。虽然持续还本 CMO 有效避免了较高层次证券的延期风险和较低层次证券的缩期风险,但各个层次的偿还期限仍然是不确定的,提前清偿速度对各层次证券的本金回收期限有较大的影响。计划摊还债券的设计,正是为了使证券的偿还期限相对确定,从而吸引更多的投资者。它的基本原理是:按照估计的最高和最低提前清偿率来分配各层次的现金流量,将整个证券划分为计划摊还债券和支撑型证券(Support Bonds),只要实际提前清偿率介于事先估计的最高和最低范围内,那些按计划支付的证券按事先安排,稳定地获得本金和利息。

3. 剥离式抵押贷款支持证券

剥离式抵押贷款支持证券(Mortgage Strips)是把住房抵押贷款组合的现金流中本金和利息分开,将所有的本金分配给某个层次的证券(称为只支付本金层次或 PO 层次),而将所有利息分配给另外一个层次的证券(称为只支付利息层次或 IO 层次)。

PO 证券一般以较低的面值折扣购买,收益率取决于贷款提前偿还的速度,提前偿还速度越快,投资者收益越高。假定抵押贷款池是由本金总额为 3 亿元,期限为 20 年的抵押贷款构成,投资者可以购买价值 1 亿元抵押贷款池支持的 PO 证券,该项投资最后回报将为 2 亿元。如果所有基础抵押贷款池的购房人决定立即提前偿还贷款,则 PO 证券的投资者立即获得 2 亿元的投资回报;如果所有购房人都不提前偿还贷款,准备持有 20 年,那么得到 2 亿元的回报要等上 20 年,其收益率比较低。

IO 证券没有面值,其投资者收到的利息收入取决于发放在外还未偿还的贷款余额。提前偿还贷款的数量越多,能收到的发放在外的贷款余额的利息就越少。因此,与 PO 证券投资者相反,IO 证券的投资者希望贷款提前偿还率越低越好。

四、住房抵押贷款证券化的运作

1. 住房抵押贷款证券化的参与者

住房抵押贷款证券化由住房抵押贷款一级市场和二级市场组成。其中一级市场是抵押贷款的担保与发行市场，它的主要参与者是借款人、贷款机构、信用担保和保险公司等中介服务机构；二级市场是特设机构对住房抵押贷款进行担保和发行抵押支持证券的市场。它的主要参与者是特设机构、各种投资者、信用增级和信用评级机构、会计师和律师事务所、承销证券的投资银行等中介服务公司。

(1) 借款人(Obligor)指住房抵押贷款的原始债务人，即一级市场中向金融机构贷款的购房者。借款人的还款和违约行为直接对 MBS 定价产生影响，对借款人行为的研究是证券化定价技术中一项重要内容。另外，在基础资产产权售卖过程中，还涉及原始权益人与借款人之间的相关法律问题。

(2) 发起人(Originator)是住房抵押贷款的原始权益人。发起人创造住房抵押贷款资产并选择拟证券化的基础资产，然后将其出售或作为证券化的担保品。

(3) 服务人(Servicer)负责收取到期的本金、利息以及追收逾期款项，向受托人和投资者提供和披露抵押贷款组合的相关报告和信息，接受受托人的审核以确保其准确性。服务人通常可由发起人或附属公司承担。

(4) 发行人(Issuer)即住房抵押贷款证券化的特设机构(SPV)，它是专为购买发起人的基础资产，并以此为基础发行抵押贷款证券而设立的机构。SPV 是单一目的信托实体，资本化程度必须很低，收益来源于 MBS 支付成本与原始住房抵押贷款资产现金流收入之间的差距。SPV 的基本特征是"破产隔离"，即不易破产。通过信用增级或特殊的证券结构设计将 MBS 与发行人的其他债务隔离，使得发行人的其他债务问题不影响 MBS 的本金和利息支付。

(5) 信用增级机构(Credit Enhancer)负责 MBS 的信用增级，提升证券信用质量，从而提高证券的定价和市场流动性，降低发行成本。

(6) 信用评级机构(Rating Agency)给 MBS 评定信用等级，以利于发行上市。

(7) 受托人负责管理抵押贷款组合产生的现金流、进行证券登记、向投资者发放证券本金和利息，并且对服务人的某些行为进行必要监督，在服务人没有履行职责的情况下，受托人履行相应职责。

(8) 证券承销商(Underwriter)，在住房抵押贷款证券化过程中负责向公众公开出售其包销或代销的 MBS，或者向特定投资者私募发行 MBS。其角色不仅局限于销售证券，还可以与 SPV 一起策划、组织整个证券化过程，以确保住房抵押贷款证券化产品设计符合法律、规章、税收等方面的要求。

(9) 投资者(Investor)购买 MBS，分为私人和机构投资者两大类。投资者具有不同的风险偏好，并且形成不同的市场需求。MBS 设计中重要的准则是满足不同投资者的风险偏好，促使证券的发行和提高证券的流动性。

上述参与者的角色并不是截然分离的，许多机构可能同时承担多种角色，发挥多种作用，如商业银行既是发起人同时又可担当服务人的角色。

2. 住房抵押贷款证券化的运作流程

住房抵押贷款证券化的运作,如图 8-4 所示。

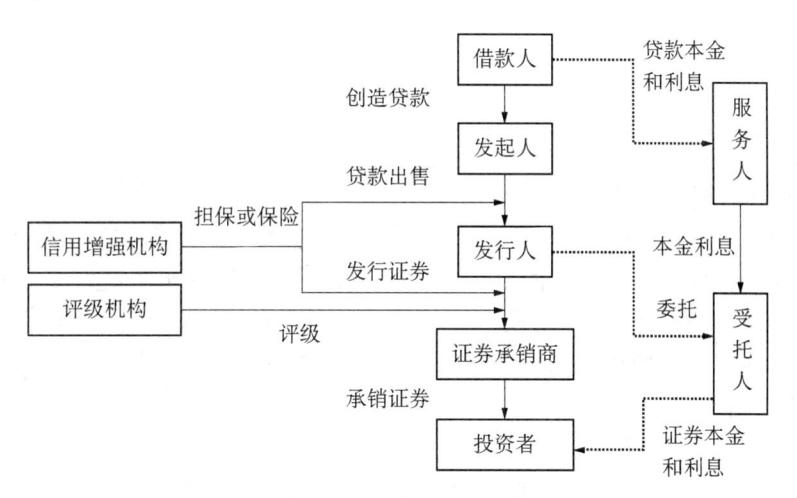

图 8-4 住房抵押贷款证券化运作流程

(1) 确定住房抵押贷款证券化的目标,组建资产池。发起人要分析自身对抵押贷款证券化的融资要求,确定住房抵押贷款证券化的目标,对住房抵押贷款证券化的资产进行清理、估算,根据住房抵押贷款证券化的目标确定基础资产,将这些资产汇集组建资产池。

(2) 发起人以真实出售或担保融资的方式,将基础资产转移给发行人。若达到真实出售的要求转移基础资产,基础资产与原始权益人之间真正做到破产隔离,以保护投资者的利益。

(3) 信用增级。在进行信用评级之前,发行人要聘请信用评级机构对所设计的住房抵押贷款证券化产品进行考核,以确定为了达到发行人所希望的信用等级而需要进行信用增加的程度。之后,发行人通过一系列信用增级的途径,如优先/次级结构等内、外部信用增级的途径,或者通过金融担保公司等机构实行信用增级。

(4) 信用评级和发行证券。对住房抵押贷款证券化产品信用增级后,发行人将再次聘请信用评级机构对要发行的证券进行正式的发行评级,并向投资者公布最终评级结果。此后,由证券承销商负责向投资者发行证券。

(5) 发行人向发起人支付资产的价款。发行人从证券承销商那里获得发行现金的收入,然后按事先约定的价格向发起人支付购买住房抵押贷款证券化资产的价款,此时要优先向参与工作的各专业机构支付相关费用。

(6) 资产管理和回收资产收益。服务人将对资产池实行管理,收取、记录资产池产生的现金流,并把全部收入存入发行人事先指定的受托银行。受托银行按约定建立资金账户,以便按时间向投资者偿付本金和利息。

(7) 还本付息。在每一个规定的证券偿付日,发行人将委托银行按时、足额地向投资者偿付本息。证券全部被偿付完毕后,如果资产池产生的收入还有剩余,将返还给交易发起人。

至此,住房抵押贷款证券化交易全部过程结束。

第五节 住房公积金

一、住房公积金制度

1. 住房公积金制度的内涵

住房公积金是围绕住房公积金的缴存、提取、使用管理和监督形成的相关制度的总称。在我国,住房公积金是围绕住房建立的单一性制度安排。这一制度初期是为服务住房制度改革而建立的。从实践来看,住房公积金制度具有了更多的职能,住房公积金制度促进了住房分配制度改革,对于住房资金的积累、周转、提高职工构建住房能力发挥了重要作用,是政策性住房金融制度的重要组成。

2. 住房公积金缴存与提取

根据2019年3月24日国务院修订后的《住房公积金管理条例》对住房公积金的缴存和提取提出如下明确的要求。[①]

(1) 住房公积金的缴存。

住房公积金管理中心在受委托银行设立住房公积金专户。单位向住房公积金管理中心办理住房公积金缴存登记,并为本单位职工办理住房公积金账户设立手续。每个职工只能有一个住房公积金账户。住房公积金管理中心建立职工住房公积金明细账,记载职工个人住房公积金的缴存、提取等情况。新设立的单位自设立之日起30日内向住房公积金管理中心办理住房公积金缴存登记,并自登记之日起20日内,为本单位职工办理住房公积金账户设立手续。单位合并、分立、撤销、解散或者破产的,自发生上述情况之日起30日内由原单位或者清算组织向住房公积金管理中心办理变更登记或者注销登记,并自办妥变更登记或者注销登记之日起20日内,为本单位职工办理住房公积金账户转移或者封存手续。单位录用职工的,自录用之日起30日内向住房公积金管理中心办理缴存登记,并办理职工住房公积金账户的设立或者转移手续。单位与职工终止劳动关系的,单位自劳动关系终止之日起30日内向住房公积金管理中心办理变更登记,并办理职工住房公积金账户转移或者封存手续。

职工住房公积金的月缴存额为职工本人上一年度月平均工资乘以职工住房公积金缴存比例。单位为职工缴存的住房公积金的月缴存额为职工本人上一年度月平均工资乘以单位住房公积金缴存比例。新参加工作的职工从参加工作的第二个月开始缴存住房公积金,月缴存额为职工本人当月工资乘以职工住房公积金缴存比例。单位新调入的职工从调入单位发放工资之日起缴存住房公积金,月缴存额为职工本人当月工资乘以职工住房公积金缴存比例。职工和单位住房公积金的缴存比例均不得低于职工上一年度月平均工资的5%;有条件的城市,可以适当提高缴存比例。具体缴存比例由住房公积金管理委员会拟订,经本级人民政府审核后,报省、自治区、直辖市人民政府批准。职工个人缴存的住房公积金,由所

[①] 中华人民共和国住房和城乡建设部,《住房公积金管理条例》,http://www.mohurd.gov.cn/fgjs/xzfg/201905/t20190514_240516.html.

在单位每月从其工资中代扣代缴。单位于每月发放职工工资之日起5日内将单位缴存的和为职工代缴的住房公积金汇缴到住房公积金专户内,由受委托银行计入职工住房公积金账户。单位按时、足额缴存住房公积金,不得逾期缴存或者少缴。对缴存住房公积金确有困难的单位,经本单位职工代表大会或者工会讨论通过,并经住房公积金管理中心审核,报住房公积金管理委员会批准后,可以降低缴存比例或者缓缴;待单位经济效益好转后,再提高缴存比例或者补缴缓缴。

住房公积金自存入职工住房公积金账户之日起按照国家规定的利率计息。住房公积金管理中心为缴存住房公积金的职工发放缴存住房公积金的有效凭证。单位为职工缴存的住房公积金,按照下列规定列支:① 机关在预算中列支。② 事业单位由财政部门核定收支后,在预算或者费用中列支。③ 企业在成本中列支。

据《全国住房公积金2018年年度报告》记载,2018年,住房公积金实缴单位291.59万个,实缴职工14 436.41万人,分别比上年增长11.15%和5.09%。新开户单位46.07万个,新开户职工1 990.38万人。2018年,住房公积金缴存额21 054.65亿元,比上年增长12.43%。

2018年年末,住房公积金缴存总额145 899.77亿元,缴存余额57 934.88亿元,结余资金8 023.28亿元,分别比上年末增长16.86%、12.23%和24.01%(见图8-5)。[①]

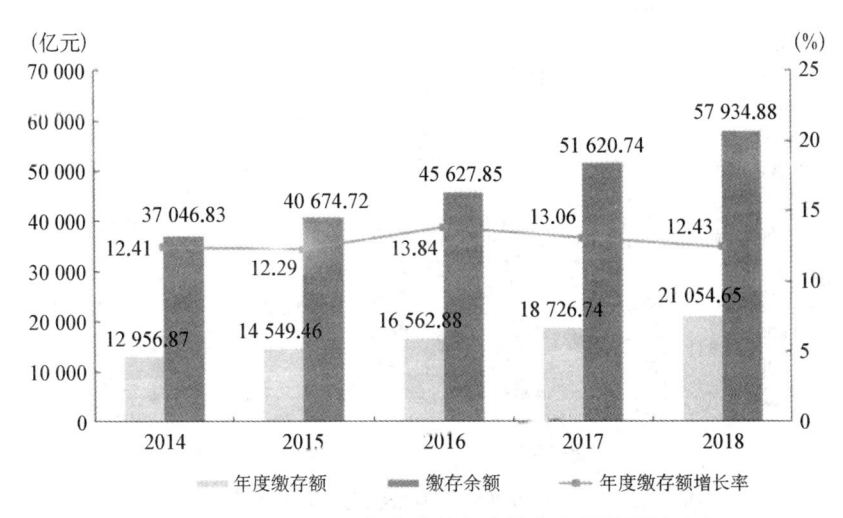

图8-5 2014—2018年住房公积金缴存金额及增长速度

(2) 住房公积金的提取和使用。

职工有下列情形之一的,可以提取职工住房公积金账户内的存储余额:① 购买、建造、翻建、大修自住住房的;② 离休、退休的;③ 完全丧失劳动能力,并与单位终止劳动关系的;④ 出境定居的;⑤ 偿还购房贷款本息的;⑥ 房租超出家庭工资收入的规定比例的。依照前款第②、③、④项规定,提取职工住房公积金的,同时注销职工住房公积金账户。职工死亡或者被宣告死亡的,职工的继承人、受遗赠人可以提取职工住房公积金账户内的存储余额;无继承人也无受遗赠人的,职工住房公积金账户内的存储余额纳入住房公积金的增值收

---

① 中华人民共和国住房和城乡建设部,《全国住房公积金2018年年度报告》,http://www.mohurd.gov.cn/wjfb/201905/t20190531_240735.html。

益。职工提取住房公积金账户内的存储余额的,所在单位应当予以核实,并出具提取证明。职工持提取证明向住房公积金管理中心申请提取住房公积金。住房公积金管理中心自受理申请之日起3日内做出准予提取或者不准提取的决定,并通知申请人;准予提取的,由受委托银行办理支付手续。住房公积金管理中心在保证住房公积金提取和贷款的前提下,经住房公积金管理委员会批准,可以将住房公积金用于购买国债。住房公积金管理中心不得向他人提供担保。住房公积金的增值收益应当存入住房公积金管理中心在受委托银行开立的住房公积金增值收益专户,用于建立住房公积金贷款风险准备金、住房公积金管理中心的管理费用和建设城市廉租住房的补充资金。住房公积金管理中心的管理费用,由住房公积金管理中心按照规定的标准编制全年预算支出总额,报本级人民政府财政部门批准后,从住房公积金增值收益中上交本级财政,由本级财政拨付。住房公积金管理中心的管理费用标准,由省、自治区、直辖市人民政府建设行政主管部门会同同级财政部门按照略高于国家规定的事业单位费用标准制定。2018年,住房公积金提取人数5 195.58万人,占实缴职工人数的35.99%;提取额14 740.51亿元,比上年增长15.80%;提取率70.01%,比上年增加2.03个百分点;住房消费类提取11 718.33亿元,占比79.50%,非住房消费类提取3 022.19亿元,占比20.50%。2018年年末,住房公积金提取总额87 964.89亿元,占缴存总额的60.29%(见图8-6)。[①]

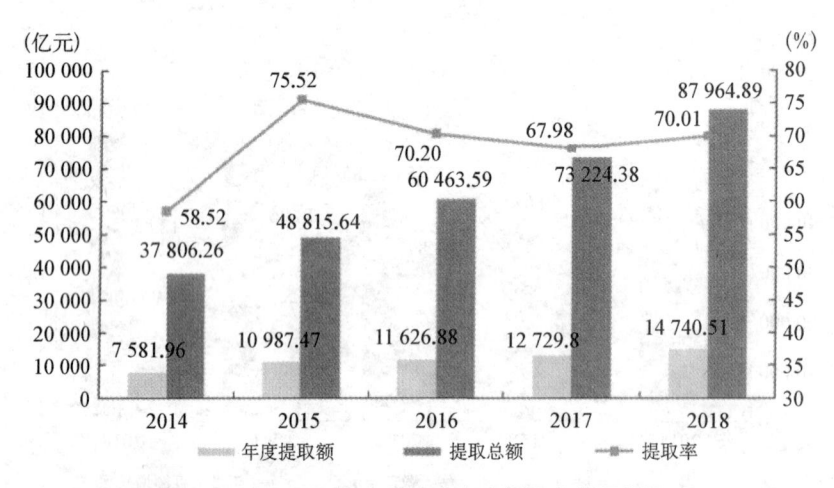

图8-6 2014—2018年住房公积金提取金额及提取率

3. 住房公积金贷款

(1) 贷款对象与贷款条件。

缴存住房公积金的职工,在购买、建造、翻建、大修自住住房时,可以向住房公积金管理中心申请住房公积金贷款。住房公积金管理中心自受理申请之日起15日内做出准予贷款或者不准贷款的决定,并通知申请人;准予贷款的,由受委托银行办理贷款手续。住房公积金贷款的风险,由住房公积金管理中心承担。申请人申请住房公积金贷款的,应当提供担保。

[①] 中华人民共和国住房和城乡建设部,《全国住房公积金2018年年度报告》,http://www.mohurd.gov.cn/wjfb/201905/t20190531_240735.html。

住房公积金贷款是提高职工住房消费能力的重要途径,也是缴存职工的基本权益。为了提高住房公积金贷款发放率,支持缴存职工购买首套和改善型自住住房,住房城乡建设部、财政部和中国人民银行三部门联合发文降低住房公积金贷款门槛,并于2014年10月9日执行,明确规定职工连续足额缴存住房公积金6个月(含)以上,可申请住房公积金个人住房贷款。对曾经在异地缴存住房公积金、在现缴存地缴存不满6个月的,缴存时间可根据原缴存地住房公积金管理中心出具的缴存证明合并计算。同时,按照支持基本住房消费原则,住房公积金贷款对象为购买首套自住住房或第二套改善型普通自住住房的缴存职工。住房公积金管理中心不得向购买第三套及以上住房的缴存职工家庭发放住房公积金个人住房贷款。

(2) 贷款额度、贷款期限和贷款利率。

在住房城乡建设部、财政部和中国人民银行《关于切实提高住房公积金使用效率的通知》(建金〔2015〕150号)中,明确提出提高实际贷款额度,并于2015年10月8日起执行。2015年8月末住房公积金资金运用率低于85%的设区城市,要综合考虑当地房价水平、贷款需求和借款人还款能力,提高住房公积金个人住房贷款实际额度。在保证借款人基本生活费用的前提下,月还款额与月收入比上限控制在50%~60%。贷款偿还期限可延至借款人法定退休年龄后5年,最长贷款期限为30年。推行按月划转住房公积金冲还贷款本息业务。

与我国存贷款基准利率和商业性存贷款利率相比,住房公积金存贷款利率较低,显示出住房公积金的政策性住房金融的功能。如表8-4所示,根据国家住房城乡建设部发布的《关于按照中国人民银行规定实施住房公积金存贷款利率调整的通知》(建金〔2015〕94号)披露的住房公积金存贷款利率,与我国存贷款基准利率和商业性住房抵押贷款利率进行比较,住房公积金的存贷款利率水平相当低。

表8-4 2015年10月24日人民币存贷款基准利率与个人住房公积金利率(年利率%)

	一年	三年	五年	五年以上
人民币定期存款基准利率	1.35	1.55	1.55	—
人民币定期贷款基准利率	4.35	4.75	4.75	4.90
个人住房公积金存款利率	当年缴存、上年结转均为1.50			
个人住房公积金贷款利率	2.75	2.75	2.75	3.25

注:人民币定期存款基准利率采用城乡居民存款挂牌利率的零存整取、整存零取、存本取息类型。
资料来源:中国建设银行官网,http://www.ccb.com/cn/personal/interestv3/rmbdeposit.html.

(3) 贷款流程。

个人申请住房公积金贷款流程如图8-7所示。首先,贷款人申请住房公积金贷款需到银行提出书面申请,填写住房公积金贷款申请表并如实提供下列资料:① 申请人及配偶住房公积金缴存证明。② 申请人及配偶身份证明(指居民身份证、常住户口簿和其他有效居留证件),婚姻状况证明文件。③ 家庭稳定经济收入证明及其他对还款能力有影响的债权债务证明。④ 购买住房的合同、协议等有效证明文件。⑤ 用于担保的抵押物、质物清单、权属证明以及有处置权人同一抵押、质押的证明,有关部门出具的抵押物估价证明。⑥ 住房公积金管理中心要求提供的其他材料。

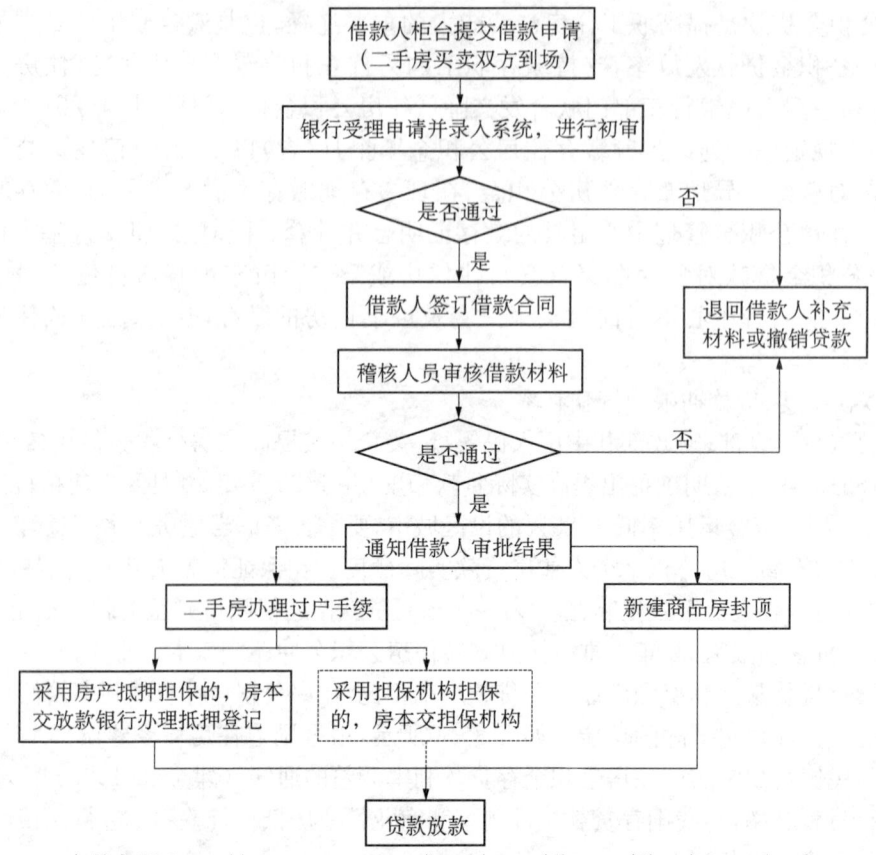

```
                借款人柜台提交借款申请
                  （二手房买卖双方到场）
                         │
                         ▼
                银行受理申请并录入系统，进行初审
                         │
                         ▼
                      ◇是否通过◇ ──否──┐
                         │是            │
                         ▼              │
                   借款人签订借款合同    │
                         │              ▼
                         ▼        退回借款人补充
                稽核人员审核借款材料    材料或撤销贷款
                         │              ▲
                         ▼              │
                      ◇是否通过◇ ──否──┘
                         │是
                         ▼
                   通知借款人审批结果
                    ┌────┴────┐
                    ▼         ▼
            二手房办理过户手续  新建商品房封顶
              ┌────┴────┐         │
              ▼         ▼         │
         采用房产抵押  采用担保机构│
         担保的，房本  担保的，房本│
         交放款银行办  交担保机构  │
         理抵押登记                │
              └────┬────┘─────────┘
                   ▼
                贷款放款
```

资料来源：http://www.zzz.gov.cn/html/ywzn/dkywzn/dksq/12904.html.

图8-7 个人申请住房公积金贷款流程

其次，对资料齐全的借款申请，银行受理审查，并及时报送住房公积金管理中心。

再次，住房公积金管理中心负责审批贷款，并将审批结果及时通知银行。

第四，银行按住房公积金管理中心审批的结果通知申请人办理贷款手续，由借款人夫妻双方与银行签订借款合同及相关的合同或协议，并将借款合同等手续送住房公积金管理中心复核，住房公积金管理中心核准后即划拨委贷基金，由受托银行按借款合同的约定按时足额发放贷款。

最后，以住房抵押方式担保的，借款人要到房屋坐落地区的房屋产权管理部门办理房产抵押登记手续，抵押合同或协议由夫妻双方签字，以有价证券质押的，借款人将有价证券交管理部门或住房公积金管理中心收押保管。

(4) 贷款支付与还款方式。

用于购房的住房公积金贷款，按贷款双方约定的时间，由贷款银行用转账方式划入售房单位在银行开立的售房存款户；用于建房、翻建大修私房的贷款，实行先使用自筹资金后使用贷款资金的原则。借款人在用款时，必须提供有关工程进度的凭证或书面申述理由，以保证贷款用于修建住房。

一年期以内的住房公积金贷款，到期时一次还本付息。一年期以上的住房公积金贷款，按月偿还贷款本息。住房公积金贷款还款方式与个人住房抵押贷款相同。一种是按月等额本息还款方式，指借款人每月偿还的贷款本金和利息总额不变，但每月还款额中贷款本金逐月增加，贷款利息逐月减少的还款方式。这种方式是主要的还款方式,在住房公积金贷款中占很大比重。另一种是按月等额本金还款方式,即借款人每月偿还的本金固定不变,贷款利息逐月递减的还款方式。借款人可以选择一种还款方式,并在合同履行期限内不做变动。

二、住房公积金管理

住房公积金管理是指为了保障住房公积金制度的安全高效运行,法律规定的管理机构按照各自分工,各司其职、各尽其责,对住房公积金进行管理,维护住房公积金所有者合法权益的行为。《住房公积金管理条例》(下文简称《条例》)明确住房公积金管理实行住房公积金管理委员会决策、住房公积金管理中心运作、银行专户存储、财政监督的原则,并规定了政府相关部门的职责和运作程序。

1. 住房公积金管理委员会的决策管理

住房公积金管理委员会作为住房公积金管理的决策机构,对有关住房公积金管理的重大问题行使决策权,包括有关住房公积金制度的政策规定和运作管理等重要事项。拟订住房公积金缴存比例,审批住房公积金的归集计划、使用计划,确定住房公积金贷款的最高额度等。由于住房公积金所有权属于职工,为维护职工的合法权益,必须建立一个代表广大住房公积金缴存职工利益的机构对其管理运作进行决策,使得决策机构具有广泛的代表性。《条例》规定,住房公积金管理委员会由人民政府负责人,财政、建设等有关部门负责人和工会代表、有关专家组成。这对在住房公积金管理委员会的统一领导下,维护住房公积金所有人的合法权益,实现住房公积金保值,保证住房公积金专款专用具有重要的作用。

2. 住房公积金管理中心的运作管理

在住房公积金管理委员会的领导下,各城市依法成立住房公积金管理中心,承担住房公积金的管理运作职责。住房公积金属于职工个人所有,不是财政预算资金,不应纳入财政预算资金管理。同时,住房公积金也不是居民储蓄存款,也不应纳入银行储蓄存款管理。住房公积金应当由城市政府依法成立的专门机构进行管理。住房公积金管理中心作为住房公积金归集、使用和管理的执行机构,具体负责编制住房公积金归集使用计划、记载职工住房公积金的缴存提取使用等情况、住房公积金的核算、审批、保值和归还、编制住房公积金归集使用计划执行情况的报告和承办住房公积金管理委员会决定的其他事项等工作。住房公积金管理中心作为独立的事业法人,不以营利为目的。

3. 银行专户存储的管理

银行专户存储管理,是指住房公积金管理中心在住房公积金管理委员会指定的受委托银行设立住房公积金专用账户,专项存储住房公积金。设立专用账户是落实其安全运作和专项使用的基本措施。若由各单位随意存入银行或其他金融机构,对住房公积金的统一管理就无从谈起,专款专用也无法保证。若不设立专用账户,会造成资金分散,形不成资金规模效益,建立住房公积金的目的就不可能实现,最终将损害广大职工利益。同时,通过在银行设立住房公积金专用账户,办理住房公积金的提取及委托贷款业务,可充分发挥银行监督职能,防止住房公积金的挪用和流失。

4. 财政的监督管理

财政监督管理,是指财政部门对住房公积金的运作管理进行检查监督。其根本目的是防止住房公积金的挪用和控制住房公积金管理中心费用的支出,使得运作管理工作规范、高效。财政监督的主要内容包括:住房公积金管理中心在编制当年归集使用计划时,必须征求财政部门意见;在审批归集使用计划和计划执行情况报告时,必须有财政部门参加;审批住房公积金管理中心的管理费用;住房公积金管理中心定期向财政部门报送财务报表等。

第六节 中国住房抵押贷款与商业银行风险分析

随着我国房地产业发展走向成熟,房地产金融市场日趋重要,住房抵押贷款市场日趋活跃,个人住房抵押贷款规模迅速扩大。在房地产金融市场上,商业银行为吸引客户,扩大市场份额,提升综合竞争力,持续推进住房抵押贷款产品创新,住房抵押贷款产品日趋丰富,如固定利率抵押贷款、直客式住房抵押贷款、住房循环授信、住房贷款"双周供"等,满足客户多样化和个性化的贷款产品需求。随着中国住房抵押贷款规模不断扩大、住房抵押贷款产品持续创新,中国住房抵押贷款对商业银行风险产生什么影响?这是一个需要认真回答的问题。本节结合我们已有的研究,对此展开讨论。[1]

一、住房抵押贷款影响银行业风险的传导机制分析

1. 信贷传导机制

住房抵押贷款作用于商业银行风险最直接的渠道是信贷传导机制。随着房地产市场的发展,房价上涨,越来越多的购房者选择通过住房抵押贷款的途径实现其购房需求,从而推动了住房抵押贷款需求的增加。随着住房抵押贷款需求的增加,商业银行所推出的住房抵押贷款的品种越来越多,购房者的需求更容易转换成为有效需求,这就从市场的需求侧面推动了房地产市场的发展,而房地产市场的发展又会创造新的需求。在上述过程中,住房抵押贷款通过信贷传导机制,为商业银行拓展了获取利润的稳定渠道,有效降低了商业银行风险。另外,商业银行经常会受到信贷违约风险的困扰,而推行住房抵押贷款则可以减少信贷风险,因为相较于无抵押贷款,住房抵押贷款由于有住房做抵押,若贷款持有者不能按照期限还本付息,商业银行可将住房收回并出售,以抵消欠款,从而降低信贷风险。同时,商业银行还可以借此争取更多的贷款客户,增强自身的实力。因此,商业银行可以通过发展住房抵押贷款降低自身所面临的风险。

住房抵押贷款通过信贷传导机制作用于商业银行,风险会受到住房抵押贷款规模的影响。具体来看,住房抵押贷款规模增加将会有助于提高商业银行的专业化管理水平。商业银行作为一个生产单元,其生产效率同样受到分工专业化的影响,将大部分生产资源用于住房抵押贷款无疑有助于提高其管理效率,使其在降低运行成本的同时能够保持对住房抵押贷款质量的监督,保证住房抵押贷款起到降低商业银行风险的作用。另外,住房抵押贷款规模增加也有助于提高商业银行的专业化投资效率。Lepetit 等研究发现,商业银行相对集中投资的效果可能更好,这主要是因为投资相对集中有助于实现投资行为的专业化,其所带来的正面影响可以抵消甚至超过投资非多元化所造成的负面影响。[2] 但上述对冲效果是有限的,投资相对集中超过一定程度后,其所带来的负面影响就会凸显出来。综合考虑以上影响,本研究认为住房抵押贷款规模较大的

---

[1] 高波、李言、李萌,《住房抵押贷款与银行业风险分析——来自中国商业银行的经验证据》,载《产业经济研究》,2019(4)。

[2] Lepetit L, Nys E, Rous P., "The expansion of services in european banking: implications for loan pricing and interest margins", *Journal of banking and finance*, 2008, 32(11): 2325-2235.

商业银行,其管理和投资专业化所带来的正面影响将超过投资非多元化所带来的负面影响,从而确保了住房抵押贷款通过信贷渠道发挥降低商业银行风险的作用。据此,我们提出两个假说。

H1:增加住房抵押贷款规模具有降低商业银行风险的作用。

H2:商业银行住房抵押贷款规模是影响住房抵押贷款作用于商业银行风险的重要因素,当商业银行住房抵押贷款规模较大时,进一步增加住房抵押贷款规模对商业银行风险的降低作用显著。

2. 抵押品价值效应传导机制

住房抵押贷款除了通过信贷渠道作用于商业银行风险外,还会通过抵押品价值效应渠道作用于商业银行风险,这是抵押类贷款作用于商业银行风险所共有的特点。Kiyotaki and Moore 首次系统提出抵押品价值效应的思想,他们认为,经济中信贷约束的产生,在于贷款人没法确保借款人偿还其债务,因此需要有抵押品来保证合同的执行。[①] 借款企业可以获得的信贷数量取决于所提供的抵押品的价值,如果抵押品价值上升,企业能够获得的信贷量越多,刺激其对包括抵押品在内的投资增加,带动总产出增加进而进一步提高抵押品价值。相反,如果抵押品价值下降,导致企业可贷资金数量减少,企业被迫减少投资,进而引发总产出下降,企业对抵押品需求进一步下降,致使抵押品价值也进一步下降。因此,住房抵押贷款也会通过上述抵押品价值效应影响贷款人对住房抵押贷款的需求及其执行合同的能力,并进而影响商业银行风险。

随着中国房地产业步入存量房时代,加之金融业的快速发展,房地产业金融化成为未来发展的趋势,高波等的研究表明,上述发展趋势使得房价变动不仅引致金融当局不得不调整金融政策,而且会导致金融市场波动。[②] 因此,房价变动成为影响住房抵押贷款作用于商业银行风险的一个重要因素,同时,其也是经济周期风险影响住房抵押贷款作用于商业银行风险的主要渠道。在经济处于扩张阶段时,居民收入水平提高,对房地产的需求量持续增加,房价保持上涨,抵押品价值效应进一步增加了居民的借贷资金数量,住房的变现不成问题,商业银行和住户对未来充满乐观的预期,商业银行发放的住房抵押贷款数量也急剧增加,住房抵押贷款带来的利息成为商业银行稳定的收入来源。而当经济进入收缩阶段时,失业率上升,居民的收入下降,对房地产的需求量减少,房价出现下跌,抵押品价值效应进一步减少了居民的借贷资金数量,大量贷款无力偿还,即使已将住房抵押给商业银行,也因为房地产业的疲软无法变现,或者即使变现也难以收回成本。这时商业银行面临大量的"呆坏账",加之失去了稳定的贷款利息收入来源,致使商业银行发生信用危机甚至破产的概率大增。另外,在房价上涨的过程中,增加住房抵押贷款规模对商业银行风险的降低作用也会被削弱,尤其是当房地产市场出现"羊群效应"时,抵押品价值效应传导机制被过度放大,居民非理性增加信贷资金,而商业银行对贷款质量的监管不足,使得那些高风险的贷款申请人很容易获得贷款,必然导致住房抵押贷款质量的下降,这些都增加了商业银行所面临的潜在风险,为金融危机的发生埋下隐患。因此,本研究认为,只有当房地产市场平稳运行,房价稳定上涨时,住房抵押贷款对商业银行来说是质量较高的资产,增加住房抵押贷款规模也才能够起到降低商业银行风险的作用。由上述分析,我们提出假说3。

H3:房价变动是影响住房抵押贷款作用于商业银行风险的重要因素,当房价稳定上涨时,

[①] Kiyotaki N, Moore J., "Credit cycles", *Journal of political economy*, 1997,105(2):211-248.

[②] 高波、樊学瑞、赵奉军,《金融冲击与房地产市场波动——一个宏观分析框架及中国的经验证据》,载《经济理论与经济管理》,2017(6)。

增加住房抵押贷款规模对商业银行风险的降低作用显著。

二、模型构建与变量说明

1. 商业银行风险的度量

关于商业银行风险,有不同的度量指标和方法,常用的银行风险测度指标主要有 Z 值、风险资产占比、不良贷款率、特许权价值和预期违约频率等。由于样本中包含了大量非上市商业银行,因此,本研究主要用 Nicolo 提出的 Z 值度量银行风险。[①] Nicolo 将银行风险定义为银行亏损(利润为负)超过银行净资产(权益资产)的概率,即:

$$P(\pi \leqslant -E) = P(r \leqslant -k) = \int_{-\infty}^{-k} F(r) \mathrm{d}r \tag{8.5}$$

式中,π——银行净利润;

E——银行权益资产。

设 A 表示银行总资产,$r = \pi/A$ 为资产收益率,$k = E/A$ 为银行权益资产比。假设银行利润服从分布 $F(r)$。μ 和 σ^2 分别表示资产收益率 r 的期望和方差,设 $\mu > 0$ 和 $\sigma^2 > 0$。根据切比雪夫不等式:

$$P(r \leqslant -k) = P(r - \mu \leqslant -k - \mu) = P(|-r + \mu| \geqslant k + \mu) \leqslant \frac{\sigma^2}{(k+\mu)^2} = \frac{1}{Z^2} \tag{8.6}$$

通常,用 Z 值衡量银行的破产风险,Z 值越大表示破产风险越小。进一步采用张健华和王鹏[②]计算 Z 值的公式:

$$Z_{it} = \frac{ROA_{it} + CAR_{it}}{\sigma(ROA_{it})} \tag{8.7}$$

式中,ROA_{it}——商业银行的资产收益率(银行净利润/总资产);

CAR_{it}——商业银行资本充足率(权益资产/总资产);

$\sigma(ROA_{it})$——资产收益率的标准差。

2. 变量选择

(1) 被解释变量。

本研究用商业银行的破产风险 Z 值作为被解释变量,即上述计量模型中的 Z_{it},表示商业银行 i 在 t 年的风险。对于 Z 值的计算方法,根据以往的研究,大致可以分为两种:一种是先将样本区间分为几个时间段,然后用算术平均法分别计算每个时间段内样本 ROA_{it}、CAR_{it} 的平均值以及 $\sigma(ROA_{it})$,从而计算出 Z 值;另一种是用移动平均法,先确定 Z 值的时间跨度,然后在每个时间跨度内计算出 Z 值。考虑到采用算术平均法计算 Z 值时,虽然能够平滑不规则地变动,但使得可用的观测点数据大量减少,可能导致原样本中蕴含的信息损失,故本研究在计算 Z 值时采用移动平均法,ROA_{it} 和 CAR_{it} 为 3 年期的移动平均值,即当年与前两年的均值;$\sigma(ROA_{it})$ 为 3 年的移动标准差,即当年和前两年资产收益率的标准差。

[①] Nicolo G D., "Size, charter value and risk in banking: an international perspective", International finance discussion papers, 2000.

[②] 张健华、王鹏,《银行风险、贷款规模与法律保护水平》,载《经济研究》,2012(5)。

(2) 核心解释变量。

核心解释变量为商业银行的住房抵押贷款规模(rem)，该变量为各商业银行住房抵押贷款总额与商业银行总资产的比值，该比值越大，表明住房抵押贷款占商业银行总资产的占比越大。

(3) 其他控制变量。

① 非住房抵押贷款规模(nonrem)，该变量为各商业银行贷款总额中除去住房抵押贷款部分与商业银行总资产的比值，主要用于控制其他贷款对商业银行风险的影响。② 商业银行总资产(size)，用商业银行总资产的自然对数代替。③ 商业银行收入结构。商业银行收入结构对风险的影响主要通过两个变量来衡量：一是净利息收入规模(nim)，即净利息收入占总资产的比重，另一种是非利息收入规模(ni)，即非利息收入占总资产的比重。④ 经济增速(gdp)。为消除地区发展不平衡带来的影响，此处取各地区样本区间内实际国内生产总值增速来控制经济发展程度。国有商业银行和全国性股份制商业银行用全国指标，城市及农村商业银行则采用所在省份的实际国内生产总值增速。⑤ 房价变动(hp)。为消除地区房地产市场发展不平衡带来的影响，此处取各地区样本区间内实际房价增速来控制房地产市场发展程度。国有商业银行和全国性股份制商业银行采用全国指标，城市及农村商业银行则采用所在省份的实际房价增速。

3. 模型建立

考察住房抵押贷款对商业银行风险的影响，所使用的计量模型必须对其他影响商业银行风险的因素加以适当控制。这些因素大致分为两类：一类是与商业银行自身特点有关的因素，如商业银行总资产、非住房抵押贷款规模、净利息收入规模和非利息收入规模等；另一类是与商业银行所处的宏观环境有关的因素，如经济增速、房价变动等。综合考虑上述因素，本研究采用的计量模型如下：

$$Z_{it} = C + \beta_1 rem_{it} + \beta_2 nonrem_{it} + \beta_3 size_{it} + \beta_4 nim_{it} + \beta_5 ni_{it} + \beta_6 gdp_{it} + \beta_7 hp_{it} + \varepsilon_{it} \qquad (8.8)$$

4. 数据描述性统计

本研究采用的数据主要来源于历年《中国统计年鉴》《城市商业银行年报》和Bankscope银行财务数据库。具体包含2000年到2015年5家大型国有商业银行、10家全国性股份制商业银行、34家城市商业银行、3家农村商业银行和13家外资银行等65家商业银行的非平衡面板数据。由于在设定银行风险Z值时，采用的是3年期的移动平均值，所以实证用到数据的时期跨度为2002年到2015年。变量描述性统计结果如表8-5所示。

表8-5 变量描述性统计

	全样本		国有商业银行		全国性股份制商业银行		城市及农村商业银行		外资商业银行	
变量	均值	标准差	均值	标准差	均值	标准差	均值	标准差	均值	标准差
Z	83.334	97.071	131.140	158.796	86.656	80.032	77.814	89.062	78.596	102.595
rem	0.048	0.034	0.093	0.020	0.055	0.029	0.030	0.026	0.063	0.036
$size$	12.139	1.849	16.190	0.452	13.869	1.154	11.422	1.080	10.968	1.035
$nonrem$	0.452	0.103	0.423	0.031	0.466	0.089	0.448	0.104	0.458	0.131
nim	0.023	0.007	0.024	0.003	0.022	0.003	0.024	0.008	0.018	0.006
ni	0.004	0.004	0.006	0.002	0.005	0.003	0.004	0.003	0.006	0.006
gdp	0.107	0.026	0.096	0.021	0.092	0.020	0.118	0.024	0.088	0.016
hp	0.067	0.076	0.050	0.077	0.044	0.071	0.081	0.076	0.051	0.075

从商业银行风险 Z 值来看,在全样本中,商业银行风险 Z 值平均值为 83.334,国有商业银行风险 Z 值平均值最高,为 131.140,说明国有商业银行所面临的风险明显小于其他商业银行。全国性股份制商业银行风险 Z 值平均值为 86.656,高于全样本平均水平,表明全国性股份制商业银行所面临的风险较小。城市及农村商业银行和外资商业银行风险 Z 值平均值分别为 77.814 和 78.596,低于全国平均水平,说明在所有分类中,这两类商业银行所面临的风险较大。从住房抵押贷款占总资产比重来看,在全样本中,商业银行住房抵押贷款占总资产比重平均值为 4.8%,国有商业银行最高,平均值为 9.3%,这在一定程度上与国有商业银行率先开展住房抵押贷款业务有关。全国性股份制商业银行的平均值为 5.5%,城市及农村商业银行的平均值为 3.0%,外资商业银行的平均值为 6.3%。外资商业银行该值较大可能是因为这些商业银行的资产规模较小,其资产规模平均值为 10.968,是所有商业银行分类中平均值最小的,而城市及农村商业银行住房抵押贷款占总资产比重平均值最小则可能与这些商业银行的业务影响范围有关,尤其是农村商业银行。

三、住房抵押贷款影响银行业风险的实证分析

1. 信贷传导机制实证分析

首先对信贷传导机制进行实证分析。所有模型均采用固定效应法进行回归,且从检验方程所有系数是否均为 0 的 F/Wald 检验的结果来看,拒绝了方程所有系数均为 0 的原假设,说明方程总体回归结果较为理想(见表 8-6)。在构建商业银行风险 Z 值时指出,Z 值越大说明商业银行风险越小,所以解释变量的系数为正则说明该变量将降低商业银行风险,系数为负说明该变量将提高商业银行风险。从表 8-6 的回归结果可知,住房抵押贷款规模的系数均显著为正,表明住房抵押贷款规模的提高确实能够降低商业银行风险,该结论与 Martins et al. 的结论相同。[1] 另外,通过对商业银行风险 Z 值构成要素的进一步分析,发现增加住房抵押贷款规模主要是通过降低商业银行资本充足率的水平值和商业银行资产收益率的波动,同时,提高商业银行资产收益率的水平值实现降低商业银行风险的效果。另外,商业银行总资产对商业银行风险 Z 值具有显著的正面影响,表明商业银行扩大规模有助于降低银行风险,该结论与张健华和王鹏得到的结论相同。[2] 非住房抵押贷款规模对商业银行风险 Z 值具有不显著的正面影响,表明商业银行扩大非住房抵押贷款规模也有助于降低商业银行风险但该影响是不显著的。从商业银行收入结构来看,净利息收入和非利息收入均对商业银行风险 Z 值具有不显著的正面影响。不同的收入均对商业银行资产收益率产生显著的正面影响,且非利息收入对资产收益率的影响要大于利息收入。从外部环境来看,经济增速对商业银行风险 Z 值具有不显著的负面影响,表明经济增速越高,商业银行所面临的风险越大,该结论与张健华和王鹏得到的结论相同。[3] 房价变动对商业银行风险 Z 值具有不显著的负面影响,表明房价变动越大,商业银行所面临的风险越高。

---

[1] Martins A, Serra A, Martins V, "Residential property loans and bank performance during property price booms: evidence from european banks", Real estate & planning working papers, 2014.

[2] 张健华、王鹏,《银行风险、贷款规模与法律保护水平》,载《经济研究》,2012(5)。

[3] 同上引。

表 8-6 全样本的实证结果

	Z	ROA_{it}	CAR_{it}	$\sigma(ROA_{it})$
$size$	58.841 4***	0.001 8***	0.020 0***	−0.000 9***
	(17.214 0)	(0.000 3)	(0.003 1)	(0.000 3)
rem	892.587 3***	0.020 3***	0.077 4	−0.010 5**
	(287.008 8)	(0.005 7)	(0.052 4)	(0.004 9)
$nonrem$	152.768 4	−0.001 7	0.164 6***	0.004 4**
	(105.425 6)	(0.002 1)	(0.019 2)	(0.001 8)
nim	1 560.967 0	0.164 1***	0.190	−0.009 3
	(1 466.667 9)	(0.029 2)	(0.267 5)	(0.025 2)
ni	1 610.623 1	0.211 9***	−0.513 1	−0.042 4
	(2 024.905 2)	(0.040 3)	(0.369 4)	(0.034 4)
gdp	−113.216 8	0.009 9	0.120 3**	−0.006 3
	(355.702 2)	(0.007 1)	(0.064 9)	(0.006 1)
hp	−64.487 2	0.001 0	0.009 1	−0.001 8
	(65.048 3)	(0.001 0)	(0.011 9)	(0.001 1)
c	−789.006 5***	−0.019 4***	−0.271 9***	0.012 4***
	(275.766 2)	(0.005 5)	(0.050 3)	(0.004 7)
R^2 值	0.075 0	0.090 4	0.213 6	0.159 7
F/Wald 检验	0.000 0	0.000 0	0.000 0	0.000 0
估计方法	固定效应法	固定效应法	固定效应法	固定效应法
观测数	422	422	422	422

注：(1) ***、**、* 分别表示显著性水平为 1%、5%、10%，括号中的数字为标准差。
(2) 由于采用随机效应法进行估计时无法准确得到拟合优度，所以没有汇报其拟合优度值。

以上结果验证了前面理论分析所提出的假说 1，即增加住房抵押贷款规模能够降低商业银行风险。这一结果与中国房地产市场发展、住房抵押贷款发展和居民贷款消费的观念有关。中国房地产市场发展时间相对较短，住房抵押贷款在中国的发展时间也较短，两者都还有一定的成长空间。另外，从居民贷款消费的观念来看，中国居民通过信用贷款渠道提前消费的观念相对于美国等西方国家来说更保守一些，决定通过住房抵押贷款进行投资和消费的贷款者都较为谨慎，这也间接保证了住房抵押贷款的质量。

下文重点分析住房抵押贷款规模处于不同区间时，住房抵押贷款对商业银行所面临的风险的影响，其中，结合表 8-5 的统计结果，从整个样本来看，住房抵押贷款占总资产的比重均值为 4.8%，因此，我们将住房抵押贷款规模划分为三个区间，即大于等于 0 小于 5%、大于等于 5% 小于 10%、大于等于 10% 三个区间。根据表 8-7，只有当住房抵押贷款规模处于大于等于 5% 小于 10% 的区间时，住房抵押贷款规模的系数为正且显著，表明只有在该区间内，增加住房抵押贷款规模才能够显著降低商业银行风险。当住房抵押贷款规模小于 5% 或大于 10% 时，住房抵押贷款规模的系数则为负且不显著，表明在该区间内，增加住房抵押贷款规模不能起到降低商业银行风险的作用。该结果表明，住房抵押贷款规模是影响住房抵押贷款降低商业银行风险的重要因素,其规模过小或过大都不利于住房抵押贷款发挥降低商业银行风险的作用。

表8-7 住房抵押贷款规模处于不同区间的实证结果

	全样本	$0 \leqslant rem < 5\%$	$5\% \leqslant rem < 10\%$	$rem \geqslant 10\%$
$size$	58.841 4***	9.569 7*	58.064 4*	3.618 3
	(17.214 0)	(5.440 6)	(31.509 4)	(17.288 9)
rem	892.587 3***	−572.769 7	1 543.591 1**	−1 562.191 9
	(287.008 8)	(352.830 3)	(672.624 5)	(2 034.304 8)
$nonrem$	152.768 4	−120.509 4*	−37.825 2	1 340.418 4
	(105.425 6)	(55.405 4)	(227.324 1)	(1 102.448 8)
nim	1 560.967 0	369.446 7	1 826.129 2	5 445.422 6
	(1 466.667 9)	(855.033 1)	(3 130.981 1)	(10 548.531 4)
ni	1 610.623 1	−927.123 8	2 567.222 5	−4 184.814 8
	(2 024.905 2)	(1 359.357 7)	(4 049.526 5)	(14 113.633 5)
gdp	−113.216 8	93.073 0	−365.727 0	−5 368.708 1**
	(355.702 2)	(208.695 4)	(600.460 9)	(2 095.760 8)
hp	−64.487 2	−50.564 9	60.839 9	−188.120 6
	(65.048 3)	(57.334 4)	(109.064 4)	(504.354 4)
c	−789.006 5***	11.144 6	−797.962 0	101.377 3
	(275.766 2)	(86.726 0)	(513.739 8)	(450.703 3)
R^2值	0.075 0		0.000 1	0.285 4
F/Wald检验	0.000 0	0.020 1	0.000 7	0.196 3
估计方法	固定效应法	随机效应法	固定效应法	最小二乘法
观测数	422	229	158	35

注:(1) ***、**、*分别表示显著性水平为1%、5%、10%,括号中的数字为标准差。
(2) 由于采用随机效应法进行估计时无法准确得到拟合优度,所以没有汇报其拟合优度值。

以上回归结果验证了前面理论分析提出的假说2,即住房抵押贷款只有在住房抵押贷款规模较大的商业银行中才能发挥降低银行风险的作用。需要注意的是,从表8-5的统计结果可知,住房抵押贷款规模较大的商业银行主要是国有商业银行、全国性股份制商业银行和外资商业银行,而住房抵押贷款规模较小的商业银行主要是城市及农村商业银行,前者在发展水平方面要优于后者,所以以上实证结果表明,对住房抵押贷款规模较小的商业银行来说,不要急于扩大住房抵押贷款规模,而应该先增强自身的实力,达到与住房抵押贷规模较大的商业银行相似的管理水平后,再扩大住房抵押贷款规模才是有益的。为了更进一步表明银行类型的重要性,本研究进一步对不同类型的商业银行的结果进行回归分析。

对国有、股份制和外资商业银行而言,住房抵押贷款规模对银行风险Z值具有显著的正面影响,表明此类银行增加住房抵押贷款规模将有助于降低其面临的银行风险。然而,对城市和农村商业银行而言,住房抵押贷款规模对银行风险Z值不再具有正面影响,而是具有不显著的负面影响,表明此类银行增加住房抵押贷款比例并不有助于降低其面临的银行风险(见表8-8)。上述结果进一步验证了前面的假说2,即住房抵押贷款只有在住房抵押贷款规模较大的商业银行中才能发挥降低银行风险的作用。同时,该结果也进一步表明住房抵押贷款对银行风险的降低作用会受到商业银行类型的影响。

表8-8 住房抵押贷款规模处于不同区间的实证结果

	全样本	高占比类型	低占比类型
$size$	58.841 4***	7.664 3*	18.406 6**
	(17.214 0)	(3.911 7)	(8.562 5)
rem	892.587 3***	917.481 9***	−154.594 0
	(287.008 8)	(227.562 8)	(250.600 4)
$nonrem$	152.768 4	154.149 4*	−99.111 3
	(105.425 6)	(92.938 0)	(79.146 0)
nim	1 560.967 0	−1 123.929 6	556.395 9
	(1 466.667 9)	(1 921.982 6)	(1 033.243 9)
ni	1 610.623 1	−2 558.057 5	1 201.553 1
	(2 024.905 2)	(2 050.174 5)	(2 026.552 1)
gdp	−113.216 8	−1 941.251 2***	−23.696 7
	(355.702 2)	(420.974 2)	(242.490 8)
hp	−64.487 2	−145.342 2	−111.064 0
	(65.048 3)	(101.715 1)	(71.515 7)
c	−789.006 5***	81.392 6	−96.375 5
	(275.766 2)	(70.980 0)	(135.692 2)
R^2值	0.075 0	0.189 8	
F/Wald检验	0.000 0	0.000 0	0.010 6
估计方法	固定效应法	最小二乘法	随机效应法
观测数	422	206	216

注:(1) ***、**、* 分别表示显著性水平为1%、5%、10%,括号中的数字为标准差。
(2) 由于采用随机效应法进行估计时无法准确得到拟合优度,所以没有汇报其拟合优度值。
(3) 高占比类型包括国有、股份制和外资商业银行,低占比类型包括城市和农村商业银行。

2. 抵押品价值效应传导机制实证分析

根据前面的理论分析,本研究认为房价变动处于不同情形时,住房抵押贷款对商业银行风险的影响是有差异的,只有当房价上涨且变动幅度较小时,增加住房抵押贷款规模才能够有效降低商业银行风险。本研究将对该假说进行验证,将房价变动划分为三个区间:小于0、大于等于0小于5%、大于等于5%,然后分别对区间内的住房抵押贷款对商业银行风险的影响进行实证分析(见表8-9)。

表8-9 房价变动处于不同区间的实证结果

	全样本	$hp<0$	$0 \leqslant hp<5\%$	$hp \geqslant 5\%$
$size$	58.841 4***	−0.956 0	3.778 0	7.249 7**
	(17.214 0)	(5.807 2)	(6.695 4)	(3.299 4)
rem	892.587 3***	175.528 2	1 008.840 3***	165.364 5
	(287.008 8)	(331.051 2)	(366.718 4)	(165.511 3)

续 表

	全样本	$hp<0$	$0\leq hp<5\%$	$hp\geq 5\%$
$nonrem$	152.768 4	−374.045 3***	−21.626 9	25.593 4
	(105.425 6)	(128.343 0)	(117.670 1)	(64.177 5)
nim	1 560.967 0	−968.907 8	2 069.211 0	487.417 9
	(1 466.667 9)	(1 830.324 9)	(1 970.582 5)	(976.564 3)
ni	1 610.623 1	−4 140.000 0	−3 280.000 0	1 093.808 8
	(2 024.905 2)	(2 724.051 5)	(2 954.991 4)	(1 608.130 6)
gdp	−113.216 8	443.067 4	−1 600.000 0***	−281.775 1
	(355.702 2)	(450.557 2)	(506.877 1)	(231.058 2)
hp	−64.487 2	44.383 2	562.572 4	−196.772 3*
	(65.048 3)	(303.971 8)	(775.864 7)	(100.861 5)
c	−789.006 5***	234.330 9**	135.896 5	6.563 3
	(275.766 2)	(107.588 4)	(117.132 0)	(60.843 5)
R^2值	0.075 0	0.271 7	0.198 8	0.093 6
F/Wald 检验	0.000 0	0.007 7	0.000 6	0.002 0
估计方法	固定效应法	最小二乘法	最小二乘法	最小二乘法
观测数	422	66	121	235

注:(1) ***、**、*分别表示显著性水平为1%、5%、10%,括号中的数字为标准差。
(2) 由于采用随机效应法进行估计时无法准确得到拟合优度,所以没有汇报其拟合优度值。

对比表8-9中的回归结果发现,当房价变动处于不同区间时,住房抵押贷款对商业银行风险的影响确实出现了明显的变化,且只有当房价上涨且变动幅度较小时,增加住房抵押贷款规模才能够有效降低商业银行风险。尽管当房价变动处于不同区间时,增加住房抵押贷款规模始终具有降低商业银行风险的作用,但其影响程度却呈现倒U型,即在房价变动处于大于等于0小于5%的区间时影响程度达到最大值,表明此时增加住房抵押贷款规模对商业银行风险的降低作用最大。另外,从显著水平来看,也只有在大于等于0小于5%的区间时是高度显著的。而在房价下跌或房价高涨的阶段,增加住房抵押贷款规模对商业银行风险的降低作用幅度大大缩小,且不再显著。另外,当房价变动处于不同区间时,房价变动本身对商业银行风险的影响也呈现明显的变化,从降低商业银行风险逐渐转变为提高商业银行风险,尤其是当房价变动处于大于等于5%的区间时,房价变动将会显著提高商业银行风险。

以上分区间的回归结果验证了前面理论分析所提出的假说3,即房价上涨且变动幅度较小时,增加住房抵押贷款规模对商业银行风险的降低作用显著。回顾本轮金融危机,从结果来看,住房抵押贷款成为诱导商业银行风险的主要因素,但进一步分析可知,尽管2007年的美国债务危机与住房抵押贷款有关,但主要是与住房抵押贷款质量下降有关,而根据Demyanyk and Hemert的研究,美国在2007年危机爆发前6年,商业银行的贷款质量已开始逐渐下降,而且他们认为这与美国房价波动密切相关。① 因此,保证房价稳定,有利于发挥住房抵押贷款降低商业银行风险的作用,从而推动商业银行等金融部门的稳定发展。

3. 稳健性检验

(1) 更换被解释变量进行稳健性检验。

本研究借鉴杨天宇、钟宇平的研究,用不良贷款规模(debt),即不良贷款比上总资产,替代前面的Z值,对实证结果进行稳健性检验(见表8-10、表8-11)。② 与商业银行风险Z值不同,不良贷款规模越低,商业银行风险越小。不良贷款具体包含三类:次级贷款、可疑贷款和损失贷款。

表8-10 更换被解释变量稳健性检验的实证结果(1)

	全样本	$0 \leqslant rem < 5\%$	$5\% \leqslant rem < 10\%$	$rem \geqslant 10\%$
$size$	−0.012 5***	−0.011 1*	−0.011 0***	0.000 4
	(0.002 4)	(0.005 6)	(0.003 0)	(0.000 9)
rem	−0.140 9***	−0.137 8	−0.232 0***	−0.014 8
	(0.041 6)	(0.174 5)	(0.064 6)	(0.062 0)
$nonrem$	−0.035 1*	0.001 6	−0.042 0	0.026 0
	(0.019 4)	(0.042 1)	(0.025 4)	(0.036 7)
nim	0.308 0	0.535 7	0.254 7	−0.160 9
	(0.226 4)	(0.443 5)	(0.307 4)	(0.361 7)
ni	0.279 7	1.112 0	−0.404 5	−0.366 8
	(0.366 4)	(0.780 3)	(0.444 3)	(0.911 8)
gdp	−0.127 4***	−0.169 8*	−0.093 0*	−0.126 1*
	(0.047 6)	(0.096 2)	(0.049 0)	(0.062 1)
hp	0.011 2	0.008 9	0.007 6	−0.006 0
	(0.008 9)	(0.018 2)	(0.009 1)	(0.015 4)
c	0.204 1***	0.150 8*	0.206 1***	0.035 8**
	(0.040 3)	(0.086 7)	(0.050 0)	(0.017 2)
R^2值	0.035 6	0.000 2	0.350 1	0.299 8
F/Wald检验	0.000 0	0.063 2	0.000 0	0.250 2
估计方法	固定效应法	固定效应法	固定效应法	最小二乘法
观测数	280	132	117	31

注:(1) ***、**、* 分别表示显著性水平为1%、5%、10%,括号中的数字为标准差。

(2) 由于采用随机效应法进行估计时无法准确得到拟合优度,所以没有汇报其拟合优度值。

---

① Demyanyk Y, Hemert O., "Understanding the subprime mortgage crisis", *The review of financial studies*, 2011, 24(6):1848-1880.

② 杨天宇、钟宇平,《中国银行业的集中度、竞争度与银行风险》,载《金融研究》,2013(1)。

表 8-11 更换被解释变量稳健性检验的实证结果(2)

	全样本	$hp<0$	$0 \leqslant hp<5\%$	$hp \geqslant 5\%$
$size$	−0.012 5***	0.000 3	−0.027 9***	−0.013 1***
	(0.002 4)	(0.000 7)	(0.005 6)	(0.003 9)
rem	−0.140 9***	−0.018 6	−0.181 0***	−0.111 8*
	(0.041 6)	(0.043 1)	(0.057 7)	(0.057 5)
$nonrem$	−0.035 1*	−0.008 6	−0.104 9***	−0.068 3**
	(0.019 4)	(0.017 6)	(0.035 3)	(0.032 1)
nim	0.308 0	0.131 0	0.450 0	0.400 2
	(0.226 4)	(0.250 0)	(0.353 0)	(0.400 3)
ni	0.279 7	0.955 5*	0.657 6	0.814 2
	(0.366 4)	(0.484 2)	(0.647 0)	(0.545 9)
gdp	−0.127 4***	0.109 7*	−0.340 7***	0.007 1
	(0.047 6)	(0.059 4)	(0.087 7)	(0.079 1)
hp	0.011 2	−0.126 5***	0.022 9	0.002 3
	(0.008 9)	(0.034 6)	(0.093 2)	(0.017 5)
c	0.204 1***	−0.011 6	0.455 1***	0.206 7***
	(0.040 3)	(0.015 3)	(0.091 5)	(0.064 2)
R^2值	0.035 6	0.406 1	0.149 6	0.024 5
F/Wald 检验	0.000 0	0.003 7	0.000 0	0.000 0
估计方法	固定效应法	最小二乘法	固定效应法	固定效应法
观测数	280	46	80	154

注：(1) ***、**、* 分别表示显著性水平为 1%、5%、10%，括号中的数字为标准差。

(2) 由于采用随机效应法进行估计时无法准确得到拟合优度，所以没有汇报其拟合优度值。

将表 8-10 和表 8-11 的结果与表 8-6、表 8-7 和表 8-9 进行对比可知，采用不良贷款规模衡量商业银行风险，增加住房抵押贷款规模仍然能够起到降低商业银行风险的作用。同时，对住房抵押贷款规模不同情形的回归分析结果显示，尽管在所有区间内，增加住房抵押贷款规模均具有降低商业银行风险的作用，但是当住房抵押贷款规模处于大于等于 5% 小于 10% 时，上述降低作用的幅度更大且高度显著，支持了前面对应的分析结果。对不同房价变动情形的回归分析结果显示，当房价变动处于不同区间内，增加住房抵押贷款规模对商业银行风险的影响同样发生了变化，且同样是当房价变动幅度处于大于等于 0 小于 5% 的区间时，增加住房抵押贷款规模对商业银行风险的降低作用最显著，不仅影响幅度最大而且高度显著，同样支持了前面对应的分析结果。

(2) 更换估计方法进行稳健性检验。

考虑到可能存在的内生性问题，本文采用系统广义矩估计方法进行估计。该估计方法与差分广义矩估计方法相比，可以在有效减轻内生性问题以及残差异方差性的同时，提高估计效率，在实证文献中得到广泛应用。

在进行更换模型估计方法的稳健性检验过程中，由于系统广义矩估计对样本的观测数要求更高，所以本研究在考察住房抵押贷款规模和房价变动不同情形时的回归过程中，忽略了对房价变动幅度小于0的样本以及住房抵押贷款规模大于等于10%的样本,因为这些情形下,样本观测数太少。尽管如此,只有全样本时通过了所有检验,而在其他情况下,均有一些检验没有通过,这依然主要是因为本研究采用的是非平衡面板数据,而且许多观测对象的持续期太短,但采用系统广义矩法估计的结果仍支持本研究的假说1和假说2。将表8-12的结果与表8-6、表8-7和表8-9进行对比可知,此时,增加住房抵押贷款规模仍然能够起到降低商业银行风险的作用。同时,对住房抵押贷款规模不同情形的回归分析结果显示,当住房抵押贷款规模处于大于等于5%小于10%时,上述降低作用的幅度更大且高度显著,支持了前面对应的分析结果。对不同房价变动情形的回归分析结果显示,只有当处于大于5%的区间时,增加住房抵押贷款规模对商业银行风险才具有降低作用,但该作用并不显著;当房价变动处于大于等于0小于5%的区间时,住房抵押贷款的系数尽管为负,但同样不显著。所以,此处的稳健性检验结果既不支持也不否定前面对应的分析结果。

表8-12 更换估计方法稳健性检验的实证结果

	全样本	$0 \leqslant rem < 5\%$	$5\% \leqslant rem < 10\%$	$0 \leqslant hp < 5\%$	$hp \geqslant 5\%$
Z_{-1}	0.379 8***	0.201 6**	0.317 0*	0.349 9**	0.298 8
	(0.090 4)	(0.082 5)	(0.183 8)	(0.156 1)	(0.185 5)
$size$	24.948 6***	13.530 9	30.697 6**	28.656 9	26.283 2*
	(9.017 9)	(11.486 7)	(13.506 0)	(22.893 8)	(15.867 3)
rem	429.025 2	−80.640 6	2 833.193 0***	−810.217 7	1 131.307 8
	(681.213 4)	(610.406 0)	(718.516 6)	(1 436.703 6)	(919.503 6)
$nonrem$	105.551 6	115.603 3	349.524 2*	−254.762 5	417.897 2**
	(150.977 0)	(99.973 4)	(209.384 5)	(179.429 3)	(190.976 0)
nim	2 806.874 8	2 114.516 3	−3 980.294 3	7 391.526 1**	1 634.003 6
	(2 238.464 8)	(1 901.323 6)	(3 081.547 5)	(3 343.930 6)	(4 745.046 2)
ni	−7 576.315 0	−527.128 8	−21 868.551 8***	2 228.007 3	−7 488.209 0
	(5 991.281 4)	(3 131.091 8)	(7 592.088 4)	(2 603.793 2)	(10 616.018 4)
gdp	−553.568 5	73.007 1	−1 887.782 2***	−426.345 2	−1 328.368 4
	(470.226 6)	(344.322 7)	(456.073 0)	(339.139 3)	(1 021.367 5)
hp	−10.691 7	1.886 2	−143.138 7**	119.853 7	−93.424 4
	(89.832 7)	(60.702 8)	(62.369 0)	(84.320 7)	(87.436 9)
c	−294.289 0*	−206.786 0	−301.028 3	−297.457 1	−355.332 5
	(171.676 2)	(191.565 5)	(245.805 7)	(258.410 7)	(232.126 6)
Wald检验	0.000 0	0.168 5	0.000 0	0.004 1	0.044 1
AR(1)检验	0.004 9	0.004 9	0.160 1	0.120 8	0.906 8
AR(2)检验	0.075 5	0.769 2	0.287 6	0.500 6	0.084 1
Sargen检验	0.304 9	0.532 6	0.976 8	0.402 3	0.095 4
观测数	396	216	146	116	217

注:(1) ***、**、* 分别表示显著性水平为1%、5%、10%,括号中的数字为标准差。
(2) 由于采用随机效应法进行估计时无法准确得到拟合优度,所以没有汇报其拟合优度值。

四、结 论

本节利用2000年到2015年65家商业银行非平衡面板的微观数据,分析了住房抵押贷款对商业银行风险的影响,得到的主要结论如下:首先,增加住房抵押贷款规模能够降低商业银行风险,无论是用银行风险 Z 值衡量商业银行风险,还是用不良贷款率衡量商业银行风险,增加住房抵押贷款规模都能够起到降低商业银行风险的功能。其次,住房抵押贷款降低商业银行风险的作用会受到住房抵押贷款占比的影响,即受到住房抵押贷款规模的影响,当商业银行的住房抵押贷款占比较高时,住房抵押贷款降低商业银行风险的作用显著,而住房抵押贷款规模过小或过大都不利于住房抵押贷款发挥降低商业银行风险的作用。最后,住房抵押贷款降低商业银行风险的作用会受到房价变动的影响,当房价上涨且变动幅度较小时,增加住房抵押贷款规模能够显著降低商业银行风险。

※ 本章小结 ※

住房贷款是指贷款人向借款人发放的,用于购买各类住房的贷款。住房贷款主要包含住房抵押贷款、住房储蓄贷款、住房公积金贷款和各种组合贷款等。住房贷款风险主要是指借款人不能按时偿还贷款本息,由此给银行带来的损失。住房贷款风险包括借款人风险、开发商经营风险、管理风险、流动性风险和法律风险等。

住房抵押贷款市场包括抵押贷款发放的一级市场和抵押贷款交易的二级市场。从贷款偿还方式和贷款利率是否变化的角度来看,住房抵押贷款一级市场上存在固定利率抵押贷款和可调利率抵押贷款等多种产品。住房抵押贷款二级市场的运行,将降低住房抵押贷款一级市场的风险,提高住房抵押贷款的流动性,增强房地产金融市场的功能。住房抵押贷款证券化是指金融机构(主要是商业银行)把自己所持有的流动性较差、具有未来现金收入流的住房抵押贷款汇聚重组为抵押贷款群组,由证券机构以现金方式购入,经过担保或信用增级后以证券的形式出售给投资者的融资过程。住房抵押贷款证券化具有资产融资、破产隔离、信用增级、规避风险、规范化和低成本等显著特点。

过去10多年来,我国住房抵押贷款规模的扩大,起到了降低商业银行风险的功能。当房价上涨且变动幅度较小时,住房抵押贷款对商业银行风险的降低作用显著。

※ 本章思考题 ※

1. 住房贷款的产品种类有哪些?
2. 什么是住房抵押贷款一级市场和二级市场?
3. 住房抵押贷款二级市场如何运作?
4. 住房抵押贷款证券化的概念和特点是什么?
5. 住房公积金制度的内涵是什么?如何进行住房公积金管理?

课后习题八

第九章 房地产保险

内容提要

1. 房地产保险的起源、内涵、可保风险及功能。
2. 房地产保险的参与者、保险基金和保险合同。
3. 房地产财产保险、房地产责任保险、房地产信用保证保险和房地产人身保险。
4. 房地产保险的运作。
5. 典型国家的房地产保险市场。

房地产凝聚了大量的国民财富,这种高价值的资产,在规划设计、建造、销售、分配和使用的各个环节均存在一定的风险。保险机构将与保险业相关的房地产风险开发成不同的保险产品,将众多投保人的保费集中到一起,为遭受现实损失的投保人提供必要的损失补偿,从而为房地产市场的运行提供安全保障。房地产保险是房地产金融体系的一个重要组成部分。

第一节 房地产保险的起源、内涵和功能

一、房地产保险的起源

人类社会始终面临着自然灾害的侵扰,保险则产生在人们与大自然抗争的过程中。公元前4500年,古埃及石匠们为应对自然灾害,自发成立了丧葬互助组织,由参加者缴纳的会费来支付会员死亡后的丧葬费用,这是保险意识的萌芽。公元前18世纪,古巴比伦汉谟拉比时代商业繁荣,为援助商业及保护商队的骡马和货物损失补偿,在《汉谟拉比法典》中规定了共同分摊补偿损失的条款。此后,保险从萌芽时期的互助形式逐渐发展出冒险借贷、海上保险、火灾保险、人寿保险等多种形式,并逐渐发展成为现代保险。19世纪是西方现代保险业迅速发展和完善的重要时期,19世纪初全世界仅有30家专业保险公司,且集中于少数国家,而到19世纪末,全世界已拥有1 272家各类保险公司,遍及26个国家,并形成国际性保险和再保险市场。20世纪以来,世界保险业迅速崛起,据瑞士再保险公司关于世界保险业的 *Sigma* 研究报告显示,1999年全球保险公司总保费收入为23 240亿美元,而到2018年,

全球保险业保费收入已达5.2万亿美元,相当于全球GDP的6%以上。房地产保险作为一个重要的保险领域,在美国、加拿大、德国等发达国家得到了迅速发展。经过近百年的发展,美国房地产保险市场已逐步走向成熟。美国房地产保险覆盖面广,种类丰富多样,包括房屋保险、产权保险、抵押贷款保险、委托保险、从业人员人身保险、交易保险等众多保险产品。这些险种根据保险标的的区别,还可细分为更多种类,从而构成了一套完善的房地产保险体系,充分考虑到了房地产在设计、修建、经营和使用过程中的各种风险因素,并且在保险产品的开发和应用上体现了普通公众意识,迎合了广大投保人的利益需要。

美国房地产保险的发展历程表明保险对防范住房抵押贷款风险有重要意义。19世纪末美国出现了第一家所有权保险公司;1911年美国联邦政府立法通过,允许私营保险公司介入抵押保险业务。美国现代私营抵押保险市场的发展起源于1957年,一位名叫迈克斯·卡尔的律师创立了第一家专门为非政府机构担保的常规抵押贷款提供保险的公司——抵押担保保险公司(MGIC)。当时政府担保的抵押贷款多为固定利率抵押贷款,但贷款房产价值比最高仅为70%,同时对借款人的收入和贷款金额都有限制。尽管政府建立了一套为抵押贷款提供担保的机制,但是,绝大多数抵押贷款并没有条件享受这些担保。这给私营抵押担保业的发展提供了规模庞大的市场发展契机。20世纪50年代开始,美国经济步入稳步增长时期,住宅业和金融业快速发展,带动抵押贷款保险的发展,形成了美国政府与私营抵押保险相结合的混合模式,既有政府设立的房地产担保机构,又有私人保险机构参与,形成互为补充、相互竞争的覆盖全国的保险体系。1973年,私营抵押保险公司的行业性组织——美国抵押保险公司协会宣告成立。该协会下设会计金融、风险管理、亏损管理、市场调研和政府关系,这个协会的成立使私营抵押保险业务逐渐形成一套完整的资本储备、资本管理和风险防范机制。20世纪80年代中期,美国市场动荡,市场利率不断攀升,给房地产市场带来很大的不确定性,抵押贷款的违约率大大提高。这一时期,私营抵押保险公司为商业银行等金融机构投资者提供了50多亿元的抵押贷款保险赔偿金,降低了房地产抵押贷款金融机构的经营风险,也使众多的私营抵押保险公司经历了一次考验。20世纪90年代以来,美国消费结构、收入结构发生了变化,非存款金融机构的成长给资本市场带来庞大的机构投资者队伍,也使私营抵押保险市场得到发展。

二、保险和房地产保险的内涵

《新帕尔格雷夫经济学大辞典》指出,保险(Insurance)是一个古老的制度。根据等价原理,当保险生效时,保费收入的期望现值等于保费赔付支出的期望现值。[①] 保险是指投保人根据合同的约定,向保险人支付保险费,保险人对于合同约定的可能发生的事故因其发生所造成的财产损失承担赔偿保险金责任,或者当被保险人死亡、伤残、疾病或者达到合同约定的年龄、期限时承担给付保险金责任的行为。从经济角度看,保险是分摊意外事故损失的一种财务安排。从法律角度看,保险是一种合同行为,是一方同意补偿另一方损失的一种合同安排。从社会角度看,保险是社会经济保障制度的重要组成部分,是社会生产和社会生活"精巧的稳定器"。

按保险所保障的范围,可将保险分为财产保险、责任保险、信用保证保险和人身保险。

[①] 史蒂文·N.杜尔劳夫、劳伦斯·E.布卢姆,《新帕尔格雷夫经济学大辞典》(第4卷)第2版,经济科学出版,2016年,第348—352页。

① 财产保险是指投保人根据合同约定,向保险人交付保险费,保险人按保险合同的约定对所承保的财产及其有关利益因自然灾害或意外事故造成的损失承担赔偿责任的保险。② 责任保险是保险人以被保险人的民事损害赔偿责任为保险标的的保险。不论企事业单位、团体或个人,在进行各种生产经营活动或日常生活中,由于疏忽、过失等行为造成他人的损害,依法由致害人承担经济赔偿责任。责任保险的标的既不是特定的财产,也不是人身,而是保险人对于第三人应负的赔偿责任。③ 信用保险与保证保险承保的都是信用风险,即债务人不按规定履行义务而给债权人带来损失的可能性。但信用保险与保证保险是有着严格区别的两种保险业务。凡权利人要求保险人担保债务人或买方信用的保险,属于信用保险。凡被保证人根据权利人的要求,要求保险人担保自己信用的保险,属于保证保险。也就是说,保证保险是以投保人自己的信用风险为保险责任的一种财产保险业务;而信用保险是以他人的信用风险为保险责任的财产保险业务。保证保险的当事人有三个,即保险人、投保人和权利人,而信用保险仅有投保人和保险人两个当事人。④ 人身保险是以人的生命和身体机能(健康和劳动能力)为保险标的的保险。当被保险人遭受意外灾害、疾病、衰老等不幸事故,以至死亡、伤残或年老退休时,保险人可以根据保险合同的规定,给予被保险人或受益人保险金额或年金。人身保险按风险可分为人身意外伤害保险、健康保险(也称疾病保险)和人寿保险三类。

房地产保险包括广义的房地产保险和狭义的房地产保险。广义的房地产保险是指以房地产作为核心标的物,根据订立的保险合同,对特定的灾害事故造成的经济损失提供资金保障补偿,属于财产保险的范畴,也包括一定的人寿保险。狭义的房地产保险是指某个具体的险种,从业务量的规模及其所占比例来看,主要是住房抵押贷款保险。房地产保险是以房地产及其相关利益和责任为保险标的,保险机构收取保费,与被保险人订立保险合同,对于在房地产设计、生产、销售、分配和使用的各个环节中,由于自然原因、社会原因、经济原因等不可控因素造成的损失,由保险人对被保险人给予经济补偿。

三、房地产保险的可保风险

房地产风险不可避免地存在于房地产生命周期的各个环节,但并不是所有房地产风险都可以通过购买保险的方式将风险转嫁给保险机构的。房地产保险只对符合条件的可保风险提供保险,或者说,保险机构承保的风险必须符合一定的条件和存在于一定范围内,保险人只对保险责任范围内的风险事故或约定事件所遭受的损失负责。

1. 大量同类标的物均遭受的同类风险损失

大数法则是保险赖以建立的数理基础,大量同类风险的发生,才可能使保险费率的制定建立在可靠的数理统计基础上。

2. 偶然性和意外损失风险

可保风险有损失发生的总体概率,但对个体投保标的物而言,损失发生的风险具有偶然性和意外性,既有发生的可能性,又不是必然发生的。至于损失风险什么时候发生损失,以及发生损失后损失的程度,人们是无法事先预知的。意料之中的损失是不能保险的,如房屋折旧。此外,被保险人故意行为造成的损失是不予承保的,如被保险人故意或唆使他人纵火。

3. 纯粹风险

纯粹风险是指那些只有损失的机会而无获利可能的风险,如房屋遭受火灾、水灾等。保险机构承保的风险必须是纯粹风险而不是投机风险。投机风险是指那些风险发生的后果既有损失机会又有获利可能的风险。例如,房地产投资本身既有赚钱的可能,也有亏损的可能;房地产价格周期波动,会使有的人亏本有的人获利。

4. 能以货币衡量的风险

保险本身实际上是经济风险的转移行为,那些不能明显地表现为经济损失的风险,不能或难以以货币衡量的风险,以及造成损失轻微的风险,是无法承保和投保的。

一般来说,由自然原因造成的财产风险、人寿风险是保险机构可以承保的,而行为、政治、技术、经济等原因所引致的风险通常是保险机构不可承保的。当然,随着现代保险业的发展,针对一些过去不可承保的、由经济原因而导致的风险,保险企业正逐步拓展业务范围,推出新的保险产品。

四、房地产保险的功能

房地产保险是整个社会保险体系中不可缺少的重要组成部分。房地产保险通过向投保人收取保费,建立了强大的资金后备,对房地产领域因自然灾害和意外事故造成的保险责任范围的损失提供经济补偿或资金给付,对房地产业发展起到积极的保障作用。特别是住房抵押贷款保险业的发展,极大地提高了购房者的即期买房能力。

1. 对冲事故损失,实现经济补偿

当投保人的房地产及其相关利益遭受自然灾害或意外事故而发生损失时,保险机构将对投保人给予一定比例的经济补偿,减少投保人的直接损失和间接损失。这对于投保人尽快地恢复生产经营或重建家园,为社会生产生活提供安全保障,促进社会安定和人民安居乐业具有重要作用。

2. 增强投保人的信用,加快了融资速度和扩大了融资规模

在没有住房抵押贷款保险的情况下,金融机构对购房人发放贷款的条件较为苛刻,首期付款比例较高,极大地制约了购房者的购房能力。金融机构对不同的融资需求者实行歧视,对不同收入的人给予不同的贷款条件,甚至拒绝给信用不佳的人发放贷款。住房抵押贷款保险机制建立后,为了保障贷款的安全,金融机构可要求购房者投保房屋财产险以保障贷款抵押物的安全,或者要求购房者投保房屋抵押贷款还款保证保险,来增强借款人的信用,保证放贷资金的安全,从而加快了住房贷款资金的放款速度,扩大了融资规模。

3. 提高了金融机构住房抵押贷款抗风险能力,降低了住房抵押贷款风险

住房抵押贷款保险机制的建立,大大地增强了金融机构发放住房抵押贷款的信心,有效地降低了贷款呆账和坏账发生率,从而降低了住房抵押贷款风险。

4. 为住房抵押贷款二级市场的发展奠定了坚实的基础

完善的住房抵押贷款保险机制,促进了住房抵押贷款合约标准化、规范化及住房抵押贷款组合保险的发展,进而提高了住房抵押贷款证券的信用评级,为住房抵押贷款二级市场的发展奠定基础。

5. 增强社会防灾救灾能力,保障社会财富安全

保险机构作为房地产保险的承保人,从企业经营管理和自身经济利益出发,在房地产保险条款制定、费率确定、赔款处理、安全防范以及提供防灾咨询服务、建立防灾基金等方面积极引导和督促被保险人增强风险意识,并对被保险的房地产标的进行安全检查,运用自身积累的防灾防损经验,向被保险人提出消除不安全因素的合理化建议和措施,增强社会防灾救灾能力,减少灾害损失。

第二节 房地产保险的构成要素

一、房地产保险的参与者

房地产保险的参与者包括房地产投保人、保险人、被保险人和受益人等,而房地产投保人和房地产保险人是最重要的参与者。

1. 房地产投保人

房地产投保人亦叫作要保人,是指对保险房地产具有保险利益,与保险人订立保险契约,并缴纳保险费的人,可以是法人,也可以是自然人。房地产投保人必须拥有被保险房地产(保险标的)的所有权,或者是被保险房地产的经营管理者以及有利益关系的人。房地产投保人需履行以下义务:① 按期缴纳保险费用。② 保险标的一旦出现危险情况,立即如实报告保险人。③ 积极主动维护保险标的的安全,接受保险机构对保险标的的监督及合理建议,并切实做好保险标的防护工作。④ 保险标的在保险范围内发生事故时,及时通知保险人。⑤ 保险标的发生事故时,积极采取措施防止损失进一步扩大。⑥ 如果保险标的被出售或转让给他人,保险范围内的事故发生而造成经济损失时,及时通知保险人,投保人仍然有权根据保险合同的规定向保险人索赔,获得相应的赔偿。

2. 房地产保险人

房地产保险人也叫承保人,是指与房地产投保人订立保险契约,收取保险费,并承担保险契约约定的赔偿责任人。在保险业分业经营的管理体制下,同一保险人不得同时兼营财产保险和人身保险业务,以保险标的物为房地产或与房地产相关的人身为界线,房地产保险人分别为财产保险公司、人寿保险公司以及承办保险业务的银行等金融机构。房地产保险人的主要权利和义务有:

(1) 房地产保险人权利。保险人最基本的权利是按照与投保人事先达成的合同收取一定数量的保险费用。此外,保险人还有权要求房地产投保人按合同履行相应的义务以及适当灵活地使用保险金。

(2) 房地产保险人义务。当保险范围内的事故发生后,保险人应立即履行对投保人承担的义务,勘查现场,根据实际的损失情况,核算、确定并赔偿补偿金额。保险赔偿又称为理赔。赔偿金额由合同规定并经过现场调查后审定。此外,房地产保险人还应当积极开展保险标的的防护工作,及时检查、消除保险标的可能发生的危险隐患。

3. 房地产被保险人

房地产被保险人,是指根据房地产保险合同,其财产利益或人身受保险合同保障,在保险事故发生后,享有保险金请求权的人。投保人通常是被保险人。

4. 房地产保险受益人

房地产保险受益人由房地产投保人或者被保险人在房地产保险合同中确定,指当发生约定范围内的保险事故时,享有向房地产承保人行使赔偿请求权利的人。投保人、被保险人可以为受益人。如果房地产投保人或被保险人未指定受益人,则他的法定继承人即为房地产保险受益人。

二、房地产保险基金

保险基金(Insurance Fund)是指专门从事风险经营的保险机构,根据法律或保险合同的规定,收取保险费而建立、专门用于赔偿保险事故损失或人身伤亡给付的专用基金,是保险人履行保险赔偿义务的重要物质基础。保险基金有广义保险基金和狭义保险基金两类,广义保险基金泛指整个社会的后备基金体系;狭义保险基金则专指由保险机构集中起来的后备基金。

房地产保险基金则是保险机构集中起来的房地产保险专项基金,由保险机构向房地产投保人收取的保险费用或保险付款的总和构成。房地产保险基金是房地产保险人履行赔偿义务的重要物质基础,专为应付保险标的遭受意外事故而发生损失时,作为经济赔偿之用的特殊资金,因而是房地产保险业得以经营的必要条件。保险费用确定的主要依据是房地产的保险金额、保险费率及保险期限等,保险费率则由保险机构根据大数法则科学测算而得。

三、房地产保险合同和标的

房地产保险合同又称为保险契约、保险单。房地产保险合同属于经济合同的一种,是房地产保险双方之间经过平等协商之后订立的明确双方责任、权利和义务的协议。房地产保险合同的订立一般先由房地产投保人向保险公司提出申请,填写投保单,缴纳保险费,然后由保险公司出具保险单或者保险凭证,此时保险合同即正式成立。房地产保险合同的主要内容包括保险标的及金额、保险费、保险责任、保险期限和违约责任等几个方面。

1. 保险标的及金额

保险标的是指保险合同中所载明的投保对象,它是确定保险人与投保人保险关系和保险责任的依据。保险合同中约定的保险标的金额即保险金额,指当事人约定在保险事故发生后,保险人负责赔偿的最高限额。保险金额一般根据对保险房地产的估价而确定,因而既是保险人赔偿的依据,又是计算保险费用的基础。保险价值是指房地产投保时的实际价值,房地产保险人和投保人在保险价值内,根据投保人对保险标的的利益程度和保障愿望,确定保险金额以作为保险保障的最高限额。例如,一幢价值800万元的别墅,投保人投保800万元,是足额投保;投保500万元,是部分投保。假设在一次火灾中别墅损失60%,则足额投保可获赔480万元(=800×60%),部分投保获赔300万元(=500×60%)。在保险合同中必须详细填写保险标的的位置、结构、构造、面积等。

2. 保险费

保险费是房地产投保人为了请求保险人对其保险的房地产及相关利益承担风险而支付的金额,保险费的价金应与保险责任的大小相适应。目前,房地产保险费一般以千元为单位,即每千元房地产保险金额缴纳若干元保险金额。保险费根据投保的保险范围、保险责任以及险种来确定。例如,一套价值200万元的商品房,若全额投保,年保险费率为1‰,则1年应缴保险费为2 000元/年(=2 000 000×1‰)。此外,保险费的缴纳也可采取保险储金的形式。即在投保人投保时,预先存一笔储金,等保险期满时,保险公司只退还投保人储金的本金,储金的利息则作为保险费。

3. 保险责任

保险责任又称为责任条款,指在房地产保险合同中房地产保险人所承担的风险项目,当保险事故发生时,根据保险房地产的受损害程度,保险人在保险金额限度内承担的经济赔偿责任。保险风险则为责任条款中列明的保险人承担的风险种类。保险事故或保险事件指的是保险标的因保险风险发生而遭受的损害。

4. 保险期限

保险期限指房地产保险合同的订立和终止时间,也即保险合同从生效日到终止日的期间。保险标的在保险期限内发生的保险事故,保险人应予以负责。为了确保保险合同的效力,房地产投保人和保险人双方在协商、订立保险合同时,必须就保险期限达成协议并在保险合同中载明。一般来讲,房地产保险期限大多以1年为期,也有长期和短期保单。

5. 违约责任

违约责任是指合同当事人一方不履行合同义务或者履行合同义务不符合合同规定时所应承担的民事责任。房地产保险合同是最大诚信合同,保险双方当事人任何一方有不履行义务或者履行义务不符合合同规定的行为,将造成各种不利后果,所以在房地产保险合同中明确规定当事人双方的违约责任是相当重要的。

第三节 房地产保险产品

一、房地产财产保险

房地产财产保险是以房地产开发过程中的房屋及其附属设备或者企事业单位、居民现有房地产为保险标的的财产类保险,它又可细分为居民住房保险、企业财产保险和建筑工程保险等。

1. 居民住房保险

居民所拥有的住房可能面临自然灾害或意外事故造成损失的可能,而居民住房保险提供化解风险的财产保障。国内有些保险公司推出了居民住房保险,而那些未推出此险种的公司则以家庭财产保险的方式来分散居民拥有的住房所面临的风险。

居民房屋住房保险按照交费方式分为城乡居民住房保险(简称"住房普通险")和城乡居民住房两全保险(简称"住房两全险")两种。住房普通险通常采取缴纳保险费的方式,保险期限为1年,保险期满后,所缴纳的保险费不退还,继续保险须重新办理保险手续。住房两全险是采取缴纳保险储金的方式,无论保险期间是否得到赔款,在保险期满后将原缴纳的保险储金全部退还被保险人。这种保险既有储蓄性,又能获得财产的保险保障。

(1) 居民住房保险的保险住房范围。保险住房的范围为属于被保险人自有的住房。以下住房需经投保人与保险人特别约定并在保单上注明方可投保:与他人共有的住房、代他人看管的住房、租借他人的住房。不保住房包括:处于紧急危险状态下的住房,政府征用、拆迁或违章建筑的住房,年久失修或长期无人居住和看管的住房,在建住房及建筑原材料,坐落在分洪区、泄洪区、洪水警戒线以下的住房,用芦苇、芦席、油毛毡、塑料、稻麦秆、帆布、竹柳等材料为屋墙、屋顶、屋架的简陋屋棚、灶火棚、畜禽舍、看守棚及住房的附属建筑物(如院墙、厕所、花台、下水道等)。

(2) 居民住房保险的责任范围。居民住房保险的保险责任限于以下五种情况:火灾、爆炸,雷击、洪水、雹灾、雪灾、崖崩、泥石流、冰凌、突发性地陷或滑坡,暴风、暴雨造成住房主要结构倒塌,空中运行物体的坠落,以及外来建筑物或其他固定物体的倒塌。居民住房保险的除外责任包括:战争、军事行动或暴力行为,核子辐射和核污染,地震所造成的一切损失,被保险人、住房所有人、使用人、承租人或代看管人及其家庭成员的故意行为,属于不保住房及其他不属于保险责任范围内的灾害事故损失。

(3) 居民住房保险的保险期限。住房普通险的保险期限一般为 1 年,为了与银行抵押贷款期限匹配,保险期限为贷款期间。而住房两全险的期限分为 1 年、3 年和 5 年三种。

(4) 居民住房保险的保险费率。住房普通险的保险费率一般在 0.6‰～1.5‰左右。保费是保险金额(住房总价)×保险费率×保险年限折现因子,如果投保一套价值 100 万元的住房,保险费率为 1.5‰,保险期限为 20 年,那么所缴保费应为 100 万元×1.5‰×16.35＝24 525 元。

2. 企业财产保险

在国内保险市场中,企业的房地产一般不作为单独的保险标的进行保险,而是和其他的固定资产和流动资产一起,投保企业财产保险。企业财产保险是指以企业所拥有的某一特定的一般固定资产和流动资产为保险标的,因遭受火灾及保单列明的各种自然灾害和意外事故引起保险标的损失给予经济补偿的保险。企业财产保险可以细分为企业财产保险基本险、企业财产保险综合险等,下面以基本险为例略做介绍。

(1) 企业财产保险基本险的保险对象。企业财产保险基本险的保险对象包括:① 领有工商营业执照,有健全会计账册、财务独立,以全民所有制或其他所有制为主体的各类企业。② 国家机关、事业单位、人民团体等。③ 以人民币投保,愿意接受财产保险基本险条款的三资企业。④ 有健全会计账册的私营企业。

(2) 企业财产保险基本险的承保标的范围。企业财产保险基本险的承保标的范围包括:① 属于被保险人所有或与他人共有而由被保险人负责的财产。② 由被保险人经营管理或替他人保管的财产。③ 法律上承认的与被保险人有经济利益关系的财产。

(3) 企业财产保险基本险的责任范围。企业财产保险基本险的责任范围分经济补偿责任和除外责任。① 保险公司承担的经济补偿责任包括:因火灾、爆炸、雷击、飞行物体及其他空中运行物体坠落所致损失;被保险人拥有财产所有权的自用供电、供水、供气设备因保险事故遭受损坏,引起停电、停水、停气以致造成保险标的直接损失;发生保险事故时,为了抢救保险标的或防止灾害蔓延,采取合理必要的措施而造成保险财产损失;在发生保险事故时,为了抢救、减少保险财产损失,被保险人对保险财产采取施救、保护措施而支出的必要、合理的费用。② 除外责任包括:战争、敌对行为、军事行动、武装冲突、罢工、暴动;被保险人及其代表的故意行为或纵容所致;核反应、核子辐射和放射性污染;地震、暴雨、洪水、台风、暴风、龙卷风、雪灾、雹灾、冰凌、泥石流、崖崩、滑坡、水管爆裂、抢劫、盗窃;保险标的遭受保险事故引起的各种间接损失;保险标的本身缺陷、保管不善导致的损毁,保险标的变质、霉烂、受潮、虫咬、自然磨损、自然损耗、自燃、烘焙所造成的损失;由于行政行为或执法行为所致的损失。

(4) 企业财产保险基本险的保险金额。企业固定资产的保险金额由被保险人按照账面原值或原值加成数确定,也可按照当时重置价值或其他方式确定。固定资产的保险价值是出险时的重置价值。流动资产(存货)的保险金额由被保险人按最近 12 个月任意月份的账面余额确定或由被保险人自行确定。流动资产的保险价值是出险时的账面余额。

(5) 企业财产保险基本险的保险期限。企业财产保险的保险期限一般为 1 年。保单到期后,经双方协商后可以续保。保险期限一般从约定起保日的零时起到期满日的24时止。

3. 建筑工程保险

建筑工程保险,是以承包合同价格或概算价格为保险金额,承保以土木工程为主体的工程在整个建筑期间的风险。公路、桥梁、电站、港口、宾馆、住宅等不动产建筑、民用建筑的土木建筑工程项目均可投保建筑工程保险。

(1) 建筑工程保险的保险对象。建筑工程保险的被保险人是工程进行期间,对所建工程承担一定风险,并具有保险利益的各方,包括工程所有人、主承包人或分承包人、雇用的建筑工程师、设计师、工程管理监督人和其他的专业顾问等。为了防止被保险人各方之间权益和责任的不同而相互追偿,保险单加贴共保交叉责任条款。一旦发生各个被保险人之间的责任事故,每个负有责任的被保险人可以在保险单所规定的项目下得到保障。

(2) 建筑工程保险的保险标的。建筑工程险是对房屋建筑工程合同提供的直接保障,承保的财产以房屋建筑工程合同的内容为依据。具体包括:① 建筑工程,包括永久工程、临时工程以及工地上的物料。② 建筑用的机器设备,临时工房及其屋内存放的物件。③ 业主或承包人在工地上原有财产。④ 附带的安装工程项目。⑤ 工地内的现存建筑物和业主或承包人在工地上的其他财产。

(3) 建筑工程保险的责任范围。建筑工程保险承保的风险和损失除了自然灾害导致的损失外,还包括盗窃、恶意行为等人为风险,企业所有职工因缺乏工作经验、疏忽或过失造成的事故损失,其他"除外责任"以外的不可预料的自然灾害(地震、洪水等)或意外事故以及现场清理的费用。

建筑工程保险的除外责任有:① 因被保险人的故意行为而遭受的损失。② 因战争、罢工、自然磨损、停工等造成的损失。③ 因错误设计而引起的损失、费用或责任。④ 置换、修理或矫正标的物本身的原材料的缺陷或工艺不善所支付的费用。⑤ 非外力造成的机械或电器装置的损毁或建筑用机器、设备、装置的失灵。⑥ 企业具有的车辆、船舶、飞机的损毁应另有保险者。⑦ 有关文件、账簿、票据、现金和有价证券以及图表资料的损失。⑧ 盘查货物当时发现的短缺和免赔额内的损失等。建筑工程第三者责任保险应另行保险,其责任不在本保险险种范围之内。[①]

(4) 建筑工程保险的保险期限。建筑工程保险的责任期限,一般是从投保工程开工之日起或承保项目所用材料卸至工地时起始。终止日按以下规定中先发生者为准:保险单规定的保险日期终止(若工期延长,加缴保费后可以延长保险期限);工程建筑安装完毕,移交给业主,或签发完工证明时终止;工程业主开始使用建筑工程时终止(若部分使用,则使用部分保险责任终止)。另外,建筑工程完工后移交给业主,或在业主使用之后,尚有一个质量保证期,在此期间,如建筑物或安装的机器设备发现任何质量上的缺陷,甚至造成事故损失的,承包人根据工程合同的规定需负责赔偿的,可以加保保证期间的保险责任。保证期的保险期限与房屋工程合同中规定的保证期一致。从房屋工程业主对部分或全部工程签发完工验收证书或验收合格,或房屋工程业主实际占有或使用或接收该部分或全部工程时起算,以先发生者为准,但在任何情况下,保证期的保险期限不得超过房屋建筑工程险合同中列明的保证期。

---

① 曹建元,《房地产金融》,复旦大学出版社,2016年,第253—256页。

(5) 建筑工程保险的保险金额。建筑工程保险的保险金额包括房屋建筑工程本身的保险金额和其他保险财产的保险金额。前者以建成该项工程的总价值作为保险金额,包括设计费、建筑所需的材料设备费、施工费、运杂费、保险费和税款以及其他有关费用。为使被保险人获得足够的补偿,被保险人可以先按预付的合同工程的价格投保,完工后再按工程最后的实际价格调整整个工程的保险金额,保险费也按调整后的保险金额重新结算,并列入保险单中。有的保险人规定,被保险人是以保险工程合同规定的工程概算总造价投保,被保险人必须在保险工程造价中包括的各项费用因涨价或升值原因而超出原保险工程造价时,尽快以书面通知保险人,保险人据此调整保险金额;在保险期限内被保险人必须对相应的工程细节做出精确记录,并允许保险人对该项记录进行查验。

(6) 保险费率。保险费率一般由保险人根据承保范围大小、承保工程本身的危险程度、承保人及其他承办人的资信状况、保险人本身承保同类业务的以往损失记录等情况来具体确定,保险费率一般按年费率计算,再按工期调整,不足 1 年,按天数计收。一般民用、工业生产性建筑安装工程保险的年费率为 1.5‰~3‰,第三者责任附加险加收 0.5‰~1.2‰外,可视具体情况上下浮动 20%。

二、房地产责任保险

房地产责任保险主要包括雇主责任保险、公众责任保险、职业责任保险和产品责任保险等 4 个险种。

1. 房地产雇主责任保险

雇主责任保险是指被保险人所雇用的员工在受雇过程中,从事与被保险人经营业务有关的工作而遭受意外或患与业务有关的国家规定的职业性疾病,所致伤残或死亡,被保险人根据《中华人民共和国劳动法》及劳动合同应承担的医药费用及经济赔偿责任,由被保险人在规定的赔偿限额内负责赔偿的一种保险。从事房地产业的各类企业都可以为其员工投保房地产雇主责任保险。

(1) 房地产雇主责任保险的保险对象。三资企业、私营企业、国内股份制公司,国有企业、事业单位、集体企业,以及集体或个人承包的各类企业,都可为其所聘用员工(包括正式在册职工、短期工、临时工、季节工和徒工)投保房地产雇主责任险。

(2) 房地产雇主责任保险的责任范围。保险公司承担的经济补偿责任包括被保险人所聘用的员工,在保险有效期内,在受雇过程中(包括上下班途中),从事与保险单所载明的被保险人的业务工作而遭受意外或患与业务有关的国家规定的职业性疾病,所致伤残或死亡,须承担的医疗费及经济赔偿责任;对被保险人应付索赔人的诉讼费用,以及经保险人书面同意负责的诉讼费用及其他费用。除外责任包括:战争、军事行动、罢工、暴动、民众骚乱或由于核辐射所致被保险人所聘用员工伤残、死亡或疾病;被保险人所聘用员工由于职业性疾病以外的疾病、传染病、分娩、流产以及因这些疾病而施行内外科治疗手术所致的伤残或死亡;由于被保险人所聘用员工自加伤害、自杀、违法行为所致的伤残或死亡;被保险人所聘用员工因非职业原因而受酒精或药剂的影响所发生的伤残或死亡;被保险人的故意行为或重大过失等。

(3) 房地产雇主责任保险的赔偿限额。保险人按照与被保险人约定的限额对被保险人所聘用员工发生保险责任范围内的事故造成的损失予以赔偿。

(4) 房地产雇主责任保险的保险费率。保险人按照被保险人具体的风险情况确定具体适用的费率,以赔偿限额乘以费率计算出被保险人应缴纳的保险费。

(5) 房地产雇主责任保险的保险期限。保险期限为 1 年,自起保日的零时起到期满日的 24 时止。期满时,另办理续保手续。

2. 房地产公众责任保险

房地产公众责任险主要承保被保险人在其经营的地域范围内从事生产、经营或其他房地产活动时,因发生意外事故而造成他人(第三者)人身伤亡和财产损失,依法应由被保险人承担的经济赔偿责任。这种责任赔偿主要包括两部分:一是被保险人因疏忽或过失对他人造成的财产损失、人身伤害。二是由于责任事故发生可能引起的其他合理、必要的费用(包括诉讼费、律师费)。房地产公众责任保险对战争、核事故等引起的责任、雇主责任以及被保险人自己的财产、人身损害不负责赔偿。

(1) 所有人、出租人和承租人的责任保险。公众责任保险承保在行使某宗房地产所有权和使用权的过程中产生的责任,以及承保房地产在经营活动中产生的责任。此险种的除外责任包括因房屋结构的改变所造成的责任事故损失和由完工产品责任保险承保了的各种损失。

(2) 承包人责任保险。承保房屋建筑、修理工程等承包人在进行合同项或其他作业时造成对第三者的损害赔偿责任。该保险的房屋建筑部分可纳入建筑工程保险中。

3. 房地产职业责任保险

房地产职业责任保险是承保从事房地产业的各种专业人员因工作上的疏忽或过失造成对方及他人人身伤害和财产损失的经济赔偿责任。国内保险公司开设的工程监理责任保险、建设工程设计责任保险等都属于房地产职业责任保险。

(1) 房地产职业责任保险的保险对象。经国家建设行政主管部门批准,取得相应资质证书并经工商行政管理部门注册登记依法成立的建设工程设计单位,均可作为被保险人。

(2) 房地产职业责任保险的保险责任。房地产职业责任保险的保险责任是指被保险人在保险单明细表中列明的追溯期或保险期限内完成设计的建设工程,由于设计的疏忽或过失而引发的工程质量事故,造成建设工程本身的物质损失、第三者人身伤亡和财产损失;发生保险责任事故后,被保险人为缩小或减少对委托人的经济赔偿责任所支付的必要、合理的费用(律师费、诉讼费等)。除外责任包括:被保险人及其代表的故意行为;战争、敌对行为、军事行为、武装冲突、罢工、骚乱、暴动、盗窃、抢劫;他人冒用被保险人或与保险人签订劳动合同的人员的名义设计的工程,被保险人承接超越国家规定的资质等级许可范围的工程设计业务;未按国家规定的建设程序进行工程设计等。

(3) 房地产职业责任保险的保险期限。自被保险人所设计的工程项目在工地上动工或用于被保险人所设计的工程项目、设备运抵工地之时起始,至工程竣工验收合格期满 3 年之日终止。除非另有约定,保险期限最长不超过 8 年。

(4) 房地产职业责任保险的保险金额和费率。保险金额一般为被保险人所收取的工程设计费,费率一般为保险金额的 0.2%。

4. 房地产产品责任保险

房地产产品责任保险是承保在保险有效期内及承保区域内,由于被保险人所生产、出售的产品或商品的缺陷,造成使用、消费或操作该产品或商品的人或其他任何人的人身伤害或财产损失,依法应由被保险人负责时,保险公司按保单规定,在约定的赔偿限额内负责赔偿。住房作为房地产开发商向公众销售的产品,在使用过程中可能因其存在的缺陷而造成用户或公众

247

的人身伤亡或财产损失,住宅质量保险则是一种产品责任保险。

三、房地产信用保证保险

房地产信用保证保险主要包括住房抵押贷款保证保险、合同保证保险等。

1. 住房抵押贷款保证保险

住房抵押贷款保证保险是保险公司承保住房抵押贷款的贷款人(商业银行等金融机构)因购房者借款不能按期偿付债务而面临的风险。

(1) 保险合同关系和保险主体。住房抵押贷款保证存在三个不同性质的合同关系:购房合同、住房抵押合同和保证保险。主体有三方:投保人(又称借款人、被保证人)、被保险人(又称贷款人、债权人)及保险人(又称保证人)。投保人与保险人为保险合同当事人,被保险人为保险合同关系人。被保险人为申请个人住房抵押贷款的自然人。投保人为与被保险人签订住房抵押贷款合同的自然人,一般与被保险人为同一人。

(2) 住房抵押贷款保证保险的保险责任。被保险人在保险期限内因遭受意外伤害事故所致死亡或伤残,而丧失全部或部分还贷能力,造成被保险人不能履行或不能完全履行个人住房抵押贷款合同约定的还贷责任,由保险人按保险合同规定的偿付比例承担投保人遭受意外伤害事故时个人住房抵押贷款合同项下贷款本金的全部或部分还贷责任。被保险人在遭受意外事故前已拖欠银行的贷款本息及个人住房抵押贷款合同项下贷款本金余额的利息、罚息及其他不属于本保险责任范围内的损失和费用。

住房抵押贷款保证保险的除外责任包括被保险人因疾病身故或高残;被保险人的自杀、自伤、自残、饮酒过度、滥用药物、违法犯罪行为等导致的死亡或高残。

(3) 住房抵押贷款保证保险的保险期限。保险期限为自保单上约定的起保日零时起至被保险人按照个人住房抵押贷款合同规定清偿全部贷款本息日 24 时止。

(4) 住房抵押贷款保证保险的保险费率。

$$保险费 = 起保时贷款本金 \times 保险费率 \times 保险期间折现因子$$

一般年保险费率在 0.2‰~0.28‰ 之间。

(5) 住房抵押贷款保证保险的赔偿限额。赔偿限额以被保险人遭受意外伤害事故时,个人住房抵押贷款合同项下的贷款本金余额为限。

2. 合同保证保险

合同保证保险承保被保证人不履行或不适当履行各种合同义务而造成权利人的经济损失。在房地产开发过程中,合同保证保险主要有以下险种和保险责任。

(1) 投标保证保险。投标保证保险是承保工程所有人因中标人不继续与其签订合同所遭受的损失。在建筑工程的公开招标中,要求投标人提供投标保证,以保证投标人中标后会签约。如果投标人中标后不签约,招标人就必须选择另一个投标人,其出价一般会比原中标人高,保险公司作为保证人支付两者之间的差额。

(2) 履行合同保证保险。履行合同保证保险是承保工程所有人因承包人不能按时、按质、按量交付工程而遭受的经济损失。

(3) 预付款保证保险。预付款保证保险是承保工程所有人因承包人不能履约而受到的预付款损失。

(4) 维修保证保险。维修保证保险是承保工程所有人因承包人不能履行合同规定的维修任务而受到的损失。实践中,建筑合同中规定一定的保证期,通常为1年或半年,承包人对保证期内的工程质量负责。为了确保承包人的维修义务,工程所有人会要求承包人投保维修保证保险。

3. 房地产信用保险

房地产信用保险是权利人以义务人的信用为保险标的投保的保险,包括卖方信用保险和住房抵押贷款信用保险。

(1) 卖方信用保险。卖方信用保险是以保险人为卖方进行的各种形式的延期付款行为所提供的保险业务。在延期付款过程中,卖方可能由于各种原因拖延或逃避应该承担的付款义务,保险人可以设计卖方信用保险产品,承担由于卖方的原因对买方造成的经济损失。在房地产销售过程中,经常采用分期付款的方式,作为卖方的房地产商可能面临不能收回房款的风险,投保卖方信用保险可以分散这种风险。卖方信用保险的保险金额一般根据延期付款行为的特殊性,实行变额保险的方式,使保险金额的递减程度与延付过程中未付的款项相同。

(2) 住房抵押贷款信用保险。这是保险人为贷款人的利益而设计的商业信用保险。在该保险中,银行作为投保人,为借款人不履行还款义务的信用风险投保,保险费由银行支付。

四、房地产人身保险

房地产人身保险主要包括建筑工程团体人身意外伤害保险、安居定期险、住房抵押贷款定期寿险、房地产反向抵押贷款寿险等。

1. 建筑工程团体人身意外伤害保险

建筑工程团体人身意外伤害保险,具有保费低廉、保障性强、期限灵活、选择性强等特点。

(1) 建筑工程团体人身意外伤害保险的保险对象。凡在建筑工程施工现场从事管理和作业并与施工企业建立劳动关系的人员均可作为被保险人,以团体为单位,由所在施工企业或对被保险人具有保险利益的团体作为投保人,经被保险人书面同意,可投保建筑工程团体人身意外伤害保险。此为强制性保险,建筑法明确规定"施工企业必须为施工作业人员购买意外伤害保险及意外医疗保险",国家建设部以及各省建设厅均明文要求取得施工许可证时必须购买上述保险。部分建设主管部门甚至规定了保险金额不低于10万元、医疗保险金额不低于1万元,费率根据工程造价在0.25‰至0.5‰之间。

(2) 建筑工程团体人身意外伤害保险的保险责任。在保险责任有效期内,被保险人从事建筑施工及与建筑施工相关的工作,或在施工现场或施工期限指定的生活区域内遭受意外伤害,依下列约定给付保险金:① 被保险人自意外伤害发生之日起180日内因同一原因死亡的,按保险金额给付死亡保险金。② 被保险人自意外伤害发生之日起180日内因同一原因身体残疾的,根据合同所列残疾程度,按保险金额及该项身体残疾所对应的给付比例给付残疾保险金。被保险人因同一意外伤害造成一项以上身体残疾时,给付对应项残疾保险金之和。但不同残疾项目属于同一手或同一足时,仅给付其中一项残疾保险金;如残疾项目所对应的给付比例不同时,仅给付其中比例较高一项的残疾保险金。③ 对每一被保险人所负给付保险金的责任以保险单所载保险金额为限,一次或累计给付的保险金达到保险金额时,对该被保险人保险责任终止。

(3) 建筑工程团体人身意外伤害保险的保险金额和保险费。保险金额由双方约定,但同一保险合同所承保的每一被保险人的保险金额应保持一致。保险费按下列三种方式计收,由双方选定一种：① 保险费按被保险人人数计收,按下列算式缴纳保险费：保险费＝保险金额×年费率×保险年份数×被保险人人数,保险期满后仍需办理续保手续的,仍按上式计算。② 保险费按建筑工程项目总造价计收。保险期满后仍需办理续保手续的,可根据保险费率标准,按下列算式缴纳保险费。保险费＝保险费率×项目总造价×施工未满期限÷合同施工期限。③ 保险费按建筑施工总面积计收。保险期满后仍需办理续保手续的,可根据保险费收费标准,按下列算式缴纳保险费。保险费＝保险费收费标准×建筑施工总面积×施工未满期限÷合同施工期限。

（4）建筑工程团体人身意外伤害保险的保险期限。保险期限一般为 1 年,亦可根据施工项目期限的长短确定。保险期限为保险公司同意承保、收取保险费并签发保险单的次日零时起至约定的终止日的 24 时止。施工企业因各种客观原因造成工程停顿,投保人可以提出暂时终止保险合同,但须以书面形式向保险公司备案。审核确认后,保险合同自接到备案的次日零时起即行终止,在终止期间发生的保险事故,保险公司不承担给付保险金的责任。工程重新开工后,投保人可书面申请恢复保险合同效力,但累计有效保险期间不得超过保险合同对保险期间的规定。保险合同到期,工程仍未竣工的,需办理续保手续。人员变更需及时告知保险人。

2. 安居定期险

安居定期险是为购房的借款人提供身故保障,使其家人不会因为意外的发生而陷入还款的债务危机而开发的保险产品。安居定期险具有如下特点：一是保险期间与被保险人和贷款人签订的个人住房贷款合同期间相同;二是保险金额为贷款人向被保险人提供的个人住房贷款本金,以后随着负债的逐年减少保额逐年减少。

（1）安居定期险保险对象。凡 18 至 55 周岁、身体健康、符合中国人民银行《个人住房贷款管理办法》规定的贷款条件向贷款人贷款购房、贷款期限届满后年龄不超过 70 周岁者,均可作为被保险人,由本人或对其具有保险利益的人作为投保人。

（2）安居定期险保险责任。在合同有效期内,被保险人身故,保险人按保险事故发生时的合同金额给付保险金,保险合同终止。

（3）安居定期险保险期限。安居定期险的保险期限与被保险人和贷款银行签订的贷款合同的期限相同。

（4）安居定期险保险金额和保险费。保险金额逐年变动,首年的保险金额为贷款人向被保险人提供的个人住房贷款本金,随着贷款的逐年偿还,保险金额逐年降低。保险费的缴付方式分为趸缴和年缴,年缴保险费方式的交费期限与保险期限相同,投保人可选择其中一种。

3. 住房抵押贷款定期人寿保险

住房抵押贷款定期人寿保险是指住房抵押贷款购房者本人或对其有保险利益的人以借款人为被保险人,向保险人投保的定期寿险。本险种实为一种纯粹的人身保险,只不过是紧密配合住房抵押贷款合同而设计的(如保险合同的期限与抵押合同的期限一致,保险金额可以随着未偿还贷款金额的逐年减少而减少)。在本险种中,借款人为被保险人,借款人本人或与其有保险利益的人为投保人,而贷款人本身并非保险合同的关系人。可见,此险种是投保人为了防止被保险人身亡而无力偿还贷款时,住房被行使抵押权而购买的保险,是个人家庭理财的一个重要手段。

(1) 住房抵押贷款定期人寿保险的保险对象。凡年满18周岁,具有完全民事行为能力的人,可为符合投保条件的本人或其配偶、直系亲属投保本保险;办理购房贷款业务的金融机构也可作为投保人,为其购房贷款借款人投保本保险。投保时必须经被保险人书面同意。凡年满18周岁至69周岁,身体健康、能正常劳动或工作,具备购房贷款条件,向金融机构申请并获得购房贷款的个人,均可作为被保险人。

(2) 住房抵押贷款定期人寿保险的保险责任。在保险合同约定的保险责任有效期内,保险人对被保险人负有下列保险责任。① 身故保障。被保险人因疾病或遭受意外伤害事故所致身故,保险人于事故发生后的第一个贷款归还日,按即时保险金额(不包括在保险事故发生前被保险人未按购房贷款合同约定还款而形成的逾期欠款)给付受益人保险金,保险合同终止。② 全残保障。被保险人因疾病或遭受意外伤害事故所致全残,保险人于事故发生后的第一个贷款归还日,按即时保险金额(不包括在保险事故发生前被保险人未按购房贷款合同约定还款而形成的逾期欠款)给付保险金予受益人,保险合同终止。③ 除外责任。投保人、受益人对被保险人的故意杀害、伤害;被保险人违法、故意犯罪或拒捕,故意自伤、醉酒、斗殴;被保险人服用、吸食或注射毒品;被保险人在保险合同成立或复效之日起2年内自杀;被保险人无证驾驶、酒后驾驶及驾驶无行驶证的机动交通工具;因意外伤害、自然灾害事故以外的原因失踪而被法院宣告死亡的;战争、军事行动、暴乱或武装叛乱等。

(3) 住房抵押贷款定期人寿保险的保险期限。保险期限一般设1~30年。保险期限与贷款期限相同,保险责任自保险人同意承保、收到首期保险费并签发保险单时开始,至终止性保险事故发生时止。

(4) 住房抵押贷款定期人寿保险的保险金额和保险费。即时保险金额以购房合同约定的贷款余额为限,初始保险金额按保险人的核保结果确定,即时保险金额根据保险合同和购房贷款合同约定的还款计划逐年递减。保险费因被保险人投保时的年龄及贷款期限而异,缴费方式为趸缴、3年限缴、5年限缴、10年限缴、15年限缴、年缴和月缴。

(5) 住房抵押贷款定期人寿保险的受益人。抵押贷款定期人寿保险的第一受益人为发放购房贷款的金融机构。

4. 房地产反向抵押贷款寿险

房地产反向抵押贷款寿险,是指在老年居民中普遍推行"抵押房地产、领取年金"的寿险服务。这种服务将已经拥有住房产权的老年投保人的住房产权抵押,按住房的评估价值减去预期折损和预支利息,并按人的平均寿命计算,将住房价值分摊到投保人的预期寿命年限中去,按年或按月将现金支付给投保人。它使得投保人终身可以提前支用这宗住房的销售款,直至投保人亡故,保险公司才将抵押的住房收回,进行销售或拍卖。这种保险业务在英法等国已相当成熟,因操作过程像是把住房抵押贷款业务反过来做,像是保险公司用分期付款的方式从投保人手中买房,所以在美国也被称为"反向抵押贷款"。国外开展该项业务规定,一旦投保人与保险公司订立有效的保险合同并开始执行,那么不管投保人的实际寿命多长,保险公司一律按月付款,如果投保人的实际寿命少于预期寿命,一律由保险公司收回房地产并进行销售、拍卖或出租。

五、其他房地产保险

除了上述各种房地产险种之外,还有一些与房地产相关的险种需要得到进一步发展。主要包括房地产当值保险、投资增值保险、房地产产权保险、房地产质量责任保险等。[①]

1. 房地产当值保险

房地产当值保险是与房地产典当有关的保险。房地产典当业务是我国典当业特有的一项业务。所谓房地产典当是指房产所有者或土地使用者以其所拥有的房地产作为抵押向典当行借款，并在约定时间内付清本息、赎回房地产的融资行为。房地产典当的主要风险点包括鉴定风险、估价风险和绝当风险。

（1）鉴定风险。典当行对当户的身份以及当户对房地产的权属鉴定存在风险。典当行应对当户身份的真实性以及当户是否对该房地产具有充分的处置权进行严格地鉴定，否则就会存在风险隐患。有的客户伪造假身份证件，冒充房产所有人到典当行骗当，有的客户未经夫妻共有一方同意持房产证到典当行进行抵押贷款，有的房产存在权证瑕疵，手续不完备，甚至还有的客户恶意隐瞒，将已经抵押或者查封的房产重复典当给典当行。以上这些都要求典当行在收当时要到有关部门对其进行详细的调查和鉴定。

（2）估价风险。房地产的价格都比较高，而且受市场需求、宏观经济运营、相关政策的影响，市场行情波动幅度大，如2008年，受全球金融危机影响，房产价格一路下挫。而且房屋的地理位置、交通、环境等都对房地产的价格有很大影响。典当行工作人员缺乏必要的专业素养，无法准确地衡量房地产的价格都会影响典当业务的正常进行。对房地产估价后，还要确定一个适当的折当率发放当金，这个时候就会产生两难选择，折当率过高，会发生绝当的风险，如果过低，会影响客户典当的积极性。

（3）绝当风险。房地产如果发生绝当的话，因其涉及金额较大，会对整个典当行的资金流动性造成一定的影响。绝当是典当资金安全性、流动性、效益性受到严重影响的业务种类。从一定意义上说，绝当资金占比越大，典当资金的流动性受影响越大，整体典当资金的效益性就越差。房地产的变现渠道相对较狭窄，一旦发生绝当，势必会占用大量的人力、物力和财力。

2. 投资增值保险

房地产投资增值保险是指与房地产投资有关的保险，包括房地产投资经济风险、房地产投资技术风险、房地产投资政策风险的保险等。随着我国经济发展以及整体经济环境的不断改善，房地产投资的经济风险将有所降低。首先，经济发展使人们收入增加，实际购买能力提高，中国加入WTO后，经济实力有了一个飞跃，普通居民改善居住环境的要求十分迫切，再加上境外人员和机构的大量涌入，我国房地产业拥有了一个更加优越的经济环境，同时存贷款利率下调以及按揭贷款形式的多样化、期限的放宽，刺激了需求，降低了融资成本。房地产投资技术风险主要表现在开发商对房屋户型设计、功能要求、智能科技含量的掌握上。随着我国房地产市场发展，房地产开发将面临多元化的消费群体，它要求房地产开发企业具有雄厚技术实力，能够及时掌握先进行业科技，准确判断不同层次房地产市场对科技的要求，及时满足更加苛刻的消费者需求变化。房地产投资的政策风险主要指中国房地产市场中的政策行为，部分房地产投资商要求政策"救市"行为，实质是增加了那些经营状况良好的房地产投资商的政策风险，并不利于房地产市场上的"优胜劣汰"。

3. 房地产产权保险

房地产产权保险是与房地产产权有关的保险。房地产产权保险的投保人多为房地产交易

[①] 曹建元，《房地产金融》，复旦大学出版社，2016年，第269页。

的转让方和采取住房抵押贷款的方式购买房地产的受让方(借款人、抵押人),极少数情况下投保人为不采用住房抵押贷款购买房地产的受让人,而产权保险的受益人,可能是转让方,也可能是受让人,也可能是抵押权人(抵押权人多为商业银行)。对于转让人来说,产权保险的受益方式是可以解决因为产权纠纷以及处理产权纠纷过程中所引发的律师费、诉讼费等法律费用;对于受让方而言,产权保险保证了其购买的房地产产权不存在瑕疵和法律纠纷;对于抵押权人而言,产权保险的受益是保证抵押权的完全实现。

房地产产权保险的标的,实质上就是产权报告的准确性。产权报告是关于产权状况的分析,内容涉及房地产的外观描述、产权人是谁、共有权人以及权力的限制,权力纠纷以及相应纠纷。办理产权保险手续前,先由保险公司进行产权核查,并生成产权核查报告,如果产权存在报告中没有记载的瑕疵和纠纷并且给保险人造成损失时,由产权保险公司负责消除瑕疵、解决纠纷、负担法律费用或是由产权保险公司在保险金额范围内予以赔偿。

房地产产权保险期限是"永久而终身有效的",一直到被担保的风险消失时终止,保单通常是在房屋移交给业主并且登记之后签发的,只要被保险人拥有房地产产权,那么保单就是有效的,即使被保险人身故,他的继承人或是受赠人持有产权并且通知了产权保险公司,那么保单仍然有效,但是房屋出售后则保单终止。住房抵押贷款人购买的产权保险的保单在贷款机构开始提供贷款并登记后签发,当买房者偿还完贷款时保单终止。

4. 房地产质量责任保险

房地产质量责任保险属于房地产责任保险,是与房地产交付后一定期限内的质量责任有关的保险。具体见房地产责任保险。

第四节 房地产保险的运作

一、房地产保险的运作准则

房地产保险作为一种特殊的经济合同,为了确保合同双方(投保人、保险人)权益的实现,除了应遵循一般经济合同所遵循的规则外,还应遵循以下特有的行业准则,这是由房地产保险的风险管理内容所决定的。

1. 最大诚信准则

诚实守信是民事法律关系的基本准则之一,但对于保险合同而言,对于诚实和信用程度的要求远高于一般民事合同,在法律保险关系中对当事人的诚信程度要求更严格,要求合同双方必须以最大的诚实态度对待对方。这一准则要求被保险人对保险人所需要了解与保险有关的事项,必须如实告知,这是保险合同成立的前提条件。投保人是否如实陈述和陈述是否完整,对保险人承担的义务关系影响很大。如果不透露重要事实或作虚伪陈述将违反最大诚信准则,保险人有权解除合同或不负赔偿责任。同时,最大诚信准则要求保险人将保险事项如实地告诉投保人,对保险条款的介绍,不得含糊,也不得欺骗。最大诚信准则贯穿于房地产保险合同管理的全过程,对保险合同双方均适用。

2. 可保利益准则

可保利益准则要求投保人或被保险人对保险标的所具有的法律上认可的(经济)利益。它是财产保险特有的准则。在房地产保险中,由于保险合同以不能事先确定事件的发生作为给予保险金(指以保险财产的价值为依据确定的,在保险灾害事故发生后,保险方承担赔偿责任的最高限额)的前提,这就有了利用这种特点来牟利的可能。为了防止这种情况发生,财产保险合同的投保人或被保险人必须是有保险利益的人员。投保人或被保险人对保险标的有直接的利害关系,假如财产安全,投保人就能得益;反之,如果财产遭受损毁,投保人便会蒙受损失。例如,某人拥有一宗住房,如果住房安全,他就可以居住、出租或出售来获得利益;如果住房被毁损,他就无法居住,还得另行买房或租房,经济上会遭受损失。正是因为他对自己的住房存在这种利害关系,他才会考虑住房的安全,将住房投保财产保险,而保险人也因为他对这一住房存在的利害关系具备了可保利益才给他保障,允许其进行保险。

在房地产保险中,可保利益准则涉及利益的相关方,由于责任关系的不同,构成了不同类型房地产保险合同的利益主体。主要包括以下几种情况:① 房地产的所有人对自己的住房具有可保利益。② 租赁房地产的承租人对承租房地产有可保利益。③ 房地产的受益人有可保利益。④ 对房地产有可保利益的人,对借助房地产带来的预期利润有可保利益。⑤ 在房地产责任保险中,对责任事故后果负有损害赔偿责任的人,有可保利益,如房地产的设计、建造方。⑥ 房地产抵押贷款的借款人,具有房地产人身保险的可保利益。⑦ 房地产工程承包方、工程所有人及雇用人员对建筑或安装的房地产工程有各自的可保利益。

3. 损失补偿准则

这是保险尤其是财产保险理赔的基本准则。在投保人的财产发生保险责任范围内的灾害事故而遭受损失时,保险人必须按合同所规定的条件进行赔偿,但仅限于被保险人的实际损失予以经济补偿。

(1) 赔偿限制在损失限度内。

这主要体现在以下三个方面:① 保险人对被保险人损失的赔偿以实际损失为限,被保险人不能得到超过实际损失的赔偿。② 以保险金额为限,保险赔偿最高限额只能低于、等于保险金额,不能高于保险金额。③ 以可保利益为限,对保险人、被保险人而言,赔偿/索赔的金额只能以房地产本身具有可保利益为限。例如,在财产抵押贷款保险中,受押财产方在受押财产发生保险责任范围内的损失时,只能得到相当于其借出款项的赔偿金。

(2) 保险人对赔偿方式可以选择。

对于房地产财产险,保险人可以选择货币支付,或修复原状,或以换置的方法来补偿被保险人的损失。

(3) 被保险人不能通过赔偿得到额外的利益。

财产保险的赔偿是对损失进行补偿,不是额外的经济援助,不能使被保险人通过补偿获得损失之外的额外好处。对于这一点,各国的保险实践都做了内容各异的规定。这些规定主要可以概括为两个方面:

① 权益转让的规定。权益转让是指当事人依法或根据合同将特定权益让渡他人的法律行为。当保险事故是由第三方责任引起时,第三方负有赔偿责任,被保险人有权从第三方获得补偿。而一旦被保险人从第三方处获得了相应的补偿,就不能再向保险人提出索赔要求。如果被保险人已经从保险人处获得了赔偿,那么保险人需将其享有的向第三方索赔权转让给保险人。被保险人投保的财产遭受损失后,只能向保险公司或者引起保险事故的第三方中的一方索赔,不能同时索赔获得双份的补偿。权益转让具有以下几层含义:一是被保险人除了慈善

性赠款之外,从其他任何方面得到的赔偿和收益都得转让。二是除非在保险合同中注明无论在赔付之前还是赔付之后保险人都可应用权益转让的规定,否则保险人仅在给付了赔偿之后才能获得权益转让,并且仅享有保险人可以享有的权益而不能超过保险人赔付的金额。三是如果保险人享有权益而追偿的金额小于或等于赔付金额,则赔付金额全归保险人,若大于赔付金额,则超出部分需归还给被保险人。需要注意的是,在房地产保险中,权益转让仅限于房地产财产类保险,对房地产人身保险不适用。因为人的生命或身体不能用价值来衡量,房地产人身保险不存在权益转让。

② 重复保险的规定。被保险人将同一个标的向两个或两个以上保险人投保同样的风险,造成保险金额总和超过保险标的的可保价值。被保险人的行为构成重复保险后,一旦保险事故发生,他从多个保险人处获得的赔偿总值不能超过保险标的实际损失价值。重复保险的损失赔偿通常采取保险金额比例分摊、赔偿金额责任分摊、承担顺序分摊三种方式。除保险合同另有规定外,保险人多选择保险金额比例分摊办法加以解决。另外,与权益转让规定一样,房地产人身保险也不存在重复保险的问题。

4. 近因准则

近因准则是指保险人只对保险合同约定风险为损失近因的风险损失才予以补偿。所谓近因,指的是直接造成保险事故的原因。由于一起事故发生并造成财产损失的原因往往不止一个,有时导致事故发生的原因错综复杂,但是这些错综复杂的原因中总有一个是造成损失的直接或者最主要原因,即近因。保险人仅对承保风险是近因且该近因造成了损失进行赔偿;若不是近因,保险人并不承担赔偿责任。遵循近因准则可以公平合理地确定风险责任的归属,明确保险人赔偿责任,维护保险人的合法权益。

二、房地产保险的投保与承保

房地产保险的投保与承保是房地产保险运作的起始,投保和承保的过程就是房地产投保人与房地产保险人订立保险合同。

1. 投保人填写投保单

投保人填写投保单,向保险人申请房地产保险,并向保险人提供真实而完整的投保人与被保险人信息。投保单的主要内容包括投保人的名称、投保日期、被保险人的名称或者受益者名称、保险标的名称和数量、保险责任的起止时间、保险价值和保险金额等。投保单构成了保险合同的基础,是投保人的要约凭证。因此,投保人必须保证所填内容的真实性。

2. 保险人受理、签发保单

保险人在收到投保人或保险代理人填写好的投保单后,在规定的时限内对其进行审核以决定接受或驳回保险单。保险人要逐项审核保险单,对标的物进行必要的现场勘查,如果发现投保人所填写的内容不符合实情和规定或者语义表达不清楚时,保险人应及时联系投保人,及时补充和更正所填写的内容。保险单经审核后双方没有疑义,保险人将决定承保后,签发保险单;若保险单仍然未能填写完整,保险人驳回保险单。

保险人审核后签发的保险单是投保人与保险人双方确立保险合同的书面凭证。在保险合同有效期限内,某些客观原因可能导致被保险人或保险标的发生一些变化,如保险财产转让、保险金额变更等,此时当事人双方可以针对这些变化进行协商。被保险人提出书面申请以变更保险合同,再经保险人同意后做出相应修改。

3. 缴付保险费

保险人根据保险标的保险金额、保险期限和保险费率计算保险费,投保人有义务在保险合同约定的期限内缴纳保险费。保险费是投保人获取保险人根据保险合同的约定提供经济保障的代价,它是保险基金的主要来源。

三、房地产保险的风险管理

房地产保险作为一种金融产品或金融工具,它的运作亦存在一定的风险。因此,在房地产保险活动中,保险公司等金融中介必须加强房地产保险的风险管理,促使保险人和被保险人对各种可保风险做出科学识别与衡量,尽可能避免风险的发生,并建立严格的规章制度,努力降低保险经营成本,减少社会物质财富损失。防灾防损是房地产保险风险管理的重要内容和关键环节。保险公司要制定科学合理的保险条款,开展对保险标的的安全检查,增强投保人的风险管理意识,做好防护、救护和救灾工作。房地产保险的风险管理,是提高房地产保险经营效益的重要途径。

四、房地产保险的索赔与理赔

房地产保险的索赔是指在保险的有效期内,房地产保险的标的物发生损失或损害时,房地产被保险人或受益人要求保险人按保险合同规定给予损失赔偿的行为。理赔是指房地产保险人处理被保险人的索赔要求以及有关保险赔偿责任的行为。房地产保险的索赔和理赔是体现房地产被保险人权益,实现房地产保险补偿或给付职能的体现。

1. 索赔的基本程序

(1) 发出出险通知。保险标的发生事故遭受损失之后,被保险人应及时将事故发生的时间、地点、原因以及其他情况通知保险人,以便保险人迅速勘察事故发生现场,核算、确定相关赔偿事宜。

(2) 被保险人尽力施救。在保险事故发生时,被保险人必须积极组织对保险标的物的施救,把事故损失减少至最低限度。同时,应保持损失现场的完整,以免影响损失金额的理算和保险人责任的确认。

(3) 提供必要的索赔文件。保险事故发生后,被保险人应当向房地产保险人提供其所能提供的确认保险事故的性质、原因、受损程度等有关证明。以企业财产保险为例,被保险人要提供以下文件资料:保险单正本;出险通知书;事故报告(包括事故经过、时间、地点、原因、损失金额等),消防部门事故证明;如有抢劫、盗窃事故发生,应提供公安部门证明;财产损失清单和救护清单;必要的账册、单据;有关事故现场的照片;赔款收据及盖章;保险公司认为必要提供的单证。

2. 理赔的基本程序

(1) 立案检验。被保险人将损失情况通知保险人后,保险人把损失通知编号立案,并到现场查勘。

(2) 审查单证,审核责任。保险理赔人员根据查勘记录和理赔单证,对保险条款列举的责任范围和除外责任进行认真审核,以确定赔偿要求是否属于保险责任范围,并做出赔与不赔和赔偿范围的结论。

(3) 核定损失和赔偿金额。确定保险标的实际损失,准确计算保险金额。

(4) 保险公司支付赔款。保险赔偿金额一经保险合同双方确认,保险人应在约定的时间内一次支付赔款并结案。

（5）保险公司行使代位求偿权利。当保险财产发生保险责任范围内的损失，应当由第三方负责赔偿时，被保险人应向第三方索赔。如果被保险人提出赔偿请求时，保险人可以按保险合同的规定先予以赔偿，但被保险人必须将向第三方追偿的权益转让给保险人，并协助保险人向第三方追偿。

3. 关于索赔的时效问题

保险索赔必须在索赔时效内提出，超过时效，被保险人或收益人不向保险公司提出索赔，不提供必要单证和不领取保险金，视为放弃权利。索赔时效根据险种的不同而不同。从我国的保险实践来看，人寿保险的索赔时效一般为5年，其他保险的索赔时效一般为2年，索赔时效从被保险人或收益人知道或应当知道事故发生之日算起。

第五节　典型国家的房地产保险市场

一、美国和加拿大的住房抵押贷款保险体系

美国和加拿大针对住房抵押贷款信用风险的特点，建立了较为完整的信用保证保险模式。两国的抵押贷款保险都是政府与私营抵押保险相结合的混合模式，既有政府设立的房地产担保机构，又有私人保险机构参与，形成互为补充、相互竞争的覆盖全国的保险体系。

美国实行的是非营利性的政府机构和私营商业保险公司共同构成的住房抵押贷款保险体系。非营利性的政府机构，如联邦住宅管理局（FHA）和退伍军人管理局（VA），积极为广大借款人提供担保，有力地增强了金融机构的贷款信心。美国政府成立了专门的联邦储备保险公司为金融机构提供存款保险，降低了金融机构的风险。私营的房地产保险公司凭借更为宽泛的保险范围，更为灵活的合约履行方式，成为美国住房抵押贷款保险体系中的主力军。20世纪70年代，美国私营抵押保险业开始起飞，行业利润丰厚，私人抵押贷款保险相对于总抵押贷款保险市场的份额为15%，1983—1984年市场份额达到30%。80年代中期开始，美国通胀压力加剧，市场利率上升，房地产市场的波动使抵押贷款违约率上升。私营保险公司为金融机构提供的住房抵押贷款保险赔偿额高达50亿美元，保险业盈利下降，并遭受了承保亏损。根据穆迪公司的资料，1985年，保险行业整体亏损额超过了保费收入，净亏损达10亿美元。1985年至1988年4月间，保险行业几乎半数停止提供住房抵押贷款保险。进入90年代，随着美国经济的复苏，私营抵押保险业呈现出稳步增长的趋势。1996年，在美国住宅抵押保险市场上，私营抵押保险已占54.7%的份额。

美国政府机构担保与私营保险公司担保在抵押保险品种、服务对象和运作方式等方面是有一定差异的。联邦住宅管理局为住房抵押贷款提供100%的担保，但担保的贷款多为常规抵押贷款，即固定利率、期限长达15~30年、贷款与房价之比为70%左右的贷款，并根据购房者收入水平及国民经济和房地产市场状况经常对担保的最高限额进行调整。而私营抵押贷款保险公司只对非常规抵押贷款（如贷款与房价之比超过70%的贷款）提供保险，如贷款房价之比为80%~85%时，贷款保险为贷款额的17%；贷款房价之比为90%~95%时，贷款保险则为贷款额的25%。在运作方式上，政府提供的住房抵押贷款保险，审批程序较为复杂，只有购

房供款支出占家庭收入29%～41%的中低收入居民才有资格获得政府的住房抵押贷款担保；而私营住房抵押贷款保险经营方式较简便、灵活，凡有一定支付能力的购房者，其购房贷款的20%～30%均可购买私营抵押保险。私营保险公司在借款人违约须向金融机构提供赔偿时，可以采取两种方式：一是向贷款机构支付全额贷款，并拥有抵押房地产的产权；二是按保险合约，向贷款机构支付20%～30%的贷款额，让贷款机构拥有抵押房地产的产权。美国政府机构担保和私营保险公司担保的区别见表9-1。

表9-1 美国政府机构担保和私营保险公司担保的比较

	政府机构担保	私营保险公司担保
贷款额度限制	存在	不存在
担保保险形式	完全担保（承担所有正常损失）	共同保险（一定限额内由保险机构承担，超出部分共同承担）
担保保险费结构	部分一次性支付加年度担保费	部分一次性支付加年度保险费
贷款房价比	相对较高	相对较低
担保保险费	全国统一	视具体情况而定
担保保险年限	整个贷款期限	较短

加拿大的房地产贷款保险由专门的政府机构主办，得到政府的大力支持。住房贷款保险由住房抵押贷款及住房公司运行及管理。住房抵押贷款及住房公司是加拿大联邦政府所属的国营企业，以联邦政府作为坚实的经济后盾，与私企银行和信贷机构合作，执行住房抵押贷款保险政策。加拿大的住房抵押贷款保险是指为贷款人提供担保，避免其承受贷款引起的资金损失，使其放心地向借款人提供贷款。同时，该保险充分为普通消费者考虑，具有门槛较低，首付少，费率合理的特点。在住房抵押贷款及住房公司的担保下，投保人首期只要付住房价格的25%款项，第一次买房者甚至只需付首付的5%即可向银行申请贷款。住房抵押贷款保险费率范围在0.5%～3%，还款金额与家庭收入的比率不会超过32%。贷款的还款期也较灵活，可分为每周、每两周、每半月和每月一次。摊还期限与还款期息息相关，并随还款期的频繁而缩短。

二、德国的房地产保险市场

德国构建了完善的房地产保险体系，能够让房主"受灾不受损"。德国房地产保险的显著特点是险种丰富，除了提供一般的房屋意外灾害险，范围非常广泛。例如，比较少见的房主责任险在德国也是一种家庭必备的保险项目。一旦房主或房屋部件引起意外，如从阳台掉落的物品伤及行人，房主忘记扫雪导致路人摔伤，保险公司都会替购买该险种的房主负责赔付伤者的医疗费、护理费乃至误工费等各种相关费用。德国房地产保险险种通常不具强制性，由房主自主决定是否投保，但德国房主大都选择购买保险。在德国，由于保险公司负责受损房屋的绝大部分赔偿，也形成了保险公司对房屋质量的有效监督。各大保险公司内都有专门的房屋评估师，在接受不同房屋投保时，会到现场对房屋进行全面的检测。德国房地产保险的保费比较低，一栋一百平方米的房子每年需缴纳的保费约为120欧元，大大减轻了消费者的负担，增强了消费者参与房地产保险的积极性,促进了房地产保险业的发展。

德国房屋保险也有除外责任,如由投保人严重失职造成的损失等。按照德国以往的保险合同法,如果出现这种情况,保险公司完全可以拒绝赔偿。根据新法,保险公司只能根据投保人失职的严重程度,以及对损失的影响程度减少赔偿,但不能完全拒赔。除了一般的房屋意外灾害险,德国房地产保险实际上是多种多样、五花八门。房主责任险是德国家庭必备的保险项目之一,房主出于无心,在房屋范围内发生的各种意外,保险公司都会给予理赔。

三、荷兰的房地产寿险抵押贷款

荷兰在寿险保险产品收入和住房贷款利息中有免税的优惠政策。通常住房抵押贷款是需要借款人向银行等金融机构取得贷款资金,并将自己的住房抵押给贷款机构,然后按月偿还金融机构一笔数额确定的贷款,一些年之后房子就归贷款人所有。荷兰的住房抵押贷款大多数实行的是寿险和住房抵押贷款捆绑的措施,借款人按固定的时间将利息偿还给银行等金融机构,不用偿还本金,但是必须购买一份寿险产品,产品与抵押贷款的期限相同,也与贷款的本金数额相同,借款人按月付给银行的贷款利息,同时将本金交给保险公司,由保险公司进行投资,达到资金增值保值的目的。保险公司是按照复利计算利息的,同时又可以使资金增值,到最后支付本金后还会有部分盈余,盈余的多少按照贷款的利率、期限和保险机构的业绩进行确定。借款人的贷款到期后,借款人所购买的寿险产品也刚刚到期,这时由保险机构一次性将本金还给金融机构。因此借款人在本息不变的情况下,还能有一笔额外收入。假如借款人在保险责任范围内出现不能还款的时候,保险公司可以代替借款人进行偿还贷款。这种政策使保险公司的业务范围和空间得到了极大的扩展。银行等贷款机构放款的目的是为了利息收入,它们更关心的是能按时收到利息,对以后收回本金可以接受。[①]

这种以抵押与保险相结合的机制,能够分散金融风险,既保证了贷款机构按期收回贷款,又能使保险机构在运作中获得可观的经营收益;同时,借款人可以在清偿债务之余,增加一笔养老收入,形成风险分散、收益共享的金融服务方式。

四、法国的人寿保险和财产保险运作机制

法国房地产保险的目的主要是防范借款人的死亡风险、丧失工作能力的风险和失业风险。法国国家人寿保险公司承保了法国 850 万借款人,占比近 60%,是法国最大的经营人寿保险产品的公司。借款人必须按照贷款额的 0.4% 缴纳死亡和丧失工作能力的保险费。法国房地产保险采取团体保险或集体保险的形式,与个人投保的人寿保险不同。这种团体保险的优势在于:采取一种标准合同,简化运作模式,有利于通过银行的网络进行销售,简化了保费的计算和收取,降低了保险人的保险支出;同时保险公司可以轻松获取借款人的保险业务,简化出险后的理赔程序。

法国房地产保险投保、承保程序是:借款人在申请贷款时填写投保单;保险公司采用统一保险合同,保险合同受保险法和消费法监督;贷款银行中设有投保业务组,在向借款人介绍贷款本身的情况后填写健康问卷,并依法向其提供投保建议。如果健康调查的结果没有问题,银行可以立即接受借款人的投保;如果借款人有某种疾病的病史,银行则将其资料转至保险公司

---

① 娄永飞,《发达国家房地产保险发展经验对我国的启示》,载《时代金融》,2015(8)。

审核。每一个借款人都要根据其借贷金额的多少进行健康状况的声明。合同贷款人在定期缴纳还款的同时,将保费交给银行。银行在代理销售保险的过程中也可以获取利益,一部分是代理保险的手续费,另一部分是保险合同收益的分红。

保险费采取统一的保费标准。保费标准是考虑了贷款群体的年龄结构、贷款期限、贷款利率等因素,在贷款人团体的平均统计数据上计算出来的。保费表现为年费,分 12 期缴付。保费计算采取两种方式:一是贷款总额的一定比率,并在借款期间保持不变;另一种是贷款余额的一定比例,随着贷款余额的减少保费也逐渐递减。假设一笔住房贷款总额为 5 000 000 法郎,贷款期限 10 年,贷款人投保死亡和丧失工作能力的保险。采取第一种方式计算保险费时,如果费率以贷款总额的 0.3‰ 计算,年保费收入为 1 500 法郎,月保费为 125 法郎,在贷款期间,贷款人每月所需交的保费不变。采取第二种方式计算保险费时,费率以待还款额计算,同样风险的费率为 0.46‰,第一年保费为 2 300 法郎,每月支付 192 法郎,以后每年的保费金额逐年减少。

五、日本的房地产保险市场

日本的房地产保险市场实行低费率的房地产保险制度。房地产贷款保险费率不到 0.5‰,远远低于中国 5‰ 的费率水平,办理程序也简便快捷。日本的房地产保险市场得到了政府的支持。在出现房地产泡沫和经济衰退的情况下,政府采取措施抑制增长过猛的房价,使房地产保险市场得到较快恢复。

日本房地产保险也采取人寿保险和财产保险相结合的保险模式,保险种类包括团体信用人寿保险、火灾保险和地震保险等。日本房地产保险体制的特点:一是房地产保险由社会商业保险机构提供;二是在保险方式上,日本的人寿保险采用团体信用人寿保险模式,由贷款机构出面为全体借款人申请保险,在投保方式上和法国相近;三是在风险防范机制上,日本房地产保险与担保机构共同构成风险防范体系;在保险程度上,借款人参加火灾保险是借款的基本前提,绝大部分借款人同时也要参加团体信用人寿保险,如日本住宅金融公库中,90%以上的借款人参加了团体信用人寿保险。

团体信用人寿保险是金融机构以全部抵押贷款为被保险人团体与保险机构签订团体生命保险合同的"一揽子保险"。金融机构是保险合同的签约人和受益人,保险费用由金融机构负担。当借款人死亡或因疾病而高度残疾时,保险机构负责偿还剩余的贷款本息。借款人在申请贷款时,同时要提交团体信用人寿保险申请。每个借款人可以申请的团体信用人寿保险有一定的额度限制。贷款机构在接到借款人申请时,要审查保险申请。如果借款人以前参加了团体信用人寿保险,贷款机构和保险公司将不再提供团体信用人寿保险。这时,借款人可以以法定继承人作为贷款的连带担保人并签订按期还款保证书。[①]

六、中国的房地产保险市场

我国在住房交易过程中,购买房地产保险是消费者必须考虑的一件事。我国推出的房地产保险产品主要有房地产财产保险、建筑工程保险、房地产责任保险等。由于住房的使用年限一般在 50 年以上,房地产保险可以有效转移和分散房屋所有者的风险。房地产风险发生的少,但是一旦发生将会造成巨大的损失,使人们的工作和生活都受到不利的影响。房地产保险

---

① 张红、殷红,《房地产金融学》,清华大学出版社,2007 年,第 449—451 页。

能减少损失,维护人们生活质量的稳定。房地产保险可以保证居民在房屋遇到风险事故造成损失时,获得必要的赔偿。房地产保险可以使开发商的经营风险得到分散和转移,推动房地产市场的健康发展。房地产保险可以使被保险人的信用得到提高,购买了房地产保险后,银行可以更放心地放款。房地产保险不仅可以促进保险业的发展,而且将对银行业、房地产业的发展产生促进作用。

我国的房地产保险存在产品供给不足和保险需求不足的状况。一方面,房地产保险产品非常少,主要是住房抵押贷款保险,这是房屋购买者依照银行的要求向保险公司购买的一种保险,房屋购买者的住房保险责任事故内发生的损失由保险公司进行赔偿,实质上是购房者自己花钱保障银行的利益。另一方面,众多购房者对住房抵押贷款保险不感兴趣,很多购房者认为房屋是一种不能丢失的不动产,因此其风险基本上可以忽略,并且银行是受益者,他们认为即使购买保险应该由银行来支付保费,自己没有购买的必要。这种供求均不足的状况严重制约了房地产保险市场的发展。在我国房地产保险发展过程中,国家必须完善法律制度,保险公司要推进改革及大力宣传房地产保险,合理调配市场资源,促使我国房地产保险健康发展。

※ 本章小结 ※

房地产保险起源于西方现代保险。房地产保险的发展对于防范房地产风险意义重大。房地产保险是以房地产及其相关利益和责任为保险标的,保险机构收取保费,与被保险人订立保险合同,对于在房地产设计、生产、销售、分配和使用的各个环节中,由于自然原因、社会原因、经济原因等不可控制因素造成的损失,由保险人对被保险人给予经济补偿。

房地产保险的构成要素是房地产保险运作的基本条件,包括房地产保险的参与者、房地产保险基金、房地产保险合同和标的等。按房地产保险所保标的的性质,可将房地产保险分为房地产财产保险、房地产建筑工程保险、房地产责任保险、房地产信用保证保险和房地产人身保险等保险产品。这些房地产金融工具的运用,大大降低了房地产风险,在房地产市场和房地产金融市场的运行中发挥了重要作用。房地产保险活动是以契约(合同)为基础的经济活动,房地产保险运作自始至终是在法律规范下进行的。房地产保险的运作包含房地产保险的运作准则、投保与承保、风险管理、索赔和理赔等环节。

房地产保险作为一个重要的保险领域,在美国、加拿大、德国、荷兰、法国、日本等发达国家得到迅速发展。美国和加拿大主要是以房地产抵押贷款为主体,建立了较为完善的信用保证保险模式,以政府机构和私营商业保险公司共同构成住房抵押贷款保险体系。德国构建了完善的房地产保险体系,保险范围比较广泛,保险险种不具有强制性,房主可以自行决定是否投保,并且保费比较低。荷兰多数实行的是寿险和住房抵押贷款捆绑模式的保险,这种机制既能保证贷款按期收回,又能形成风险分散、收益共享的金融服务方式。法国和日本则是将团体人寿保险和财产保险相结合,不仅可以简化保费的计算,降低保险人的保险支出,又能保证保险公司和金融机构的收益。

房地产保险是一个系统的体系,我国房地产保险存在供给和需求都不足的状况。因此在房地产保险发展过程中,国家要完善法律制度,保险公司要推进改革,合理调配市场资源,促使我国房地产保险健康发展。

※ 本章思考题 ※

1. 房地产保险的内涵和功能是什么？
2. 房地产保险的构成要素有哪些？
3. 房地产保险产品有哪几种？
4. 房地产保险的运作准则是什么？
5. 美国房地产保险体系的特点是什么？

课后习题九

第十章 房地产金融风险管理和金融监管

内容提要
1. 风险管理和金融监管的内涵、功能与流程。
2. 全球金融危机及其治理案例。
3. 房地产金融市场的风险度量和规避方法。
4. 房地产金融市场金融监管的法律制度和监管经验。
5. 巴塞尔协议与房地产金融市场的金融监管。

房地产金融作为一种专业性很强的金融服务项目,是房地产业发展不可替代的重要支持和保障因素。加强房地产金融市场的风险管理和金融监管,对房地产风险和金融风险进行及时处理和规避,是防范房地产泡沫膨胀和破灭、防止金融危机的关键手段,对整个金融业和国民经济的稳定和发展至关重要。

第一节 风险管理的内涵、功能与流程

一、风险管理的内涵

1. 风险管理的内涵

风险现象是形成投资决策、金融市场运作以及其他一些经济活动的关键决定性因素之一。风险不同于不确定性,如果一个经济行为人所面临的随机性以外生指定的或可系统测算的客观概率形式来表达,比如用轮盘或骰子进行赌博,那么就可以说这种情况涉及风险。如果随机性以可选择的可能事件形式来表达,比如对赛马下注或决定买不买地震保险等,那么就可以说这种情况存在不确定性。[1] 从经济学的视角出发,如果经济主体做出选择将面临不确定性,进而可能会产生获利机会或造成损失。不确定性是指经济主体对未来的经济收益和损失的分布概率在发生之前是不能确知的。风险则建立在不确定性概念的基础之上。风险是一种"事关紧要"的不

---

[1] 史蒂文·N. 杜尔劳夫、劳伦斯·E. 布卢姆,《新帕尔格雷夫经济学大辞典》(第7卷)第2版,经济科学出版,2016年,第168页。

确定性,不确定性是风险的必要而非充分条件,每一个存在风险的场合都是不确定的,但在不存在风险的条件下可能存在不确定性。[1] 根据风险的内涵不同,分为广义风险与狭义风险。广义风险是指某种经济活动可能带来损失、收益或无损失和无获利。狭义风险仅指损失的不确定性。风险管理是指如何在一个存在风险的环境中将损失减至最低的管理过程。在理想的条件下,风险管理能够区分不同风险发生的概率和带来损失的大小,优先处理发生概率大、造成损失严重的风险,对于造成损失较低的风险押后处理。但在现实中,理想的风险管理是很难实现的,优化过程往往难度大。

随着金融全球化和金融一体化的发展,金融风险日趋复杂化、多样化,相对于日常的其他风险,金融风险显得更为普遍,经济主体面临更大的经济收益不确定性。20世纪70年代以来,全球金融市场波动加剧,更加凸显了金融风险管理的重要性。金融风险管理理论和工具的创立是建立在尤金·法码的"有效市场理论"、威廉·夏普和约翰·林特纳等人创立的"资本资产定价模型"、斯蒂芬·罗斯的"套利定价模型"和布莱克-斯科尔斯期权定价模型的基础之上的。20世纪70、80年代计算机技术得到迅猛发展,使得数学、仿真学的知识更深地运用到风险控制领域,促进了金融工程学的产生,为金融风险管理提供更多可供选择的工具。在这种背景下,金融风险管理是确定、评估、度量和管理金融风险的过程,目的是为了创造经济价值。[2]

经济主体进行风险管理是要付出一定的成本的,如因不确定性因素而被迫取消的投资项目造成的机会成本、心理成本、实际风险损失等。尽管罗伯特·席勒(R. Shiller)指出,现有的金融制度安排能够在不增加风险的情况下,减少对行动失败的恐惧;仍然需要权衡降低风险的收益与成本之间的关系,机会成本问题是进行风险管理之前必须考虑的。[3]

2. 房地产金融市场风险管理的内涵

房地产金融业务主要集中在房地产信贷、房地产证券、房地产信托、房地产典当和房地产保险等领域,涉及房地产开发企业、银行、投资者和消费者对房地产领域的投融资活动以及政府对房地产市场的宏观调控等内容。房地产金融市场的风险主要集中在经济主体从事房地产投融资过程中面临的不确定性。房地产金融市场风险管理是对房地产信贷风险、房地产市场风险、房地产操作风险和房地产政策性风险的管理和规避,运用一种或多种金融工具及金融工具组合来降低或避免房地产投融资过程中的不确定性,获取稳定的收益并减小损失。

二、风险管理的功能

根据小阿瑟·威廉姆斯和理查德·汉斯合著的《风险管理与保险》,风险管理对不同经济主体的功能有所差异。[4] 对于企业而言,风险管理是降低要素和产品购买、投资、生产、销售等环节风险,实现利润最大化。而家庭的风险管理,是为了降低风险对家庭成员人身、财产造成的损失。对于一个社会来说,风险管理是通过一系列金融工具将风险在风险偏好主体与风险回避主体之间进行重新分配。可见,风险管理的功能是不同经济主体在事前对风险进行认识、衡量,结合自身的风险承担能力,选择一系列金融工具,通过一定方式进行风险处理,降低风险

---

[1] 兹维·博迪、罗伯特·C. 默顿、戴维·L. 克利顿,《金融学》第2版,中国人民大学出版社,2010年,第288页。
[2] 菲利普·乔瑞,《金融风险管理师手册》,中国人民出版社,2010年,第3页。
[3] Shiller Robert J., "The New Financial Oder: Risk in the 21st Century", *Princeton University Press*, 2003, 3.
[4] 小阿瑟·威廉姆斯、理查德·汉斯,《风险管理与保险》,中国商业出版社,1990年,第17—19页。

带来的收益损失或者额外成本的增加。而房地产金融市场风险管理的功能,是从事房地产领域投融资的经济主体对自身拥有的或愿意承担的潜在风险进行分散、预防或规避。

三、风险管理的流程

一般而言,风险管理的流程包括风险识别、风险度量、风险处理和风险防范。如果将这个过程进行扩展,在风险识别之后加入对风险的描述,在风险度量之后加入对风险的决策分析等,则风险管理的流程扩展为风险识别、风险描述、风险度量、风险决策分析、风险处理和风险处理结果的反馈与改进等6个步骤。

1. 风险识别

风险识别是进行风险管理的基础,重点是对房地产投融资过程中可能面临的风险是什么进行分析。例如,一家中国房地产开发企业从花旗银行借入5 000万美元的资金,它不仅面临国内市场波动的利率风险、房地产市场波动风险和国家对房地产市场调控带来的政策风险,还要面临还款期限内外汇市场波动的汇率风险。风险识别必须对上述风险的类别做出判断。

2. 风险描述

风险描述是根据风险识别阶段确定的房地产领域投融资过程中所面临的风险进行全面阐述,包括各类房地产金融风险产生前的征兆、发生时的特征和消失前的迹象等。通常采用定性分析和定量分析相结合的方法来对风险进行描述。

3. 风险度量

风险度量是指将存在的潜在风险带来的损失进行量化,并据此算出减少损失的成本或规避风险的成本。对于企业或家庭而言,对房地产投资或消费所面临的风险进行规避,在使用复杂的金融工具组合时,可能会缺乏相应的专业知识而求助于专家、金融投资机构、共同基金等金融服务公司,帮助他们进行风险度量。

4. 风险决策分析

风险决策分析是经济主体对自身可供选择的、减少金融风险的金融工具或金融工具组合进行成本与收益的权衡,衡量哪种方式对经济主体更为有利或成本更低。假设一个共同基金公司A投资于房地产开发公司B股票和制造业公司C股票,由于政府宏观调控近期房地产价格出现下跌,A公司有三种选择:① 减持B公司的股票,增持C公司的股票;② 维持B公司股票和C公司股票存量;③ 将持有B公司股票全部卖出,购买同样价值的政府债券。A公司的风险决策分析是在上述三种方式中做出选择,期望在B公司股票下跌后获得最大收益或损失最小。

5. 风险处理

风险处理是选择降低风险的方法或方法组合。减少风险的方法有风险回避、预防并控制损失、风险留存和风险转移等四种方法。风险回避是经济主体为避免某种特定风险而采取回避风险的策略。在上述共同基金公司A的投资选择中,若考虑到政府宏观调控可能引发房地产价格下跌,如果采取风险回避策略,那么A公司决定不购买B公司的股票。预防并控制损失是根据风险发生的可能性而采取相应的策略。如果A基金预期B公司股票价格下跌的概率为1/2,跌幅超过5%、10%、20%的概率分别为1/2、1/3、1/6,相应地A基金采取减持B公司股票存量的1/4、1/2和全部售出。风险留存是经济主体不采取措施降低风险而承担风险带来的损失。A基金对B公司股票的下跌风险不采取任何措施或因为某种原因无法减持或全部出售 B 公司股票,选择了风险留存。风险转移是指经济主体将风险转移给其他经济主体承担。如果 A 基金公司将 B 公司股票全部卖出,则是一种风险转移策略。

6. 风险处理结果的反馈与改进

房地产金融市场风险处理结果的反馈与改进是指经济主体在金融风险进行处理的基础上,对事后的风险处理结果进行评价,以便未来处理同类风险时采取其他措施或改进原有的金融工具组合。对于 A 基金的例子来说,如果最终 B 公司股价下跌了 10%,A 基金发现减持一半的股份,损失仍然比较大,在下一次遇到类似状况时,可考虑减持更多的股份。

第二节 全球金融危机及其治理案例

一、金融危机与房地产泡沫

对于如何定义金融危机(Financial Crises),一位西方经济学者曾经幽默地表示,如同西方文化中的美女一样,较难定义,而一旦相遇却极易识别。一般而言,全部或大部分金融指标——利率、汇率、资产价格、企业偿债能力和金融机构倒闭数——的急剧、短暂和超周期的恶化,便意味着金融危机的发生。[①]

由房地产金融脆弱性引发的经济危机历史上并不少见,早在 20 世纪 30 年代的美国就已经出现了房地产泡沫,其泡沫的破灭一定程度上导致了大萧条。20 世纪 90 年代以来,影响重大的金融危机和经济危机更是多次出现,特别是 1991 年日本的泡沫经济危机、1997 年的亚洲金融危机和由 2007 年美国次贷危机引发的全球金融危机。值得关注的是,在这些大规模的金融危机或经济危机事件中,通常都与房地产市场有着直接的关系,特别是 20 世纪 90 年代以来的三大危机,房地产泡沫破灭无一例外地成为这三次经济周期转入萧条的关键事件,每一次房地产泡沫的破灭都与整体金融与经济环境的恶化相一致。[②]

在历次波及范围较广、较典型的金融危机中,我们不难总结出一些共性,即大都是由于结构上的不合理造成房地产泡沫崩溃,除了直接带来金融危机,还将造成实体经济的衰退,并对社会财富分配和社会稳定产生严重伤害。所以,世界各国往往倾向于加大对房地产泡沫的治理和房地产金融危机的应对,制定和实施经济运行和房地产市场宏观调控的政策措施,采取相应的反周期策略,防止衰退和萧条,治理通货紧缩,防止经济泡沫和房地产泡沫过度膨胀以致破灭。因此,深入研究全球重大金融危机案例,作为前车之鉴,有助于我们科学揭示房地产泡沫和金融危机之间的规律,谋求防止房地产过度繁荣和极度低迷之策。

二、20 世纪 30 年代"大萧条"

1923—1926 年,美国佛罗里达州爆发了房地产泡沫,导致许多企业和银行破产,并激化了美国的经济危机,引发了华尔街股市大崩溃,最终导致 1929 年的"大萧条"。

1925—1927 年,在经济繁荣、人口增加以及城市化进程等多重因素助推下,美国房地产业

---

① 黄达、张杰,《金融学》第 4 版,中国人民大学出版社,2017 年,第 672 页。
② 高波,《中国房地产周期波动与宏观调控》,商务印书馆,2012 年,第 2—3 页。

经历了疯狂扩张。与1919年相比,1925年美国新房建筑许可证发放量上升了208%,达到历史顶峰。由于当时部分地区房价波动幅度较大,大量的投机资金涌入了当地市场,导致在短短几年之间,佛罗里达的土地价格上涨了差不多3倍并传导至附近的州,地价纷纷上涨。随着房地产价格的不断升高,银行界也纷纷加入,且过分专注于房地产的价格,反而较少认真考虑借款人的财务能力。1926年年底,迈阿密的房产交易量从1925年的10.7亿美元急剧萎缩到了1.4亿美元,房地产崩溃随之来临。许多后来投入房市的人由于付不起房贷,纷纷抛出手中的房产,破产的连锁反应就此发生,房价开始暴跌,整个资金链随之断裂,大量房地产企业面临破产,银行爆出巨量坏账,甚至引发金融危机。

三、1991年日本泡沫经济危机

1985年,日本经济一片繁荣的背后存在大量的经济泡沫化,而泡沫最为严重的行业是房地产业。在随后政府政策调控土地价格,加之资本流出房地产市场,房地产泡沫终于崩溃,日本经济走向了衰败,直到今日的日本,依旧受当年房地产泡沫的影响,经济萎靡不振。

20世纪80年代初期,日本经济继续发展迅猛,经济总量居亚洲第一,在世界上仅次于美国。1985年9月,美国政府为了贬值货币,以此刺激出口,提高产品竞争力,发展国民经济,与日本、联邦德国、法国和英国签订了"广场协议"。"广场协议"签订后,日元等非美元货币反向升值,其中,日元升值幅度最大,在全球主要货币中表现极为抢眼。由于资本逐利的本性,日本吸收了数量极大的海外资本,这些海外游资主要被房地产市场和股票市场吸收,导致房价、股票价格一路飙升,本地资金持续跟进,两者相互促进。随着大量资金涌入房地产行业,日本的地价开始疯狂飙升。据日本国土厅公布的调查统计数据,1985年,东京的商业用地价格指数为120.1,到了1988年暴涨至334.2,在短短3年内增长超过2倍。1990年,东京、大阪、名古屋、京都、横滨和神户六大城市中心的地价指数比1985年上涨了约90%。当年,仅东京都的地价就相当于美国全国的土地价格,制造了世界上空前的房地产泡沫。

针对日趋严重的泡沫经济,日本政府采取了从金融到土地双管齐下的政策调控。1989—1990年日本央行连续几次升息,为燥热的房地产市场下了一剂猛药,同时出台的《土地基本法》也成为抑制土地市场投机的重要措施。这种猛烈的政策调控,导致股市、房市泡沫先后破裂,致使日本经济20世纪90年代以来出现了"迷失的20年"。[①]

四、1997年亚洲金融危机

第二次世界大战后,日本、韩国、中国台湾、印度尼西亚、马来西亚、泰国等东南亚国家和地区先后实现了10%左右的高速增长,一度被称为"亚洲奇迹"。与此同时,美国经济表现低迷,美元指数走弱。于是,在全球低利率、金融自由化、国际资本流入、金融监管缺位等刺激下,大量信贷流入房地产市场,催生泡沫。1986—1994年,东南亚各国流向股市和房地产的银行贷款比例急剧扩张,新加坡、马来西亚、印尼、泰国和菲律宾分别达到了33%、30%、20%、50%以及11%。东南亚国家的房地产价格也急剧上涨,其中印尼在1988—1991年房地产价格上涨了约4倍,马来西亚、菲律宾和泰国在1988—1992年上涨了3倍左右。

1996年下半年起,美国经济开始强劲复苏,美元步入新一轮强势周期。随后在美联储加

---

① 高波,《中国房地产周期波动与宏观调控》,商务印书馆,2012年,第21—22页。

息、国际资本流出、固定汇率制崩盘等影响下,东南亚国家出口竞争力削弱,产能过剩、收益率下降和银行不良资产增加,金融机构和企业大规模破产,股市遭受重创,房地产泡沫破灭,亚洲金融风暴爆发。随后金融危机逐步升级为经济、政治危机。危机之后较长时期,大多数东南亚经济体没有恢复到危机前的增长水平。

五、2008 年全球金融危机

2000—2007 年,美国的房价涨幅大大超过了过去 30 多年来的长期趋势。在房价上涨预期的刺激之下,加上抵押贷款利率下降导致购房成本降低,美国大量居民加入抵押贷款购房的行列,从 2001 年到 2006 年年底,抵押贷款发放规模一共增加了 4 070 亿美元,达到 25 200 亿美元,2003 年曾达到最高的 37 750 亿美元。在流动性过剩和低利率不断刺激下,美国房地产市场呈现出持续的扩张势头,且房价的上涨远远超过了居民收入上涨,由此催生出泡沫。房屋空置率由 2005 年年中的 1.8%一路上升到 2008 年 3 季度的 2.8%。

2003 年美国经济开始复苏,出于对通货膨胀的担忧,美联储从 2004 年 6 月起两年内连续 17 次调高联邦基金利率,将其从 1% 提高到 2006 年的 5.25%。提高利率直接增大购房者还款的压力,加大杠杆交易的成本,信用等级最差的购房者开始出现违约,直接损害到购买次级贷款的放贷机构,房贷机构只能出售抵押品获取资金,房地产的供给明显大于需求,造成美国房地产市场逐渐出现降温,使得市场上众多的金融机构受到影响,次贷危机悄然浮现。[①] 随着危机的持续扩张,各国政府都采取一定的措施来阻止危机的进一步恶化。然而,各国政府所采取的向市场注入资金和降息的措施并没有有效阻止危机的加深,股市的重挫也接踵而至,金融系统出现明显衰退迹象。对美国和世界经济的悲观预期逐渐增多,实体经济遭受破坏,失业率上升,全球经济显著放缓,次贷危机全面爆发并迅速蔓延成全球金融危机。虽然推行量化宽松(QE)和零利率政策,全球经济至今仍未走出全球金融危机的阴影。

六、全球金融危机治理的启示

纵观 1929 年 10 月华尔街大崩盘引发的大萧条,20 世纪 90 年代初日本股市、房地产泡沫破灭导致的长期衰退,1997 年东南亚金融危机爆发产生的严重冲击,以及 2007 年美国次贷危机演变为席卷全球的大危机,这些危机与房地产市场及房地产金融市场存在千丝万缕的联系,或者房地产金融风险是引发危机的直接原因。在应对金融危机的过程中,各国政府和国际社会推动了全球金融制度和金融监管框架的变迁,积累了对房地产金融市场实施金融监管的国际经验。

1. 接管不良金融机构,控制风险范围

20 世纪 90 年代初日本股市、楼市泡沫破灭之后,日本政府让大银行和大企业接管和兼并陷入困境的银行和企业,以保持日本金融体系的稳定。在次贷危机发生后,2008 年 9 月美国政府宣布由联邦住房金融局(FHFA)接管陷入困境的房利美和房地美,并由财政部向二者注资,收购优先股,同时更换了公司领导人。美国时任财政部长保尔森认为,美国政府接管这两大机构,有效避免了金融市场面临全面的市场风险,有利于保护市场和纳税人的利益。2010 年 6 月 16 日,由于房利美和房地美仍存在巨额亏损,联邦住房金融局决定让房利美和房地美

---

① 吴晓求,《股市危机:历史与逻辑》,中国金融出版社,2016 年,第 200—202 页。

从纽约证券交易所退市。

2. 调整货币政策，适当向金融体系注资

日本泡沫经济破灭后，从1992年8月至2000年10月，日本政府先后出台十几套经济刺激方案，降低利率，实施扩张性财政政策和扩张性货币政策，累计刺激基金达到131万亿日元。随着美国次贷危机演化为全球金融危机，2008年9月19日美国财政部和美联储分别宣布为总额约为2万亿美元的美国货币市场基金提供支持。紧接着，美国政府提出了7 000亿美元的金融援助计划。此后5年，美联储通过降低利率，实施三轮货币量化宽松政策，累计向金融体系注资7.7万亿美元。2008年10月，德国通过了《金融稳定法》，旨在为陷入困境的金融机构提供流动性或者注资，维护金融体系的稳定。

3. 借助金融机构的兼并重组，化解银行危机

1991年楼市泡沫破灭之后，日本的北海道拓殖银行、山一证券、大和银行等一大批金融机构破产，三井信托银行和中央信托银行合并，兴业银行、富士银行、第一劝业银行和三和银行合并，樱花银行和住友银行合并，进而导致全球范围内新一轮金融机构合并的高潮。花旗银行与旅行者集团、瑞士联合银行和瑞士银行、汇丰银行收购米兰银行和德意志银行兼并信孚银行成为这轮全球金融并购的代表。

4. 援助投资人，增强投资者信心

美国次贷危机发生后，美国政府出台一系列法律对次级贷款人进行补贴和税收减免。2007年12月布什签署《抵押贷款债务减免的税收豁免法案》和2009年5月20日奥巴马签署一项住房援助法案，向符合条件的次级贷款偿债人提供3 000亿美元的融资，避免更多的次级贷款人破产。同时，联邦住房管理局(FHA)改革了住房贷款保险制度，将中低收入和首次购房的家庭纳入保险范围。2007年，日本政府根据《独立行政法人住宅金融援助机构法》设立100%出资具有独立法人资格的金融救助机构，它的主要业务是支持住宅证券化、住宅融资保险和融资，推出了"机构团险保险"，当投保人在偿还住房贷款期限内发生死亡、重度残疾时，公司负责清偿贷款的剩余部分。此外，日本保险公司也提供类似的服务，推出"住宅贷款辅助保险"，投保人在长期不能工作的条件下，由日本保险公司负责偿付当月的放贷还款额。德国根据《金融稳定法》，做出对金融机构援助和注资的安排。

5. 修订相关金融法规，重塑监管体系

1929年大危机发生后，为应对世界经济危机，美国政府进行了一系列的救济和重大改革，增强政府对经济直接或间接的干预，大大缓解了大萧条所带来的经济危机与社会矛盾。1933年，富兰克林·罗斯福就任美国总统后，实施罗斯福新政，通过国会制定了《紧急银行法令》《国家工业复兴法》《农业调整法》《社会保障法案》等法案。罗斯福新政时期产生的一些制度或机构如社会安全保障基金、美国证券交易委员会、美国联邦存款保险公司、美国联邦住房管理局、田纳西河谷管理局等大大强化了政府的金融监管，至今仍产生着影响。

1997年东南亚金融危机发生后，引发了世界金融格局的大调整，金融混业经营成为这个时期最重要的变化。国际上，关于金融混业经营的呼声越来越高。1999年，美国在通过的《金融服务现代化法案》中废除了《格斯拉-斯蒂格尔法》。1997—2000年，日本修改了《禁止垄断法》。2001年12月1日，英国正式实施《2000年金融服务与市场法》，推行一整套崭新的金融监管"游戏规则"，缔造了英国强大的单一监管体系。这些法律法规的制定或修改，促进了金融混业经营和金融创新。

日本楼市泡沫破灭之后,日本改变了以大银行为核心的金融体系,同时,将金融监管职能从大藏省逐步分离出来。1998年2月,日本成立由总理领导的临时机构——金融再生委员会,处理金融破产和危机管理相关事宜。1998年6月,从大藏省分离出了隶属总理府的金融监督厅,负责金融机构的监督和管理,但是大藏省保留了制定金融监管制度的决策权和对存款保险机构的监督权。2004年,金融厅成立了注册会计师检查审查会。2007年,将所有的金融监督权和制度决策权归到由金融监督厅改组而成的金融厅,开展"努力实现更好的监督"一系列活动,实现金融监管的国际合作,增强高发风险的防范措施,提高日本金融体系的透明度。美国次贷危机发生之后,日本金融制度改革主要以增强日本金融市场竞争力和改进金融监管为目的。短期内,政府对金融机构进行注资,确保其资金充足率;加强对银行信贷资产的监管,提高风险预警。长期内,主要推行以四个支柱和五项举措为主要内容的监管方案,提高日本金融市场的开放、透明、公平和效率。

次贷危机发生后,2008年11月14日,美国总统金融市场工作组公布了一系列加强场外交易(Over The Counter, OTC)衍生品市场监督和建设的措施,主要包括发展信用违约掉期(CDS)中央对手方机制,以应对OTC衍生品市场的挑战,美联储、证券交易委员会和商品期货委员会也同时签署一份备忘录,以便对CDS中央对手方相关问题进行磋商和信息共享,共同加强对金融机构的监管。2010年7月21日,时任美国总统奥巴马正式签署《多德-弗兰克法案》,该法案将银行的自营业务和衍生品业务进行了分离,并设立新的破产清算机制。根据该法案设立的金融稳定监管委员会和新的消费者金融保护局,旨在稳定检测和处理系统性金融风险,加强对衍生品风险的监管。此外,还规定了衍生品交易必须通过第三方清算进行交易。

第三节 房地产金融市场的风险度量和规避方法

一、房地产金融市场的风险度量方法

1. 房地产金融市场风险度量的基本方法

(1) 专家意见法。

专家意见法,是指经济主体对某项经济活动是否存在风险或风险处理方式是否合适,向专家咨询,专家根据个人观点赋予各项指标不同的权重,得出相关结论。一般而言,专家意见法是根据"5C"标准,即借款人的道德品质、偿债能力、资本实力、抵押品和经营条件或商业周期等对风险进行度量。假设银行D准备向房地产开发企业B贷款1 000万元,由于政府实行不动产登记制度,引发部分居民抛售房地产,加大了对房地产市场走势判断的难度。银行D咨询三位专家张、王、李对贷款给B企业的看法,根据"5C"标准,张、李两位专家认为贷款给B企业可能导致50~100万元的损失;王专家认为实行不动产登记制度对房地产市场影响不大,贷款给B企业反而能获利30万元。银行D综合考虑张、王、李三位专家的意见而进行决策,或者再向其他专家咨询最终做出决策。

(2) 财务指标判断法。

财务指标判断法,是经济主体依据主营业务收入、利润、投资收益率、资产负债率等财务指标,对另一个经济主体的财务指标是否达到标准进行评估,进而判断该经济主体的风险状况。

在本节的例子中,如果 D 银行依据财务指标法进行判断是否贷款给 B 企业,主要是查看 B 企业近几年的主营业务收入、净利润、利润率、投资回报率和资产负债率等财务指标,按照 D 银行已经发放贷款的房地产企业的财务指标进行判断,决定是否放款。

(3) 均值—方差模型。

1952 年,哈里·马科维茨(H. Markowitz)提出均值—方差模型,首次将数理统计的方法用到投资组合的选择中去,把风险看作是投资组合的期望收益率的波动,并据此创立了资产组合选择理论。[①] 马科维茨将资产组合的期望收益作为资产组合的投资回报率,将资产组合的方差作为衡量其风险的标准(见第三章第五节)。

威廉·夏普(William F. Sharpe)提出的资本资产定价模型(CAPM),进一步拓展了均值—方差模型。[②] 夏普假定每一个投资者按照均值—方差模型来选择资产组合,这样每个投资者都持有相同的投资组合,也叫"市场资产组合(Market Portfolio)",每项资产的份额取决于它在市场总流通量中的大小。他还指出,资本资产定价模型隐含了风险资产预期收益率的分布是一个单一变量——该项资产对"市场资产组合"的敏感度或市场资产组合之间的协方差,即 β 系数。用数学公式表示为:

$$\beta = \frac{\text{cov}(r_i, r_M)}{\text{var}(r_M)} \tag{10.1}$$

式中,$\text{cov}(r_i, r_m)$——资产 i 的收益 r_i 与市场资产组合 M 收益 r_M 的协方差;

$\text{var}(r_M)$——市场资产组合 M 的方差。

尽管单一 β 系数经受住了 30 多年严格的经济计量检验,当前学术界的共识是,对于刻画预期收益的横截面数据而言,单一的风险因素是很不充分的。资本资产定价模型的基本公式为:

$$E(r_i) = r_f + \beta[E(r_m) - r_f] \tag{10.2}$$

式中,$E(r_i)$——资产组合 i 的预期回报率;

r_f——无风险利率;

β——资产组合的系统性风险水平;

$E(r_m)$——市场的预期回报率;

$E(r_m) - r_f$——市场风险溢价。

对于房地产金融风险而言,利用资产组合选择理论和资本资产定价模型进行度量,是对涉及房地产投融资的资产组合进行调整,计算资产组合的方差大小或者 β 系数的大小来判断风险水平。一般而言,资产组合的方差越大,期望收益的波动也越大;β 系数越大,资产组合的风险越大。

(4) 敏感性分析法。

敏感性分析法(Sensitivity Analysis)在风险控制领域的应用由康诺弗(W. J. Conover)在 1975 年首次提出,麦克肯(McKay)等人在此基础上根据拉丁几何抽样,正式创立了多元分析

---

① Markowitz, Harry M., "Portfolio Selection", *Journal of Finance*, 1952, 7(1), 77-91.
② Sharpe W F., "Capital Asset Prices: A Theory of Market Equilibrium under Conditions of Risk", *Journal of Finance*, 1964, 19(9), 425-442.

的敏感性分析法。[1] 萨特里和马瑞沃特(Saltelli & Marivoet)提出了非参数敏感性分析法。[2] 之后,莫瑞斯(Morris)[3]和索波尔(Sobol)[4]分别提出了 Morris 法和方差分解法。敏感性分析法最新的发展,主要是欧登和杰克逊(Olden & Jackson)[5]及穆丽儿·格瓦瑞(Muriel Gevery)[6]提出的随机化检验法和 PaD2 法。敏感性分析是通过分析项目经济效果的主要指标(如净现值、内部收益率等)对主要变动因素变化的敏感程度,来确定项目抵御风险的程度,并寻找回避和减少风险损失的措施。[7] 敏感性分析法分为单因素敏感性分析法和多因素敏感性分析法。在保持其他因素不变的情况下,只变动一个因素所做的敏感性分析法,称为单因素敏感性分析法。多因素敏感性分析法,是在假定其他因素不变的情况下,变动两种或两种以上的因素,并考察各变量之间的相互影响对投资项目的经济效益的影响程度。敏感性分析法是一种不确定性分析,是项目评估中不可或缺的组成部分。对房地产投融资项目进行风险评估,是根据项目的经济效益指标对不确定性因素的敏感性程度,找到敏感性因素以及最大的波动幅度,并据此判断项目的最大风险承受能力。敏感性分析的步骤在第三章第八节做了阐述。

(5) VaR 法。

VaR(Value at Risk)法,是指风险价值模型或受险价值模型。VaR 法,是在期望—方差模型、系数以及资本资产定价模型无法度量糅合金融衍生品的风险情况下产生的。1993 年,G30集团发表《衍生品的实践和规则》的报告中提出了 VaR 法,后经 JP Morgan 集团改造,提出了计算 VaR 的风险控制矩阵(Risk Metrics)。此后,VaR 法广泛应用于风险控制、期货交易,并逐渐成为金融界测量市场风险的主流方法。VaR 法是指在正常市场波动下,某一金融资产或证券组合在一段时期内可能的最大损失。亦可表述为,在一定的概率水平下,金融资产或证券组合在未来特定时期内可能发生的最大损失不会超过 VaR 水平。[8] 公式表示为:

$$prob(\Delta p_{\Delta t} \leqslant VaR) = a \tag{10.3}$$

式中,$prob$——资产价值损失小于最大值的概率;

$\Delta p_{\Delta t}$——资产在持有期内发生的损失;

VaR——在置信水平 a 下发生的最大损失额。

---

[1] McKay, Conover W., "A Comparison of Three Methods for Selecting Values of Input Variables in The Analysis of Output from A Computer Code", URL http://dx.doi.org/10.2307/1271432,1979,42(1),55-61.

[2] Saltelli A, Marivoet J., "Non-parametric Statistics in Sensitivity Analysis for Model Output: A Comparison of Selected Techniques", *Reliability Engineering and System Safety*,1990,28(90),229-253.

[3] Morris, M. D., "Factorial Sampling Plans for Preliminary Computational Experiments", *Technometrics*,1991,33(2),161-174.

[4] Sobol I. M., "Sensitivity Estimates for Nonlinear mathematical Models", *Math Modeling & Computational Experiment*,1993,1(4),407-414.

[5] Olden, Julian D., Donald, A Jackson, "Illuminating The 'Black Box': A Randomization Approach for Understanding Variable Contributions in Artificial Neural Networks", *Ecological Modeling*,2002,154(2),135-150.

[6] Muriel Gevreya, Ioannis Dimopoulosb, Sovan Leka., "Two-way Interaction of Input Variables in The Sensitivity Analysis of Neural Network Models", *Ecological Modeling*,2006,195,43-50.

[7] 张中华、谢进程,《投资学》,中国统计出版社,2001年,第165页。

[8] Appleby, David C. Edelman, John J. H. Miller, "Numerical Methods for Finance", Chapman & Hall/CRC Press, 2008,226.

在计算过程中,首先选取样本数据,然后计算样本均值和标准值,并检验样本均值是否为零,最后计算 VaR 值。需要注意的是,VaR 法与样本数据有很大关系,利用统计方法存在一定缺陷,这只能用于衡量正常市场条件下的风险,对于突发性风险无法衡量。关于 VaR 法在房地产金融风险度量上的应用,仍以房地产开发企业 B 为例,根据市场房价和成本水平,某个房地产项目投资在下期可以获取 2 000 万元利润,如果下期出现房价下跌,可能导致在 5% 的情况下利润下降 100 万元,即 VaR 的最大值。这为企业 B 是否进行这一房地产项目投资,提供了决策依据。

2. 金融风险度量方法的最新进展

金融风险度量方法的新进展是从对 VaR 法的批评开始的,阿茨纳(Artzner)等人提出了风险度量的公理化基础,指出一个可以接受的风险度量 ρ 应该满足四个公理:正齐次性、次可加性、单调性和平移不变性。[1][2] 根据这个条件,他们提出了 VaR 的替代品 TCE(tail conditional expectation),即尾部条件期望。TCE 的计算公式为:

$$TCE_\alpha = VaR_\alpha + \frac{P\{Y > VaR_\alpha\}}{1-\alpha} E[Y - VaR_\alpha \mid Y > VaR_\alpha] \tag{10.4}$$

尧亚瑟夫(Uryasev)提出了 VaR 的另一种改进方法——CVaR 法(Conditional Value at Risk)。[3] 阿瑟比和塔斯彻(Acerbi & Tasche)提出了基于 CVaR 的改进方法 ES(Expected Shortfall),并证明 ES 和 TCE 方法均比 VaR 能更好地度量风险。[4]

CVaR 法的基本原理是,在置信水平 β 下,投资组合的 β-CVaR 是以 β 为计算标准,而不是最小阈值 α。CVaR 是最大损失值超过或等于 $(1-\beta)$ 的平均损失值。假定 x 是决策向量,$x \in X$;u 是表示随机向量组合,并 $u \in U$。对于任意 x, u 对应的损失函数为 $f(x,u)$,因此 $f(x,u)$ 不超过最小阈值 α 的概率为:

$$\theta(x,u) = \int_{f(x,u)}^{\alpha} p(u) \mathrm{d}u \tag{10.5}$$

式中,$f(x,u) < \alpha$;

$p(u)$——u 的概率密度函数。

在置信水平 β 下,$\beta \in (0,1)$,β-CVaR 可以表示为:

$$G_\beta(x) = \min\{\alpha \in R: \theta(x,u) \geqslant \beta\} \tag{10.6}$$

式中,R——实数域。

金融风险度量方法新进展的其中一个方向是基于失真函数的风险度量和动态风险度量。

---

[1] Artzner P., Delbaen F., Eber J. H., Heah D., "Thinking Coherently", *Risk*, 1997, 10, 68-71.

[2] Artzner P., Delbaen F., Eber J. H., Heah D., "Coherent Measures of Risk", *Mathematical Finance*, 1999, 9(3), pp. 203-228.

[3] Uryasev S., "Conditional Value-at-Risk: Optimization Algorithms and Applications", Computational Intelligence for Financial Engineering, (CIFEr) Proceedings of the IEEE/IAFE/INF, 2000, 49-57.

[4] Acbebi C., Tasche D., "On the Coherence of Expected Shortfall", *Journal of Banking & Finance*, 2002, 26(7), 1487-1503.

失真函数风险度量方法,由威齐和哈迪(Wirch & Hardy)、[1]王(Wang)[2]等提出,是从保险业发展起来的,而动态风险度量方法则是将风险控制转化为一个最优化问题。利用其他方法将风险控制动态化的还有萨维塔尼奇和卡拉察斯(Cvitanic & Karatzas)[3]提出的极大极小标准法,伯巴斯(Balbas)等[4]提出的一致风险度量标准的动态化等。另外一个方向是从动态和静态的角度探讨 VaR、CVaR。罗卡费拉、尧亚瑟夫(Rockafellar & Uryasev)[5]和克罗赫马尔(Krokhmal)等人在静态 CVaR 最小化和受 CVaR 限制的预期收益率最大化的条件下,衡量投资风险组合的大小。[6] 阿汗(Ahn)等人,[7]巴萨卡、夏皮罗(Shapiro & Basak)[8]等研究了静态 VaR 在连续时间模型下最大效用问题。

二、房地产金融市场的风险规避方法

房地产金融市场的风险规避方法包括风险回避、风险分散和风险保险等,下面举例说明这三种方法在房地产金融市场风险规避中的应用。

1. 风险回避

房地产金融市场的金融风险回避,可以是将风险降至零;也可以是经济主体放弃在房地产领域的投融资活动或其他相关活动。显然,这种方式过于极端。事实上,在具体的决策过程中,决策者还要结合自身的风险偏好特征和风险承担能力,进而做出中止、放弃、调整或改变某种决策方案的风险处理方式。风险回避虽然可以将风险损失降至零,但也放弃了风险可能带来的收益。以银行 D 为例,若房地产开发企业 B 申请贷款 2 000 万元,贷款期限为 1 年,利率为 1 年后的当期利率。房地产市场在未来 1 年的变化是不确定的,有 50% 概率继续呈现出繁荣态势,房地产企业 B 盈利达到 5 000 万元,有 50% 概率出现疲软态势,房地产企业亏损 3 000 万元,并且无法偿还银行贷款。如果银行采取风险回避策略,则放弃对企业 B 的贷款,可以避免 2 000 万元的损失,但放弃了 2 000 万元贷款的利息收益。

2. 风险分散

风险分散,是指经济主体通过多样化的投资来分散和降低风险的方法。例如,一些共同基金通常选择投资于股票、政府债券、货币市场、其他基金或实物资产而进行分散风险。按照马科维茨的资产组合选择理论,分散风险,必须要求 $cov(r_i, r_j) < 0$,即资产 i 的收益率与资产 j

---

[1] Wirch J., Hardy M., "A Synthesis of Risk Measures for Capital Adequacy", *Insurance: Mathematics and Economics*, 1999, 25(99), 337 – 347.

[2] Wang S., "A Class of Distortion Operators for Pricing Financial and Insurance Risks", *The Journal of Risk and Insurance*, 2000, 67(1), 15 – 36.

[3] Cvitanič, J., Karatzas, I., "On dynamic measures of risk", *Finance and Stochastics*, 1999, 3(4), 451 – 482.

[4] Balbas A., Griido J. and Mayoral S., "Properties of Distortion Risk Measures", *Methodology and Computing in Applied Probability*, 2009, 11(3), 385 – 399.

[5] Rockafellar, Tyrell, Stanislav Uryasev, "Optimization of Conditional Value-at-risk", *Journal of Risk*, 2000, 2(3), 21 – 41.

[6] Krokhmal, P., Palmquist, J., Uryasev, S., "Portfolio Optimization with Conditional Value-At-Risk Objective and Constraints", *Journal of Risk*, 2002, 4, 43 – 68.

[7] Ahn SH., "Environment of The Gamma-Ray Burst GRB971214: A Giant H II Region surrounded by A Galactic Supershell", *The Astrophysical Journal*, 1999, 530(1), L9 – L12.

[8] Shapiro, A., Basak, S., "Value-at-risk based risk management: optimal policies and asset prices", *Social Science Electronic Publishing*, 2001, 14(2), 371 – 405.

的收益率的相关系数为负值。富通基金全球投资总监杜威德将分散风险看作免费午餐。他表示,由于不同资产类别的不完全相关,可以减少给定的敞口风险,在减少风险的同时,通过增加有较高预期收益的资产,整个资产组合的收益率将提高。这就是"免费午餐"。在上述银行D的例子中,如果采取风险分散策略,银行D决定贷款2 000万元给B企业,还应该投入2 000万元或者更多的资金用于购买股票、政府债券、共同基金、其他实物资产或者贷款给制造业企业等等,万一房地产企业B无法偿还2 000万元贷款,可以通过其他投资项目的盈利弥补损失。风险分散可以抓住潜在的获利机会,但无法完全消除风险,甚至面临市场风险时风险分散是无效的。

3. 风险保险

风险保险是指经济主体在事前为潜在风险购买保险,降低风险发生时的损失的经济行为。风险保险一般由保险企业承接,并收取一定的费用作为风险保险的价格。按照保险赔偿额度,可以分为部分保险和全额保险。通常情况下,保险企业将保费资金贷款给企业、投资于股票、债券、共同基金等,因而面临了承保风险、管理风险、投资风险还有投保人的道德风险等。对于房地产金融风险而言,进行风险保险是有效降低风险损失的手段。仍以上述银行D为例,假定有一家保险公司F,F公司按照5%的保险额度收取保费,那么银行D只要支付100万元,就可以购买2 000万元的保险。如果B企业到期无法偿还2 000万贷款,银行D可以从保险公司F处获得2 000万元补偿;如果B企业盈利,并偿还2 000万元本金和支付利息,那么银行D损失100万元保费。现实中,全额保险通常是不存在的,这样很容易引起投保人的道德风险问题。经济主体购买风险保险,一旦风险发生时,可以有效锁定风险损失额度,而投资活动盈利时,则损失了保费收益。

综上可见,风险回避、风险分散和风险保险各有优缺点,经济主体应根据自身的风险偏好和风险承担能力及具体情况,选择风险规避的方法或不同风险规避方法的组合。尽管采取风险规避,但仍然有许多风险,如系统性风险、自然灾害、政治风险、黑天鹅事件等,是无法完全规避的。正如席勒教授所主张的那样,生计保险、宏观市场、收入相关保险、不平等保险、跨代际社会保障、关于国家经济风险控制的国际协议,为不可避免的风险提供了规避的可能性。[1]

第四节　房地产金融市场的金融监管

一、金融监管的概念

金融监管(Financial Regulation, Financial Supervision)是金融监督和金融管理的复合词。金融监管有狭义和广义之分。狭义的金融监管是指金融主管当局依据国家法律法规的授权对金融业(包括金融机构以及它们在金融市场上的业务活动)实施监督、约束、管制,使它们依法稳健运行的行为总称。广义的金融监管除金融主管当局的监管之外,还包括金融机构的内部控制与稽核、行业自律性组织的监督以及社会中介组织的监督等。[2] 金融监管的一般性

---

[1] Shiller R., "The New Financial Oder: Risk In The 21st Century", Princeton University Press, 2003, 4-5.
[2] 黄达、张杰,《金融学》第4版,中国人民大学出版社,2017年,第693页。

原则有依法管理原则,合理、适度竞争原则,自我约束和外部强制相结合的原则,安全稳健与经济效率相结合的原则。

金融监管是保证金融市场稳定的必要条件,随着金融业在国民经济中的地位不断加强,金融创新不断涌现,打破了原有金融业务之间的界限,使得银行、保险和证券业的混业经营成为各国金融监管机构不得不面对的局面。而金融全球化的浪潮,导致大量游资热钱在国际间流动,加大了金融市场的波动。因此,加强金融监管实现金融市场的稳定,是各国金融监管机构的当务之急。

金融监管的主要目标是限制风险的发生和避免危机的爆发,同时,金融监管还要减少市场失灵造成的负面影响,向市场参与者提供合意的激励,并促使经济发展水平的提高。

二、巴塞尔协议与房地产金融监管

20世纪80年代后期,全球达成了银行业监管的国际准则——巴塞尔协议。经过多次的修改,形成了《巴塞尔协议Ⅱ》和《巴塞尔协议Ⅲ》。《巴塞尔协议Ⅲ》是2008年全球金融危机之后对银行业监管的国际合作的基础,有利于全球金融业的稳定。本部分主要介绍巴塞尔协议对银行业监管和金融监管的相关规定,以及对房地产金融市场金融监管的意义。

1. 《巴塞尔协议Ⅰ》

1974年,德国的赫斯塔特银行(Bankhaus Herstatt)和美国的富兰克林银行倒闭,促使十国集团央行行长倡议成立了巴塞尔委员会,用以协调和加强各国对银行业和金融业的监管。第二年,针对国际银行业监管主体缺位的现实,第一个巴塞尔协议(Basel Accord)出台,主要明确两点:一是任何银行的国外机构都不能逃避监管;二是母国和东道国共同承担监管责任。鉴于1975年的协议内容过于宽泛和执行中容易被打折扣,1983年5月,巴塞尔委员会推出了修改后的《巴塞尔协议》,对第一个协议的内容进行了具体化,但对于银行的清偿能力等监管内容只提出了抽象监管原则和职责分配,没有具体可行的监管标准,各国银行各自监管的格局并没有发生改变。

1982年8月,拉美债务危机爆发。到1986年年底,已席卷墨西哥、巴西、委内瑞拉、阿根廷、秘鲁和智利等国,拉美国家的债务总量超过1万亿美元,同时还有近40个发展中国家要求重新安排债务。在这种背景下,1988年7月,通过了《关于统一国际银行的资本计算和资本标准的报告》(下文简称巴塞尔报告),即《巴塞尔协议Ⅰ》。《巴塞尔报告》的主要内容包括4个方面:一是将银行资本分为核心资本和附属资本。二是确定了表内资产与表外资产项目0%、20%、50%和100%的风险档次。三是确定了过渡期限至1992年的资本充足率要求,即要求银行的核心资本对风险资产的比重不低于4%,总的资本充足率不低于8%。四是各国监管当局自由决定的范围。《巴塞尔协议Ⅰ》对金融监管的最重要影响是监管思想的变化,对银行业的监管由银行体系之外转入银行体系之内,更加注重对资本充足率的要求。

1991年,两极格局瓦解,经济全球化、金融国际化成为时代的主流,使得《巴塞尔报告》(1988)存在许多不足,不能对金融创新进行监管。1991年11月,对《巴塞尔报告》进行首次补充,将银行的准备金分为普通准备金和坏账准备金,坏账准备金被排除在银行附属资本之外。1994年6月,做第二次补充,区分了OECD国家和其他国家在国别风险上的不同,同时也区分了OECD成员国的不同风险差异,调低了墨西哥、阿根廷和韩国的信用等级。1995年2月,资本充足率远超过8%的巴林银行,因涉及金融衍生品交易,最终导致破产,使得巴塞尔委员会意识到资本充足率远远不足以有效防范商业银行的金融风险。针对金融衍生品监管的不足，对《巴塞尔报告》进行第三次补充。

对于房地产金融风险而言，《巴塞尔协议Ⅰ》没有做出相关规定，对银行资本充足率的要求也只能间接限制房地产的直接融资。20世纪90年代，随着房地产资产证券化（MBS）的发展，商业银行业更广泛地参与了MBS的交易，致使《巴塞尔协议Ⅰ》不能对房地产金融风险进行有效监管。

2.《巴塞尔协议Ⅱ》

继1995年2月巴林银行倒闭之后，当年9月大和银行被披露进行违规买卖美国国债，1997年东南亚金融危机爆发。这一连串由信用风险、市场风险和操作风险相交织发生的事件，促使巴塞尔委员会在1997年9月推出了《有效银行监管的核心原则》。该文件涉及银行监管的7个方面共25条核心原则，为《巴塞尔协议Ⅱ》的形成和深化开辟了广阔空间。

1998年，巴塞尔委员会开始了彻底修改巴塞尔协议的工作，次年提出了新的资本监管框架的三大支柱——资本充足率、监管部门的监管和市场纪律。这三大支柱构成了《巴塞尔协议Ⅱ》的主要内容，巴塞尔委员会宣称《巴塞尔协议Ⅱ》适用于全世界所有的银行。同时，有关国际组织也将《巴塞尔协议Ⅱ》视为银行监管的国际标准。《巴塞尔协议Ⅱ》提出了两种处理信用风险的方法：标准法和内部评级法。标准法主要是依据外部信用评级机构来评价银行风险的大小。内部评级法分为初级法和高级法，初级法是银行计算出借款人的违约概率，其他风险要素值由监管部门确定；高级法则由银行计算出风险要素值。2004年巴塞尔委员会推出了正式的《巴塞尔协议Ⅱ》，主要内容包括三点：第一，三大支柱。第二，要求广大商业银行建立内部风险评估机制。第三，要求各国监管当局加强对银行的监督力度，严格控制商业银行的资本充足率。此外，《巴塞尔协议Ⅱ》第一次引入市场约束机制，要求银行加强信息披露力度，及时公开银行的资本结构、风险敞口、资本充足比例、对资本内部评价机制及风险管理战略等信息，让市场力量来促使银行稳健、高效和安全地运营。

《巴塞尔协议Ⅱ》对资产证券化也有具体规定。首先，明确了资产证券的概念和实质。《巴塞尔协议Ⅱ》要求监管的资产证券化种类有资产支持型证券（Asset-backed Securities）、住房抵押贷款支持型证券（Mortgage-backed Securities）、信用提升（Credit Enhancements）、提升流动性（Liquidity Facilities）、利率互换或货币互换（Interest Rate or Currency Swaps）、信用衍生工具（Credit Derivatives）以及分档次抵补担保（Tranched Cover）等。此外，准备金账户也应作为资产证券化风险暴露来处理。其次，明确商业银行进行风险转移的操作要求。《巴塞尔协议Ⅱ》对传统型和合成型资产证券化分别提出了7项和5项判断标准，并对清算式赎回操作做出具体规定。第三，对资产证券化的风险暴露提出最低资本要求。对于风险暴露的证券化资产，《巴塞尔协议Ⅱ》要求对风险资产进行扣减或隐性支持。当对风险资产进行扣减处理时，银行必须在一级资本和二级资本中各扣除50%的风险资产总额。当对风险资产作隐性支持时，银行需要持有与资产证券化相关的资产持有等量资本。第四，要求商业银行资产证券化业务信息进行定性和定量披露。这些规定本身是限制资产证券化发展的，一方面制约了商业银行对资产证券化的信贷支持，另一方面对于经营信贷业务的投资银行进行了更严密的监管。

《巴塞尔协议Ⅱ》与房地产贷款相关的信用风险包括公司风险、零售风险中的住房抵押贷款风险、专业贷款风险以及股权风险。专业贷款是指对单个项目提供的融资，对于高波动性商业房地产贷款得到特别关注。《巴塞尔协议Ⅱ》要求对借款人占有、将要占有或出租的住房的抵押贷款给予35%的风险权重，对于专业贷款中的高波动性商业房地产贷款给予100%的风险权重；同时，要确保对房地产的市场估值大于贷款金额，否则应当提高风险权重。

2006年，《巴塞尔协议Ⅱ》开始正式实施。而现实却是一个莫大的讽刺。2002—2006年，以美国房地产次贷为代表的资产证券化市场异常繁荣，以致2007年次贷危机席卷美国，并逐渐演变成为全球性的金融危机，导致《巴塞尔协议Ⅱ》的相关规定没有得到有效实施。

3.《巴塞尔协议Ⅲ》

2007年美国次贷危机爆发，2008年演变为全球金融危机，促使各国联合起来加强对宏观经济和金融市场的干预，巴塞尔委员则进一步推出了《巴塞尔协议Ⅲ》。2010年底，巴塞尔委员会公布了巴塞尔协议修改草案，并于2011年1月和6月分别公布了提高监管资本质量的最终改革方案和确定双边交易对于信用资本风险的最低资本要求，这三者构成《巴塞尔协议Ⅲ》的主要内容。《巴塞尔协议Ⅲ》对最低资本金比率、一级资本定义以及过渡期安排进行规定，并且对表外业务和衍生品的监管取得重大突破。首先，《巴塞尔协议Ⅲ》再次提高了银行的资本充足率，要求商业银行核心资本率在2013年由4%增加到4.5%，到2019年要提高到6%；同时，商业银行还要建立2.5%的资本留存和0%～2.5%的逆周期超额资本，使得商业银行的总资本充足率达到8%～10.5%（巴塞尔委员会，2011，第71、74、81页）。其次，要求将普通股权益/风险资产比率由原来的2%提高到4.5%，要求商业银行的一级资本最低杠杆比率为3%，流动杠杆比率为100%。最后，《巴塞尔协议Ⅲ》规定，股份公司制银行的一级资本的形式为普通股和留存收益；二级资本被简化，只有一套二级资本合格标准，二级资本的子类被取消；取消三级资本；同时，还确定了一个较长的过渡期——2013—2019年。

《巴塞尔协议Ⅲ》对资产证券化的监管达到一个新的高度。第一，将更广泛的资产证券化风险暴露纳入监管范围。新协议再次强调证券化资产的信用风险，对于表外衍生品风险暴露的处理，看其是否是"合格的流动性便利"或服务于人现金透支便利。为了计算风险资本，所有的表外证券化资产风险暴露都使用100%的信用转换系数。同时，新协议规定，无论信用评级如何，再证券化均不属于合格的金融抵押品。[①] 第二，针对资产证券化增设的逆周期风险资本缓冲要求。新协议要求商业银行提取0%～2.5%逆周期超额资本；要求国际活跃银行（International Active Bank）根据私人部门信贷风险暴露的地理分布来计算逆周期超额资本，使得银行在风险暴露的所有辖区运用超额资本进行加权平均。第三，将商业银行的内部风险控制方法提升到更高的地位，完善了风险要素值的计算和对于证券化产品的风险权重度量，改变了倚重外部评级机构的风险监控局面。新资本协议努力降低对外部信用评级机构的依赖，缓解"悬崖效应"。避免获取风险暴露评级的激励安排、源于担保和信用衍生品的"悬崖效应"——信用风险缓释（CRM）、被动（Unsolicited Ratings）评级和外部信用评级机构的认可。同时，新资本协议将国际证监会发布的《信用评级机构行为基本准则》（*Code of Conduct Fundamentals for Credit Rating Agencies*）纳入监管框架，推行标准法评价长期风险暴露。[②] 第四，完善了资产证券化风险暴露的信用风险分析操作标准，强化了对证券化资产的监督检查和信息披露要求。对于短期证券化资产，信用评级为A-1/P-1的风险权重为20%，A-2/P-2的风险权重为50%，A-3/P-3的风险权重为100%，其他评级或暂未评级的证券化资产的风险权重为1250%。长期证券化资产，信用评级为AAA到AA-的风险权重为20%，A+

---

① 巴塞尔委员会，《第三版巴塞尔协议》，中国金融出版社，2011年，第126页。
② 同上引，第67—70页。

到 A-的证券化产品的风险权重为 50%,信用评级为 BBB+到 BBB-的证券化资产的风险权重上升到 100%,BB+到 BB-的证券化产品的风险权重进一步提高到 350%,B+及其之下或暂未评级的证券的风险权重为 1250%。① 总体来讲,《巴塞尔协议Ⅲ》对于房地产证券化是一个比较严密的全球合作监管文件。美国次贷危机之后爆发的欧洲债务危机、"金砖"国家经济增长速度放缓,需要全球各国的进一步合作,促进全球经济的稳定发展。但是,《巴塞尔协议Ⅲ》较长的缓冲期本身充满了很大的变数。

三、行业自律性组织的房地产金融监管

金融行业组织分为行业自律性组织和市场资产自律性组织两种类型,前者如银行业协会、证券业协会、保险业协会和期货业协会;后者如证券交易所、期货交易所、外汇交易所等。这里主要讨论行业协会对金融监管的作用。

金融行业协会是由金融业的组织成员为保护和增进共同利益,在自愿基础上依法组织起来,共同制定章程(规则),以此约束自己的行为,并实现金融行业内部的自我管理。行业协会主要有以下三个属性:① 行业协会的民间性或非政府性。行业协会独立于政府系统之外,不存在与其他国家机关的隶属关系。美国《金融服务现代化法》(1999)规定,全美注册保险代理人和经纪人协会不代表美国政府,不是美国政府的一个机关,除非由国会依法解散,否则继续存在。但只有日本的金融行业协会是纯粹民间性质的,其他国家均具有官方或半官方性质。② 行业协会的自律性。行业协会通过制定章程或规则实行自我管理、自我服务、自我协调、自我控制以规范其成员行为。③ 行业协会的非营利性。行业协会不直接从事金融活动,没有盈利目的和动机。

金融行业协会作为政府与金融机构之间的中间层次,发挥了部分协调功能与市场职能。行业协会有以下三个功能:① 服务与监管功能。金融行业协会协助政府金融监管部门进行监管,行业协会更接近于市场,更便于保持公正性。② 干预与调控功能。金融行业协会出台相关政策,配合国家的宏观调控政策,保障金融业的稳定。③ 协调与自律功能。金融行业协会协调各类金融机构、同类金融机构之间、金融机构与投资者以及金融机构与政府之间的关系;另一项自律功能是监督、检查会员的日常经营活动,进行风险预警,实现行业自律;同时,对发生重大风险的金融机构进行救助或支持等。

各国金融业行业协会的发展呈现出两大趋势:一是行业协会逐渐具有官方或半官方性质。法律赋予金融行业协会制定行业规章,对会员市场违规行为处罚、协调会员争议的权利,使之逐渐成为西方国家金融监管的主体之一。二是行业协会的独立性增强。只有英国的行业协会隶属于金融服务局,其他欧美国家均独立于政府监管机构。2007 年美国次贷危机和 2010 年欧洲债务危机深深改变了全球各国的金融监管格局,国际合作的金融监管成为全球化背景下防范金融危机的必要举措。这不仅需要世界各国金融监管部门的协调,还需要国内监管部门与行业协会的协调,发挥各自的优势,维持金融业的稳定。

四、典型国家房地产金融监管的法律制度

1. 美国

美国在房地产金融市场领域的立法十分完备,关于房地产资产证券化的法律很多,但联邦

---

① 罗平,《新资本监管制度的信用风险权重法》,http://www.docin.com/p-748539995.html。

政府并没有对房地产抵押贷款证券化法律监管的专门立法,其对房地产抵押贷款证券化的法律散见于现存的法律中,比如联邦证券法体系、各州的蓝天法、破产法、税法等,还有一系列调整合同关系和信托关系的判例法均适用于房地产抵押贷款证券化。最早对银行内部交易方面进行规定的是《联邦储备法》(Federal Reserve Act,1914),它的第23条A款规定,禁止银行的附属机构通过不正常融资手段从银行获取资金。国民银行和联邦储备体系的其他成员银行只有通过特定的审查之后,才能从事与附属机构的交易。在1930年大危机之后,《格拉斯-斯蒂格尔法案》(Glass-Steagall Act,1933)被国会通过,该法案将投资银行业务和商业银行业务进行严格分离,禁止商业银行从事证券业务,确立美国银行业、证券业的分业经营格局,但规定以下4类证券例外:市政普通债务债券、美国政府长期债券、私募发行的证券和不动产贷款。根据该法案第"Q项条款"规定,商业银行不得对活期存款支付利息和对定期存款和储蓄存款所支付的最高利率进行限定。之后,罗斯福政府先后颁布了《证券法》(Securities Act,1933)和《证券交易法》(Securities Exchange Act,1934),旨在为新设立的证券交易委员会专门对证券市场的监管提供法律依据。《证券法》确立证券市场的初始信息披露制度,要求发行证券的公司以登记书的形式向联邦贸易委员会报告待发行证券的详细情况,并要求公司向有意购买证券的投资人提交计划书,包括公司高级职员名称、拟出售证券的性质和公司财务状况。根据《证券交易法》成立证券交易委员会(Securities and Exchange Commission,SEC),进一步要求证券发行公司向SEC提交注册表,并由SEC宣告生效,保证证券市场信息的持续公开。同时,该法还对证券交易过程中证券交易所、经纪商、发行人、投资者和其他机构的业务做出具体的规定。1939年通过的《信托契约法》(Trust Indenture Act)和1940年通过的《投资公司法》(Investment Company Act)是两项对信托业务有重要影响的法律。《信托契约法》要求证券发行公司提交信托契约并获得相应批准,《投资公司法》则规定了证券投资的主体和营业规范。1937年,美国国会颁布《住房法》(Law of Residential Housing),亦称为瓦格纳·斯蒂高尔法,在1938年修订后,依据该法成立了联邦住房管理局(Federal Housing Authority,FHA),旨在稳定在大萧条中低迷的住房市场,确保美国的中低收入家庭有能力购买住房。此后,美国政府依据该法成立或扶持了一些企业和公司以解决国民住房问题和活跃二级住房市场。

1960年9月,美国通过《国内税收法典》(Internal Revenue Code)和《房地产投资信托法案》(Real Estate Investment Trusts Act),标志着REITs的成立。《国内税收法典》对取得REITs资格的公司、信托组织等给予税收优惠,向股东和受益权凭证持有人支付的股息或收益部分不需要缴纳公司所得税。同时,重新修订了《1933年证券法》和《1934年证券交易法》,要求REITs的注册、上市交易、信息披露必须遵循这两个法律的最新规定。1968年到1975年之间,美国为解决住房信贷市场中的贫富歧视和种族歧视问题,陆续颁布了《公平住房法》(Fair Housing Act,1968)、《房地产贷款抵押披露法》和《平等信用机会法》(Equal Credit Opportunity Act,1975),这被认为是其后美国次级贷款快速发展的重要法律依据。1968年国会通过的《住宅和城市发展法》与1970年通过的《紧急住宅融资法》,授予联邦住宅贷款抵押公司(Federal Home Loan Mortgage Corporation, Freddie Mac)对银行系统或其他政府担保机构的住宅抵押权,激活了住房二级抵押市场。这段时期进一步强调了银行业务的分割性,1956年通过的《银行控股法》和1970年制定的《银行控股法修正案》均要求银行控股公司在《修正案》通过后10年,逐步剥离与银行业务无关的分支机构。

20世纪70年代后期,布雷顿森林体系解体,促使多数发达国家和地区选择了浮动汇率制度以及对滞胀危机的反思。美国开始金融监管改革。1980 年,通过了《放松对存款机构管理与货币管制法》,废除了"Q 项条款",允许金融机构在资金运用中出现业务交叉。随后的几年颁布了《存款机构法》,完全放松了对利率上限的限制。1991 年,布什政府推出了监管改革的绿皮书,之后,在金融市场上发生了信孚银行收购 Alex Brown(1997 年 4 月)和花旗银行与旅行者集团的合并(1998 年 4 月)为代表的银行并购案,最终在克林顿政府时期,国会通过了《金融服务现代化法案》(Financial Services Act or Gramm-Leach-Bliley Act,1999),废除了《格拉斯-斯蒂格尔法案》的部分内容,重新允许银行、证券业和保险业的混业经营,但是该法案并未就金融业的监管问题进行调整,仍然维持了原来的银行、证券、保险和期货各自监管的多头监管格局。除此之外,《二级抵押市场加强法》(Secondary Mortgage Market Enhancement Act,1984)、《北美不动产投资管理声明》(NASSA Policy Statement,1986)、《公平住房法修正案》(Fair Housing Act of 1988)和《房屋权益贷款消费者保护法》(1989)进一步放松了银行对穷人的住房贷款。这些法律都为房地产业的投融资或二级市场发展提供法律依据。此后,关于住房开发市场和抵押市场的相关法律政策基本稳定。2007 年,美国次级贷款危机爆发,2008 年美国政府先后出台了《住宅与经济复兴法案》和《紧急经济稳定法案》,用于稳定住宅市场和宏观经济。

2. 日本

日本关于住房保障的法律有 40 多部,主要是"二战"后制定的。为了解决日本人口密集,住房供应紧张问题,日本政府先后制定了《住房金融公库法》(1950)、《公营住宅法》(1951)、《日本住宅工团法》(1955)、《城市住房计划法》(1966)等法律。

"二战"前后,日本国内的资金长期处于短缺状态,日本的房地产信托主要是为了解决住房建设的资金来源问题。1922 年,制定了《信托法》和《信托业法》。1931 年《抵押证券法》的颁布,标志着日本资产证券化历史的开始。根据《抵押证券法》规定,允许抵押证券公司将贷款、债券和担保的不动产抵押权等金融资产作为整体进行小额化出售给企业或个人,以达到融资目的。遗憾的是,到 20 世纪 70 年代,《抵押证券法》并没有得到贯彻实施。1948 年颁布的《证券交易法》,明确了银行、信托公司和证券公司分业经营的格局。经《重组完善计划》(1948)许可,信托公司可以基于《旧银行法》获得银行执照,依据《兼营法》(1943)可以兼营信托业务,因而产生了信托银行,导致日本并没有形成像美国那样严格分离的银行、证券和保险分业经营格局。1951 年和 1952 年分别颁布了《证券投资信托法》和《贷款信托法》,促进了证券公司信托业务和银行信托业务的发展。

20 世纪 50 年代至 70 年代,伴随着日本经济的飞速发展,银行信托业暴露了一些信用风险问题。1971 年,日本政府推出《存款保险法》,旨在防止银行过度将资金投入信托业务,以免发生损失,侵害存款者利益。同时,在此期间,日本的住房问题更为严峻,为了进一步解决住房金融问题,日本政府重新启动了住房的资产证券化。1973 年日本颁布《住宅贷款债权信托法》,允许将房地产信托产品进行证券化。在 1988 年之前,房地产信托产品只能由信托银行买回。1988 年对《资产证券法》的修改,使得银行和其他金融机构也参与到资产证券化市场,并且将投资者的范围扩大到其他机构投资者。20 世纪 80 年代,金融的混业经营再次成为世界潮流。1981 年日本重新修订了《银行法》,接着又修订了《证券交易法》,明确了银行与证券公司可以相互交叉业务和联合经营,日本的金融业重新开始了混业经营模式。从 1985 年"广场协议"的签署,到 1991 年日本楼市泡沫破灭,日本经历了房地产信托的异常繁荣时期。1992

年,为了刺激楼市泡沫破灭后低迷的日本经济,日本政府先后出台了《特定债券事业规制法》(1993)、《特定债权法》(1993)和《金融体系改革法》(1998),一方面重申银行与证券公司之间可以相互经营交叉业务;另一方面加强了对债权业务的监管。从1993年开始实施的《特定债券事业规制法》和《特定债权法》对债权经营者进行了分类规制,对特别事业者、特定债权受让经营者及债权小额化销售者分别进行规制。1995年颁布《不动产特定共同事业法》,规定不动产特定事业的经营者实施许可制度,明确业务经营中的责任,保护参与者利益。1997年,东南亚金融危机爆发,进一步打击了低迷的日本经济。1998年,日本政府颁布了《特定目的公司特定资产流动化法》和《债券让渡特例法》,并且将《证券投资信托法》更名为《证券投资信托及证券投资法人法》,放宽了对公司型投资信托和国外基金在日本的销售限制,并且允许设立私募信托基金;在销售渠道方面,首次允许注册的金融机构进行信托基金分销。2000年,将该法修改为《资产流动化法》,扩大了资产证券化的范围。同年实施的《民法债权转让对抗要件特例法》,简化了债权人在转让债权时对抗第三方的手续和债权人的申诉程序,并且延长了债权人的申诉时间。至此,《金融体系改革法》(1998)、《证券投资信托及证券投资法人法》(1998)和《资产流动化法》(2000)对投资信托制度进行了重大修改,对投资信托形式、发现方式、行业准入资格、信托资产投资范围做出了新规定,日本资产证券化的法律制度进一步与欧美国家接轨。[①]

次年,实施了《债权管理回收业特别处置法》(2001),加强对债权回收公司的管理。2004年,日本政府修订了《信托业法》。2006年,修订了《信托法》和《金融商品交易法》。2008年,制定了第一部独立的《保险业法》,促进了房地产业的资产证券化进程。除此之外,还陆续制定和完善了《股票集中保管划拨法》《有价证券交易税法》《所得税法》等等,完善了资产证券化相关的配套法律体系。

    3. 英国

英国是海洋法系代表,多以判例作为后执行者的法律依据。"二战"后,英国房地产的相关法律不断得到完善。1925年之前,英国土地法律主要是各级法院做出的判例,并且也没有规定土地转让之后的用途。由于土地转让程序复杂,早先出台的土地登记体系并未得到很好的落实。1925年,英国连续出台了《财产法》《土地担保法》《土地登记法》《限制授予土地法》《受托人法》《不动产法》《房地产管理》等与财产相关的7部法律。《财产法》是一部成文法,规定了国民各类财产的相关权利;《土地担保法》建立了一个土地权益登记体系;《土地登记法》则建立了土地产权登记体系,为土地流转提供了基础条件。"二战"后,鉴于居民住房严重供给不足以及推行国家福利制度,英国先后在1957、1961、1969、1974、1980和1988年制定和修改了《住宅法》,完善了居民住宅的购买、转让和承租相关法律。1990年英国制定了《规划法》,对1979年颁布的《古迹和考古地区法》进行修订,要求当地规划署对有历史价值的建筑或古迹进行登记。2002年,英国政府修改了《土地登记法》,新的《土地登记法》规定土地租赁期限超过7年必须进行登记。同时,该法赋予大法官监督和命令承租人进行土地登记的义务;此外,该法进一步完善了土地产权的分类,将土地产权分为绝对产权、附条件产权和占有性产权。

英国是最先颁布信托相关法律的国家。1893年,英国依据30多部判例法案条款汇编成《受托人法案》,基本明确了受托人与委托人之间信托行为的准则,成为第一部具体指导受托人开展业务的法案。1896年颁布的《官选受托人法》规定官选受托人由法院选任,受托人接受法

[①] 施天涛、周勤,《商事信托:制度特性、功能实现与立法调整》,载《清华法学》,2008(2)。

院的监督。1908年颁布的《团体法人条例》确立了官选受托人的法人资格地位。2000年对1893年的《受托人法案》和1961年的《受托人投资法案》做了修订和完善,对受托人的行事原则、投资权限和衡量投资的标准、代理人和保管人的任命以及受托人报酬的收取等方面做出了相关规定。《信托投资法案》《信托土地法案》《土地信托和任命受托人法案》《金融服务与市场法案》以及《养老金法案》等都对信托业进行了规范。英国金融服务局通过颁布各种法规来规范信托市场各参与方的行为。根据2000年颁布的《金融服务与市场法案》,金融服务局通过授权、调查、取消资格等方式对信托公司、信托业从业个人和法人进行监管。这些法律、法规为房地产信托业务的开展提供了法律基础。

1986年,英国率先拉开了欧洲资产证券化的序幕。[①] 1989、1992和1996年,英格兰银行针对资产证券化分别制定了一系列规范性文件。1998年,金融服务局将这些文件编入《商业银行监管政策指引》,1999年做了修改。根据《商业银行监管政策指引》第二卷"证券化和贷款转让"章节的相关规定,要保证卖方银行在法律上、经济上、道德上与已经出售的资产彻底脱离关系。同时,对证券化资产要实现真实销售。真实销售是指资产已经完全地、最终地由卖方转让给买方;真实销售的形式必须合法,有契约更新、转移、次级参与、信托宣告四种转让方式;对特殊目的机构(SPV)提出了更高的偿付能力要求;要求SPV不受卖方破产的牵连;并且要求卖方银行与已出售的资产之间在"经济上和道德上"分离。总之,英国关于资产证券化的法律还是比较少的,在资产证券化的过程中,仍是依照大量的判例执行和运作。

4. 德国

德国是大陆法系的主要代表,严格按照明确规定的法律条文执行。1949年颁布的德国宪法,亦称德国基本法,第20条规定,"德意志联邦共和国是民主的和社会福利的联邦国家",政府有义务为国民提供住房保障。根据相关法律,政府制定了住房指导价,一旦房价涨幅超过20%,即构成"超高房价",构成违法,卖方可能面临最高5万欧元罚款;超过50%,则触犯了刑法中的"房价暴利",面临最高3年的有期徒刑。同时,《房租提高法》规定房租在3年内不能提高20%以上。一旦超过20%,构成"房租超高罪",将面临巨额罚金;超过50%,构成"房价暴利"犯罪行为。1990年两德统一之后,原东德地区人口大量涌入西德地区,造成对住房的大量需求,出现了许多房地产商。德国推出了规范住房市场的法律《住宅建筑法Ⅱ》,该法律确立了房地产市场的大体框架,要求开发商应该为社会不同阶层提供住房,在面积大小、房屋设施和租金或购买能力方面,满足不同社会阶层的需求。但由于贫穷或其他原因,总有人买不起住房或不愿买房,德国政府仍然继续推行"社会住房"和"住房金"等补贴政策。

19世纪末,德国出现了信托业,最初参照《德国民法典》中物权的相关规定运行。房地产信托是由信托公司选定的保管银行运作,不管是对于房地产的投资还是监督,都由保管银行实施。2000年德国颁布的《信托法》,对投资公司设置监督委员会、选定保管银行、固有财产与信托财产分别管理、投资范围限制等做了强制性规定。在房地产领域,信托公司只能投资于租赁居住、商业地产、符合条件的在建工程(不超过信托财产价值的10%)和土地。

由于德国不动产担保物权法律规定的限制,德国不动产证券化的起步较晚。《德国民法典》中并未明确界定不动产担保物权,民法学界通常将《民法典》第7章规定的抵押权、土地债务、定期金证券等统称为不动产担保物权。德国的不动产担保物权,按照是否从属于债权,可

[①] Norton Rose,"Securitization Brochure",http://www.nortonrose.com.

分为抵押权和土地债务;依据是否发行有价证券,又可分为证券担保物权和登记担保物权。抵押证券主要通过物权登记进行,当禁止抵押证券交付时,证券抵押变成登记抵押。由于这种交易方式在一定条件下才具有公信力,因而流通性较差;土地债务也类似;这就造成了德国的不动产资产证券化十分缓慢。直到20世纪90年代,现代意义上的资产证券化逐步被德国金融机构所熟知。1997年之前,德国的银行监管局一贯反对资产证券化交易;1997年,银行监管局放松了对资产证券化的限制,在其公布的一封循环信函中,列出了合法交易应具备的条件,资产证券化开始在德国起步。由于德国并未对资产证券化颁布专门的法律,银行监管局提出了资产证券化交易的准则,德国资产证券化依据原有的商业交易法则,如《德国民法典》《德国商法典》《德国银行法》《德国证券交易法》等,因而德国资产证券化并未像英美等海洋法系国家一样出现快速发展期,德国的资产证券化进展缓慢。起初,德国公司将证券化的资产在国外销售;在引入特殊目的公司(Special Purpose Vehicle,SPV)之后,德国资产证券化规模迅速扩大,市场规模位居欧洲前列。

五、中国房地产金融市场的风险管理与规避

尽管中国还没有出现全局性的房地产泡沫问题,但区域性的房地产泡沫问题已十分突出。20世纪90年代的房地产市场调整,导致海南的房地产泡沫破灭;2008年出现的房地产市场调整,有效地挤压了全国的房地产泡沫,房地产市场一度陷入困境。此外,中国金融约束较强,金融深化与金融监管政策还处于不断完善过程之中。因此,有必要高度重视房地产金融风险,未雨绸缪,防范房地产危机引发系统性金融风险,进而给宏观经济带来严重的负面影响。

1. 强化风险的多主体分担,防范系统性金融风险

化解房地产金融风险的有效途径是建立多主体分担的体制机制。一是探讨房地产指数期货建设。针对中国房地产行业普遍存在的高价格、高空置率等短时间内难以解决的问题,可以通过构建并推行如房地产指数期货等房地产金融衍生品,为银行业、房地产企业和普通购房者提供房地产金融创新避险工具。二是努力拓宽融资渠道。大力推行"信托+银行"式的房地产金融组合工具,增加房地产资金的供给渠道,缓解银行房贷风险过于集中的压力。适当放宽房地产企业上市的条件,使其通过股票上市、增发股票和发行公司债等直接融资渠道,将过于集中在商业银行的房地产金融风险转移、分散到金融市场中众多的参与者身上。将保险资金适当引入房地产金融市场,实现资金来源主体的多元化。完善住房公积金制度,规范住房公积金使用投向,提高资金使用效率,扩大住房公积金的覆盖面,增加政策性房地产资金的融资渠道。三是发展和完善适合国情的房地产金融保险制度。一方面要积极建立房地产金融担保机构,发挥导向与带动作用,为政策性房贷提供保险服务,以化解政策性房贷金融风险。另一方面,要针对房地产金融保险的范围、方式、条件等,对房地产金融再保险予以一定的优惠政策,以鼓励和促进房地产金融保险业的快速发展。此外,应重点依靠社会力量组建房地产贷款保险组织,针对中国居民人均收入水平不高、中低层收入群体占有较大比重等诸多情况,鼓励发展商业性的担保与保险服务,降低房地产金融风险。

2. 建立房地产金融风险的监测与预警机制

金融风险预警机制关系到后续干预措施能否及时到位,对避免房地产市场演变为经济泡沫的温床、产生与积聚新的金融风险十分必要。借鉴国外房地产金融风险预警实践经验,对中国未来房地产金融风险进行预警。首先,全面、完整、及时地收集必要的房地产金融信息,并确

保信息的真实性、可靠性。其次,结合中国房地产金融发展的实际情况,选择合适的金融风险测评模式,如采取指数预警法、统计预警法、回归预警法等,也可以同时选用不同的方法综合、全面、系统地对房地产金融风险进行测评和识别,并分析引起这类风险的主要原因。最后,制定房地产金融风险控制指令和风险处置行为标准,并与风险预警信号测评模式建立对应关系,确保风险测评的准确性和管理的连续性,根据风险危害性的大小确定预警强度,以便采取适当的预防措施。

3. 抑制房地产过度投机投资,切实稳定房价

投资性需求过旺是我国目前房地产市场的需求大于供给的主要原因,因此政府可以运用信贷政策、税收政策等抑制投资性需求从而平抑房地产价格。一是在房地产信贷政策方面,对于购买多套住房的消费者提高贷款利率、减少抵押贷款成数等限制手段加以控制;对于已经在本市购买了一套住房的非常住人口购买多套房屋时,可以适当采取本地银行不予贷款的政策,限制投机性炒房。二是在税收政策方面,对短期内频繁倒买倒卖的住房投资者,提高其个人所得税和营业税的征收税率。面对房屋空置率的问题,开征房屋空置税、物业税,提高投机者的购房投机成本和持有成本,有效降低真正购房需求者的购房成本,稳定住房价格。三是建立土地储备库,根据土地不同的建设用途,管理规划中的土地。通过市场的土地供求决定土地供应数量,尽量摆脱政府垄断供给。对于土地储备贷款的使用需要更加公开化、透明化,加强社会监督。四是及时、全面地公布房地产信息,引导公众心理预期,避免投机者受一些开发商和媒体炒作与宣传引导,在房地产市场上盲目买进。

4. 完善信用评级机制,加强银行对信用风险的控制和防范

信用风险是房地产贷款的主要风险,如果能有效判断信用级别和预防信用风险,就能有效预防房地产金融风险。因此,建立与完善房地产业信用评级体系已迫在眉睫。一是夯实房地产业信用评级和资产评估体系的网络基础。充分发挥政府的调控资源优势,收集可靠的基础数据,结合不动产登记制度的推行,构建起信息化的房地产业信用评估系统性平台。二是加强企业和个人通用信用档案建设,为金融机构甄别贷款人信用级别提供便利,让金融机构不但可以全面了解贷款者的信用度,还可以根据此系统对不同信用级别的贷款者给予不同的贷款条件和金额。三是转变房地产信用评估机构的发展与管理模式,由政府驱动型转变成市场驱动型,让房地产信用评级机构和资产评估机构的兴衰取决于其能否满足市场的需求,而政府只需加强监督管理和立法支持。四是设立统一的房地产信用评估标准和指标体系,并根据不同时期的经济形势进行动态调整,结合不同地区的发展实际设计细则,使其具有更强的可操作性。

5. 健全房地产金融市场法律法规体系,完善监管模式

市场经济是法制经济,任何经济活动都应该在法律规定的范围内进行,房地产金融尤其必要。首先,尽快出台包括个人信用、住房公积金、住房储蓄、房地产抵押担保、房地产金融市场运作管理等领域的相应法律法规,规范市场主体行为,保护房地产金融参与各方的合法权益。其次,构建一个良好的监管环境,使得房地产金融业务在法律规范下有序展开,能够及时发现并处理房地产市场资金流通环节出现的新问题。房地产金融涉及很多政府部门,包括银监会、国土局、规划局,各部门应各司其职,形成有效的分业监管模式,并用市场化手段引导公众理性投资,实现资金合理配置。最后,在执法过程中,做到"有法必依、执法必严",为房地产金融的健康发展创造良好的法律氛围。

※ 本章小结 ※

房地产金融市场的风险主要集中在经济主体从事房地产投融资过程中面临的不确定性。房地产金融市场风险处理结果的反馈与改进是指经济主体在金融风险进行处理的基础上,对事后的风险处理结果进行评价,以便未来处理同类风险时采取其他措施或改进原有的金融工具组合。

20 世纪 90 年代以来,影响重大的金融危机和经济危机现象更是多次出现,特别是 1991 年日本的泡沫经济危机、1997 年的亚洲金融危机和由 2007 年美国次贷危机引发的全球金融危机。值得关注的是,在这些重大金融危机或经济危机事件中,通常都与房地产市场有着直接的关系,特别是 20 世纪 90 年代以来的三次大危机,房地产泡沫破灭无一例外地成为这三次经济周期转入萧条的关键事件,每一次房地产泡沫的破灭都与整体金融与经济环境的恶化相一致。

房地产金融市场风险度量的基本方法包括专家意见法、财务指标判断法、均值—方差模型、敏感性分析法、VaR 法、TCE、CVaR 以及基于失真函数的风险度量和动态风险度量等。房地产金融市场的风险规避方法包括风险回避、风险分散和购买保险等,经济主体应根据自身的风险偏好和风险承担能力及具体情况,选择风险规避的方法或不同风险规避方法的组合。

加强金融监管,实现金融市场的稳定,是各国金融监管机构的当务之急。20 世纪 80 年代后期,全球达成了银行业监管的国际准则—巴塞尔协议。经过多次的修改,形成了《巴塞尔协议Ⅱ》和《巴塞尔协议Ⅲ》。美国、日本、英国和德国房地产金融市场金融监管的法律制度,对中国房地产金融市场的风险管理与规避提供了重要启示。

※ 本章思考题 ※

1. 风险管理的功能是什么?
2. 试述全球金融危机治理的启示和国际经验。
3. 房地产金融市场风险度量的方法是什么?
4. 房地产金融市场风险规避的方法是什么?
5. 比较美国、日本、英国、德国在房地产金融市场金融监管法律制度方面的差异。
6. 巴塞尔协议的演变对房地产金融市场金融监管产生了哪些影响?

课后习题十

第十一章　金融变量与房地产市场

内容提要

1. 利率、汇率、存款准备金率、货币供应量、国际资本流动和股价等金融变量的含义。
2. 金融变量对房地产市场的冲击——传导机制分析。
3. 金融变量对房地产市场冲击效应的实证检验。

现实中,金融变量与房地产市场的联系十分紧密。深入分析利率、汇率、存款准备金率、货币供应量、国际资本流动和股价等金融变量的变动对房地产市场交易的影响以及引起的房地产价格波动,将促使人们加深对房地产市场和金融市场运行的理解,更准确地把握房地产市场的规律,深刻认识政府对房地产市场和金融市场实施干预的科学依据。

第一节　金融变量的内涵和构成

一、金融变量的概念

数学上讲的变量,是指没有固定的值,可以改变的数。由此来看,金融变量是指用于刻画金融领域变化的指标。金融变量是金融制度的重要组成部分。一般认为,金融变量是货币政策对宏观经济运行产生预期目标的传送点,是中央银行为实现货币政策最终目标而设置的可供观测和操作的金融指标,与宏观经济之间存在紧密的联系。当一国金融市场受到冲击时,不仅使金融变量发生变化,还将由于金融变量的变化而对本国宏观经济运行产生影响。[1]

金融变量种类繁多,构成十分复杂,包括利率、汇率、存款准备金率、贴现率、货币供给、国际资本流动、信贷、股价等指标。按照金融变量在金融市场中的重要程度可以将其划分为基础金融变量和非基础金融变量。基础金融变量是指那些由一国或地区的中央银行直接管理,而不受其他因素影响

---

[1] Tobin J., "A General Equilibrium Approach to Monetary Theory", *Journal of Money, Credit and Banking*, 1969, Vol. 1, No. 1, pp. 15 - 29.

的金融变量,如基准利率、汇率、存款准备金率等。非基础金融变量则是指那些在受到一国或地区的中央银行调控的同时,还会受到基础金融变量的影响,且随着基础金融变量的变动而变动的变量,如货币供给、国际资本流动、信贷等。

二、对房地产市场产生直接影响的部分金融变量

从理论和实践来看,利率、汇率、存款准备金率、货币供给、国际资本流动和股价等金融变量的变动将对房地产市场产生直接影响,导致房地产交易量和房价的变化。下文分别对上述金融变量的内涵进行解释。

1. 利率

(1) 利率的概念。

利息是借款人向其所借本金持有者支付的代价,亦是放款人延迟其消费借贷给借款人所获得的回报。利率是指借贷期内所形成的利息额与借贷资本总额的比率。利率反映了单位货币在单位时间内的利息水平。

(2) 利率的种类。

现实中,利率分为多种类型。

① 基准利率与无风险利率。基准利率(Benchmark Interest Rate)是指在多种利率并存的条件下起决定作用的利率。若这种利率发生变动,其他利率亦相应变动。在市场经济条件下,基准利率是由金融市场形成的无风险利率。一般而言,利息作为投资者让渡资本使用权而索取的补偿,包含对机会成本的补偿和对风险的补偿,利率则包含机会成本补偿水平和风险溢价水平。基准利率只是对机会成本水平的补偿,不包含对风险溢价水平的补偿,因而是一种无风险利率。现实中,政府发行的债券利率,如国债,风险很小,可作为基准利率。美国联邦储备体系确定联邦基金利率,并发布贴现率。货币当局发布的这些利率,对于市场利率的形成具有引导作用。

② 名义利率与实际利率。名义利率是指包括补偿通货膨胀或通货紧缩风险的利率。在物价变化的条件下,各种市场利率都是名义利率。实际利率是指物价水平保持不变条件下的利率,是名义利率已经剔除通货膨胀因素后的利率。假设 r 为名义利率,i 为实际利率,p 为借贷期内物价水平的变动率,名义利率与实际利率的关系如式(11.1)所示。

$$i = r - p \tag{11.1}$$

③ 固定利率与浮动利率。固定利率是指在借贷期内不做调整的利率,浮动利率则是指在借贷期内可以定期调整的利率。

④ 市场利率与法定利率。市场利率是指由市场机制确定的利率,利率水平根据市场状况自由变动。法定利率亦称官定利率,是指由政府金融管理部门或者中央银行确定的利率,是对利率的政府干预,是国家实现政策目标的一种经济手段。

⑤ 中长期利率与短期利率。由于信用行为的期限长短不同,利率可分为中长期利率和短期利率。1 年期以下的信用行为,通常视为短期信用,相应的利率则为短期利率;而 1 年期以上的信用行为称为中长期信用,相应的利率即为中长期利率。一般而言,中长期利率高于短期利率。

(3) 利率的作用。

在市场经济条件下,利率的作用和功能是多方面的。

① 调节资源配置。利率的变化,将促使资源流向收益更高的行业,从而提高资源的经济效率。

② 调节货币资金供求。利率的变化对货币资金的供求产生直接影响。对于资金需求方而言,利率越低,融资成本越低,在其他条件不变情况下,进行投资所获利润越多,对资金的需求增加;反之,利率越高,货币资金需求则相应减少。对于资金供给方而言,利率越高,所得利息越多,将增加货币供给;反之,利率越低,货币资金供给将相应减少。

③ 调节投资。利率通过影响投资成本而影响投资总量。在投资的边际收益不变时,贷款利率提高,投资成本增加,投资净收益下降,使投资总量减少;反之,当贷款利率下降时,投资成本下降,投资净收益增加,投资总量相应增加。

④ 影响储蓄。利率对储蓄的影响表现为替代效应和收入效应。当利率提高时,人们增加利息收入和财富的意愿增强,进而利用储蓄来替代当前消费,产生替代效应。当利率提高时,储蓄存款的利息收入增加,人们将增加现期消费,以进一步改善生活,进而减少储蓄,形成收入效应。可见,利率变化对储蓄的影响取决于替代效应和收入效应的大小。

⑤ 影响汇率。通过影响国际收支中的经常项目,利率对汇率产生影响。当利率上升时,信用紧缩,银行贷款减少,抑制社会投资和消费,使物价下降,在一定程度上减少进口,促进出口,进而减少外汇需求,增加外汇供给,促使外汇汇率下降,本币汇率上升;相反,当利率下降时,信用扩张,货币供应量增加,刺激社会投资和消费,促使物价上涨,推动进口的增加,从而加大对外汇需求,促使外汇汇率上升,本币汇率下降。

2. 汇率

(1) 汇率的概念。

汇率(Exchange Rate),又称汇价,是以另外一种货币衡量的一种货币的价格,是一国货币兑换另一国货币的比率,亦可视为一个国家的货币对另一种货币的价值。[①] 由于世界各国货币的名称不同、币值不一,因此一国货币对其他国家的货币要规定一个兑换率,即汇率。

(2) 汇率的分类。

汇率是外汇理论与政策以及外汇业务的一个重要内容,虽然被界定为两种不同货币的价格之比,但在实际应用中可以按照不同标准划分为不同种类。

① 按确定方法的不同,汇率可以分为基本汇率和套算汇率。根据本国货币与关键货币实际价值的对比,制定出它的汇率,这个汇率就是基本汇率。套算汇率又称交叉汇率,是指各国按照对美元的基本汇率套算出的直接反映其他货币之间价值比率的汇率。

② 从银行买卖外汇的角度将汇率分为买入汇率、卖出汇率、中间汇率和现钞汇率。买入汇率亦称买入价,即银行向同业或客户买入外汇时所使用的汇率。卖出汇率亦称卖出价,即银行向同业或客户卖出外汇时所使用的汇率。中间汇率是外汇买入价与卖出价的平均值。由于不允许外国货币在本国流通,必须将外币兑换成本国货币方能购买本国的商品和劳务,这种买卖外汇现钞的兑换率,称为现钞汇率。

③ 从国际货币制度的演变来看,汇率制度分为固定汇率和浮动汇率。固定汇率是指在金本位制度和布雷顿森林体系下通行的汇率制度,汇率只能在一定幅度内波动。浮动汇率是指由市场供求关系决定的汇率,涨落基本自由。浮动汇率制是布雷顿森林体系解体后西方国家普遍实行的汇率制度。

④ 按外汇管制程度的不同,汇率分为官方汇率和市场汇率。官方汇率是指一国货币当局

---

① 弗雷德里克·S. 米什金,《货币金融学》第11版,中国人民大学出版社,2016年,第335—350页。

实行外汇管制而规定的汇率,亦可称法定汇率。市场汇率是指在外汇市场上外汇自由交易而确定的汇率。在外汇管制放松的国家,官方宣布的汇率往往只起中心汇率作用,实际外汇交易则按市场汇率进行。

⑤ 按外汇交易交割期限,汇率分为即期汇率和远期汇率。即期汇率,亦称现汇汇率,是指买卖外汇双方成交当天或两天以内进行交割的汇率。远期汇率是在未来一定时期进行交割,而事先由买卖双方签订合同、达成协议的汇率。

(3) 汇率的标价法。

确定两种不同货币之间的比价,先要确定用哪个国家的货币作为标准。由于确定的标准不同,便产生了几种不同的外汇汇率标价方法。

① 直接标价法。直接标价法,或称应付标价法,是以一定单位(1、100、1 000、10 000)的外国货币为标准来计算应付出多少单位本国货币。相当于计算购买一定单位外币所应付多少本币。在国际外汇市场上,世界上绝大多数国家采用直接标价法。

② 间接标价法。间接标价法,或称应收标价法,是以一定单位(如1个单位)的本国货币为标准,来计算应收若干单位的外国货币。在国际外汇市场上,欧元、英镑、澳元等均为间接标价法。在间接标价法中,本国货币的数额保持不变,外国货币的数额随着本国货币币值的变化而变化。如果一定数额的本币能兑换的外币数额比前期少,这表明外币币值上升,本币币值下降,即外汇汇率下跌;反之,如果一定数额的本币能兑换的外币数额比前期多,则说明外币币值下降,本币币值上升,即外汇汇率上升。外汇的价值和汇率的升跌呈反比。

③ 美元标价法。直接标价法和间接标价法都是针对本国货币和外国货币之间的关系而言的。对于某个国家或某个外汇市场来说,本币以外其他各种货币之间的比价无法用直接标价法或间接标价法来判断。第二次世界大战后,美元成为世界货币体系中的中心货币,各国外汇市场上公布的外汇牌价均以美元为基准,这种标价方法被称为美元标价法。美元标价法与以上两种基本的标价方法并不矛盾。银行汇价挂牌时,标出美元与其他各种货币之间的比价,如果需要计算美元以外的两种货币之间的比价,通过各自货币与美元的比价进行套算。

3. 存款准备金率

(1) 准备金要求。

准备金要求,是指金融机构所持有的社会普遍接受的支付工具如铸币或货币占存款负债的比重。准备金要求的产生基于以下三方面原因:① 金融机构发行各种负债,需要应付公众和其他金融机构的提款要求。这是因营运需要而内生的。② 这是金融机构纪律约束和竞争的结果。各个金融机构之间进行竞争,首先要保证存款人对其负债的可靠性和流动性拥有足够的信心。③ 不论是政府还是专门的管制机构(如中央银行),均视准备金为提高政府收益、增加公众福利的一种手段,通过准备金要求来防范金融恐慌、保障提款的及时兑付,并建立一种货币政策实施的有效机制。这是基于外部政策力量施加而外生的。[①]

(2) 法定存款准备金率。

法定准备金要求通常仅适用于金融服务业中的商业银行。法定存款准备金率是由中央银行来监督实施的,中央银行可以通过调整银行必须保有的最低的准备金与存款的比率来改变

[①] 约翰·伊特韦尔等,《新帕尔格雷夫经济学大辞典》,经济科学出版社,1996年,第343页。

信贷供给。① 法定存款准备金制度最早起源于英国,但以法律的形式将其形成一种制度,则始于 1931 年美国的《联邦储备法》。当时,这个储备法硬性规定了商业银行必须保持一定比例的现金,即法定准备金率,以确保银行体系不因过多的放款而发生清偿危机。20 世纪 30 年代经济大危机后,法定存款准备金制度演化为中央银行限制银行体系信用创造和调控货币供应量的政策工具。目前,凡是实行中央银行制度的国家,一般都实行法定存款准备金制度。

法定存款准备金制度的基本内容,主要包括对法定存款准备金率的规定、对作为法定存款准备金的资产种类的限制(通常限定为银行在央行存款,也有国家将库存现金和政府债券等也作为法定存款准备金)、法定存款准备金的计提(包括存款余额和缴存基期的确定等)以及法定存款准备金率的调整幅度等。

根据货币乘数理论,法定存款准备金率的变动会使货币乘数发生改变,进而决定银行派生存款倍增能力,因而法定存款准备金率可以成为中央银行调节货币供应量的强有力手段之一。然而,法定存款准备金率的微小变化,往往会造成货币供给的巨大波动,不利于货币的稳定。此外,提高法定存款准备金率会引发那些超额准备金较少的银行的流动性问题。不断变动法定存款准备金率还会加大银行经营的不确定性,使得流动性管理难上加难。

4. 货币供给

(1) 货币供给的概念。

货币供给是经济生活中各种形态货币的集合,指一国或地区在某一时点上为经济运行服务所供应的货币存量,它由包括中央银行在内的金融机构的储蓄存款和现金两部分组成。

(2) 货币供给层次的划分。

各国中央银行对货币的估计口径不完全一致,但划分的基本依据是一致的,按照流动性大小进行划分,亦即以作为流动手段和支付手段的方便程度为标准。所谓流动性,是指一种资产随时可以变为现金或商品,而对持款人又不带来任何损失,货币的流动性程度不同,在流通中的周转次数亦不同,形成的货币购买力及其对整个社会经济活动的影响则不同。由于各国国情不同,货币供给的划分也存在较大差别,且货币供给的划分是不断变化的,没有一个为所有人认可的标准。各国中央银行依据不同情况和要求,公布了各自货币供给的不同层次。

① 美国货币供给层次的划分。随着各种信用工具的不断增加和金融市场的不断深化,美国多次修改货币供给的划分层次。当前,美国货币供给层次如下:

M1=处于美国国库、联邦储备银行和存款机构库存以外的通货+非银行发行的旅行支票+[商业银行的活期存款(存款机构、美国政府、外国银行和官方机构的存款除外)-应收现金项目和联邦储备存款]+其他支票存款(OCDs)(可转让支付命令(NOW)、存款机构的自控转账服务(ATS)账户、信用合作社股金提款账户、储蓄机构的活期存款)。

M2=M1+储蓄存款(包括货币市场存款账户)+[小额定期存款(10 万美元以下的定期存款)-个人退休金账户(IRA)及自由职业者为退休而存款]+(货币市场共同基金份额-IRA-自由职业者为退休而存款)。

② 日本货币供给统计口径。日本银行根据 IMF 的标准,于 2003 年 5 月 15 日公布了《对货币测量的修订和货币供给与信用统计变化》,修订了货币测量的口径。现行货币测量口径如下:

M1=现金(不包括日本银行持有的现金)+活期存款。即企业、个人和地方政府等持有的

---

① 约翰·伊特韦尔等,《新帕尔格雷夫经济学大辞典》,经济科学出版,1996 年,第 343 页。

流通中的现金和活期存款。

M2+CDs=M1+准货币(定期存款、外币存款等)+CDs(可转让定期存单)。

③ 英国货币供给层次的划分。1992年12月之前英国货币供给所采用的口径如下：

M0=流通在英格兰银行之外的纸币和硬币+各银行在英格兰银行的储备存款余额。

M2=公众手中的纸币和硬币+私人部门在英国银行和建房互助协会的所有小额英镑存款。

M4=公众持有的流通中的纸币和硬币+私人部门在英国银行和建房互助协会的小额英镑存款(包括存单)。

英格兰银行公布的货币供给口径以频繁调整为特点。1992年12月，英格兰银行不再公布M2，只公布M0和M4(以及便于同欧盟通用的货币指数相比较的M3H，与M4类似)。1999年，M3H被欧洲中央银行使用的M3所替代。随着货币市场改革的执行，英格兰银行在2006年4月后停止发布M0指数，取而代之的是流通中的纸币和铸币及各银行在英格兰银行的储备存款余额两组相对独立的数据。

④ 中国货币供给层次的划分。1994年第三季度，中国人民银行正式按季公布货币供给的统计监测指标。参照国际通用原则，根据中国实际情况，中国人民银行将中国货币供给划分为三个层次：

M0=流通中的现金。

M1=M0+活期存款。

M2=M1+定期存款+储蓄存款+其他存款+证券公司客户保证金。

在这三个层次中，M0与消费变动密切相关，是最活跃的货币。M1称为狭义货币量，反映居民和企业资金松紧变化，是经济周期波动的先行指标，流动性仅次于M0；M2称为广义货币量，流动性偏弱，但反映的是社会总需求的变化和未来通货膨胀的压力状况，通常所说的货币供给，是指M2。M2－M1是准货币。

⑤ IMF的M系列。

国际货币基金组织采用三个口径：通货(Currency)、货币(Money)和准货币(Quasimoney)。

"通货"采用一般定义。

货币=存款银行以外的通货+私人部门的活期存款，相当于各国通常采用的M1。

准货币=定期存款+储蓄存款+外币存款，除M1之外，可以称为货币的各种形态。

准货币+货币，相当于各国通常采用的M2。

IMF要求各成员国按照上述口径报告数字。

5. 国际资本流动

(1) 国际资本流动的概念。

国际资本流动(Capital Movements)，是指资本跨越国界的移动过程。[①] 资本在不同国家或地区之间作单向、双向或多向流动，包括贷款、援助、输出、输入、投资、债务的增加、债权的取得，以及利息收支、买方信贷、卖方信贷、外汇买卖、证券发行与流通等。

(2) 国际资本流动的分类。

按照不同的标准可以将国际资本流动划分为不同类型，按资本的使用期限长短将其分为长期资本流动和短期资本流动两大类。其中，短期国际资本流动是指期限为1年或1年以内

---

① 黄达、张杰，《金融学》第4版，中国人民大学出版社，2017年，第396页。

或即期支付资本的流入与流出,主要包括贸易资本流动、银行资金调拨、保值性资本流动和投机性资本流动;长期资本流动是指使用期限在1年以上或未规定使用期限的资本流动,主要包括国际直接投资、国际证券投资和国际贷款等三种方式。

(3) 国际资本流动的原因。

引起国际资本流动的原因很多,归结起来主要有以下几个方面:

① 资本收益率的差异。国际资本流动的根本原因是各国的资本收益率不同。由于各个国家经济繁荣程度不一,其资本富裕程度存在较大差距,投资收益率也不同。而资本的逐利性决定了资本的流动,在利润机制的驱动下,资本将从低收益国家和地区向高收益国家和地区转移,从而形成国际资本流动。

② 过剩资本的存在。资本主义发展的早期,在资本的逐利性和资本家唯利是图的本性支配下,大量过剩资本被输往国外,产生了早期国际资本流动。之后,随着国际经济关系的巨大变化,国际资本、金融、经济等一体化趋势,加之现代通信技术的发明与运用,资本流动方式的创新与多样化,使当今世界的国际资本流动频繁而快捷。总之,过剩资本的形成与国际收支顺差是早期也是现代国际资本流动的一个重要原因。

③ 吸引外资政策的实施。无论是发达国家还是发展中国家,为了达到经济增长的目的,都会不同程度地实施吸引外资的政策,对于发展中国家尤其如此。大部分发展中国家,经济比较落后,迫切需要资金来加速本国的经济发展,因而往往通过开放市场、提供优惠税收、改善投资软硬环境等措施吸引外资进入,进而扩大了国际资本的需求,引起或加剧了国际资本流动。

④ 汇率的变化。汇率的变化亦会引起国际资本流动。20世纪70年代以来,随着浮动汇率制度的普遍建立,当一个国家货币汇率持续上升,意味着该国货币升值,则会产生兑换需求,从而导致国际资本流入;如果一个国家货币汇率不稳定或下降,该国货币的持有者可能预期到所持的资本实际价值将会降低,则会把手中的资本或货币资产转换成他国资产,从而导致资本向汇率稳定或提高的国家或地区流动。

6. 股价

(1) 股价的概念。

股价是指股票在股票市场上的交易价格,是预期股利的净现值。[①] 股票市场是股票发行和交易的场所,股票价格分为发行价格和流通价格。股票的发行价格是指发行股票的公司与股票承销商议定的价格,而股票的流通价格是在股票市场交易中确定的价格,如开盘价、收盘价、最高价、最低价等。股票在股票市场上的流通价格是由股票的预期收益、市场利率以及供求关系等多种因素决定的。

(2) 股价的影响因素。

股价的影响因素很多,在全球化条件下海外股票市场的波动亦对本国股票市场的走势产生影响,在此主要讨论国内经济因素对本国股票市场价格的影响。

① 上市公司自身因素。上市公司的经营状况、资产价值和收益的变动、分红变化、增资、减资、新产品新技术的开发、股票供求关系、股东构成变化、主力机构(如基金公司、券商参股、QFII等)持股比例、市盈率等变动均会对上市公司的股价产生一定影响。

② 经济增长水平和速度。股票价格是一国经济的晴雨表,GDP与股价之间具有较强的

[①] 多恩布什、费希尔、斯塔兹,《宏观经济学》第7版,中国人民大学出版社,2000年,第383页。

相关关系。当处于高速经济增长时期,社会经济发展状况向好,公司经营环境不断改善,上市公司的盈利水平上升,股息增加,促使股票价格上涨。与此同时,人们对未来预期向好,随着居民收入水平提高,投资者对股票的投资需求增加,进一步推动股票价格上涨;反之,如果经济增长速度走低,面临经济调整风险,将引发股价下跌。

③ 通货膨胀。通货膨胀对股价影响有以下四个渠道:一是通货膨胀影响经济景气程度,进而影响股价水平;二是通货膨胀影响公司的生产成本和收益,从而影响公司利润和经营业绩,导致公司股票价格变动;三是通货膨胀使投资者出于保值的需要,增加股票投资需求,推动股价上涨;四是通货膨胀影响资金持有成本,在基准利率既定条件下,通货膨胀水平越高,持币成本越高,投资者投资股票的意愿增强,导致股价上涨。

④ 货币供应量或利率。货币供应量与利率是相互影响的。在货币宽松条件下,货币供应量增加,利率走低;在货币紧缩条件下,货币供应量减少,利率走高。在货币宽松条件下,股市资金充裕,利率成本低,吸引更多的资金进入股市,导致股价上涨;反之,引发股价下跌。

⑤ 采购经理人指数。采购经理人指数(Purchase Management Index,PMI)是通过对采购经理的月度调查而汇总出来的指数,其指标体系包括商业活动、投入品价格指数、费用水平、雇员、未来商业活动预期等指标,反映了经济的变化趋势。当PMI上升时,表明市场需求扩张,生产经营活动趋于活跃,制造业发展状况整体表现趋好,将刺激股市繁荣和股价上涨。

⑥ 汇率。外汇行情与股价有密切的联系。一般来说,如果一国货币升值或存在升值预期,将促使股价上涨;若货币贬值或存在贬值预期,股价随之下跌。因此,外汇市场的波动将影响股票价格。

(3) 股价指数。

股价指数,是动态地反映某个时期股市总价格水平的一种相对指标。股价指数是反映股票市场上各种股票价格的总体水平及其变动情况的指标。它是由证券交易所选取有代表性的一组股票,采取股价加权平均计算得到的表明股价变动的一种供参考的指示数字。

第二节 金融变量对房地产市场的冲击—传导机制

一、利率对房地产市场的冲击—传导机制

房地产交易量的变化和房价的涨跌与利率的变化密切相关,利率的微小变动有可能导致房地产交易量和房地产价格的剧烈波动。一般而言,对房地产交易量和房价产生影响的利率体系为:① 当时国内各地房地产抵押贷款的平均利率;② 国家银行所发行的土地债券的平均利率;③ 国内房地产抵押贷款二三十年来长期利率的平均数;④ 政府发行的中长期国债的平均利率。具体选择哪种标准利率决定房地产交易量和房地产价格,要视房地产交易者对房地产的未来收益及其风险的判断和承担风险的能力来确定。人们购置房地产获得未来收益要承担相应风险并忍耐等待,因而人们对未来收益与目前收益的看法是不同的,甚至为了获得现在的收益而情愿把将来的收益打折扣出让。这种折扣率就是将来收入的贬值率或投资的预期收益率;而折扣率的估计是采用当时社会上最通行的利率和房地产交易双方对未来收益与风险大小的评估而定。当投资者认定房地产投资比较安全,每年的收入可靠,则接受较低的利率,

即愿意支付较高的房地产价格,房地产交易量上升。如果投资者认为投资风险较大,即每年的收入不稳定,则要求较高的利率,即愿意支付较低的房地产价格,房地产交易量下降。

从理论上说,房地产交易量和房价与利率负相关,即利率上升,房地产交易量减少,房价下降;利率下降,房地产交易量增加,房价上升。具体来说,利率从以下几个方面影响房地产交易量的变化或房价的涨跌。

(1) 从开发成本的角度来看,利率上升将增加房地产开发的利息支出,促使房价上涨而房地产交易量减少;利率下降,则会降低投资利息和资本成本,从而在利润水平一定的情况下使房价下跌,推动房地产交易量增加。

(2) 从投资角度来看,房地产是一种重要的投资品,当利率下降时,抵押贷款将大规模地流入房地产行业,促使房地产交易量上升,并推动房地产价格上涨;反之,则引致房地产交易量和房价下降。

(3) 从住房消费来看,购房者的年成本主要是银行抵押贷款利息。因此,房地产消费对实际利率应该是非常敏感的。银行利率提高时,房地产消费将下降,引致房地产交易量减少和房价下跌;反之,银行利率下降时,导致房地产消费上升,房地产交易量增加和房价上涨。

(4) 从房地产价值来看,房地产价值是房地产预期未来收益的现值之和,由于房地产价值与折现率负相关,而折现率与利率正相关,因此利率上升会使房地产交易量减少,房价下降;反之,银行利率下降,导致房地产交易量增加和房价上涨。

综上可见,利率与房地产交易量和房价的关系是多种因素共同作用的结果。而且,在现实中,利率的变化并非孤立的,往往同时伴随着其他经济变量的变化,由于这些经济变量之间存在相互影响,使对利率与房地产交易量和房价的关系的考察变得更为复杂。

二、汇率对房地产市场的冲击—传导机制

新开放宏观经济学(NOEM)关于汇率问题的一般均衡分析范式中,汇率变动与资产价格之间的互动关系受到了特别的关注。在这一框架中,本国货币相对于外国货币的升值将导致国内资产价格的上涨和外国资产价格的下跌。[①] 这一理论研究也得到了大量事实的验证。例如,20世纪90年代,大量资本流入美国,使美元持续坚挺,与之相伴随的是美国利率的下降以及股票价格与房地产价格的上涨;再如,在1997年亚洲金融危机发生后,大多数发生危机的经济体伴随着本国货币急剧贬值而出现了股票价格下跌与房地产价格下跌的"三重危机"(Trinity Crisis)现象。在开放经济条件下,资产价格不仅受其自身供求因素的影响,也越来越多地受汇率变动的影响。从经验来看,一国(地区)货币升值或贬值,都有可能对本国(地区)的房地产价格和房地产交易量产生影响。

根据理论假设,如果现实汇率偏离均衡汇率而选择汇率调整,则汇率调整一般通过以下几个途径影响国内房地产价格和房地产交易量。

1. 流动性效应

流动性效应主要表现为境外资金对东道国房地产市场的投机活动。当东道国货币具有升值预期或持续升值时,投资者首先把外币兑换成东道国货币并在东道国购置房地产,等东道国货币升值后,投资者再将持有的房地产在价格上涨后出售,并兑换成外币,就可得到货币升值以及房地产价格上涨两方面的收益。由于房地产供给在短期内较难增加,这种房地产投机需

---

① Hau, H and Rey, H., "Exchange Rate, Equity Prices and Capital Flows", NBER Working Papers No. 9398, 2002.

求势必拉高房地产价格,并导致房地产交易量增加。相反,当东道国货币发生贬值时,这些投机者将抛售持有的房地产,导致房地产价格下跌,并使交易量下降。因此,汇率变动致使境外投机性资金冲击东道国房地产市场,引起房地产交易量和房地产价格波动。

2. 预期效应

一般地,境外资金投资东道国房地产的预期回报率可写成:

$$E(r) = R/P_h + E(h) + E(e)$$

式中,$E(r)$——投资预期回报率;

R——房地产租金收益;

P_h——房地产买卖价格,则R/P_h为房地产租金收益率;

$E(h)$——预期房地产增值率;

$E(e)$——预期东道国货币升值率。

也就是说,当市场预期东道国货币将会升值时,境外投资者在东道国投资房地产的回报率将上升,便会吸引境外资金流入东道国的房地产市场。外资的不断进入增加了房地产市场需求,从而拉高了房地产价格,并引起房地产交易量上升。如果投资者预期货币将持续升值,将会吸引更大规模的外资进入;反之,货币贬值将降低境外房地产投资者的投资回报率,他们将抛售房地产,并流出该国。外资流出市场,抛售房地产将增加房地产供给,从而导致房地产价格下降及房地产交易量减少。

3. 财富效应

货币升值意味着进口商品价格下降,导致进口增加,进而带动国内一般消费品价格走低,货币也就变得更值钱了,多余的购买力将寻找投资项目。在房地产市场价格一路走高,以及房地产市场也存在"财富效应"的条件下,大量剩余资金将进入房地产领域,增加了房地产需求,从而拉高了房地产价格。相反,如果货币贬值,货币的购买力下降,消费者被迫花更多的货币用于国内一般消费品的消费,对房地产的需求减少,从而导致房地产价格下跌。

4. 溢出效应

一般地,货币升值将影响东道国的产业增长;同时,货币升值可能通过货币工资机制、生产成本机制、货币供应机制、收入机制等途径造成物价的下跌。因此,从理论上来讲,货币升值可能导致国内经济的紧缩。特别是在面临外部压力而被迫升值的情况下,东道国政府更担心货币升值将给本国经济带来紧缩和打击,因此会实行扩张性货币政策,比如降低利率以及增加货币供应等,这将有可能促使资金流进房地产市场,导致房地产价格上涨和房地产交易量增加,从而对房地产市场带来扩张性的溢出效应。相反,若一国货币发生贬值,为了应对国际投机者的冲击,货币当局一般会加强控制,实施紧缩性货币政策,这将对房地产市场带来紧缩性的溢出效应。

5. 信贷扩张或收缩效应

在固定汇率(或钉住单一货币)制度下,本国货币升值或升值预期将吸引大量的外资流进,为了保持币值的基本稳定,货币当局将被动地买进外币同时放出本国货币,即大幅度增加了流动性。同时,在财富效应作用下,居民的储蓄存款大大增加了,这就使得银行资金过剩,银行资金也将积极寻找投资渠道。由于房地产信贷领域有房地产作抵押,房地产贷款成为银行的优质资产,因而银行信贷资金大量进入房地产领域,致使房地产交易量上升和房地产价格上涨。相反,货币贬值将可能导致银行惜贷,银行信贷收紧则加剧房地产市场降温。

上述理论假设,虽然得到了一些事实的验证,但世界上许多国家都发生过大幅度货币升值或货币贬值,在汇率变动的同时也产生了大量的国际投机资本的冲击,却仍有一些国家成功地避免了房地产剧烈波动问题。不难理解,汇率调整是通过相关经济变量的传导而影响房地产市场的,在这种传导过程中,其他经济变量的变化也在不同程度地影响房地产市场,汇率变动只是房地产市场演化的一个解释变量,房地产交易量剧烈波动和房价泡沫膨胀甚至崩溃是在一系列条件下发生的,单纯的国际"热钱"投机冲击并不必然导致房地产交易量剧烈波动和房价泡沫的膨胀或崩溃。[1]

三、存款准备金率对房地产市场的冲击—传导机制

中央银行通过调整存款准备金率,改变商业银行的超额准备金,影响商业银行贷款供给能力。而银行可贷款数量的变化,将影响房地产贷款,进而对房地产交易及房价水平产生影响。

1. 信贷效应

上调法定存款准备金率,商业银行的超额准备金和可贷资金减少,银行发放贷款能力降低,导致它对房地产开发贷款和消费者的购房按揭贷款的投放减少,引发房地产开发商对房地产开发投资减少,购房者房地产有效需求降低,致使房地产交易量下降,房地产价格降低。相反,降低法定存款准备金率,商业银行的超额准备金和可贷资金增加,促使它对房地产开发贷款和消费者购房按揭贷款的投放增加,刺激房地产开发商增加房地产开发投资和购房者房地产需求的释放,进而推动房地产交易量上升,促使房地产价格上涨。

2. 流动性效应

上调法定存款准备金率,导致银行超额准备金和可贷资金减少,货币供应量减少,货币流动性减弱,进入房地产市场的资金量减少,导致房地产交易量降低和房地产价格下跌。相反,降低法定存款准备金率,商业银行的超额准备金和可贷资金增加,促使货币供应量增加,货币的流动性增强,引起房地产交易量扩大和房地产价格上涨。

四、货币供应量对房地产市场的冲击—传导机制

货币供应量的变动将对房地产市场资金面产生直接影响,进而对房地产的供求关系及房价水平产生影响。

1. 资金成本效应

货币供应量的增加,使金融市场的融资条件趋向宽松,引致房地产开发商和购房者的融资成本下降,将刺激房地产开发商增加房地产开发投资和购房者房地产需求的释放,进而推动房地产交易量上升,促使房地产价格上涨;反之,将引起房地产交易量下降和房地产价格下跌。

2. 财富效应

当货币供应量增加时,更多货币追逐较少的商品,流通中的货币数量超过经济运行所需要的货币数量,引起货币贬值和价格总水平上涨,居民拥有的固定收益的金融性资产和货币性资产的实际价值减少,导致居民的实际收入减少,迫使居民将更多的可支配收入用于一般商品的消费,抑制了房地产消费和投资的支出增加,致使房地产交易量下降,以致房地产价格下降。相反,货币供应量减少,将引起货币购买力提升和物价下降,使居民固定收益的金融性资产和货币性资产的实际价值上升,从而将更多可支配收入用于房地产消费和投资,促使房地产交易

---

[1] 高波、毛中根,《汇率冲击与房地产泡沫演化:国际经验及中国的政策取向》,载《经济理论与经济管理》,2006(7)。

量增加和房地产价格上涨。

3. 流动性效应

房地产作为实体资产和虚拟资产的结合体,具有一定的投资功能。当货币供应量增加时,货币流动性提高而引致更多的资金进入房地产市场,房地产市场成为货币资金的蓄水池,促使房地产交易量扩大和房地产价格上涨。相反,当货币供应量减少时,货币的流动性减弱,将引起房地产交易量减少和房地产价格下跌。

五、国际资本流动对房地产市场的冲击—传导机制

国际资本流动主要通过两种路径对房地产交易量及房地产价格产生影响。

1. 信贷效应

国际资本流入通常会导致本币升值,而本币升值会对一个国家,尤其对出口导向型国家的宏观经济产生紧缩作用。本币升值使得国内出口商品的价格相对提高,导致国内出口降低,出口部门生产减少,失业率增加。为应对由于本币升值带来的潜在不利影响,政府通常会采用宽松的货币政策。由上面的分析可以得出,宽松的货币政策往往会推动房地产交易量增加和刺激房地产价格上涨。相反,国际资本流出将导致本币贬值,引发通货紧缩,导致房地产价格下跌,并使交易量下降。

2. 财富效应

国际资本流入带来本币的升值,而本币升值意味着进口商品价格下降,导致进口增加并带动国内一般消费品价格走低,由此产生的多余购买力将寻找投资项目。如果进入房地产领域,则会增加对房地产的需求,推动交易量增加和房地产价格上涨。相反,如果国际资本流出导致本币贬值,进口商品减少带动国内一般消费品价格上涨,使得消费者被迫花更多的货币用于国内一般消费品的消费,对房地产的需求减少,促使房地产交易量下降,房地产价格下跌。

六、股价对房地产市场的冲击—传导机制

房地产既是耐用消费品又是投资品,因此股价变动对房地产市场的影响是复杂的,存在多个传导途径,而且作用效果不尽相同甚至截然相反。从统计数据来看,一国的股价走势与房地产市场走势之间几乎很难有规律可循。导致这一状况的根本原因在于,与房地产市场相同,股价本身的变动是一系列因素相互作用的结果,股票市场的有效性亦是相对不足的。股票市场与房地产市场之间有以下几个影响途径。

1. 财富效应

无论是作为消费品还是作为投资品,房地产市场都要受到股价财富效应的影响。现代意义上的财富效应,是指居民资产价值的变动对于居民消费需求的影响。从消费角度来看,股价会带来直接和间接的财富效应。直接财富效应,是指当股票投资能够带来持久而稳定收入,并且股票构成投资者财富重要组成部分的条件下,股价变化导致的个人财富水平变化才能显著影响房地产消费支出,从而引致房地产交易量和房价变化。间接财富效应指的是由于股价上升导致人们对未来经济发展的预期看好,消费者信心增强从而消费支出增加。赞迪构建了一个理论,论述股票市场对消费者信心的支持作用,证明股价上涨不仅对参与股票投资的消费者有影响,而且没有参与股票投资的消费者也会由于信心的增加而提高其消费支出。[1] 间接财

---

[1] Zandi, Mark R., "Wealth Worries", *Regional Finance Review*, 1999, Vol. 8, pp. 1–8.

富效应发挥作用主要有两种渠道:一方面,股价上涨反映了较高的当期财富预期,直接支持消费者信心;另一方面,一个健康的股票市场是宏观经济的先行指标,即股票市场的周期波动与宏观经济周期波动相比有一个提前量。股价的上涨将预示宏观经济的复苏或高涨,而宏观经济的复苏或高涨则意味着较高的劳动收入与财富水平,股价与消费者预期收入有了一个清晰的联系并由此影响居民的消费支出水平。

从投资的角度来看,根据马科维茨的资产组合理论,股价上涨将导致投资者总财富增加,同时资产组合中的股票比例上升。投资者为重新平衡其资产组合,将会卖掉一部分股票而购买其他资产,这将导致房地产需求增加和房价上涨。相反,如果股价走低,股票市场低迷,将带来负的财富效应,人们对房地产的需求降低,引发房价下跌。

2. 投资组合效应

股价对房地产市场的投资组合效应包括替代效应和挤出效应。根据马科维茨[1]提出并经托宾等人[2]发展而成的资产组合选择理论,借助金融资产的组合投资以分散投资风险,并实现收益最大化。投资者将投资资产区分为安全性资产和风险性资产两类,并确定一定的投资比例,而对于风险性资产再根据风险大小确定各类资产的投资比例,形成一个投资组合,在获得投资最大收益的过程中,尽可能降低投资风险。根据这个理论,其他条件不变,当资产相对收益发生变化时,将产生资产的相互替代,即资金从相对收益低的资产转移到相对收益高的资产。如果说,资本投入会带来价格的上涨,这意味着房价与股价之间存在着此消彼长的关系。也就是说,当股价低迷时,将会有更多的资金从股市抽出而投资到房地产市场上,从而促进房地产交易量增加和房地产价格的上扬;当股价高涨时,也有一些人会抛售房地产,将资金转移到股市,从而抑制了房地产交易量的上升和房价的上涨,这就是股价对房地产市场的替代效应。然而,当某种资产的价格上涨一定程度时,其风险也随之加大,投资者资产组合的风险资产比重提高。此时,风险中性或风险规避者会减少这种资产的持有量,将所得资金用于其他资产的投资。股价上涨导致风险资产在个人总资产中所占比例增加,投资者为规避风险会减少风险资产的资金而投入到其他资产中去,而房地产市场通常是一个较好的选择。因此,在股价高涨到一定阶段,房地产需求扩大,房价也会随之上扬;反之,当股票价格走低,房地产价格相对较高,房地产投资风险加大,导致资金从房地产市场流出,进而引起房地产交易量减少和房地产价格下跌。这种影响效应即为股价对房地产市场的挤出效应。

3. 信贷效应

股票和房地产通常是投资者持有资产的重要选择。资产作为抵押品会形成财富的预期价值,进而成为借贷能力的象征。当作为抵押物的股票价格上涨时,一方面,刺激企业购买更多的厂房和设备来扩大生产规模,从而增加对房地产的需求,推动房地产价格上涨;另一方面,也使得金融机构的资产负债情况改善,贷款意愿上升,资金供给增加,在一定程度上刺激房地产市场需求增加,房价上涨。相反,如果股票价格下跌,即抵押物的价值下降,导致金融机构资产负债表恶化,资金周转困难,信贷收缩,促使对房地产的需求减少,房价下降。

综合考虑股价波动对房地产消费和投资两方面的影响。在大多数情况下,财富效应和信贷

---

[1] Markowitz, H., "Portfolio Selection", *The Journal of Finance*, 1952, Vol. 7, No. 1, pp. 77-91.
[2] Tobin J., "Liquidity Preference as Behavior Towards Risk". *The Review of Economic Studies*, 1958, Vol. 25, No. 2, pp. 65-86.

效应大于投资组合效应。然而,在特定的条件下,则可能出现相反的情况,即投资组合效应超过财富效应和信贷效应,此时股价与房价将表现出负相关关系。一些经济学家对股价与房价的关系进行了实证检验,并发现了支持财富效应的证据。唐纳德和丹尼尔利用1984—1998年美国130个大都市区的面板数据,估计出S&P 500股票指数上涨1%将对住宅价格上涨有0.16%的贡献。[1] 格林利用从1989年1月到1998年7月加利福尼亚州的几个不同城市的住宅价格与Russell 2000股票指数的月度数据进行了检验,认为在不同的地理、经济以及社会条件下,股价变动的财富效应是不同的,有的比较显著而有的则不显著。[2] 在这篇文章之后,格林又利用1998年1月至2001年12月的数据对股价与住宅价格的关系进行了Granger因果检验,证明了S&P 500指数和NASDAQ指数是Santa Clara地区住宅价格变化的Granger因,并且它们具有相同的变动趋势。[3]

七、金融变量对房地产市场冲击—传导的综合分析

在开放经济条件下,利率、汇率、货币供应量、国际资本流动和股价等金融变量的变动,将通过财富渠道、托宾q渠道和信贷渠道等传导机制对房地产市场的量价波动产生影响。

1. 财富传导机制

金融资产及房地产的价格变化将产生财富效应,影响居民的消费,进而影响投资和总产出,并对房地产市场产生影响。当货币当局改变货币供应量时,利率发生变化,将直接推动股价变化,导致股票持有者的个人财富变化,改变消费者的消费,影响总产出,进而影响房地产需求,引致房地产交易量和房价变化。在开放经济条件下,利率变化的同时,汇率发生变化,导致国际资本流动,促使本国股票价格变化。财富传导机制可以表述如下:

$$M \to r \to r_e \to K_e \to P_E \to W \to C \to Y \to Q_H \to P_H$$

式中,M——货币供应量;

r——利率;

r_e——汇率;

K_e——国际资本流动;

P_E——股价;

W——财富;

C——消费;

Y——总产出;

Q_H——房地产交易量;

P_H——房价。

---

[1] Donald, J. G. and Daniel T. Winkler, "The Dynamics of Metropolitan Housing Prices", *Journal of Real Estate Research*, 2002, Vol. 23, No. 1, pp. 29-46.

[2] Green, Richard K., "Stock Prices and House Prices in California: New Evidence of a Wealth Effect?", *Regional Science & Urban Economics*, 2002, Vol. 32, No. 6, pp. 775-783.

[3] Green, Richard K., "Can We Explain the Santa Clara County Housing Market?", *Housing Policy Debate*, 2002, Vol. 13, No. 2, pp. 351-368.

2. 托宾 q 传导机制

美国经济学家托宾(Tobin)提出了托宾 q 理论。[①] 托宾 q 是指企业的市场价值与资本重置成本之比。托宾 q 理论用 q 值解释股票价格如何影响企业的投资决策行为。此处将资本市场、资本市场上的资产价格与托宾 q 值、投资等因素联系起来。这一传导过程是,货币供应量变化,通过利率变化影响股票价格和企业价值,进而影响投资支出和产出,影响房地产市场的交易和价格。而在开放经济条件下,国际资本的流动,将影响房地产投资和交易量的变化,以及房价。在这一传导过程中,若 q>1 时,意味着企业市场价值高于资本重置成本,房地产企业愿意增加投资支出;反之,q<1 时,意味着企业市场价值低于资本重置成本,房地产企业不愿意增加投资支出。因此,在托宾 q 传导渠道中,货币供应量等金融变量通过资产价格的调整来影响房地产经济活动,q 值是决定投资的主要因素。托宾 q 传导机制可以表示为:

$$M \to r \to r_e \to K_e \to P_E \to q \to I \to Y \to Q_H \to P_H$$

式中,I——投资;

其他符号同上。

3. 信贷传导机制

金融变量可以通过信贷渠道和资产负债表渠道影响房地产市场。信贷传导是中央银行货币政策影响货币供给,影响银行贷款,进而影响总产出。信贷传导机制可以表示为:

$$M \to R \to D \to L \to I \to Y \to Q_H \to P_H$$

式中,R——商业银行的准备金;

D——存款货币创造;

L——银行贷款;

其他符号同上。

从资产负债表渠道来看,货币供给变动,对借款人的资产负债状况产生影响,影响担保品的价值,进而影响股价和现金流,并存在贷款的逆向选择和道德风险问题,影响银行的贷款投放,影响投资和产出。在开放经济条件下,货币供应量变化,引起利率和汇率变化,影响国际资本流动,进而对本国经济产生影响。从资产负债表角度分析,信贷传导机制可以表示为:

$$M \to r \to r_e \to K_e \to P_E \to NCF \to H \to L \to I \to Y \to Q_H \to P_H$$

式中,NCF——净现金流;

H——逆向选择和道德风险;

其他符号同上。

上述主要金融变量对房地产市场冲击—传导的综合影响,如图 11-1 所示。

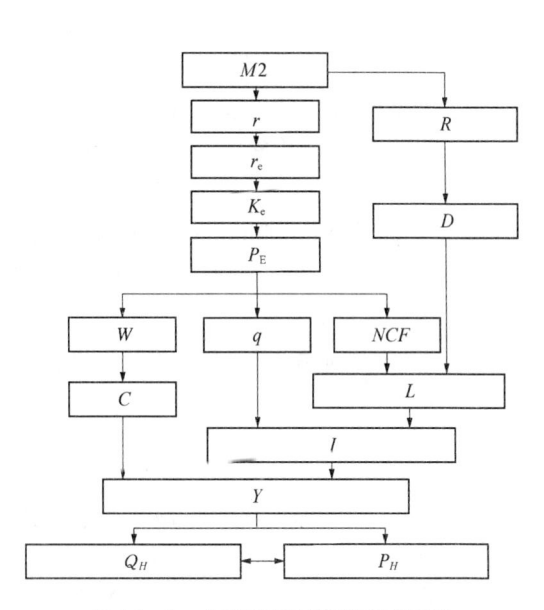

图 11-1 金融变量对房地产市场的冲击—传导机制

[①] J. A Tobin, "General Equilibrium Approach to Monetary Theory", *Journal of Money Credit and Banking*, 1969, 11(1).

第三节 金融变量对房地产市场冲击的经济效应分析

上一节,就金融变量变化对房地产市场的影响做了一个理论分析。本节采用中国的数据来进一步验证这种影响。[①] 传统的检验方法是建立向量自回归模型,通过脉冲响应图表来分析房地产变量(如销售面积、价格或景气指数)对利率、货币供应量、汇率等金融变量冲击的反应。21世纪初,学界开始探索构建一个包含资产价格信息的综合指标即金融状况指数(Financial Conditional Index,FCI),它不仅能反映整体金融状况的变化,亦是货币政策的指示器。古德哈特和霍夫曼构建了包含短期利率、汇率、房地产价格和股票价格的金融状况指数(FCI),并利用这一指数对OECD国家做了实证检验,发现它能够预测CPI并能很好地预判货币政策走势。[②] 国内学者如王玉宝[③]、封北麟和王贵民[④]、陆军和梁静瑜[⑤]、文青[⑥]等都采用不同的模型和数据构建了中国的FCI。另外,高盛也推出了"高盛中国金融状况指数",最初的FCI选取了货币供应量(M2)、贷款基准利率和实际有效汇率作为变量,由于股市在中国经济中日益重要,2007年又加入了股价变量。

一、测算方法、指标选择与数据说明

FCI是反映货币性和非货币性资产价格波动及其影响的综合指数。古德哈特和霍夫曼列出了一个直观的计算方程形式:

$$FCI_t = \sum w_i(q_{it} - \overline{q_{it}}) \tag{11.2}$$

式中,q_{it}——第i个资产变量在t时期的价格;

$\overline{q_{it}}$——第i个资产价格在t时期的长期趋势或均衡值;

w_i——第i个资产价格波动的权重。

可见式(11.2)实际上是各类资产价格缺口的一个加权值。

计算各类资产价格的长期趋势或均衡值并没有统一的方法,古德哈特和霍夫曼在文章中对4个变量的趋势分别做了不同的定义:短期利率的趋势为样本均值,汇率与房价的趋势为线性趋势,股价的趋势则用平滑参数为100的HP滤波算出,理由是股票价格的期望值具有很强的时变性。[⑦] 之后古德哈特和霍夫曼又认为所有变量都应该用HP滤波去除时变趋势。[⑧]

[①] 高波、樊学瑞、赵奉军,《金融冲击与房地产市场波动——一个宏观分析框架及中国的经验证据》,载《经济理论与经济管理》,2017(6)。

[②] Charles Goodhart and Boris Hofmann, "Asset Prices, Financial Conditions and the Transmission of Monetary Policy", Paper prepared for the conference on "Asset Prices, Exchange Rates and Monetary Policy", Stanford University, 2001, March 2-3.

[③] 王玉宝,《资产价格的政策信息作用与FCI指数》,载《金融教学与研究》,2003(7)。

[④] 封北麟,王贵民,《货币政策与金融形势指数FCI:基于VAR的实证分析》,载《数量经济技术经济研究》,2006(11)。

[⑤] 陆军,梁静瑜,《中国金融状况指数的构建》,《世界经济》,2007(4)。

[⑥] 文青,《我国金融状况指数的测算与检验》,载《经济理论与经济管理》,2013(4)。

[⑦] Charles Goodhart and Boris Hofmann, "Asset Prices, Financial Conditions and the Transmission of Monetary Policy", Paper prepared for the conference on "Asset Prices, Exchange Rates and Monetary Policy", Stanford University, 2001, March 2-3.

[⑧] Charles Goodhart and Boris Hofmann, "Asset Prices and the Conduct of Monetary Policy", 2002, http://repec.org/res2002/Goodhart.pdf.

在变量的选择上,综合考虑了利率、汇率、股价和房价以及货币供应量。之所以增加货币供应量,是因为在发达国家货币政策的执行程序(以及其传输机制)越来越侧重于利率,而在中国利率和货币供应量都被作为政策工具——也就是说,两个变量可能包含独立的政策信号。由于利率尚未完全放开,通过定量配给来分配信贷仍是货币政策执行的一条重要途径。事实上,中国人民银行传递出的政策立场信号继续强调货币和信贷目标。国内的一些学者在构建中国的金融状况指数时也大多加入了货币供应量指标。由于我们的目的是讨论金融状况指数对房地产市场的影响,因而构建的 FCI 分为两类:一类是包含房价的 FCI,另一类是不包含房价的 FCI。

在数据的选取上,利率数据取自银行间同业拆借利率,汇率数据取自国际清算银行公布的人民币实际有效汇率,股价取自上证综合指数,货币供应量取自中国人民银行公布的 $M2$ 指标,房价数据取自房屋销售价格。所有数据起止时间为 1998 年第 1 季度到 2014 年第 4 季度。

二、构造中国的金融状况指数

参考梅斯和维纶的研究成果,[①]建立如下的 IS 曲线方程:

$$y_t = c + \sum_{i=1}^{j} \alpha_i y_{t-i} + \sum_{i=0}^{k} \beta_{1i} r_{t-i} + \sum_{i=0}^{p} \beta_{2i} r_{e_{t-i}} + \sum_{i=0}^{l} \beta_{3i} M2_{t-i} + \sum_{i=0}^{m} \beta_{4i} P_{H,t-i} + \sum_{i=0}^{n} \beta_{5i} P_{E,t-i}$$

(11.3)

式中,y——产出缺口;
c——截距项;
r——实际利率;
r_e——实际有效汇率;
$M2$——货币供应量;
P_H——房价;
P_E——股价。

回归结果如表 11-1 所示。

表 11-1 总需求方程缩减模型 OLS 估计结果

解释变量	y	r	r_e	$M2$	P_H	P_E
系数	0.49	−0.12	−0.05	5.70	3.60	1.15
滞后阶数	1	5	2	2	4	1
T 统计量	5.18	−2.97	−3.79	3.00	2.57	4.31
P 值	0.000	0.004	0.000	0.004	0.013	0.000

说明:截距项未给出;拟合优度为 0.887。

表 11-1 显示,各解释变量的系数符号均符合经济意义。从显著性上看,均在 5% 的水平下显著。从模型最后筛选得到的滞后阶数来看,各解释变量影响总产出的滞后时间存在明显差异。其中,股价指数的滞后时间最短只有 1 个季度,货币供应量和汇率滞后时间为 2 个季度,房价滞后时间为 4 个季度,利率的滞后时间最长达到 5 个季度。若不包含房价变量,新的估计结果如表 11-2 所示。

---

① D.G. Mayes, M. Viren, "Financial Conditions Indexes", Bank of Finland, Discussion paper, 2001, No. 17.

表 11-2　不包含房价的总需求方程缩减模型 OLS 估计结果

解释变量	y	r	r_e	$M2$	P_E
系数	0.637	−0.085	−0.042	6.39	0.87
滞后阶数	1	5	2	2	1
T 统计量	7.72	−2.20	−2.99	3.24	3.41
P 值	0.000	0.032	0.004	0.002	0.001

说明：截距项未给出；拟合优度为 0.874。

在测算出各变量的系数后，根据文献中计算权重常用的方法，即：

$$w_i = \beta_i \Big/ \sum_{1}^{5} |\beta_i| \tag{11.4}$$

最终得到测算的金融状况指数的权重。如表 11-3 所示，其中权重 1 包含房价，权重 2 不包含房价。

表 11-3　FCI 各变量权重(%)

变量	r	r_e	$M2$	P_H	P_E
权重 1	−1.13	−0.47	53.7	33.9	10.8
权重 2	−1.15	−0.57	86.5	/	11.8

从权重值的大小来看，货币供应量在构造的金融状况指数中起着决定性的作用。当然，最终的金融状况指数除了受权重的影响外，还受到变量变动幅度大小的影响，即使某些变量权重不大，但剧烈变动也会对金融状况指数产生显著影响。

在权重确定后，采用式(11.2)来计算中国的金融状况指数。即通过 HP 滤波的方法分别计算这 5 个变量的缺口(即实际值减掉趋势值后再除以趋势值)。然后以上述权重加权，得到中国 1998 年第 1 季度至 2014 年第 4 季度的金融状况指数，如图 11-2 所示。其中 FCI_1 为包

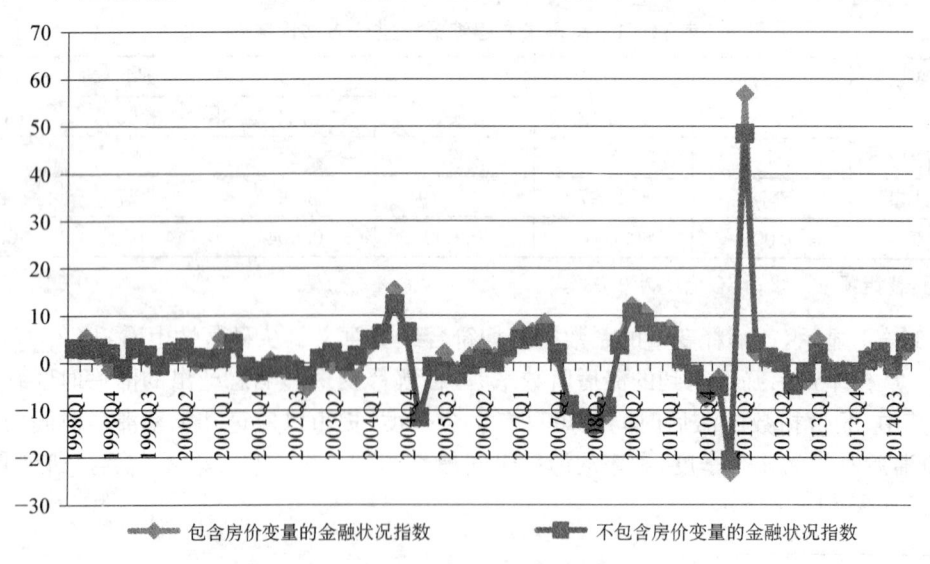

图 11-2　中国 FCI 指数波动(1998.1—2014.4)

含房价变量的金融状况指数,而FCI_2为不包含房价变量的金融状况指数。二者的走势大体相同。需要说明的是,金融状况指数的绝对值没有意义,但可以从其走势来判断金融状况的松紧。在图11-2中,FCI下行表示整体金融状况趋紧,而上行表示趋于宽松。

三、金融冲击对房地产市场的影响

以上述构建的金融状况指数为基础,分析金融状况冲击对中国房地产市场的影响。选择的房地产市场变量包括国房景气指数(1998年1季度至2014年第4季度)、房地产开发投资分类指数(1998年第1季度至2011年第4季度)和商品房平均价格分类指数(1998年第1季度至2011年第4季度)。原始数据本为月度同比数据,将其转换为按月平均的季度数据,房地产开发投资分类指数和商品房平均价格分类指数是构成国房景气指数的个体指数。国房景气指数是国家统计局1997年研制并建立的一套针对房地产业发展变化趋势和变化程度的综合性的指数体系,该指数体系是由8个分类指数合成运算而成的综合指数。计算国房景气指数的指标有:① 土地出让收入指数;② 完成开发土地面积指数;③ 房地产开发投资指数;④ 资金来源指数;⑤ 商品房销售价格指数;⑥ 新开工面积指数;⑦ 房屋竣工面积指数;⑧ 空置面积指数。

在进行Granger因果关系检验之前,需要对相关变量的平稳性和协整关系进行检验,检验结果是平稳的,并存在协整关系。本节为了突出下文对金融状况指数与房地产市场关系的分析结论,检验结果在此略去。

采用Granger因果关系检验来分析金融状况指数与房地产市场的关系。由于FCI_1本身包含了房价变量,所以排除了FCI_1与房价的Granger因果关系检验。另外,由于Granger因果关系检验对滞后阶数比较敏感,通过建立二元VAR模型,并以VAR模型的稳定性来确立滞后阶数。Granger因果关系检验结果如表11-4和表11-5所示。

表11-4 FCI_1与房地产市场的因果关系检验

原假设	滞后阶数	F统计量	P值
国房景气指数不是FCI_1的Granger原因	1	0.461	0.499 5
FCI_1不是国房景气指数的Granger原因	1	4.297	0.042
房地产投资指数不是FCI_1的Granger原因	2	1.186	0.314
FCI_1不是房地产投资指数的Granger原因	2	2.959	0.061

表11-5 FCI_2与房地产市场的因果关系检验

原假设	滞后阶数	F统计量	P值
国房景气指数不是FCI_2的Granger原因	1	0.414	0.523
FCI_2不是国房景气指数的Granger原因	1	4.190	0.045
房地产投资指数不是FCI_2的Granger原因	2	1.026	0.366
FCI_2不是房地产投资指数的Granger原因	2	3.055	0.056
商品房销售价格指数不是FCI_2的Granger原因	5	0.679 9	0.641 2
FCI_2不是商品房销售价格指数的Granger原因	5	3.645 4	0.008 2

根据表 11-4 和表 11-5 的因果关系检验结果,综合考虑 FCI_1 和 FCI_2,可以发现,中国金融状况指数的变动是国房景气指数变动的 Granger 原因,同时也是房地产投资指数和商品房销售价格指数变动的 Granger 原因。

基于双变量的 VAR 模型,分析包含房价的金融状况指数 FCI_1 的变动对国房景气指数和投资指数的冲击效果(见图 11-3 和图 11-4),以及不包含房价的金融状况指数 FCI_2 的变动对国房景气指数和房价指数的冲击效果(见图 11-5 和图 11-6)。

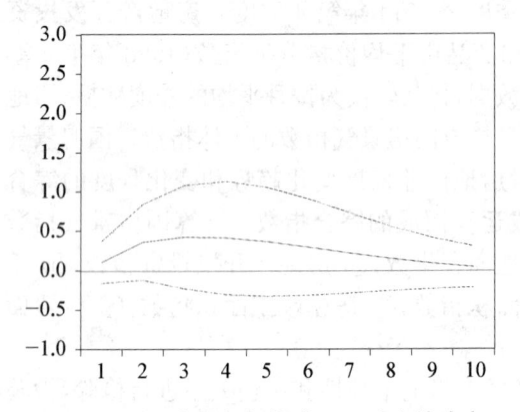

图 11-3 国房景气指数对 FCI_1 冲击的响应

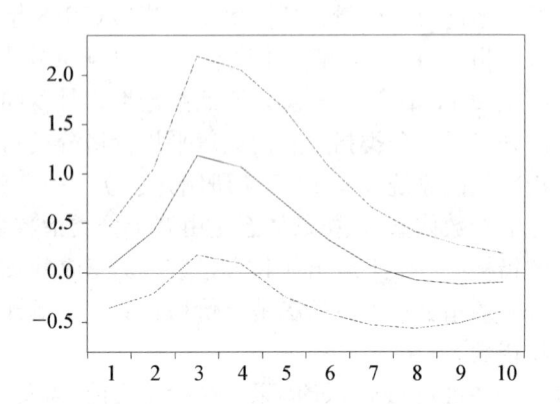

图 11-4 投资指数对 FCI_1 冲击的响应

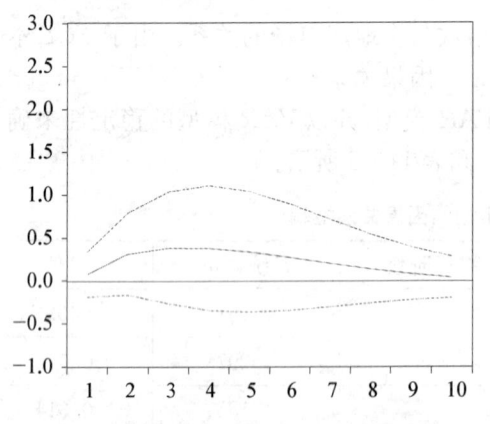

图 11-5 国房景气指数对 FCI_2 冲击的响应

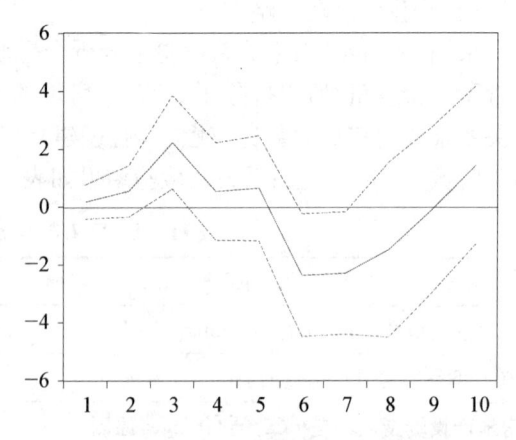

图 11-6 房价指数对 FCI_2 冲击的响应

在 FCI_1 冲击后,国房景气指数持续表现出正向反应,且衰减缓慢。而房地产开发投资亦表现出正向反应,在 3 个季度后房地产开发投资对金融冲击的响应达到最大,之后慢慢衰减。对于不包含房价变量的 FCI_2 的冲击,国房景气指数的响应与对 FCI_1 冲击的响应十分相似。而房价对 FCI_2 冲击的反应,在 3 个季度后正向反应达到最大值,5 个季度后出现负向反应。

综合上述,无论是从国房景气指数的响应,还是从房地产开发投资指数或房价指数的响应来看,金融状况指数的变动对房地产市场产生了显著影响。

由于我国经济总量大,财富积累快,居民保有资产的方式日趋多元化和金融化,而不同资产价格关联性强,资产价格的波动对经济社会影响大,人们对资产价格十分敏感,揭示资产价格波动的隐含信息对货币政策工具选择和甄别不同货币政策工具调控资产价格的效果及针对性的迫切性日强。我国居民的住房自有率高,房价已经成为民生指标,房价对 FCI 的影响大,房价波动备受各方关注,因而我国的货币政策工具选择应当对房价做出灵活高效的反应。当房价波动脱离经济基本面,甚至出现房价极度繁荣或极度萧条时,货币政策理应干预房价,然而如何精准把握干预的时机和干预的力度以及采用何种货币政策工具,必须将个量微观分析与总量宏观分析结合起来,在房价、总产出、通货膨胀和金融风险之间进行权衡,并注重多种货币政策工具的有效搭配使用。

※ 本章小结 ※

金融变量与房地产市场的联系十分紧密。金融变量种类繁多,构成十分复杂,包括利率、汇率、存款准备金率、贴现率、货币供给、国际资本流动、信贷、股价等指标。在开放经济条件下,利率、汇率、货币供应量、国际资本流动和股价等金融变量的变动,通过财富渠道、托宾 q 渠道和信贷渠道等传导机制对房地产市场的量价波动产生影响。构造中国的金融状况指数,分析金融变量冲击对房地产市场的影响效应。研究发现,无论是从国房景气指数的响应,还是从房地产开发投资指数或房价指数的响应来看,金融状况指数的变动对房地产市场产生了显著影响。在我国,房价已经成为民生指标,房价对 FCI 的影响大,房价波动备受各方关注,因而我国的货币政策工具选择应当对房价做出灵活高效的反应。

※ 本章思考题 ※

1. 金融变量的内涵是什么?主要包括哪些变量?
2. 试述汇率对房地产市场的冲击传导机制?
3. 试述股票价格对房地产市场的冲击传导机制?
4. 综合分析金融变量对房地产市场的冲击—传导机制。
5. 试用中国的经济数据分析金融变量对房地产市场冲击的经济效应。

课后习题十一

参考文献

[1] [美]安东尼·桑德斯,马西娅·米伦·科尼特. 金融市场与机构[M]. 第6版. 北京:机械工业出版社,2017.

[2] 巴塞尔银行监管委员会. 巴塞尔协议Ⅲ[M]. 中国金融出版社,2011.

[3] [美]保罗·克鲁格曼,罗宾·韦尔斯. 微观经济学[M]. 第2版. 北京:中国人民大学出版社,2012.

[4] [美]C. 小阿瑟·威廉姆斯. 风险管理与保险[M]. 第8版. 北京:中国商业出版社,2000.

[5] [美]菲利普·乔瑞. 金融风险管理师手册[M]. 北京:中国人民大学出版社,2017.

[6] [美]弗兰克·J. 法博齐,弗朗哥·莫迪利亚尼. 资本市场:机构与工具[M]. 第4版. 北京:中国人民大学出版社,2011.

[7] [美]弗雷德里克·S. 米什金,斯坦利·G. 埃金斯. 金融市场与金融机构[M]. 第8版. 北京:中国人民大学出版社,2017.

[8] [美]弗雷德里克·S. 米什金. 货币金融学[M]. 第11版. 北京:中国人民大学出版社,2016.

[9] 高波. 我国城市住房制度改革研究:变迁、绩效与创新[M]. 北京:经济科学出版社,2017.

[10] 高波. 中国房地产周期波动与宏观调控[M]. 北京:商务印书馆,2012.

[11] 高波. 现代房地产经济学[M]. 江苏:南京大学出版社,2010.

[12] [美]霍默·霍伊特. 房地产周期百年史:1830—1933年芝加哥城市发展与土地价值[M]. 北京:经济科学出版社,2011.

[13] [美]哈里 M. 马科维茨,G. 彼得·托德. 资产组合选择和资本市场的均值—方差分析[M]. 北京:机械工业出版社,2016.

[14] 黄达,张杰. 金融学[M]. 第4版. 北京:中国人民大学出版社,2017.

[15] [意]贾科莫·莫里,安东尼奥·马扎. 房地产金融:一条国际化道路[M]. 北京:中信出版社,2016.

[16] [美]拉尔夫 L. 布洛克. REITs:房地产投资信托基金[M]. 第4版. 北京:机械工业出版社,2014.

[17] [美] 罗伯特·希勒. 非理性繁荣[M]. 第 3 版. 北京:中国人民大学出版社,2016.

[18] [美] 米尔顿·弗里德曼,安娜·J. 施瓦茨. 美国货币史(1867—1960)[M]. 北京:北京大学出版社,2009.

[19] [美] 鲁迪格·多恩布什,斯坦利·费希尔,理查德·斯塔兹. 宏观经济学[M]. 第 12 版. 北京:中国人民大学出版社,2017.

[20] 任泽平,夏磊,熊柴. 房地产周期[M]. 北京:人民出版社,2017.

[21] 特伦斯·M. 克劳瑞特,G. 斯泰西·西蒙斯. 房地产金融:原理与实践[M]. 第 5 版. 北京:中国人民大学出版社,2012.

[22] [英] 威廉·福布斯. 行为金融[M]. 北京:机械工业出版社,2011.

[23] [日] 野口悠纪雄. 泡沫经济学[M]. 北京:生活·读书·新知三联书店,2005.

[24] [美] 兹维·博迪,罗伯特·C. 默顿,戴维·L. 克利顿. 金融学[M]. 第 2 版. 北京:中国人民大学出版社,2010.

[25] [美] 兹维·博迪,亚历克斯·凯恩,艾伦 J. 马库斯. 投资学[M]. 第 10 版. 北京:机械工业出版社,2017.

[26] Berle A A, Means G C. The modern corporation and private property[M]. New York:Macmillan Press,1933.

[27] Bhattacharya A K, Fabozzi F J. Asset-backed securities[M]. New York:Frank J Fabozzi Associates,1996.

[28] Clauretie T M, Sirmans G S. Real estate finance:theory and practice[M]. Six Edition. Cengage Learning,2009.

[29] Dubben Nigel, Sayce Sarah. Property portfolio management:An introduction[M]. New York:Routledge Press,1991.

[30] Freixas X, Rochet J C. Microeconomics of Banking[M]. Cambridege:MIT Press,1997.

[31] Robert J Shiller. The New Financial Oder:Risk in the 21st Century[M]. New Jersey:Princeton University Press,2003.

第二版后记

新中国成立70年来，我国住房制度和房地产市场发生了巨大的变化。新中国成立之初，经过土地改革和社会主义改造，我国在城市构造了"统一分配，统一管理，以租养房"的公有住房实物福利分配制度，在农村实行了土地集体所有制基础上的宅基地无偿使用制度。1958年到1977年的20年里，我国一直实行这一住房制度。这种住房制度是计划经济体制的产物。改革开放40多年来，城市着重推进住房分配货币化制度改革，农村探索出了建立健全宅基地所有权、资格权和使用权的"三权分置"制度。随着城乡住房制度改革的深化，房地产业快速萌发和成长，房地产业在中国经济中发挥了独特的不可替代的功能。第一，房地产业的持续发展对经济增长做出了重要贡献，积累起大量的国民财富，房地产成为一种重要的资产和资本。第二，住房消费发生巨大变化，对中国经济增长和消费结构升级发挥核心功能。第三，土地财政为地方投资和建设提供了巨大的资金来源，成为促进地方经济增长的重要动能。第四，房地产业的发展大大促进了城镇化进程。第五，房地产金融市场和金融中介的运作，在为房地产业发展提供重要的金融支持的同时，促进了金融业的发展，降低了金融风险。70年来中国从一个极端贫穷落后的国家，经过工业化、信息化、城镇化和农业现代化发展，进入到工业化后期、城镇化后半程、上中等收入国家行列，房地产市场日趋成熟，房地产金融在房地产业中的地位日益重要。房地产金融在未来中国经济和房地产市场中的作用将更加显著。

房地产金融学是一门研究对象独特、充满挑战、富于创新、现实性强、新兴的应用经济学科。任何个人、机构和部门都与房地产经济和金融活动发生直接的关系。家庭的消费和投资选择，公司的投资和经营活动以及政府的经济政策和市场管制都离不开房地产金融理论的指导。伴随着中国金融全球化、金融自由化的稳步推进和资本市场的深度发展，以及房地产业的转型升级，房地产金融理论研究和实践探索日新月异。

《现代房地产金融学》第一版2015年出版以来，在南京大学等国内院校作为本科生和研究生教材，受到普遍欢迎。江苏省教育厅《省教育厅关于公布2017年高等学校重点教材立项建设名单和第五批出版名单的通知》（苏教高函〔2018〕3号），将本教材列为江苏省重点教材。获得这一信息后，我便召集大家分析原版教材的不足，广泛征求新版教材的修改意见。经过半年多时间的酝酿，我主持确定了新版教材的修改提纲，再经过一年多时间完成修改工作。这次参与本书修改的成员有樊学瑞博士、孔令池博士、郑建锋博士、李言博士和博士研究生黄婷婷、雷红、吕有金、周菲。在本书修改过程中,大家不计得失、紧密合作,表现出了很强的"大气、精进、求真、务实"的团队精神。

  本教材既可作为高等院校经济学类和管理学类或房地产经济管理专业的高年级本科生、研究生及 MBA 的教材或教学参考书,亦可供相关经济管理领域的研究人员、政府决策部门、房地产企业和金融领域的经营管理人员参考使用。

  感谢江苏省教育厅对我的信任,使我有机会和动力修改本教材。感谢各位评审专家,是你们的信任,给了我们研究的动力和信心,按时高质量地完成了本书的修改。在本书的修改过程中,我们查阅了房地产金融理论研究方面的大量文献,在本书中借鉴了很多学者的研究成果,国内外房地产金融理论研究的专家和学者给予我许多有价值的建议,我在与这些同行的交流中获益匪浅。南京大学商学院出色的后勤工作,为我专心教学和科研提供了极好的条件。南京大学出版社武坦老师,为本书的出版付出了大量心血和辛勤劳动。在此,我要对给予本教材写作、修改和对我本人长期帮助和鼓励的人们致以深深的谢意。

  我长期从事房地产金融教学和研究,在本教材的写作和修改过程中亦付出了大量劳动,深刻领悟到学术研究之路没有捷径亦没有尽头,写好教材讲好课是大学老师的天职。由于我们的学识及所掌握的资料有限,本教材还存在一定的遗漏和错误,恳请各界专家、学者和广大读者不吝赐教。

高 波 谨 识
2019 年 8 月 1 日于南京大学

第一版后记

改革开放以来,特别是20世纪90年代以来,中国房地产业高速增长,并快速成长为国民经济的支柱产业。近年来,中国的经济社会转型,使房地产业的发展环境发生了一系列重大变化。诸如,中国2010年成为世界第二大经济体;2011年城市化率达到51.3%,迈入城市国家行列;2013年服务业增加值占GDP比重提高到46.9%,首次超过第二产业。根据中金公司的数据,2013年按城镇常住人口计算户均住房超过1套,城镇家庭拥有存量房2.6亿套,标志着房地产在数量上由短缺时代进入阶段性过剩时代,存量房地产市场的地位日趋重要。这些宏观经济环境的变化,促使中国的房地产业正在发生转型升级,而房地产金融化的趋势更加明显。

对于我来说,从重点研究"房地产经济运行"转向侧重研究"房地产投资和金融",也是一种转型。转型需要大量投入,转型一定有阵痛,转型需要付出代价,若转型不成功则损失巨大。但是,如果不转型意味着将被淘汰出局。因此,正是在五六年前,房地产市场活跃、房地产业以开发业唱主角的时期,我做出了向"房地产投资和金融研究"转型的选择。2010年8月,我编著的《现代房地产经济学》由南京大学出版社出版后,便萌发了撰写一本《现代房地产金融学》的想法。2010年12月,我作为首席专家主持教育部哲学社会科学研究重大课题攻关项目《我国城市住房制度改革研究》(10JZD0025)。其中,有一项子课题是探讨"我国住房金融制度改革"。本书亦是这项教育部"重大攻关项目"的阶段性成果。2012年以来,我先后为南京大学金融专业硕士研究生讲授"房地产金融研究"、为MBA讲授"房地产金融与投资研究"。2015年,南京大学经济学院本科生课程设置由"房地产经济学"调整为"房地产金融学",由我和另外两位老师共同承担。这些事件激励我在繁忙的教学和科研之余,尽可能挤出时间,阅读大量金融学著作,撰写一本《现代房地产金融学》教材。

本书由我策划并设计写作提纲。在本书的写作过程中,参加本书写作初稿或参与讨论的人员有孙建波博士、宋勃博士、邹琳华博士、王辉龙博士、王先柱博士、赵奉军博士、王斌博士、骆祖春博士、张鹏博士、陈健博士、王文莉博士、李祥博士、李勇刚博士、李伟军博士,博士研究生周航、王猛、李萌、王英杰、黄妍妮、樊学瑞等。博士研究生李萌还做了大量查找文献和绘制图表的工作,充分显示了她的才华和敬业精神。在初稿完成后,我对全书进行了多次修改和完善。尽管我们做了大量细致深入的工作，但是错误之处还是在所难免，恳请各位读者给予指点和谅解。

在长期多项课题研究过程中，我们先后到北京、上海、广州、深圳、天津、杭州、宁波、苏州、福州、温州、长沙、重庆、成都、南宁等地进行房地产市场实地调研，很多单位和个人对我们提供了非常热情和慷慨的帮助。在我从事"房地产经济运行"以及"房地产投资和金融"研究的过程中，江苏省及南京市的相关政府部门给我提供了调研、学习的机会和一些难得的数据资料。

在本书的写作过程中，我们查阅了房地产金融理论研究方面的大量文献，国内外房地产金融理论研究的专家和学者给予我许多有价值的建议，我在与这些同行的交流中获益匪浅，在本书中借鉴了很多学者的研究成果。南京大学商学院的领导、同事和学生为本书的写作给予了长期的支持，特别是大家创造的良好学术氛围，对我既是一种激励也是一种鞭策。南京大学商学院出色的后勤工作，为我专心教学和科研提供了极好的条件。在此，我要对给予本教材写作和对我本人长期帮助和鼓励的人们致以深深的谢意。

南京大学出版社耿飞燕老师和王抗战老师，为本书的出版付出了大量心血和辛勤劳动。王抗战老师甚至放弃休息日编辑本书，表现出了强烈的事业心和高度的责任心，使本书增色不少，也使我们受益良多。在此，我和整个团队对两位老师表示衷心的感谢。

高　波　谨　识

二〇一五年五月二十日于南京大学